GILES SPARROW

DER

GENIE-TEST

Wirklich schwieriges Wissen
wirklich einfach erklärt

Aus dem Englischen von
Ralf Pannowitsch & Benjamin Schilling

DROEMER

Die englische Originalausgabe erschien 2017 unter dem Titel
»The Genius Test. Can You Master The World's Hardest Ideas?«
bei Quercus, London.

Der Verlag und die Übersetzer danken für ihre fachliche Beratung:
Frank Bönker, Gerald Kielau, Peter Steinacker, Kathrin Greve,
Lisa Holzhauer, Martin Buhlig und Martin Szyska.

Besuchen Sie uns im Internet:
www.droemer.de

© 2017 Quercus
© 2018 der deutschsprachigen Ausgabe Droemer Verlag
Ein Imprint der Verlagsgruppe
Droemer Knaur GmbH & Co. KG, München
Covergestaltung: totalitalic, Thierry Wijnberg
Coverabbildung: Shutterstock
Gestaltung und Satz: Sandra Hacke
Druck und Bindung: Uhl, Radolfzell
ISBN 978-3-426-27766-9

2 4 5 3 1

INHALT

SIND SIE EIN GENIE?

 Haken Sie die Themen ab, die Sie mit zunehmendem Schwierigkeitsgrad
eins nach dem anderen meistern.

ÜBERWÄLTIGEND

- ❏ Ich denke, also bin ich
- ❏ Freier Wille und Gott
- ❏ Das schwierige Problem
- ❏ Strukturalismus und Semiotik
- ❏ Der Große Fermatsche Satz
- ❏ Die Gödelschen Unvollständigkeitssätze
- ❏ Die Weltformel

ANSPRUCHSVOLL

- ❏ Das menschliche Genom
- ❏ Das Streben nach Erkenntnis
- ❏ Gut und Böse
- ❏ Existentialismus
- ❏ Künstliche Intelligenz
- ❏ Postmoderne
- ❏ Globalisierung und Nationalismus
- ❏ Keynesianismus und Monetarismus
- ❏ Postkapitalismus
- ❏ Die Riemann-Hypothese und die Goldbachsche Vermutung
- ❏ Schrödingers Katze
- ❏ Das Higgs-Boson
- ❏ Spezielle und Allgemeine Relativitätstheorie
- ❏ Schwarze Löcher
- ❏ Multiversen

SCHWIERIG

- ❏ Die Evolution
- ❏ Gene und die DNA
- ❏ Sprache und Bewusstsein
- ❏ Gentechnik
- ❏ Das Wesen der Realität
- ❏ Moderne Kunst
- ❏ Literaturwissenschaft
- ❏ Moderne Architektur
- ❏ Demokratie
- ❏ Konservatismus, Liberalismus und Sozialismus
- ❏ Makro- und Mikroökonomie
- ❏ Umwelt und Klimawandel
- ❏ Unendlichkeit
- ❏ Wahrscheinlichkeitsrechnung und Statistik
- ❏ Quantenphysik

KNIFFLIG

- ❏ Die Entstehung des Lebens
- ❏ Die Ursprünge des Menschen
- ❏ Natur vs. Kultur
- ❏ Das menschliche Gehirn
- ❏ Psychologie
- ❏ Kunstgeschichte
- ❏ Literaturgeschichte
- ❏ Netzpolitik
- ❏ Kapitalismus
- ❏ Chaos
- ❏ Nanotechnologie
- ❏ Der Urknall
- ❏ Gibt es Leben im All?

EINLEITUNG

»Und was ist *Ihre* Meinung zum Higgs-Boson?«

Jeder von uns hat die Erfahrung schon einmal gemacht: Verständig nickend folgen wir einer Unterhaltung zu einem Thema, von dem wir kaum etwas verstehen, bis plötzlich jemand nach unserer Meinung fragt und der Boden unter unseren Füßen nachgibt. Für gewöhnlich sieht unsere instinktive Reaktion so aus, dass wir etwas Unverbindliches murmeln oder jener Person in der Runde zustimmen, die uns am klügsten erscheint. Was wäre aber, wenn *wir selbst* diese Person sein könnten? Derjenige mit einer fundierten Meinung zu einfach allem, vom Higgs-Boson über die Krise des Kapitalismus und die Gentechnik bis zur Postmoderne?

Das mag zunächst nach einer gewaltigen Aufgabe klingen, denn schließlich ist die moderne Welt ein außergewöhnlich komplexer Ort. Und wer von uns hat schon die Zeit oder Energie, sie in all ihrer Komplexität wirklich zu verstehen – geschweige denn die weit zurückreichende Ideengeschichte, die unsere heutige Gesellschaft formt und ihr zugrunde liegt?

Aus diesem Grund habe ich mir den *Genie-Test* einfallen lassen – ein Fitnessstudio für den Geist, das Ihnen helfen wird, die Grundlagen einer enormen Vielfalt von Themen zu meistern. Es umfasst grundlegende Konzepte aus Wissenschaft, Philosophie, Kunst und Politik (auf der gegenüberliegenden Seite sehen Sie, wie ich diese Konzepte eingestuft habe: von bloß knifflig bis wahrlich überwältigend).

In der Rubrik »Sind Sie ein Genie?« werden Ihnen in jedem Kapitel fünf Fragen gestellt. So können Sie schon vor dem Abtauchen ins Thema einschätzen, wie viel Sie davon verstehen, oder im Nachhinein testen, ob Sie es gemeistert haben. (Die Antworten stehen auf der letzten Seite jedes Kapitels, und vielleicht schnappen Sie auf dem Weg dorthin sogar noch ein paar interessante Zusatzfakten auf.) Die Rubrik »Zehn Dinge, die ein Genie weiß« bietet Ihnen einen umfassenden Überblick über das Thema und hilft Ihnen, die Kerngedanken und die Entwicklungsgeschichte in kürzester Zeit zu begreifen. »Wie ein Genie reden« versorgt Sie mit praktischen Gesprächsschnipseln – Meinungen, Fakten und faszinierenden Randbemerkungen, mit denen Sie an Ihrem Image basteln können, die gescheiteste Person im Raum zu sein. Und schließlich gibt es sogar eine handliche »Kurzfassung für Hochstapler«, die das Thema auf ein, zwei Sätze herunterbricht und Ihnen dabei helfen könnte, mancher peinlichen Situation zu entkommen.

Natürlich wird dieses Buch allein aus Ihnen kein wahres Genie machen, aber es ist ein guter Anfang. Es wird dazu führen, dass Sie auf Partys besser bluffen können, und vielleicht sogar Ihre Sichtweise auf die Welt verändern und eine bislang verborgene intellektuelle Fähigkeit oder Neugier entwickeln. Wie sagte der Lexikograph Samuel Johnson so schön: »Das wahre Genie ist ein großer Geist, der zufällig in eine bestimmte Richtung gelenkt wurde.« Wer weiß, wo *Der Genie-Test* Sie hinführen wird?

DIE ENTSTEHUNG DES LEBENS

»[W]ir [sind] Teil des Kosmos [...]. Wir sind aus dem Stoff der Sterne.
Wir sind eine Möglichkeit für den Kosmos, sich selbst zu entdecken.«

– CARL SAGAN –

Vor etwa 4,5 Milliarden Jahren ballte sich unser Planet aus einer Staub- und Gaswolke zusammen, die um die noch junge Sonne kreiste. Doch obwohl auf seiner neu gebildeten Oberfläche unvorstellbar lebensfeindliche Bedingungen geherrscht haben müssen, scheint das Leben überraschend schnell Fuß gefasst zu haben (auch wenn es sehr lange nichts als Einzeller hervorbrachte). Aber wie genau hat das Leben begonnen? Dieses Rätsel hat Generationen namhafter Wissenschaftler beschäftigt und zu einer Reihe von außergewöhnlichen Ideen geführt.

> Wo nahm das Leben seinen Anfang –
> an den Ufern der ersten Meere, in den
> eisigen Tiefen der urzeitlichen Ozeane
> oder vielleicht doch auf einem ganz
> anderen Planeten?

👁 SIND SIE EIN GENIE?

1 Ein Laborexperiment aus den 1950er-Jahren förderte die Grundbestandteile der DNA zutage.
RICHTIG / FALSCH

2 Biologen vermuten, dass unsere frühesten Vorfahren mit Mikroben verwandt sein könnten, die Archaebakterien genannt werden und heute nur noch in extrem heißen oder sauren Umgebungen vorkommen.
RICHTIG / FALSCH

3 Kohlenstoff und Wasser sind unverzichtbare Bausteine des Lebens: Ohne sie ist eine komplexe Biochemie unmöglich.
RICHTIG / FALSCH

4 Einzellige Organismen sind in der Lage, die Reise zwischen zwei Planeten zu überleben, und könnten so das Leben auf die Erde gebracht haben.
RICHTIG / FALSCH

5 Komplexe, mehrzellige Lebensformen etablierten sich auf der Erde während der sogenannten Kambrischen Artenexplosion vor rund 540 Millionen Jahren.
RICHTIG / FALSCH

ZEHN DINGE, DIE EIN GENIE WEISS

1 Was ist Leben?

Bei dieser Frage gehen die Meinungen weit auseinander. Wahrscheinlich würden die meisten Biologen aber der breiten Definition zustimmen, nach der ein lebender Organismus ein sich selbst organisierendes System ist, das seiner Umgebung Energie entnehmen kann, um sich selbst zu erhalten, zu wachsen, sich zu vermehren und an seine Umwelt anzupassen. Praktisch gesehen handelt es sich dabei um die Nutzung diverser komplexer chemischer Reaktionen in einer günstigen Umgebung, die wir »Zelle« nennen. Zellen kommen in einer Vielzahl von mehr oder weniger komplexen Formen vor und sind die Grundbausteine des Lebens. Wenn wir also danach fragen, wie das Leben begonnen hat, dann forschen wir in Wahrheit nach der Entstehung der ersten Zellen.

2 Früheste Zeugnisse

Urzeitliches Gestein von Meteoriten und der Erde legt nahe, dass unser Planet vor etwa 4,6 Milliarden Jahren entstand. Am Anfang war seine Oberfläche größtenteils flüssig. Doch obwohl er bis vor mindestens 3,8 Milliarden Jahren heftig von großen Asteroiden bombardiert wurde, sind die ältesten Fossilien – die Überreste von Mikrobenkolonien namens Stromatoliten, die man in rund 3,5 Milliarden Jahre alten Felsen gefunden hat – nur ein paar Hundert Millionen Jahre jünger. Mehr noch, eingeschlossen im Inneren 4,1 Milliarden Jahre alter Zirconiumkristalle fanden Geochemiker 2015 Spuren von Chemikalien, die anscheinend von lebenden Organismen produziert worden waren. Wie hatte das Leben also derart schnell Fuß fassen können?

3 Die Ursuppe

1871 spekulierte Charles Darwin (zwölf Jahre nach der Veröffentlichung seiner Theorie über Evolution durch natürliche Selektion) in einem Brief darüber, dass das Leben in einem »kleinen, warmen Teich« auf der sich noch immer abkühlenden Oberfläche der urzeitlichen Erde begonnen haben könnte. Diese Theorie hat die Vorstellungskraft vieler Wissenschaftler beflügelt und wird gemeinhin als Ursuppen-Hypothese bezeichnet (obwohl der Begriff erst in den 1920er-Jahren geprägt wurde). Wasser ist für das Leben ganz sicher ein Muss – schließlich können sich komplexe Chemikalien unmöglich bilden, wenn sich ihre Bausteine nicht in irgendeiner Lösung umherbewegen, zueinander finden und miteinander reagieren können. Zum Glück ist Wasser eine der besten Lösungen weit und breit und auf der Erde alles andere als knapp.

4 Das Miller-Urey-Experiment

Im Jahr 1952 unternahmen die US-amerikanischen Biochemiker Stanley Miller und Harold Urey den bedeutenden Versuch, die Bedingungen in der Ursuppe nachzustellen. Dazu ließen sie Dampf durch ein Gemisch aus Wasserstoff, Methan und Ammoniakgasen dringen (die als wahrscheinliche Elemente der frühen Erdatmosphäre galten) und führten diesem Mix gelegentlich Energie in Form elektrischer Funken aus Kunstblitzen zu. Nach einer Woche wurde das Kondensat analysiert, wobei Miller berichtete, dass er darin mindestens drei und möglicherweise noch einige weitere Aminosäuremoleküle (unverzichtbare Bausteine des Lebens) gefunden habe. Nach Millers Tod, im Jahr 2007, untersuchten Wissenschaftler mit sensibleren Messverfahren nochmals einige der Proben, die nach dem Originalexperiment versiegelt worden waren, und fanden darin nicht weniger als 20 unterschiedliche Aminosäuren.

5 Das Leben nachbauen

Auf den Spuren von Miller und Urey haben viele Chemiker seitdem versucht, mit differenzierteren Experimenten noch besser nachzustellen, was wir mittlerweile über die frühen Umweltbedingungen auf der Erde wissen. Es scheint inzwischen fraglos, dass relativ einfache chemische Reaktionen nach kurzer Zeit zu einer Suppe aus einfachen, kohlenstoffbasierten »organischen« Molekülen geführt haben (Kohlenstoff ist für das Leben unerlässlich, weil er die vielfältigsten chemischen Verbindungen von allen bekannten Elementen eingeht). Die große Herausforderung ist jedoch, von diesen einfachen Bausteinen zu komplexen und sich selbst replizierenden Molekülen wie der DNA zu gelangen (vgl. S. 18). Doch einige Wissenschaftler bezweifeln, dass willkürliche chemische Reaktionen in der Ursuppe – im engen Zeitfenster von der Erdentstehung bis zu den ersten fossilen Zeugnissen – eine derartige Komplexität erlangt haben könnten.

6 Schwarze Raucher

Ein beliebter Lösungsansatz für dieses Problem verlegt den Geburtsort des Lebens von seichten Oberflächengewässern in die Tiefen der Ozeane. Dort speien Vulkanschlote, sogenannte Schwarze Raucher, einen reichhaltigen chemischen Nährstoffmix ins kalte, dunkle Wasser. Die in den 1970er-Jahren entdeckten und an Stalagmiten erinnernden Mineralsäulen beherbergen ganze Ökosysteme, die völlig ohne die Wärme oder das Licht der Sonne gedeihen. Seit ein paar Jahren spekulieren Biologen, dass Mikroporen im Inneren der »Raucher« als natürliche Brutstätten der ersten Lebensformen fungiert haben könnten. Der Grund ist, dass sich darin eine üppige Chemikaliensuppe verfängt – unter anderem herabgesunkenes organisches Material –, und zwar in einer energiereichen Umgebung, die für die Entstehung komplexer Chemie im Schnellverfahren ideal ist.

7 Die Panspermie-Hypothese

Noch eine Möglichkeit, das rasante Auftauchen des Lebens zu erklären, ist anzunehmen, dass es gar nicht erst auf der Erde begonnen hat. Die Panspermie-Hypothese behauptet stattdessen, dass die Bausteine des Lebens in unserer gesamten Galaxis verstreut sind und die Meteoriten und Kometen, die auf unserem neugeborenen Planeten einschlugen, zugleich ein gebrauchsfertiges Basispaket an organischen Chemikalien – ja vielleicht sogar vollständige, tiefgefrorene Zellen – mit sich brachten. Verfechter der Theorie argumentieren, dass diese den willkürlichen chemischen Reaktionen einige Milliarden Jahre mehr Zeit lässt, um zufällig auf das Rezept des Lebens zu stoßen. Es mag vielleicht weit hergeholt klingen, doch Astronomen haben in Kometen und interstellaren Wolken *tatsächlich* komplexe organische Moleküle gefunden. Außerdem weiß man mittlerweile, dass große Meteoriteneinschläge gelegentlich Gesteinsbrocken zwischen den Planeten unseres Sonnensystems hin- und hertransportieren, und es gibt Anzeichen dafür, dass manche Erdmikroben und sogar komplexere Lebensformen überraschend lange in den unwirtlichen Bedingungen des freien Weltraums überleben können.

8 Die frühesten Organismen

Man nimmt an, dass die ersten Lebensformen in zwei große, sogenannte Domänen unterteilt waren: Archaebakterien und Eubakterien. Bei beiden handelte es sich um Einzeller, auch wenn einige von ihnen größere Kolonien bildeten. Archaebakterien nutzen eine große Bandbreite metabolischer und chemischer Prozesse, um alles Lebensnötige aus ihrer Umwelt herauszuholen. Man findet sie auch heute noch an Orten, wie heißen Säurequellen und Schwarzen Rauchern, die einst für lebensfeindlich gehalten wurden. Eubakterien hingegen sind in einem schmaleren Spektrum von »günstigen« Lebensbedingungen zu finden und nutzen vertrautere Stoffwechselprozesse wie Atmung, Photosynthese und Fermentation. Kurioserweise deuten Genbefunde aber darauf hin, dass unsere eigene Domäne, die der komplexen Lebewesen oder »Eukaryoten«, tatsächlich näher mit den Archaebakterien als mit den Eubakterien verwandt ist.

9 Die Sauerstoffkatastrophe

In der Frühzeit herrschten auf der Erde ganz andere Bedingungen als heute. In der Atmosphäre gab es nur sehr wenig freien Sauerstoff. Bereits vor mindestens drei Milliarden Jahren gediehen photosynthetische Archaebakterien und Eubakterien mithilfe von Photosynthese – sie nahmen Kohlendioxid auf und pumpten Sauerstoff hinaus. Vor rund 2,3 Milliarden Jahren schnellte die Sauerstoffkonzentration in der Atmosphäre jedoch in die Höhe. Dadurch wurde die Luft für viele frühe Lebensformen giftig und gleichzeitig das Fundament zu einem neuen Stoffwechselweg gelegt, der mittels Sauerstoff Energie aus chemischen Substanzen freisetzt und von der Tierwelt heute genutzt wird: der Atmung.

10 Endosymbionten-Hypothese und komplexeres Leben

Die Eukaryoten zeichnen sich durch eine hochkomplexe Zellstruktur aus, unter anderem durch die Existenz eines Zellkerns, der fast alle Geninformationen der Zelle enthält. Die meisten Biologen glauben, die ersten eukaryotischen Zellen seien entstanden, als sich spezialisierte Mikroben gegenseitig und mit beidseitigem Nutzen absorbierten – in einer Folge von Ereignissen, die »Endosymbiose« genannt wird. Alle größeren, mehrzelligen Lebensformen sind Eukaryoten und gehen auf einen gemeinsamen Urahn vor rund 1,6 bis 2,1 Milliarden Jahren zurück. Allerdings blieben sie bis vor etwa 575 Millionen Jahren vorwiegend einzellig, als die ersten Fossilien größerer und komplexerer Lebensformen auftauchten: jene seltsamen, kissenartigen Kreaturen, die als Ediacara-Fauna bekannt sind.

// WIE EIN GENIE REDEN

■➡ »Zu den erstaunlichsten Dingen über das Leben auf der Erde gehört, dass es nur einmal Fuß gefasst hat. Genkartierungen belegen, dass, wenn man nur weit genug zurückgeht, alles von einem einzigen gemeinsamen Vorfahren, wahrscheinlich einem einfachen Bakterium, abstammt. Aber warum sollte das Leben in jenen ersten paar Hundert Millionen Jahren nur ein einziges Mal begonnen haben und danach nie wieder? Die Antwort lautet wahrscheinlich, dass die Nachkommen jenes ersten Bakteriums alle weiteren Versuche vereitelt haben, einen Fuß in die Tür zu bekommen, frei nach dem Motto: Nicht der Stärkste überlebt, sondern der Erste.«

■➡ »Das große Henne-Ei-Problem besteht darin, dass man zur Herstellung von Proteinen die DNA benötigt, aber auch die richtigen Proteine zum Replizieren der DNA. Die große Herausforderung für Biologen lautet, einen Weg zu finden, wie man so etwas wie einfache DNA oder einfache Proteine erzeugen kann, und zwar ohne die vorherige Existenz von Leben.«

■➡ »Auch wenn die Panspermie-Hypothese befremdlich klingen mag, dürfen wir nicht vergessen, dass wir im Sonnensystem ständig neue Umgebungen entdecken, die zum Leben geeignet sein könnten.«

👁 WAREN SIE EIN GENIE?

1 FALSCH – Das Miller-Urey-Experiment erzeugte Aminosäuren, bei denen es sich aber nicht um Bauteile der DNA handelt. Im Jahr 1961 stellten spanische Wissenschaftler in einem ähnlichen Experiment allerdings tatsächlich Bauteile der DNA her.

2 FALSCH – Es stimmt zwar, dass die Archaebakterien näher mit uns verwandt sind als die Eubakterien, doch in Wahrheit sind sie in den unterschiedlichsten Umgebungen zu finden.

3 RICHTIG (vermutlich) – Für komplexe Verbindungen ist Kohlenstoff ein Muss, doch in kalten Umgebungen können auch andere Flüssigkeiten als Wasser als Lösungsmittel dienen.

4 RICHTIG – Manche Mikroben können im Weltraum überleben, wir wissen aber nicht, ob sie die womöglich Millionen von Jahren zwischen den Umlaufbahnen der Planeten überstehen würden.

5 RICHTIG – Die Kambrische Artenexplosion ist ein enorm wichtiges Ereignis, durch das sich die meisten neuzeitlichen Tierklassen entwickelten, obwohl mehrzelliges Leben schon mehrere Millionen Jahre früher begonnen hatte.

✏ KURZFASSUNG für Hochstapler

Es ist kein Problem, einfache organische Substanzen herzustellen, aber der Weg von ihnen zur komplexen Biochemie des Lebens ist sehr weit.

DIE EVOLUTION

»Alles entsteht durch Verwandlung, und die Natur liebt Nichts so sehr,
als das Vorhandene umzuschaffen und Neues von ähnlicher Art zu erzeugen.«
– MARCUS AURELIUS –

Charles Darwins Theorie von der Evolution
durch natürliche Selektion ist die vielleicht
größte individuelle Errungenschaft der
gesamten Wissenschaftsgeschichte. Es ist ein
gleichermaßen einfaches wie elegantes Modell,
welches die enorme Vielfalt des Lebens auf
der Erde erklärt. Trotzdem bleibt sie auch
mehr als 150 Jahre nach ihrer Veröffentlichung in einigen Kreisen weiter umstritten,
weil sie religiöse Ansichten über die Schöpfung zu untergraben droht. Bis heute sind
Evolutionsbiologen damit beschäftigt, die
Unebenheiten der Theorie in der Realität
auszubügeln.

> Darwins Grundgedanke ist leicht
> verständlich, doch er ist ungeheuer
> mächtig, wenn man ihn zur Erklärung
> der Natur heranziehen will. Können Sie
> ihn mit all seinen Konsequenzen
> erfassen?

SIND SIE EIN GENIE?

1 Die Evolution beruht auf der Vermischung
von genetischen Informationen, die bei der
geschlechtlichen Fortpflanzung stattfindet.
RICHTIG / FALSCH

2 Die Evolution wird immer jene Merkmale
begünstigen, die das Überleben und die
Fortpflanzung eines Individuums unterstützen,
und jene ausmerzen, die die langfristigen
Fortpflanzungschancen mindern.
RICHTIG / FALSCH

3 Wissenschaftler versuchen heutzutage, unterschiedliche Arten nach den Gesetzmäßigkeiten der Evolution in größere Klassen einzuordnen.
RICHTIG / FALSCH

4 Darwin erkannte in den unterschiedlichen
Schnäbeln einiger Finkenarten auf den
Galapagosinseln ein Zeichen dafür, dass sie alle
von einem gemeinsamen Vorfahren abstammten,
der vom südamerikanischen Festland auf die
Inseln übergesiedelt war. Er lieferte aber keine
Erklärung für den Auslöser ihrer Entwicklung.
RICHTIG / FALSCH

5 Die sexuelle Auslese führt bei einigen
Tierarten manchmal zu Merkmalen, die die
allgemeine Überlebensfähigkeit einiger Tiere
sogar erschweren.
RICHTIG / FALSCH

ZEHN DINGE, DIE EIN GENIE WEIß

1 So funktioniert die Evolution

Die Theorie der Evolution durch natürliche Selektion besagt, dass sich die Merkmale von Lebewesen aufgrund verschiedener Arten von »Selektionsdruck« von Generation zu Generation verändern. Diese Einflüsse reichen von den Umweltbedingungen über die Fähigkeiten beim Jagen hin zu Präferenzen für potentielle Geschlechtspartner. Sie basieren auf zufälligen Unterschieden, die hin und wieder durch Genmutation und Vermischung der elterlichen Merkmale entstehen. Ist ein Individuum zu einer bestimmten Zeit und an einem bestimmten Ort aufgrund seiner Merkmalsausstattung besser gewappnet als andere Artgenossen, dann steigt die Wahrscheinlichkeit, dass es überleben und sich fortpflanzen wird und seine Merkmale an seine Nachkommen weitergibt.

2 Die Entstehung der Arten

Genuntersuchungen haben gezeigt, dass alles Leben auf einen einzigen Urahn zurückgeht. Wie kam es aber zu der uns bekannten, enormen Vielfalt des Lebens? Die Antwort darauf lautet: Als das Leben entstand und sich ausbreitete, wirkten unterschiedliche Formen von Selektionsdruck auf unterschiedliche Lebewesen ein. Manchmal führen Veränderungen in der direkten Umwelt zu einem neuartigen selektiven Druck, während sich einem Organismus beim nächsten Mal durch zufällige Mutation die Chance zu neuen Überlebensstrategien bietet, die seine Nachkommen anschließend weiter ausschöpfen können – was sie eventuell davor bewahrt, mit ihren Artgenossen um Ressourcen zu konkurrieren. Über Generationen kann das Einwirken unter-

schiedlicher Formen von Druck auf unterschiedliche Lebewesen zu genetisch derart verschiedenen Populationen führen, dass sie keine lebensfähigen Nachkommen mehr miteinander zeugen können – das klassische Merkmal zur Bestimmung von Arten schlechthin.

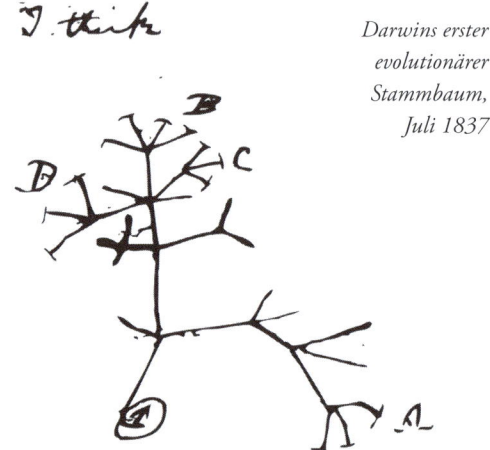

Darwins erster evolutionärer Stammbaum, Juli 1837

3 Frühe Theorien über das Leben

Etwa ab dem 15. Jahrhundert wuchs bei den europäischen Gelehrten durch die Reisen der Entdecker, Händler und Kolonisatoren das Bewusstsein für die enorme Vielfalt des Lebens auf der Erde. 1735 erfand der Schwede Carl von Linné die binäre Klassifikation der Arten und sortierte alle Lebewesen in Gattungen, Familien, Klassen und Ordnungen – in aufsteigenden und immer weiter gefassten Rangstufen. Der daraus abgeleitete »Baum des Lebens« sieht verdächtig nach einem Stammbaum aus und wirft die naheliegende Frage auf, ob es sich bei einander ähnelnden Arten der Gegenwart vielleicht um unterschiedliche Nachkommen ein und desselben Vorfahren handeln könnte. Etwa zur selben Zeit förderte der wachsende Bergbau während der industriellen Revolution Fossilien ausgestorbener Arten zutage und führte zur Entdeckung der gigantischen geologischen Zeitdimension, der sogenannten Deep Time.

4 Die Geschichte Darwins

Charles Darwin, der sich seit seiner Kindheit sehr für die Natur interessiert hatte, sammelte die meisten Zeugnisse für seine Theorie auf der zweiten Vermessungsfahrt der *HMS Beagle*, eines Schiffs der britischen Royal Navy, nach Südamerika (1831–36). Er trug jede Menge Proben zusammen, legte zahllose Fossilien frei und beobachtete auf den Galapagosinseln bekanntlich jene einmaligen Variationen, die auf unterschiedlichen Inseln des Archipels zwischen den Arten von Finken und Riesenschildkröten auftraten. Zurück in England, studierte Darwin später die selektive Zucht von Haustieren sowie die alarmierenden Theorien des Ökonomen Thomas Malthus über die Gefahren eines ungehemmten Wachstums der Menschheit. Den Wettstreit um begrenzte Ressourcen vor Augen, entwickelte Darwin seinen Kerngedanken, nach dem sich Arten durch Selektionsdruck im Laufe der Zeit diversifizieren und dadurch direkter Konkurrenz aus dem Weg gehen. Im Jahr 1859 veröffentlichte er seine Überlegungen schließlich in *Über die Entstehung der Arten*.

5 Die zeitgenössische Rezeption von Darwins Theorie

Darwins Theorie erschütterte die viktorianische Gesellschaft bis ins Mark, und ihre logischen Konsequenzen missfallen bis heute vielen Menschen. Scheute Darwin sich anfangs davor, die menschliche Herkunft zu thematisieren, so setzte er sich 1871 – in *Die Abstammung des Menschen* – mit diesem Thema auseinander. Mehr als hundert Jahre vorher hatte Linné die Menschen Seite an Seite mit den Affen und Menschenaffen bei den Primaten eingeordnet, und auch Darwin kam in seiner Arbeit zu einem ähnlichen Schluss. Allen damals verbreiteten Parodien zum Trotz behauptete er aber nicht, dass wir von den Affen abstammen, sondern eher, dass sie unsere entfernten Cousins sind.

6 Der Neodarwinismus und das egoistische Gen

Über den Mechanismus, wie individuelle Anpassungen von einer Generation zur nächsten weitergereicht wurden, wusste Darwin nicht viel zu sagen. Erst durch die breite Anerkennung der Existenz von Genen im frühen 20. Jahrhundert wurde seine Theorie (vgl. S. 19) auf ein festeres Fundament gestellt. Mit dem sogenannten Neodarwinismus, einem neuen methodischen Ansatz, gelang es Biologen wie J. B. S. Haldane, mathematische Modelle der Evolution zu erstellen, die sich auf die Konzepte von Genmutation und Diversität innerhalb einer Population stützten. Obwohl verschiedene Mechanismen der Artenentstehung aufgedeckt wurden, bestanden manche Probleme fort. Das galt besonders, wenn das Überleben eines einzelnen Lebewesens durch seine Anpassungen unwahrscheinlicher erschien. All das mündete in den 1960er-Jahren in die Hypothese vom sogenannten egoistischen Gen. Ihr Grundgedanke ist, dass Evolution weniger einzelnen Individuen, als vielmehr der Verbreitung erfolgreicher Gene nützt.

7 Die Evolutionsrate

Der »Phyletische Gradualismus«, die einfachste Interpretation des darwinschen Evolutionsprinzips, begreift Wandel im Hinblick auf eine langsame, aber konstante Evolutionsrate. Vorhandene Arten verändern sich schrittweise und über große Zeiträume, während neue Arten aufgrund von selektiven Einflüssen durch mehr oder weniger willkürliche Genmutationen entstehen. Demgegenüber postuliert der »Punktualismus«, das andere theoretische Extrem, dass Arten über große Zeiträume im Grunde unverändert bleiben, dann aber als Reaktion auf radikale Umweltveränderungen kurze Phasen rasanter Veränderung und Diversifizierung durchlaufen. Die Entdeckung, dass zwischen bedeutenden Veränderungen in den Fossilienfunden und Katastrophen wie Meteoriteneinschlägen und Klimawandel ein Zusammenhang besteht, scheint dem Punktualismus in gewissem Maße recht zu geben.

8 Werden »missing links« wirklich vermisst?

Aus Sicht religiöser Kreationisten habe Gott unser Ökosystem als All-inclusive-Paket geschaffen – mit allen Fossilien und genetischen Matrizen –, um unseren Glauben auf die Probe zu stellen. Gegner der Evolutionstheorie verweisen deshalb gern auf vermeintlich wissenschaftliche Unzulänglichkeiten, wie zum Beispiel fehlende Indizien für wichtige evolutionäre Veränderungen (sogenannte missing links). Dabei wird jedoch häufig ignoriert, dass es Fossilienfunde gibt, die tatsächlich zum Schließen der Lücken beitragen und das fossile Gedächtnis insgesamt sehr lückenhaft ist – schließlich hat nur ein Bruchteil aller Arten überhaupt Fossilien hinterlassen, und diese beschränken sich natürlich wieder auf Lebewesen, die in einer bestimmten Umgebung gestorben waren.

9 »Intelligent Design« liegt daneben

Eine weitere These der Kreationisten ist unter dem Begriff »Intelligent Design« (ID) bekannt. Nach ihr ist es unmöglich, dass einige komplexe Merkmale der Anatomie im Laufe einer einzelnen Generationsspanne durch zufällige Mutation entstehen und zu einem Selektionsvorteil führen. Stattdessen müsse es irgendeine externe, die Evolution lenkende Kraft geben. Beliebte Beispiele für jene sogenannte nicht reduzierbare Komplexität von Merkmalen sind das Auge und die Flugfeder. Doch ID-Befürworter ignorieren oft die Möglichkeit, dass derartige Merkmale zum Zeitpunkt ihrer Entstehung andere evolutionäre Vorteile gehabt haben könnten (so dürften Federn kleinen Dinosauriern anfangs als Isolierung gedient haben). Zudem können Mutationen, sofern sie die Fortpflanzungschancen eines Lebewesens nicht beeinträchtigen, über Generationen hinweg vom Selektionsdruck unbehelligt bleiben.

10 Zum Missbrauch des Darwinismus

Darwins Theorie ist einflussreich und ohne Zweifel wahr, doch sie wurde und wird allzu oft zu politischen und ideologischen Zwecken missbraucht. Eine besondere Lesart sieht die Evolution als linearen Fortschrittsprozess, in dem später entwickelte Lebewesen den früheren »überlegen« seien. Das ist aber nicht der Fall, da Lebewesen lediglich an ihre speziellen evolutionären Nischen angepasst sind. Nichtsdestotrotz wurde die scheinbare Überlegenheit der weißen Europäer im Imperialismus des 19. Jahrhunderts vielerorts mit jener Vorstellung begründet und wurzelt bis heute tief in rassistischen Annahmen. Inzwischen vereinnahmen auch Fürsprecher der freien Marktwirtschaft und einer wettkampforientierten Wirtschafts- und Sozialpolitik die Ideen des Darwinismus (besonders die Phrase »Survival of the Fittest«), obwohl deren Geltungsbereich korrekterweise auf die biologische Naturwissenschaft beschränkt sein sollte.

// WIE EIN GENIE REDEN

■➡ »Viele Menschen reden von der Darwin-Wallace-Theorie. Darwin selbst wusste nur zu gut, dass seine Theorie reiner Zündstoff war, weshalb er zwanzig Jahre lang an ihr feilte und Beweise sammelte, bevor er sich an die Öffentlichkeit wagte. Am Ende wäre ihm der Naturforscher Alfred Russel Wallace beinahe zuvorgekommen – dieser war bei seinen Erkundungen der malaiischen Inselgruppe zu den gleichen Schlussfolgerungen gelangt und hatte Darwin in einem Brief sogar nach seiner Meinung gefragt. Nur dem Einfluss von Darwins Freunden aus der Wissenschaftselite ist es zu verdanken, dass beide Versionen gleichzeitig veröffentlicht wurden und Darwin als Sieger dargestellt wurde. Zu aller Glück spielte Wallace mit, als dieser nachträglich von der ganzen Sache erfuhr!«

■➡ »Wer sagt, dass die Evolution ›nur eine Theorie‹ sei, begreift nicht, was genau eine Theorie ist. Für Wissenschaftler ist es eine vollständige und durch jede Menge Beweise unterfütterte Beschreibung dessen, wie etwas funktioniert. Man kann sie vielleicht *weiterentwickeln*, doch es ist sehr unwahrscheinlich, dass man sie komplett über Bord wirft. Der korrekte Begriff für einen Erklärungsversuch, der noch auf wackligen Beinen steht, lautet ›Hypothese‹.«

■➡ »Oft wird die Evolution in Graphiken fälschlicherweise als Stammbaum des Lebens dargestellt, an dessen Spitze der Mensch steht. Doch Darwin war von Anfang an auf dem richtigen Weg. In seinen Notizbüchern gibt es eine schöne und einfache kleine Darstellung aus dem Jahr 1837, die das Schema der Evolution ziemlich unmissverständlich als etwas zeigt, das eher nach einer Art wucherndem, verzweigtem Busch aussieht als nach einem Baum.«

👁 WAREN SIE EIN GENIE?

1 FALSCH – Evolution kann auch bei Lebewesen stattfinden, die sich ungeschlechtlich vermehren, weil Mutationen andere Ursachen haben können.

2 FALSCH – Nach der Theorie vom »egoistischen Gen« gibt es Gene, die verbreitet werden, auch wenn dabei ein Nachteil für einzelne Träger dieser Gene entsteht.

3 RICHTIG – Die »kladistische« Klassifikation versucht durch Katalogisierung der genetischen und anatomischen Merkmale von Arten herauszufinden, wie nahe diese miteinander verwandt sind.

4 FALSCH – Der Ornithologe David Lack hat als Erster die Schnäbel der Darwinfinken als Anpassung an ihre unterschiedlichen Nahrungsgewohnheiten erkannt.

5 RICHTIG – Zum Beispiel sind männliche Pfauen mit ihren langen Schwanzfedern zwar anfälliger für Fressfeinde, die Federn sichern ihnen jedoch auch den Fortpflanzungserfolg.

> ### ✏ KURZFASSUNG für Hochstapler
>
> Wenn Selektionsdruck die Fortpflanzung in einer Generation beeinflusst, dann verändert er die Merkmale, die die Folgegeneration erbt.

GENE UND DIE DNA

»Ich würde nicht so sehr sagen, dass Watson und Crick die Struktur der DNA hervorgebracht haben, sondern eher hervorheben, dass die Struktur Watson und Crick hervorgebracht hat.«

– FRANCIS CRICK –

Das Herzstück der Genetik ist ein komplexes Molekül namens Desoxyribonukleinsäure (kurz DNA). Diese ist eine sich selbst replizierende Matrize, die alle nötigen Anleitungen enthält, wie jedes Bauteil eines Organismus gefertigt wird – vom einzelnen Protein bis zur gesamten Anatomie. Schon in den 1950er-Jahren wurden die Struktur der DNA und deren Rolle bei der Vererbung ermittelt, doch die zur Kartierung der gesamten DNA eines Organismus nötige Technologie ist weitaus jünger. Bis heute sind Biologen damit beschäftigt, die neuen Erkenntnisse zu ordnen, welche die Entschlüsselung des gesamten Genoms ans Licht beförderte.

> Falls Sie wirklich wissen wollen, wie Genetik funktioniert, müssen Sie zunächst das Molekül kennenlernen, das alldem zugrunde liegt.

👁 SIND SIE EIN GENIE?

1 Vieles, was die Wissenschaft über die Funktion der DNA weiß, verdankt sie einem kleinen Insekt namens *Drosophila melanogaster.*
RICHTIG / FALSCH

2 Bei der Befruchtung werden von jedem Elternteil zwei vollständige Sätze aus Genen getrennt und nach dem Zufallsprinzip miteinander vermischt. Auf diese Weise wird der eine Satz Gene bestimmt, der über die zukünftigen Merkmale des Nachwuchses entscheidet.
RICHTIG / FALSCH

3 Jede Sprosse der DNA-Leiter besteht aus einem Aminosäurenpaar. Einige von ihnen kann der Körper selbst herstellen, andere aber nicht, weshalb wir sie von außen über die Nahrung aufnehmen müssen.
RICHTIG / FALSCH

4 Wie eine wohldurchdachte Software verfügt auch die DNA über integrierte Prozesse, die für Redundanz und Fehlerkontrolle sorgen.
RICHTIG / FALSCH

5 Die DNA verlässt nie den Zellkern, außer wenn sich eine Zelle zweiteilt, um sich zu duplizieren.
RICHTIG / FALSCH

ZEHN DINGE, DIE EIN GENIE WEISS

1 Gene und Chromosomen

Im Zusammenhang mit der Genetik gibt es jede Menge Fachbegriffe, von denen wir einige zunächst klarstellen sollten: Ein Gen ist eine Abfolge von genetischen Informationen, die über ein bestimmtes Merkmal wie die Augenfarbe entscheidet und auf dem DNA-Strang als verschlüsselte Sequenz von »Basenpaaren« vorliegt. Dagegen bezeichnet das Chromosom einen einzelnen DNA-Doppelstrangfaden, der in der Regel mehrere Millionen Basenpaare umfasst und aus Tausenden von Genen besteht. Der Zellkern im Inneren einer typischen menschlichen Zelle enthält 46 Chromosomen – 22 identische Paare (auf die Gründe kommen wir später zurück) und zwei eigenständige Geschlechtschromosomen. Der vollständige Chromosomensatz wird als »diploider Chromosomensatz«, der in diesem enthaltene vollständige Satz genetischer Erbinformationen als »Genom« bezeichnet.

2 Die Entdeckung der Genetik

Die DNA im Zellkern wurde bereits 1869 durch Friedrich Miescher nachgewiesen, ihre Bedeutung aber erst viel später erkannt. Um 1866 stieß der österreichische Mönch Gregor Mendel bei seinen Experimenten mit Erbsenpflanzen auf die Grundprinzipien der Genetik. Er konnte zeigen, dass gewisse Pflanzenmerkmale in Form von Faktoren verschlüsselt waren, die wir heutzutage als Gene bezeichnen. Jede Pflanze trägt zwei Versionen jedes Gens in sich (da sie von beiden Eltern je eine geerbt hat), weist aber stets nur Merkmale auf, die entweder durch ein einziges Gen oder eine Mischung beider Gene bestimmt werden. Zu Mendels Lebzeiten fand seine Arbeit je-

doch kaum Beachtung. Erst um 1900 wurde sie wiederentdeckt, als sie dazu beitrug, Darwins Evolutionstheorie zu stützen. Doch es sollte bis in die 1940er-Jahre hinein dauern, ehe ein US-amerikanisches Forschertrio Hinweise darauf fand, dass die DNA-Moleküle die Träger des genetischen Codes sind.

3 Genotyp und Phänotyp

Die genetische Ausstattung eines Organismus ist als »Genotyp« bekannt, während seine äußere Erscheinung »Phänotyp« heißt (manche Wissenschaftler weiten den Begriff Phänotyp noch auf die Interaktionen eines Organismus mit seiner Umwelt aus). Der Genotyp enthält zwei Versionen jedes Gens, wobei sich oft nur eine im Phänotyp »äußert«. Diese verschiedenen Versionen eines Gens werden »Allele« genannt und sind generell entweder »dominant« oder »rezessiv« – ein Hinweis darauf, welches von beiden sich, wenn beide vorhanden sind, äußert. Häufig erbt ein Organismus jedoch Mischformen verschiedener Allelausprägungen, sodass das Resultat entweder intermediäre Vererbung (ein Mix aus beiden Merkmalen) oder Kodominanz (wenn sich beide Merkmale in unterschiedlichen Teilen des Körpers äußern) lautet.

4 Die DNA-Struktur

Das DNA-Molekül ist ein Polymer – ein komplexes Molekül aus unzähligen einfachen, sich wiederholenden Einheiten. Seine berühmte Doppelhelix-Struktur stellten Francis Crick und James Watson 1953 heraus, wobei sie sich auf experimentelle Daten von Maurice Wilkins und Rosalind Franklin stützten. Viele vergleichen die DNA-Struktur auch mit einer in sich verdrehten Leiter. Ihre Längsholme (Stränge) bestehen aus sich wiederholenden Gruppen, die als »Phosphat-Rückgrat« bezeichnet werden, während die Sprossen von je einem chemischen Basenpaar gebildet werden, das in der Mitte verbunden ist. Diese Paare setzen sich aus vier Bausteinen zusammen: Adenin (A), Cytosin (C), Guanin (G) und Thymin (T), die ihrerseits spezifische Paarbindungen eingehen – Adenin und Thymin gehören zusammen, ebenso Cytosin und Guanin.

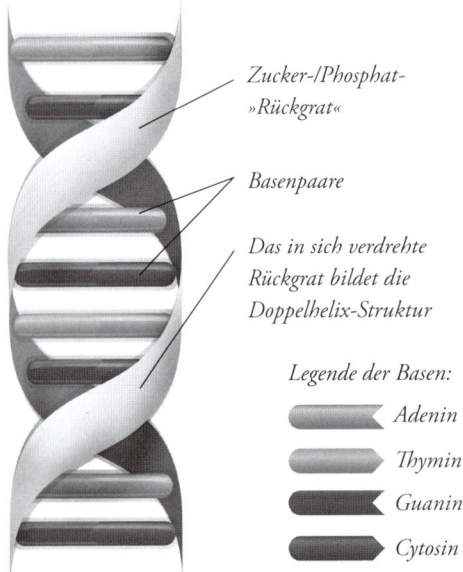

Zucker-/Phosphat-»Rückgrat«

Basenpaare

Das in sich verdrehte Rückgrat bildet die Doppelhelix-Struktur

Legende der Basen:

Adenin

Thymin

Guanin

Cytosin

5 Das Informationsmolekül

Jede Anordnung der vier Basenmoleküle auf einem Strang der DNA-Leiter erfordert die komplementäre Anordnung auf dem gegenüberliegenden Strang, damit ein Basenpaar entsteht. Die DNA kann Informationen demnach in Form zweier komplementärer Stränge aus »Buchstaben« speichern. Bei der Zellteilung (dem Prozess, der es unserem Körper ermöglicht zu wachsen, sich selbst zu reparieren und fortzupflanzen) werden die DNA-Stränge mithilfe eines Zellmechanismus repliziert. Dieser teilt das Molekül zunächst wie einen Reißverschluss der Länge nach in der Mitte und fügt dann die fehlenden komplementären Basen- und Rückgrat-Moleküle hinzu, um so die fehlende Hälfte des Ursprungsmoleküls zu rekonstruieren.

6 Die Proteinfabriken

Der genetische Code der DNA nimmt mithilfe von Proteinen Gestalt an. Proteine sind vielfältige Mehrzweck-Moleküle, die alle komplexen Strukturen in unserem Körper bilden und selbst wieder aus unzähligen kleineren Einheiten, den Aminosäuren, bestehen. Bei der Proteinsynthese öffnet die DNA für kurze Zeit den Reißverschluss, damit ihr Code auf ein intermediäres Molekül, die sogenannte Ribonukleinsäure (RNA), kopiert werden kann, die als einzelner Strang vorliegt. Danach lesen Zellmaschinen, die sogenannten Ribosomen, den RNA-Code aus – im Takt von jeweils drei Buchstaben zugleich. Jede dieser als »Codon« bezeichneten Drei-Buchstaben-Folgen verweist auf eine spezifische Aminosäure, die dem wachsenden Proteinmolekül hinzugefügt werden soll, während gesonderte Codes den Anfang und das Ende eines Proteinstrangs markieren.

7 Das zentrale Dogma

Im Jahr 1958 formulierte Francis Crick das sogenannte zentrale Dogma der Molekularbiologie, ein einfaches, aber wichtiges Prinzip, das die Richtung des Informationsflusses in biologischen Systemen beschreibt. Es besagt im Wesentlichen, dass der genetische Code der DNA auf einen RNA-Strang repliziert wird und seine Informationen anschließend zur Produktion der entsprechenden Proteinmoleküle verwendet werden. In Einzelfällen sei es möglich, dass Proteine auch direkt von der

DNA ausgehend synthetisiert werden oder dass RNA-Moleküle sich selbst replizieren oder gar als Basis für die Erschaffung eines neuen DNA-Moleküls dienen. In keinem Fall würden Informationen jedoch aus Proteinen »heraus« übermittelt.

8 Die Geschlechtszellen

Wie kommt es also, dass ein Organismus am Ende von jedem Elternteil nur einen Satz Gene erbt? Die Antwort liegt in den Geschlechtszellen (den Sperma- und Eizellen), die auf einer speziellen Form der Zellteilung beruhen. Dieser als »Meiose« bekannte Prozess bringt Zellen mit einem einzigen (haploiden) Chromosomensatz hervor, dessen Gene sich aus den ursprünglich in den Zellen des jeweiligen elterlichen Körpers vorhandenen Genen (des diploiden Satzes) zusammensetzen, die bei der Meiose aber wild durchmischt und neu verteilt wurden. Der in den Geschlechtszellen vorgefundene Genmix kommt rein zufällig zustande und ist unabhängig davon, ob ein bestimmtes Allel als dominant gilt oder nicht. So können etwa rezessive Gene der Großeltern in der dritten Generation plötzlich und unerwartet hervortreten, obwohl sie sich bei keinem der Elternteile geäußert hatten.

9 Genetik und die Evolution

Die DNA liefert den Mechanismus, mit dem der ganze Evolutionsprozess funktionieren kann. Aus der zufälligen Vermischung der elterlichen Gene können Individuen hervorgehen, die sich mehr oder minder für ihre Umwelt eignen und bei denen es mehr oder minder wahrscheinlich ist, dass sie ihre Gene an die Folgegeneration weitergeben. Zudem ist das Kopierverfahren für die DNA nicht perfekt, sodass es immer wieder zu kleineren Feh-

lern und Veränderungen kommen kann (die dann womöglich von den Fehlerkorrekturverfahren im Inneren der Zelle übersehen werden). Meist handelt es sich um harmlose Veränderungen, die nicht im Phänotyp nachweisbar sind, doch manchmal führen sie auch zur Entstehung neuer Merkmale, die entweder die Überlebenschancen des Individuums hemmen oder seine Fortpflanzungschancen erhöhen können.

10 Wie entstand die DNA?

Die Komplexität des DNA-Moleküls zu erklären zählt zu den größten Problemen der Evolutionsbiologie. Die Wahrscheinlichkeit, dass sich selbst ein kleines Stück der Doppelhelix zufällig formiert haben könnte, ist verschwindend gering. Daher müssen es verschiedene Arten von Selektionsdruck irgendwie geschafft haben, unzählige Generationen von Molekülen zu erzeugen, die sich in ihrer Gestalt der DNA immer weiter annäherten. Der hierfür gängigste Lösungsansatz, die »RNA-Welt-Hypothese«, stützt sich darauf, dass einsträngige RNA-Moleküle über geringere Fähigkeiten zur Informationsspeicherung verfügen. Studien legen nahe, dass die sogenannte chemische Energetik die RNA-Bausteine nach deren Bildung einerseits stabil gehalten haben dürfte, es ihnen andererseits aber nur erlaubte, mit ganz bestimmten chemischen Substanzen ganz spezifische Bindungen einzugehen. Folglich könnten die ersten Lebensformen RNA-Ketten mit konkurrierenden chemischen Ausstattungen gewesen sein. Sie hätten sich entweder dadurch repliziert, dass sie konkurrierende Stränge ausschlachteten, oder indem sie mit ihnen »kooperierten« – so lange, bis die ersten vollständigen DNA-Stränge auf der Bildfläche erschienen.

// WIE EIN GENIE REDEN

▪▶ »Der große Beitrag Rosalind Franklins zu dieser ganzen Strukturgeschichte bestand aus Fotos von DNA, die sie mithilfe der sogenannten Kristallstrukturanalyse aufgenommen hatte. Im Prinzip durchleuchtet man ein Material mit Röntgenstrahlen, sodass diese beim Durchqueren der Lücken zwischen den Molekülen gebeugt oder in alle Richtungen verteilt werden. Am Ende erhielten Watson und Crick, auch wenn es nicht wirklich ihr eigenes Verschulden war, ohne Franklins Zustimmung Teile ihrer Arbeit, die ihnen dabei halfen, die Doppelhelix-Struktur zu ermitteln.«

▪▶ »Aus moralischer Sicht kann man darüber streiten, wie jene Information weitergegeben wurde. Die wahre Schande ist aber, dass Franklin in dem Artikel über die Entdeckung der DNA-Struktur nicht einmal namentlich erwähnt wird, weil ihre Arbeit zum damaligen Zeitpunkt formal noch nicht veröffentlicht war. Zudem verpasste sie die Chance auf einen Nobelpreis, weil sie 1958 starb und dieser nicht posthum vergeben wird. Dennoch hat sie sich für Frauen in der Wissenschaft zu einer derartigen Ikone entwickelt, dass man aus heutiger Sicht sagen könnte, dass sie sogar berühmter ist als Crick und Watson.«

👁 WAREN SIE EIN GENIE?

1 RICHTIG – Genetiker lieben die gemeine Fruchtfliege, weil sie nur vier Chromosomen besitzt, innerhalb von zehn Tagen schlüpft und deshalb perfekt dazu geeignet ist, die Verbreitung genetischer Veränderungen zu beobachten.

2 FALSCH – Tatsächlich findet die Trennung und zufällige Vermischung der Gene bei der Herstellung der Sperma- und Eizellen statt.

3 FALSCH – Die Sprossen der DNA bestehen aus chemischen Basen, die von einem Phosphat-Rückgrat gehalten werden. Aminosäuren kommen bei der Proteinherstellung zum Einsatz.

4 RICHTIG – So können die vier Buchstaben der DNA insgesamt 64 Drei-Buchstaben-Codone bilden, werden jedoch lediglich zur Bestimmung von 20 Aminosäuren genutzt. Von diesen kann jede auf zwei oder mehrere Arten kodiert werden, was für Redundanz sorgt.

5 FALSCH – Kleine Mengen an DNA sind immer auch außerhalb des Zellkerns zu finden, in den Mitochondrien, den Kraftwerken der Zelle.

🖊 KURZFASSUNG für Hochstapler

Der aus vier Buchstaben zusammengesetzte genetische Code der DNA kann eine schier unendliche Vielfalt hervorbringen, sobald er im Inneren von lebenden Organismen in Proteine umgewandelt wird.

DAS MENSCHLICHE GENOM

»Kann es etwas Überzeugenderes für die Erforschung der Menschheit geben,
als unsere eigene Gebrauchsanweisung zu lesen?«

– FRANCIS S. COLLINS –

Das menschliche Genom ist die Gesamtsumme aller genetischen Informationen, die einen typischen Menschen ausmachen – eine Folge von mehr als drei Milliarden auf den DNA-Strängen aneinandergereihten Nukleinsäuren, aus denen sich (unter anderem) die verschiedenen Chromosomen des Menschen zusammensetzen. Allein das Zusammentragen dieser Informationen bedeutete eine enorme technologische Herausforderung, während die weitaus gewaltigere darin besteht zu verstehen, was das alles überhaupt zu bedeuten hat. Wir fangen gerade erst an, unsere genetische Veranlagung zu begreifen.

Das Genom ist ein Buch mit rund drei Milliarden Buchstaben – stellen Sie sich doch einmal vor, was möglich wäre, wenn wir seine gesamte Bedeutung kennen würden ...

SIND SIE EIN GENIE?

1 Die Gene von Mensch und Schimpanse sind zu 98 Prozent gleich, doch innerhalb unserer eigenen Art sind wir zu 99,5 Prozent identisch.
RICHTIG / FALSCH

2 Celera Genomics, das privatwirtschaftliche Unternehmen, welches das menschliche Genom entschlüsselt hat, bat die Öffentlichkeit um DNA-Spenden.
RICHTIG / FALSCH

3 Die menschliche Genomforschung hat mehr als 100 000 bedeutende Gene auf unseren Chromosomen identifiziert – mehr als irgendjemand erwartet hätte.
RICHTIG / FALSCH

4 Die Junk-DNA ist ein redundanter genetischer Code, der einzelne Gene auf einem Chromosom voneinander trennt.
RICHTIG / FALSCH

5 Dauerte die Entschlüsselung des ersten menschlichen Genoms noch 13 Jahre, kann eine ähnliche Aufgabe heute in ein paar Stunden erledigt werden.
RICHTIG / FALSCH

ZEHN DINGE, DIE EIN GENIE WEISS

1 Die Struktur des Genoms

Eine typische menschliche Zelle führt den Großteil ihrer genetischen Information im Inneren ihres Zellkerns, einem geschützten Bereich in der Zellmitte, mit sich. Darin wickeln sich lange DNA-Stränge umeinander, um so die relativ kompakten Spulen der Chromosomen zu bilden. Insgesamt gibt es 46 Chromosomen: 22 passende Paare, die »Autosomen«, und 2 Geschlechtschromosomen, die »Gonosomen« (bei Frauen sind es ein Paar X-Chromosomen, bei Männern ein X- und ein Y-Chromosom). Beträchtliche Unterschiede zeigen sich bei der Länge der einzelnen Chromosomen, von 249 Millionen Basenpaaren auf dem längsten »Chromosom 1« bis 57 Millionen auf dem Y-Chromosom. Darüber hinaus tragen die sogenannten Mitochondrien, die kleinen Kraftwerke der Zelle, ihr eigenes kleines DNA-Paket (16 569 Paare) mit sich herum.

2 Wie sequenziert man die DNA?

Auch wenn das grundlegende (und für kurze DNA-Abschnitte bis heute eingesetzte) Verfahren zur Sequenzierung der DNA, das Frederick Sanger und sein Team 1977 auf den Weg brachten, komplex ist, lohnt es sich, etwas darüber zu wissen (selbst wenn es nur darum geht zu verstehen, was eigentlich jene Schaubilder in Krimiserien wie *CSI: Miami* bedeuten). Zuerst werden einzelne DNA-Fragmente mithilfe der »Polymerase-Kettenreaktion« massenhaft repliziert und anschließend durch Wärmezufuhr reißverschlussartig »aufgetrennt«. Dabei kommen »Primer« zum Einsatz, chemische Substanzen, die auf spezielle Basenfolgen abgerichtet sind und die Fragmente in

viele kleinere Teilstücke unterteilen. Diese Teilstücke verteilt man nun auf vier Gefäße und fügt ihnen jeweils Stoffe hinzu, die sich an die unterschiedlichen Buchstaben des zertrennten Strangs anheften und so die ursprüngliche »DNA-Leiter« rekonstruieren. Allerdings erhält jedes Gefäß auch eine modifizierte Substanz – einen Farbstoff, der an einem der Buchstaben haftet und die Reproduktion an dieser Stelle beendet. Das Endergebnis ist ein Mix aus eingefärbten DNA-Strängen unterschiedlicher Länge, die allesamt auf einen bestimmten Buchstaben enden. Nun wird der Inhalt der Gefäße in vier Kolonnen auf einem Plastikträger verstrichen (je eine Spalte pro Buchstabe) und die sogenannte Elektrophorese angewandt, um sicherzustellen, dass sich die kleineren und leichteren Stränge weiter voranbewegen. Zum Schluss geht es beim Lesen der DNA-Sequenz nur noch darum zu sehen, welche Kolonne an einem bestimmten Punkt DNA angehäuft hat.

3 Die automatisierte Sequenzierung

Das Problem von Sangers Methode und den meisten anderen besteht schlicht darin, dass man eine ganze Menge DNA sequenzieren muss. Zudem muss sie, sobald man sie erst einmal in kurze Stränge von ein paar Dutzend bis ein paar Hundert Buchstaben Länge zerschnitten hat, irgendwie auch wieder zusammengesetzt werden. Doch zum Glück sind Computer in so etwas ziemlich gut: So zerteilt das als »Shotgun Sequencing« bekannte Verfahren identische DNA-Stränge auf unterschiedliche Weise, um sie danach einzeln zu sequenzieren. Die verschieden langen Stränge führen zu Überlagerungen im Code, sodass ein

Computer das Ganze durchsuchen und herausfinden kann, wie alles zusammenpasst. In neueren Sequenzierungsmethoden wird diese Arbeit in Form von parallelen Abläufen automatisiert, was die ganze Sache extrem viel schneller macht.

4 Der Wettlauf um das Genom

Das Ziel, das menschliche Genom vollständig zu entschlüsseln, wurde bekanntlich zu einer Art Wettlauf. So sah sich das *Human Genome Project* (HGP), das 1990 mit Unterstützung zahlreicher Regierungen aus aller Welt ins Leben gerufen worden war, der Konkurrenz der Privatfirma Celera Genomics gegenüber. Diese nutzte die veröffentlichten Daten des HGP als Trittbrett und konnte alsbald aufschließen, obwohl sie erst 1998 gegründet worden war. Im Jahr 2000 publizierte das HGP den ersten groben Entwurf (woraufhin Celera 2001 nachlegte), während die vollständige Entschlüsselung durch das HGP 2003 bekannt gegeben wurde.

5 Gen-Müll

Die Entdeckung, dass riesige DNA-Mengen anscheinend überflüssig sind, gehörte zu den überraschenden Ergebnissen der menschlichen Genomforschung. So »liest« eine Zelle zur Herstellung von Proteinen nur sogenannte Exons, relativ kurze Abschnitte des Strangs, während die langen DNA-Sequenzen zwischen den Exons (die »Introns«) schlicht und ergreifend übergangen werden, gerade so, als hätten sie keinerlei Bedeutung – ergo der Begriff »Junk-DNA«. Genetiker bevorzugen dagegen den Begriff »nicht kodierende DNA«, weil man inzwischen sagen kann, dass sie durchaus gewisse Funktionen haben. Die Ergebnisse des HGP legen nahe, dass bis zu 90 Prozent unserer DNA nicht kodierend sind.

Dieser Anteil ist beträchtlich größer als bei einfacheren Lebensformen, weshalb ein Vorschlag zur Deutung lautet, dass sich die Introns mit wachsender Komplexität der DNA anhäufen und vergrößern.

6 Der genetische Fingerabdruck

Während rund 99,9 Prozent des Genoms bei allen Menschen identisch sind, weist der Rest beträchtliche Unterschiede innerhalb der Bevölkerung auf und ist für jedes Individuum (mit Ausnahme eineiiger Zwillinge) einzigartig. Zum Erstellen eines DNA-Profils bzw. -Fingerabdrucks betrachtet man jene höchst veränderlichen Bereiche oder »Loci« auf einem Chromosom und sucht dort nach sogenannten short tandem repeats (STRs) – Orten, wo sich eine bestimmte Buchstabenfolge in der DNA mehrfach wiederholt. In der Regel findet sich jedes spezifische Wiederholungsmuster jeweils nur bei einem geringen Teil der Bevölkerung wieder. Wenn aber die Überprüfung ausreichend vieler eigenständiger Loci in zwei DNA-Proben noch immer zu Übereinstimmung führt, steckt mit großer Sicherheit kein Zufall dahinter. Die STR-Muster spezifischer Loci dienen DNA-Datenbanken als Grundlage und außerdem zur Feststellung enger Verwandtschaftsbeziehungen – in der Gerichtsmedizin ebenso wie in der Talkshow am Nachmittag.

7 Der Schlüssel zur Genealogie

Im Gegensatz zur chromosomalen DNA (in der sich die von beiden Eltern geerbten Merkmale vermischen) wird die kurzsträngige mitochondriale DNA (mtDNA) für gewöhnlich nur von der Mutter übernommen. In der Folge bleibt sie über viele Generationen hinweg fast unverändert, obwohl es auch hier im Laufe der Zeit durch zufällige Mutationen zu graduellen Veränderungen kommt, die anschließend weitergegeben werden. Das macht die mtDNA zu einem mächtigen Werkzeug für die Erstellung von Stammbäumen, und zwar nicht nur bei uns Menschen, sondern bei einer Vielzahl von heute lebenden Arten, frei nach der Faustregel: Je größer die Übereinstimmung in der mtDNA zweier Individuen, desto weniger weit liegt die Zeit eines gemeinsamen Vorfahren zurück. Das gleiche Prinzip ist auch auf das Y-Chromosom anwendbar, das nur väterlicherseits weitergegeben wird.

8 Die Mutter aller Menschen

Die Erforschung des Mitochondriums hat zu bemerkenswerten Entdeckungen geführt – etwa, dass alle heute lebenden Menschen über eine durchgängige mütterliche Abstammungslinie zu einer einzigen Frau verfügen, der »mitochondrialen Eva«, die vor geschätzt 100 000 bis 150 000 Jahren in Afrika lebte (obwohl sie sicher nicht die einzige Frau damals war und auch andere neben ihr bis heute lebende Nachkommen haben, eben nur nicht mit durchgängigen Abstammungslinien). Anhand von Evas »Töchtern«, den nach ihr nächsten gemeinsamen weiblichen Vorfahren großer Bevölkerungsteile, lässt sich nachverfolgen, wie sich der Mensch auf der ganzen Welt ausbreitete. Darüber hinaus gibt es eine väterliche Abstammungslinie, die bis zum »Adam des Y-Chromosoms« vor rund 200 000 bis 300 000 Jahren zurückreicht.

9 Genetische Erkrankungen

Die Genomforschung hat gezeigt, dass enorm viele Erkrankungen eine genetische Komponente besitzen. So weiß man von mehr als 4000 Krankheiten, dass sie durch Äußerung eines einzelnen fehlerhaften Gens ausgelöst werden und deshalb genau denselben Vererbungsregeln gehorchen, die Gregor Men-

del schon in den 1860er-Jahren entdeckt hatte. Krankheiten, deren Gen auf den autosomalen Chromosomen liegt, können entweder dominant sein (sodass sich das Gen immer äußert, wenn es vorhanden ist, und die Wahrscheinlichkeit dafür beim Nachwuchs normalerweise 50 Prozent beträgt) oder rezessiv (sodass sich das Gen mit einer Wahrscheinlichkeit von 25 Prozent nur dann äußert, wenn beide Eltern Träger und beide Kopien vorhanden sind). Indes sind die Vererbungsmuster von Krankheiten, die durch Genmutationen des gonosomalen X- oder Y-Chromosoms verursacht werden, deutlich komplexer. So wird die »gonosomal-X-rezessive« Blutgerinnungsstörung Hämophilie von Frauen ohne irgendwelche Symptome geerbt, während es sein kann, dass sich die Krankheit später im männlichen Nachwuchs äußert – wie einige Nachfahren Queen Victorias zu ihrem Unglück entdeckten.

10 Urheberrechtsschutz für Gene?

Eine der schwierigsten Fragen bei der Entschlüsselung von Genomen lautet, wem die Daten gehören. Das öffentlich finanzierte HGP stellte seine Daten frei zur Verfügung, während Craig Venter, der Gründer von Celera Genomics, mit seinem Versuch, große Teile natürlich vorhandener Gene patentieren zu lassen, eine Kontroverse auslöste. Im Jahr 2000 wurde das Problem zum Teil gelöst. Damals verkündete US-Präsident Bill Clinton, dass das gesamte menschliche Genom frei verfügbar sein sollte (und schickte damit die Biotech-Aktien auf Talfahrt), während gleichzeitig ein erster Entwurf des Genoms vorgestellt wurde. Trotz allem schwingen ethische Fragen bis heute mit, wenn es um die Vergabe von Patenten für modifizierte, nicht menschliche oder künstlich erzeugte Gene geht.

// WIE EIN GENIE REDEN

■➡ »Der erste Organismus, dessen Genom vollständig entschlüsselt wurde, war 1995 *Haemophilus influenzae,* ein einfaches Bakterium mit 1,8 Millionen Basen-Buchstaben auf einem einzigen Chromosom.«

■➡ »Auch wenn alle davon reden, dass schon das gesamte menschliche Genom entschlüsselt worden ist, haben Forscher bislang nur etwa 92 Prozent abgedeckt. Die als ›Heterochromatin‹ bekannten fest geschnürten DNA-Klumpen, die man an den Spitzen der Chromosomen und dort findet, wo sich die Paare in der Mitte verbinden, sind so schwer zu entziffern, dass Forscher bis heute an ihnen arbeiten.«

■➡ »Das *Human Genome Project* kostete etwa 3 Milliarden US-Dollar, während Celera das Genom für etwa ein Zehntel dieser Summe sequenzierte. Allerdings musste das HGP zuerst einen Großteil der benötigten Technologien von Grund auf entwickeln, während Celera den Vorteil hatte, später einsteigen und viele der Vorarbeiten einfach übernehmen zu können. Eine völlig neuartige Technologie macht es heutzutage möglich, dass man ein komplettes menschliches Genom für nicht einmal 1000 US-Dollar entschlüsseln kann — und es geht sogar noch billiger, wenn man nur die Exons haben will!«

👁 WAREN SIE EIN GENIE?

1 FALSCH – Hier werden zwei unterschiedliche Dinge miteinander verglichen. Wir haben zu 98 Prozent die gleichen Gene wie Schimpansen, teilen aber 100 Prozent unserer Gene mit allen anderen Menschen. Und nur *innerhalb* dieser genetischen Ausstattung ist die ganze Vielfalt der Menschheit auf etwa 0,5 Prozent Unterschiede im tatsächlichen Gen-Code zurückzuführen.

2 FALSCH – Celera Genomics entschlüsselte die DNA ihres Gründers Craig Venter, während das HGP die DNA einer Reihe anonymer Spender nutzte.

3 FALSCH – Wie es scheint, hat unser Genom nur etwa 19 000 bis 20 000 Protein-kodierende Gene – viel weniger als die weit über eine Million, die man ursprünglich erwartet hatte.

4 RICHTIG – Sie als »Junk« zu bezeichnen ist aber unverschämt, denn die Genetiker sind sich noch gar nicht wirklich sicher, dass sie keine Funktion hat.

5 RICHTIG – Und bald wird es dank Automatisierung und leistungsstärkerer Computer möglich sein, Genome in weniger als einer Stunde zu entschlüsseln.

✏ KURZFASSUNG für Hochstapler

Die Möglichkeit, das Genom zu lesen, ist ein erster großer Schritt auf dem Weg, unsere zelluläre Veranlagung zu verstehen und vielleicht sogar zu manipulieren.

DIE URSPRÜNGE DES MENSCHEN

»Es ist daher wahrscheinlich, dass Afrika früher von jetzt ausgestorbenen Affenarten bewohnt war, die mit dem Gorilla und dem Schimpansen nahe verwandt waren; und da diese beiden Arten jetzt die nächsten Verwandten des Menschen sind, so ist es wahrscheinlicher, dass unsere ältesten Vorfahren auf dem afrikanischen Festland gelebt haben als anderswo.«

– CHARLES DARWIN –

Die modernen Menschen sind in mancher Hinsicht einzigartige Tiere – verglichen mit anderen Primaten haben wir eine relativ geringe Körperbehaarung, einen aufrechten Stand auf zwei Füßen und ein enorm vergrößertes Gehirn. Schätzungsweise 20 Millionen DNA-Nukleotide (rund 0,6 % unseres Genoms) sind mutiert, seit sich unsere Abstammungslinie von jener der Schimpansen trennte. Das Ergebnis war eine ganze Reihe von zunehmend vertraut aussehenden menschenähnlichen Vorfahren. Und doch ist die Geschichte der menschlichen Ursprünge bei Weitem nicht geradlinig, und neuere Entdeckungen haben gezeigt, dass nahe Verwandte von uns überraschend lange fortexistiert haben.

> Woher kam der *Homo sapiens*, wer waren unsere Urahnen, und wo sind all unsere Verwandten hin?

 ## SIND SIE EIN GENIE?

1 Ein kleiner Teil unserer DNA geht auf den Neandertaler zurück, was darauf hinweist, dass sich unsere Vorfahren mit diesem kreuzten. Allerdings findet sich Neandertaler-DNA nur bei Nichtafrikanern.
RICHTIG / FALSCH

2 Laut der Theorie vom »Wasseraffen« haben unsere Ahnen in einer bestimmten Entwicklungsperiode viel Zeit im Wasser verbracht.
RICHTIG / FALSCH

3 Nachdem 1921 die Fossilien des Peking-Menschen entdeckt worden waren, hielten die Wissenschaftler China für das wahrscheinliche Ursprungsgebiet der menschlichen Spezies.
RICHTIG / FALSCH

4 Unser erster auf zwei Füßen stehender Verwandter soll vor etwa 7 Millionen Jahren gelebt haben. Vielleicht war er mit Schimpansen enger verwandt als mit Menschen.
RICHTIG / FALSCH

5 Die Gehirngröße der Hominiden ist stetig gewachsen. Der moderne *Homo sapiens* hat ein rund viermal größeres Gehirn als unser letzter gemeinsamer Vorfahr mit den Schimpansen.
RICHTIG / FALSCH

ZEHN DINGE, DIE EIN GENIE WEISS

1 Die Menschenaffen sind nahe Verwandte von uns

Menschen und unsere engsten lebenden Verwandten, die Großen Menschenaffen, bilden eine taxonomische Familie, die Hominidae. Fossilien mit menschenähnlichen Merkmalen lassen sich in Afrika rund 20 Millionen Jahre zurückverfolgen, aber zu einer eigenen Familie im wissenschaftlichen Sinne wurden die Hominidae erst einige Jahrmillionen später, als sich die Urahnen der Gibbons (also der Kleinen Menschenaffen) abzweigten und ihren eigenen evolutionären Weg beschritten. Genetische und fossile Belege deuten darauf hin, dass als Nächste die Orang-Utans vor etwa 10 Millionen Jahren ihre eigenen Wege gingen, während sich die Gorillas vor rund 6,3 Millionen Jahren abspalteten. Vor etwa 4 Millionen Jahren trennten sich die Menschen von unserem gemeinsamen Vorfahren mit den Schimpansen und Bonobos. (All diese Schätzungen geben die späteste Periode an, in der die genannten Arten noch durch Kreuzungen ihr genetisches Material austauschen konnten; in der Praxis begannen die wichtigsten Abstammungslinien schon mindestens vor 13 Millionen Jahren auseinanderzulaufen.)

2 Unsere Art ist die einzige ihrer Art

Weil der *Homo sapiens* heute der einzige Vertreter unserer Gattung *Homo* ist, kann man leicht annehmen, dass die ausgestorbenen Arten eine gerade Abstammungslinie bilden, die direkt zu jenem Vorfahren zurückführt, der sich von den Schimpansen abzweigte. Die wahre Geschichte ist aber komplexer – der menschliche Stammbaum hat eher viele verschlungene Äste als einen einzigen Stamm.

Wir haben zahllose Cousins, Onkel und Tanten, die uns mal mehr, mal weniger nahestehen. Die Frage, wie sich die ausgestorbenen Arten in das Gesamtbild einfügen, ist ein harter Brocken: Fossile Überbleibsel sind selten und fragmentarisch, und DNA kann man nur aus den jüngsten, »subfossilen« Knochen gewinnen und analysieren, also von Arten wie dem Neandertaler.

3 Lucy und die »Südaffen«

Neben der Gattung *Homo* gab es noch eine andere große Gattung von Hominiden – die Australopithecina oder »Südaffen«. Sie weisen verschiedene menschenähnliche Merkmale auf, etwa den aufrechten Gang, aber ihre Gehirne waren vermutlich nur so groß wie die von Schimpansen (was zeigt, dass sich die Zweifüßigkeit wahrscheinlich herausbildete, bevor die Intelligenz anwuchs). Am besten bekannt ist der *Australopithecus afarensis*, jenes berühmte Fossil, das man 1974 im äthiopischen Hadar fand und auf den Namen »Lucy« taufte. Man nimmt häufig an, dass auf Lucys Artgenossen auch die bekannten »Laetoli-Fußabdrücke« zurückgehen – eine Reihe von Spuren, die drei Zweibeiner vor etwa 3,6 Millionen Jahren in frisch niedergegangener Vulkanasche hinterlassen haben. Über das Verwandtschaftsverhältnis von *Homo* und *Australopithecus* wird noch heftig debattiert: Waren die Südaffen unsere Vorfahren oder unsere Zeitgenossen?

4 Die Olduvai-Schlucht

Fossilienfunde legen nahe, dass in Ostafrika das Zentrum der Evolution der frühen Hominiden lag – besonders im Gebiet um den Großen Afrikanischen Grabenbruch. Die berühmteste Fundstätte ist die Olduvai-Schlucht in Tansania, wo Paläontologen wie Louis und Mary Leakey Fossilien einer ganzen Reihe früher Hominiden ausgruben. Unter ihnen war der *Homo habilis* (»geschickter Mensch«), der vor 1,9 Millionen Jahren existierte, aber auch der ungefähr zeitgleich lebende Südaffe *Paranthropus boisei* und der *Homo erectus* (vor 1,2 Millionen Jahren). Hier und anderswo gefundene Steinwerkzeuge deuten darauf hin, dass die Herstellung ganz einfacher Werkzeuge schon unter den Australopithecina einsetzte und dann bedeutende Fortschritte machte – bis hin zum klassischen Feuerstein-Faustkeil des *H. erectus*. In den letzten Jahrzehnten hat sich der Fokus der Suche nach frühen Hominiden weiter nach Norden verlagert, nach Äthiopien.

5 Zweifüßigkeit

Die Fähigkeit, über längere Zeit hinweg auf zwei Füßen zu gehen, war in der Evolution der Hominiden ein entscheidender Fortschritt, und es gibt viele Theorien darüber, wie es dazu gekommen ist. Australopithecina wie Lucy scheinen im Grenzbereich zwischen Wäldern und offenen Savannen gelebt zu haben, also in Umgebungen, in denen der Evolutionsdruck es gefördert haben mag, wenn eine Art ihre ursprünglichen Kletterfähigkeiten gegen die Befähigung eintauschte, weiter zu sehen und längere Zeit im energieeffizienteren aufrechten Gang umherzulaufen. Anderen Theorien zufolge war man durch den aufrechten Gang weniger der Hitze ausgesetzt, sodass Zweibeiner aktiv bleiben konnten, wenn andere Arten Siesta machen mussten. Manche meinen sogar, dass Zweifüßigkeit (und der Verlust der Körperbehaarung) eine Anpassung an ein Leben war, das sich teilweise im Wasser abspielte, wo unsere Vorfahren Fische fingen. Was auch immer der Auslöser war – die Zweifüßigkeit hatte dramatische Folgen: Sie machte die vorderen Gliedmaßen frei, sodass Werkzeuge besser gehandhabt werden konnten, und trieb die Herausbildung des opponierbaren Daumens voran.

Vereinfachter Stammbaum der Gattung Homo

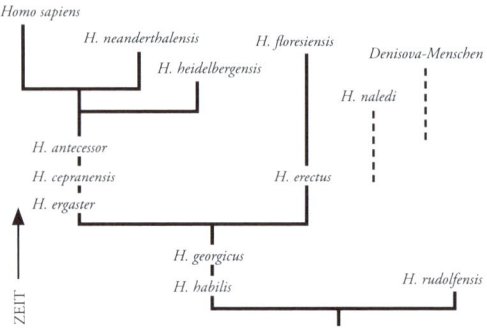

6 Die Out-of-Africa-Theorie

Fossile und genetische Indizien weisen darauf hin, dass unsere Vorfahren nicht nur einmal versuchten, sich von Afrika aus über die Welt zu verbreiten, sondern gleich dreimal. *Homo erectus* wagte vor etwa zwei Millionen Jahren als erste Art den Aufbruch und breitete sich erfolgreich über Europa und Asien aus. (Die ersten Fossilien des *H. erectus* wurden in China gefunden, weshalb man die Art zunächst »Peking-Mensch« nannte.) Verschiedene Linien des *H. erectus* führten schließlich zur Entstehung neuer eigener Arten, aber die modernen Menschen stammen alle von jenem Zweig ab, der im afrikanischen Heimatterritorium verblieben war. Hier brachte die Evolution vor mindestens 300 000 Jahren den anatomisch modernen Menschen *(Homo sapiens)* hervor.

7 Out of Africa, zum Zweiten

Unsere Vorfahren folgten den Fußstapfen des *H. erectus* und begannen vor etwa 100 000 Jahren, sich über Afrika hinaus auszubreiten. Neueste Funde legen nahe, dass der früheste »Ausbruch« des *H. sapiens* über Nordafrika hinaus vor ca. 120 000 Jahren stattfand und mit dem Aussterben der Migranten endete, aber ein erneuter Versuch über die Arabische Halbinsel hatte mehr Erfolg. Vor 50 000 Jahren hatten sich die modernen Menschen bereits über Europa, Asien und Australien verbreitet. Nord- und Südamerika konnten sie erst erreichen, als vor etwa 15 000 Jahren auf dem Höhepunkt der letzten Eiszeit eine Landbrücke von Sibirien nach Alaska entstand.

8 Die Neandertaler

Homo neanderthalensis, die vielleicht berühmteste ausgestorbene Menschenart, streifte einst durch weite Teile Eurasiens. Ihr Name verweist auf das Flusstal in Deutschland, wo man einige der frühesten Fossilienfunde von dieser Art machte. Lange Zeit wurden Neandertaler ungerechterweise als rohe und missgestaltete Primitivlinge dargestellt, aber in Wahrheit hatten sie größere Gehirne als der moderne Mensch, und es gibt immer mehr Belege für die Existenz einer hoch entwickelten Neandertalerkultur mit Begräbnisriten, Kunstschaffen und Schmuckherstellung. Obgleich alle Fossilien aus Eurasien stammen, gibt es genetische Indizien dafür, dass die Neandertaler bereits vor einer halben Million Jahren im subsaharischen Afrika eine eigene Population bildeten. Erst später verbreiteten sie sich bis nach Europa und starben in ihrer ursprünglichen Heimat vor ca. 160 000 Jahren aus.

9 Frisch entdeckte Hominiden

In den letzten Jahren haben archäologische Funde gezeigt, dass einige andere Hominiden-Arten bis in neuere Zeit überlebten. Die indonesische Insel Flores war die Heimat des *Homo floresiensis*, einer Gruppe zwergenhafter Menschenartiger, die den Spitznamen »Hobbits« verpasst bekamen. Sie stammten offenbar von einer *Homo erectus*-Population ab, die sich über mindestens eine Million Jahre hinweg isoliert weiterentwickelte, und könnten noch bis vor 50 000 Jahren existiert haben. Im Jahr 2010 enthüllten DNA-Analysen eines 40 000 Jahre alten Fingerknochens aus dem abgelegenen sibirischen Altai-Gebirge die Existenz einer weiteren neuen Art, die man »Denisova-Mensch« nennt. Am erstaunlichsten ist aber vielleicht der *Homo naledi*, ein Hominide mit einem Mix aus altertümlichen Merkmalen (z. B. einem kleinen Schädel) und modernen Zügen, etwa der Zweifüßigkeit. Die in Südafrika entdeckten Überbleibsel dieser Art waren weniger als 250 000 Jahre alt. Der *H. naledi* war eher ein Cousin des modernen Menschen als sein direkter Vorfahr.

10 Warum der *Homo sapiens* triumphierte

Fossilien deuten darauf hin, dass sich die letzten Neandertaler noch vor 40 000 Jahren an den äußersten Südwesten Europas klammerten. Als dann aber der *Homo sapiens* seine Reise über Afrika hinaus fortsetzte, starben drei andere Hominiden-Arten offenbar ziemlich rasch aus. Man muss sich also fragen, ob wir die Schuld daran tragen. Bislang gibt es keine unumstrittenen archäologischen Beweise für Gewalt zwischen rivalisierenden Hominiden-Arten. Möglicherweise waren unsere Ahnen einfach tauglicher für eine sich wandelnde Umgebung, sodass sie unsere Cousins bei der Suche nach der knappen Nahrung übertrumpften. Auf jeden Fall fiel die Ankunft des *H. sapiens* in Europa mit einschneidenden Klimaveränderungen während der letzten Eiszeit zusammen, und das endgültige Aussterben der Neandertaler deckt sich zeitlich recht genau mit der letzten großen Kälteperiode.

// WIE EIN GENIE REDEN

▪➡ »So ziemlich jedes Mal, wenn jemand einen neuen fossilen Hominiden entdeckt, versucht er (verständlicherweise) zu zeigen, dass es sich um einen unserer direkten Vorfahren handelt – wer will schon irgendeine ausgestorbene Großtante ausbuddeln?«

▪➡ »Dass die Neandertaler grunzende Höhlenbewohner gewesen seien, ist eine völlig überholte Vorstellung, und das schon seit 60 Jahren! Sie beruht vor allem auf dem Skelett eines Mannes, das 1908 neben dem französischen Dorf La Chapelle-aux-Saints ausgegraben wurde. Ein Paläontologe namens Marcellin Boule untersuchte es und gab Zeichnungen in Auftrag, die einen gekrümmten Affenmenschen zeigten. Dabei entging Boule aber, dass er das Skelett eines Vierzigjährigen vor sich hatte – was für einen Neandertaler ein ganz schön hohes Alter war. Der Mann hatte seine Zähne verloren und litt an fortgeschrittener Arthritis. Im Jahr 1957 erkannten Forscher dieses Problem, und seitdem haben die Wissenschaftler festgestellt, dass Neandertaler dem heutigen Menschen eigentlich ziemlich nahestanden. Aber sie scheinen das alte Bild nicht aus unseren Köpfen herauszubekommen – ich glaube, daran ist Hollywood schuld!«

▪➡ »Eine interessante Theorie besagt, dass der moderne Mensch vor etwa 70 000 Jahren einen ›genetischen Flaschenhals‹ passieren musste. Damals verringerte sich die Zahl unserer Urahnen auf wenige Tausend lebende Exemplare. Das Gleiche ist offenbar mit einigen anderen Tierarten passiert, und manche Forscher sehen einen Zusammenhang mit dem Supervulkan Toba, der etwa zur gleichen Zeit in Sumatra ausgebrochen war. Aber bisher ist es nicht mehr als eine Theorie …«

👁 WAREN SIE EIN GENIE?

1 RICHTIG – Europäer, Asiaten und andere Nichtafrikaner tragen allesamt etwa 2 Prozent Neandertaler-DNA in sich.

2 RICHTIG – Laut Wasseraffen-Theorie sind unsere Zweifüßigkeit, die Unbehaartheit und das Unterhautfettgewebe Anpassungen an ein Jägerdasein im flachen Wasser. Diese Idee ist allerdings sehr umstritten.

3 FALSCH – Manche Wissenschaftler behaupteten zwar, der Peking-Mensch sei der Urahn der Chinesen, aber die meisten gingen weiterhin von einem afrikanischen Urahnen aus.

4 RICHTIG – *Sahelanthropus* ist ein früher Hominide, den man im Tschad fand. Es sind nur Schädelfragmente bekannt, aber die Position des Hinterhauptlochs legt einen aufrechten Gang nahe.

5 FALSCH – Das mit der vierfachen Gehirngröße ist zwar korrekt, aber sowohl der Neandertaler als auch der frühe europäische *Homo sapiens* hatten Gehirne, die im Durchschnitt größer waren als unsere heutigen.

✏ KURZFASSUNG für Hochstapler

Unser Stammbaum hat viel mehr Zweige, als wir einst dachten, aber unsere Ursprünge liegen in Afrika.

SPRACHE UND BEWUSSTSEIN

»Die Tiefenstruktur, die die Bedeutung zum Ausdruck bringt, ist, so heißt es,
allen Sprachen gemeinsam, da sie einfach eine Reflexion der Form des Gedankens darstelle.«
– NOAM CHOMSKY –

Einige der größten Fragen zum Thema
menschliche Evolution kreisen um die Dinge,
die uns offensichtlich zu Menschen machen –
Sprache, komplexes Denken und Selbsterkenntnis. Keine dieser Fähigkeiten hinterlässt
direkte archäologische Spuren, sodass es
schwer festzustellen ist, wann genau sie
aufkamen und wie sie die räumliche Verteilung und die Lebensweise des *Homo sapiens*
beeinflussten, als wir uns über den Planeten
ausbreiteten.

> Wie und wann vollzogen die Menschen
> den Sprung von instinktiven Tieren zu
> bewusstseinsbegabten Wesen, und war
> dieser Sprung womöglich eng mit der
> Entwicklung der Sprache verbunden?

👁 SIND SIE EIN GENIE?

1 Die meisten Biologen sind sich einig, dass die
menschliche Sprache in einem ganz anderen
Hirnbereich wurzelt als die typischen Primatenrufe.
RICHTIG / FALSCH

2 Eine neuere Studie deutet darauf hin, dass
unsere Hominiden-Vorfahren bereits vor
4,5 Millionen Jahren evolutionäre Veränderungen
durchmachten, die zu einer breiteren Palette von
Lautäußerungen führten.
RICHTIG / FALSCH

3 Um die Selbsterkenntnis bei anderen Tieren
zu testen, schaut man gern, ob sie einen
Farbklecks in ihrem Spiegelbild wahrnehmen.
Bisher haben nur Primaten, Delphine und
Killerwale diesen Test bestanden.
RICHTIG / FALSCH

4 Manchen Wissenschaftlern zufolge ist die
diffuse Natur unseres Bewusstseins das
Ergebnis quantenmechanischer Prozesse, die von
speziellen Organen in unserem Gehirn nutzbar
gemacht werden.
RICHTIG / FALSCH

5 Obwohl es in Detailfragen unterschiedliche
Auslegungen gibt, akzeptieren die meisten
Linguistik-Experten Noam Chomskys Idee einer
»Universalgrammatik«.
RICHTIG / FALSCH

ZEHN DINGE, DIE EIN GENIE WEIß

1 Der »große Sprung«

Soweit es fossile Belege zeigen können, sind die Menschen seit etwa 200 000 Jahren »anatomisch modern« – doch es gibt kaum Indizien für all das, was uns wirklich von anderen Tieren unterscheidet. Ein Schlüsselgebiet, auf dem solche Belege überdauern können, ist der einzigartige menschliche Wesenszug des Kunstschaffens, und hier zeigen Fundstücke, dass sich vor ungefähr 40 000 Jahren etwas Wesentliches in unserem Blick auf die Welt veränderte. Es ist die Periode, aus der die frühesten bewusst gestalteten Figuren aus Fundstätten in Mitteleuropa bekannt sind und aus der auch in Indonesien die ältesten Höhlenmalereien datieren. Daher glauben heute viele Experten, dass es etwa auf dem Höhepunkt des letzten Eiszeitalters zu einem tiefgreifenden Wandel der menschlichen Fähigkeiten kam.

2 Das Gehirn wächst

Ein unübersehbares Kennzeichen der menschlichen Evolution ist die Zunahme der Hirngröße. Während frühe Zweifüßler wie die berühmte Lucy ein ähnlich großes Gehirn hatten wie ein Schimpanse (rund 450 cm³), sind moderne menschliche Gehirne etwa dreimal so groß. Eine Theorie besagt, dass die Zweifüßigkeit unsere Urahnen zu effizienteren Jägern machte, die ein breiteres Spektrum von Nahrungsmitteln aufnahmen als die überwiegend vegetarisch lebenden Australopithecinen. Dies habe ihnen das Rohmaterial für das Gehirnwachstum geliefert. Eine andere Möglichkeit ist, dass der wirklich opponierbare Daumen, mit dem man kleine Gegenstände greifen konnte (zuerst nachgewiesen beim

Homo ergaster vor ca. 2 Millionen Jahren), die Entwicklung von Hirnbereichen vorantrieb, die sich diese neue Fähigkeit zunutze machen konnten.

3 Vorstellungskraft und Technologie

Zu den entscheidenden menschlichen Befähigungen gehört, dass wir uns Dinge vorstellen können, die außerhalb unserer unmittelbaren Erfahrung liegen. So »sah« ein Hominide, dass man aus einem runden Feuerstein mit ein paar gut platzierten Hieben ein scharfkantiges Werkzeug machen konnte, und vor allem vermochte er sich bildhaft vorzustellen, wie man dieses Werkzeug verschiedenartig nutzen konnte. Wissenschaftler glauben, dass der Akt der Imagination es erfordert, Erinnerungen an frühere Erlebnisse wieder hervorzuholen und sie auf neue Art zusammenzusetzen. In Studien zur tierischen Vorstellungskraft zeigen sich solche Fähigkeiten selten. Nur Schimpansen, Elefanten und Krähen haben bislang die Fähigkeit gezeigt, sich ein Werkzeug (etwa einen Stock) so zurechtzubasteln, dass es für eine spezifische Aufgabe besser geeignet ist.

4 Der Vorteil Sprache

Wie Studien belegen, lernen Tiere hauptsächlich durch Nachahmung – die Jungen imitieren ihre Eltern bei einer ganzen Reihe von Tätigkeiten, und wenn es darum geht, Nahrung zu finden, ahmt ein Neuling erfahrene Individuen nach. Die meisten Tiere müssen allerdings ohne richtige Sprache auskommen. Diese bietet den grundlegenden evolutionären Vorteil, eine Aufgabe mit Worten beschreiben und dem Neuling erklären zu können, was er richtig oder falsch macht. Indem sie den Lernprozess beschleunigt, könnte selbst eine ganz einfache Sprache einen gewaltigen Vorteil im Überlebenskampf darstellen. Nachdem sie erst einmal irgendwo aufgetaucht war, dürfte ein starker entwicklungsgeschichtlicher Selektionsdruck ihre rasche Ausbreitung über die gesamte menschliche Population gefördert haben.

5 Wie Fossilien die Sprachfähigkeit belegen

Menschen haben die einzigartige Fähigkeit, eine breite Palette von Tönen hervorzubringen, die ein sogar noch breiteres Spektrum an Bedeutungen tragen können. Aus physiologischem Blickwinkel ist diese Befähigung vor allem mit der Ausformung der weichen Gewebeteile in Kehlkopf und Gaumen verbunden. Weil sich solches Gewebe in Fossilien nicht erhält, kann man nicht direkt zurückverfolgen, wann bei unseren Urahnen die Sprache erstmals auftauchte. Stattdessen haben einige Paläoanthropologen auf die jeweilige Lage des Zungenbeins zurückgegriffen, eines beweglichen Knochens, der in der männlichen Pubertät ein Stück weiterwanderte, um den Adamsapfel zu bilden. Einigen Forschern zufolge spielt dieses Zungenbein eine Schlüsselrolle bei unserer Fähigkeit, vielfältige Laute zu bilden. Andere halten dies für eine falsche Fährte, denn das nicht abgesenkte Zungenbein der Frauen behindert ja eindeutig nicht deren Sprachfähigkeit. Neuere Funde zeigen auch, dass sich dieser Knochen schon bei den Neandertalern an etwa gleicher Stelle befand, obwohl man annimmt, dass sie nur beschränkte Sprachfähigkeiten hatten.

6 Ist unser Hirn für Sprache programmiert?

Der Linguist und Philosoph Noam Chomsky (geb. 1928) stellte die berühmt gewordene Behauptung auf, dass Sprache eine in viel stärkerem Maße angeborene Fähigkeit sei, als es das Erlernen durch Nachahmung vermuten ließe. Sein richtungweisendes Buch *Syntaktische Strukturen* (1957) revolutionierte die Sprachwissenschaft und verdrängte frühere behavioristische Theorien, nach denen Kinder einfach lernen, indem sie ihre Eltern nachahmen. Wie Studien zeigen, bilden Kinder in ihren Entwicklungsjahren nämlich ein klares Verständnis für komplexe grammatische und syntaktische Strukturen aus, ohne jemals direkt mit solchen Ideen vertraut gemacht worden zu sein. Laut Chomsky haben die Menschen eine einzigartige Evolution durchlaufen, sodass wir bereits mit einer Blaupause für Sprache geboren werden, einer sogenannten Universalgrammatik mit Grundregeln, die wir wirksam einsetzen können, um alle möglichen Sprachen, mit denen wir in unseren ersten Lebensjahren konfrontiert werden, schnell zu lernen.

7 Sprache kontra Kommunikation

Neben Chomsky ist Steven Pinker (geb. 1954) der andere große Name auf dem Gebiet der Evolutionslinguistik. Sein Buch *Der Sprachinstinkt* (1994) stützt Chomskys Grundthese, weicht jedoch in einem wichtigen Gesichtspunkt davon ab. Chomsky betrachtet die Universalgrammatik als ein Merkmal, das nur beim Menschen aufkam, und zwar durch eine kleine Mutation, die zu der schon bestehenden neuralen Ausrüstung zufällig auch noch sprachliche Fähigkeiten hinzufügte (und sich seit ihrem ersten Auftauchen kaum veränderte). Pinker behauptet, dass Sprache nur *ein* (wenn auch ein besonders nützlicher) Aspekt aus einer ganzen Reihe tierischer Kommunikationsfähigkeiten sei.

8 Das Sprach-Gen

Chomskys Grundidee, wonach Sprache von der Hardware unseres Gehirns abhängt, wurde von Evolutionsbiologen weiter verfolgt. Sie kämmten das menschliche Genom durch, um Belege für eine ererbte Sprachfähigkeit zu finden. Der bislang wichtigste genetische Kandidat dafür ist ein Gen namens FOXP2, dessen Fehlfunktion mit bestimmten Sprachstörungen verknüpft ist, besonders mit grammatischen Problemen. Das Gen beeinflusst sowohl die Gehirn- als auch die Lungenentwicklung und wirkt offenbar speziell auf die Fähigkeit der Neuronen im Gehirn, neue Verknüpfungen zu bilden (was ja für das Sprachenlernen ganz praktisch ist).

9 Wie das Bewusstsein ins Bild passt

Hat die Entwicklung der Sprache vielleicht automatisch die Entwicklung unserer geistigen Möglichkeiten ausgelöst, etwa die Herausbildung von Selbsterkenntnis und die Entstehung einer »Theorie des Geistes« – also eines Bewusstseins dafür, dass auch andere Menschen ihre eigenen Überzeugungen und Wünsche haben, die mit den unseren nicht deckungsgleich sein müssen? Die Sprachfähigkeit spielt zweifellos eine wichtige Rolle in der Fähigkeit zur Abstraktion, beim Austausch von Ansichten und bei der Konstruktion unserer geistigen Modelle von der Welt, aber ist das alles? In der Vergangenheit haben solche heiklen Fragen etliche Mystiker angezogen, während die Wissenschaftler eher davor zurück-

geschreckt sind. Es gibt allerdings einige faszinierende Theorien, die wenigstens teilweise fundiert sind.

10 Wann das Bewusstsein aufkam

Zwei radikal unterschiedliche Alternativen liefern dem Genie in spe gute Gesprächsthemen. Die Theorie von der »bikameralen Psyche« wurde 1976 von Julian Jaynes vorgebracht, aber die meisten Mainstream-Psychologen lehnen sie ab. Sie postuliert, dass noch bis vor 3000 Jahren die Trennung zwischen linker und rechter Hirnhälfte viel ausgeprägter gewesen sei als heute. Wir seien unserer selbst erst wirklich bewusst geworden, als diese Trennung zusammenbrach – eine Veränderung, die man an der gewandelten Sichtweise in alten religiösen und philosophischen Texten gut nachvollziehen könne. Die jüngere und ebenfalls noch unbewiesene »Aufmerksamkeits-Schema-Theorie« behauptet ganz im Gegensatz zu Jaynes, dass der harte Kern des Bewusstseins, die Vorstellung einer vom Körper getrennten geistigen Entität in uns, in der Evolution der Wirbeltiere ganz allmählich aufgekommen sei. Sie sei dem Bedürfnis entsprungen, der Verarbeitung von Sinneseindrücken in verschiedenen Situationen Priorität einzuräumen. Laut dieser Theorie kümmert sich ein primitives Organ namens »Tectum« – der hintere Teil unseres Mittelhirns – um Angelegenheiten, die unmittelbar unsere Aufmerksamkeit erfordern, während die fortgeschrittenere Großhirnrinde frei um die »Hintergrundinformationen« herumschweift, wobei sie den Fokus je nach unseren bewussten Interessen immer wieder verlagern kann.

// WIE EIN GENIE REDEN

▮➡ »Chomskys Ideen regten eine Reihe von Studien darüber an, wie Schimpansen lernen. Ein Weibchen (Washoe) wurde wie ein Menschenkind aufgezogen und lernte ca. 350 Wörter in Zeichensprache. Washoe konnte sie offensichtlich auf recht komplexe Weise kombinieren. Andererseits lernte ein Männchen (Nim Chimpsky), das unter strengeren Laborbedingungen unterrichtet worden war, nur etwa 125 und nutzte sehr beschränkte Kombinationen. Wenn Schimpansen tatsächlich grammatische Fähigkeiten haben, deutet das natürlich darauf hin, dass Pinker recht hatte und Sprache sich wirklich über einen längeren Zeitraum hinweg entwickelte.«

▮➡ »Das Problem bei alledem ist, dass die geistigen Fähigkeiten selbst nicht zu Fossilien werden. Deshalb sind Gräber so ein heißer Stoff für Paläoarchäologen. Begräbnisriten sind ein augenfälliges Zeichen für Kultur und eine einigermaßen komplexe Gesellschaft, und die frühesten allgemein anerkannten Bestattungen moderner Menschen fanden vor ca. 100 000 Jahren statt. Neandertaler nahmen vor etwa 50 000 Jahren bewusste Bestattungen vor, aber vielleicht waren sie ja bloß Trittbrettfahrer. Wirklich neu gemischt müssen die Karten werden, wenn man nachweisen kann, dass schon der *Homo naledi* vor 250 000 Jahren seine Toten bestattete.«

▮➡ »Wenn sich die Aufmerksamkeits-Schema-Theorie als zutreffend erweisen sollte, wäre so ziemlich jedes Wirbeltier bis zu einem gewissen Grad seiner selbst bewusst … Vielleicht sollte ich mich dann entscheiden, Vegetarier zu werden?«

👁 WAREN SIE EIN GENIE?

1 RICHTIG – Die Rufe der Primaten scheinen vom sehr ursprünglichen limbischen System auszugehen, während die menschliche Sprache offenbar von der hoch entwickelten Großhirnrinde verarbeitet wird.

2 RICHTIG – Wie Wissenschaftler herausfanden, weist der Schädel des *Ardipithecus ramidus* Merkmale auf, die diesem Hominiden geholfen haben könnten, variablere Töne zu erzeugen.

3 FALSCH – Auch andere Tiere haben den »Spiegeltest« bestanden, darunter Elefanten, Schweine und Elstern.

4 RICHTIG – Die Idee des »Quantenbewusstseins« wird in einem späteren Kapitel genauer erklärt.

5 FALSCH – Momentan wird heftig darüber debattiert, ob die Universalgrammatik als Theorie überhaupt funktioniert. Feldforscher weisen gern darauf hin, dass es in wenig bekannten Sprachen offenkundig Ausnahmen von den »Regeln« gibt.

KURZFASSUNG
für Hochstapler

Die Menschen werden mit mentalen Werkzeugen für komplexen Sprachgebrauch geboren, aber wir wissen nicht, ob diese mit unserer Selbsterkenntnis verbunden sind.

NATUR VS. KULTUR

»Es ist oft nicht so sehr die Wesensart eines Menschen, die seine Handlungsweise bestimmt, wie die Eigenart der Situation, in der er sich befindet.«

– STANLEY MILGRAM –

Wie viel vom menschlichen Verhalten geht auf unser genetisches Erbe zurück, und wie viel wird von Umgebung und Erziehung bestimmt? Diese Frage bildet den Kern einer Debatte, deren Bedeutung weit über die Biowissenschaften hinausreicht, denn viele Menschen glauben, dass sie auch einen subtilen Einfluss auf unsere Weltsicht hat und dass ihre Auswirkungen von der Sozialpolitik über die Ökonomie bis hin zur Philosophie reichen. Deshalb versteht es sich beinahe von selbst, dass sich jedes angehende Genie über die Beweislage in diesem Fall informieren sollte.

> Sind manche Menschen einfach schon mit bestimmten Neigungen geboren? Und wenn ja, sollten wir da eingreifen?

👁 SIND SIE EIN GENIE?

1 Auch wenn Zwillinge häufig ähnliche politische Ansichten haben, liegt das vermutlich weniger an genetischen Faktoren als an ihrer gemeinsamen Erziehung.
RICHTIG / FALSCH

2 Biologen glauben, dass sich manche ererbten Merkmale erst zeigen, wenn Umweltfaktoren den genetischen Code der DNA eines Individuums verändern.
RICHTIG / FALSCH

3 Obwohl ein »schwules Gen« in der natürlichen Auslese eindeutig von Nachteil ist, glauben Biologen, dass 50 Prozent der Bevölkerung genetische Marker für männliche Homosexualität in sich tragen könnten.
RICHTIG / FALSCH

4 Die Experimente, welche der Psychologe B. F. Skinner mit Schimpansen durchführte, überzeugten ihn davon, dass wir vor allem durch Verhaltensassoziationen ausgehend von Reizen und ihren Resultaten geformt werden.
RICHTIG / FALSCH

5 Es gibt zwar kein spezifisches Intelligenzgen, wohl aber starke Indizien dafür, dass Intelligenz teilweise ein ererbtes Merkmal ist.
RICHTIG / FALSCH

ZEHN DINGE, DIE EIN GENIE WEISS

1 Überleben der Anpassungsfähigsten

Charles Darwins Theorie einer Evolution durch natürliche Auslese bietet zweifellos eines der besten wissenschaftlichen Hilfsmittel zum Verständnis der Welt, und doch wurde sie von Anfang an auch für politische Zwecke in Beschlag genommen und missbraucht. Der Ausdruck *survival of the fittest* (eigentlich ja schon eine Vereinfachung von Darwins These) wurde als wissenschaftliches Feigenblatt verwendet, um alles Mögliche zu rechtfertigen – vom europäischen Imperialismus über Völkermorde bis hin zu aktuellen räuberischen Geschäftspraktiken. Selbst heute noch droht die Kartierung des menschlichen Genoms neue Klassen zu etablieren, denn man trifft Unterscheidungen zwischen Menschen auf Grundlage ihres Erbmaterials und ihrer natürlichen Neigung zu bestimmten Krankheiten oder Verhaltensweisen. Aber wie stark sind wir tatsächlich durch unsere Gene geprägt und wie sehr durch andere Faktoren?

2 Behaviorismus und Tabula-rasa-Theorie

Der Philosoph John Locke behauptete im 17. Jahrhundert, dass der Geist eines Neugeborenen frei von Wissen sei – eine unbeschriebene Tafel oder auch *tabula rasa*. Was wir ab der Geburt erfahren, fülle unser Gedächtnis und forme, wenn wir heranwachsen, allmählich unser Verhalten. Lockes Sicht wurde von vielen späteren Denkern geteilt, darunter auch von der behavioristischen Schule in der Psychologie des 20. Jahrhunderts. Beeinflusst u. a. von den Experimenten eines Iwan Pawlow (der es Hunden antrainierte, dass bei ihnen der Speichel floss, wenn sie eine Glocke hörten, die sie mit der Fütterung in Verbindung brachten) und eines B. F. Skinner, kamen sie zu dem Schluss, dass menschliches Lernen das Ergebnis von Konditionierung sei. Indem wir unterschiedliche Verhaltensweisen oder Reize mit verschiedenen positiven oder negativen Folgen assoziieren, entwickeln wir laut dieser Theorie die Neigung, bestimmte Verhaltensweisen zu wiederholen und gewisse Reize zu suchen, andere hingegen zu vermeiden.

3 Angeborenes Verhalten

Die Entdeckung von Belegen für die Existenz einer Universalgrammatik (vgl. S. 35) begann in den 1950er-Jahren Zweifel an einer rein behavioristischen Sichtweise zu nähren. Die Entschlüsselung des menschlichen Genoms hat inzwischen bestätigt, dass viele Krankheiten (oder die Veranlagung dafür) erblich sind, was natürlich Fragen danach aufwirft, ob auch Verhaltensmerkmale über Gene vererbt werden. Manche Experten finden, dass das Pendel heute schon zu weit in diese Richtung ausgeschwungen ist – hin zu einer »nativistischen« Sicht, nach welcher unsere Eigenschaften ganz und gar angeboren und das Ergebnis von Variationen in unserer genetischen Tiefenstruktur sind. Auf dem Scheitelpunkt dieser Welle – etwa um das Jahr 2000 herum – schien kaum eine Woche zu vergehen, ohne dass Wissenschaftler verkündeten, ein für bestimmte Krankheiten oder Verhaltensweisen zuständiges Gen entdeckt zu haben.

4 Zwillingsforschung

Untersuchungen an eineiigen und zweieiigen Zwillingen sind ein wirkungsvolles Instrument, wenn wir verstehen wollen, bis zu welchem Grad wir durch unsere Erbanlagen geprägt sind und wie sehr uns die Umwelt formt. Man könnte annehmen, die ideale Zwillingsstudie bestünde darin, die seltenen Fälle zu untersuchen, bei denen Zwillinge kurz nach der Geburt getrennt und in einem sehr verschiedenen Umfeld aufgezogen wurden. Vieles lässt sich allerdings schon erfahren, wenn man die Persönlichkeitsunterschiede zwischen Zwillingen erforscht, die im selben Umfeld aufwuchsen. Mehr noch: Die bisher untersuchten Fälle von getrennt aufgewachsenen Zwillingen zeigen, dass die Geschwisterkinder oft immer noch eine ähnliche Persönlichkeit und ähnliche Vorlieben haben. Einige statistische Analysen legen daher nahe, dass etwa die Hälfte unserer Persönlichkeitszüge auf Gene zurückzuführen ist (wobei wir nicht sicher sein können, *welche* Hälfte). Es gibt bisher aber keinerlei Anzeichen für ein alles übergreifendes »Persönlichkeits-Gen«.

5 Erbliche Intelligenz

Eine naheliegende wissenschaftliche Frage lautet, ob Kinder ihre Intelligenz von den Eltern erben. Eine populäre Vorstellung aus dem 19. Jahrhundert stellte einen Zusammenhang zwischen hellen Köpfchen und Gehirngröße her (eine These, die nicht nur höchst unfair gegenüber Frauen war, sondern auch zur unheilvollen Pseudowissenschaft der Eugenik führte). Heute wissen wir, dass zu Intelligenz mehr gehört als die Gehirngröße, und es gibt immer noch keine Spur von einem klar definierten »Intelligenz-Gen« (beziehungsweise einem Mechanismus, nach welchem ein solches Gen funktionieren würde). Der gängige IQ-Test versucht, die angeborene Intelligenz zu messen und sie von den Wirkungen unseres Umfeldes zu trennen. Er scheint zu zeigen, dass hohe Intelligenzquotienten in bestimm-

ten Familien gehäuft vorkommen, ist aber bei Weitem noch nicht perfekt. Und seltsamerweise scheinen die Menschen bei IQ-Tests von Generation zu Generation besser zu werden – werden wir etwa alle zu Genies?

6 Vererbte Anpassung

Überraschende Entdeckungen der letzten Jahre zeigen, dass sich durch Umweltstress sogar unsere Gene verändern und dann so an unsere Nachkommen vererbt werden können. Man bezeichnet dieses Phänomen als »epigenetische Vererbung«. Der Effekt wurde bei den Generationen entdeckt, die nach einer Hungersnot im Zweiten Weltkrieg, dem sogenannten Niederländischen Hungerwinter, zur Welt kamen. Studien zeigten, dass Babys, die während der Hungersnot gezeugt worden waren, aber erst danach zur Welt kamen, in den letzten drei Schwangerschaftsmonaten die Differenz zum normalen Geburtsgewicht wettmachten, im späteren Leben jedoch anfälliger für Fettleibigkeit und psychische Erkrankungen waren. Das Seltsame daran ist aber, dass auch ihre eigenen Kinder diese Neigungen erbten. Eine mögliche Erklärung dafür ist, dass der Hungerstress das Genom sowohl im Fötus als auch in dessen Keimbahn verändert hat.

7 Epigenetik

Der Begriff Epigenetik steht für ein Gebiet der Biologie, das alle Veränderungen des Phänotyps (des äußeren Ausdrucks der Gene) untersucht, die nicht direkt auf Änderungen im genetischen Code zurückgehen. Wie Gene in Erscheinung treten, kann durch eine Vielzahl äußerer Faktoren in verschiedenen Lebensphasen modifiziert werden. Das verwischt die Grenzen zwischen Vererbung und Umwelt. Alles Mögliche kann den äußeren Ausdruck der Gene ändern oder beeinträchtigen – angefangen von Hormonveränderungen bei der Mutter während der Schwangerschaft bis hin zu Krankheitserregern und vielleicht sogar Umweltverschmutzung. Dies könnte die Erklärung für Allergien und Krankheiten wie Autismus und Adipositas sein – oder zumindest ein einflussreicher Faktor.

8 Sex und Sexualität

Ein heißumstrittenes Gebiet, auf welchem die Debatte über Ererbtes bzw. Erworbenes ausgetragen wird, ist die Sexualität. Die Kampagne für gleiche Rechte von LGBT+Menschen wird von immer mehr Belegen dafür gestützt, dass unsere sexuelle Präferenz eher etwas ist, womit wir geboren werden, als dass sie ein Resultat unserer Erziehung wäre. Es gibt deutliche Indizien dafür, dass sich bestimmte genetische Marker beispielsweise unter schwulen Männern sehr häufig finden (obwohl man kein isoliertes »Schwulen-Gen« entdecken konnte). Allgemein wurde diese Entdeckung positiv gesehen, denn sie untergrub veraltete Ansichten, nach denen man seine sexuelle Präferenz unterdrücken oder durch einen Eingriff verändern lassen könne. Aber die intoleranten Sichtweisen leben fort, und können wir wirklich sicher sein, dass die Bemühungen, solche genetischen Marker zu entdecken, eines Tages nicht missbraucht werden – etwa um LGBT+Personen zu diskriminieren?

9 Gene und Kriminalität

Eine ebenso umstrittene Frage lautet, ob die Genetik bei der Veranlagung eines Individuums zu bestimmten Verbrechensarten eine Rolle spielt – und wenn ja, wie wir darauf reagieren sollten. So verknüpfen statistische Belege beispielsweise antisoziales Verhalten und niedrigen IQ bei Männern mit mindestens zwei Genmutationen. Anwälte in den Vereinigten Staaten versuchten es 1994 in einem Mordprozess erstmals mit einer »genetischen Verteidigung«, aber der erste wichtige Fall, in dem die Genetik zur Strafmilderung herangezogen wurde, ereignete sich 2009 in Italien. Mit der Verbindung zwischen Genen und Gewaltverbrechen ist es gewiss nicht so leicht. So waren viele Individuen, deren Genmutation sich in gewalttätigem Verhalten äußerte, als Kinder selbst Opfer von Gewalt geworden. Es hat auch noch niemand vorgeschlagen, dass ererbte Anomalien oder erlittener Missbrauch ein Individuum komplett seiner Verantwortlichkeit entheben sollten.

10 Ethische Fragen

Sowohl Behaviorismus als auch Nativismus werfen einige große ethische und philosophische Fragen auf: Ist es fair, wenn eine Gesellschaft Individuen belohnt, die einfach das Glück haben, in einem Umfeld erzogen zu werden, welches »das Beste in ihnen zum Vorschein bringt«? Oder umgekehrt – wenn man jene bestraft, die durch ihre genetische Ausstattung nicht so befähigt sind? Und gibt es überhaupt so etwas wie einen freien Willen, wenn wir entweder die Sklaven einer Verhaltenskonditionierung oder aber die Sklaven ganz bestimmter in unserem Genom kodierter Proteine sind? Egal welche dieser beiden Betrachtungsweisen in einer Gesellschaft konsequent umgesetzt würde – beide würden vermutlich in einer Dystopie enden. Daher dürften die meisten Menschen auf einen Mittelweg hoffen. Zum Glück gibt es immer mehr Beweise dafür, dass es sich tatsächlich so verhält: Unsere Gehirne, die sowohl von den Genen als auch von der Umwelt geprägt werden, sind grundsätzlich »plastisch« und dazu imstande, über unser ganzes Leben hinweg ihre Funktionsweise zu ändern.

// WIE EIN GENIE REDEN

▮➡ »In mancher Hinsicht erinnern die Lehren der Epigenetik ziemlich stark an den Lamarckismus, jene alte Evolutionstheorie, die vor Darwin populär gewesen war. Laut Lamarck konnten Eltern die während ihres Lebens entwickelten Eigenschaften an ihren Nachwuchs weitergeben. So seien die Hälse der Giraffen mit der Zeit länger geworden, weil jede Generation viel Zeit damit verbracht habe, einen langen Hals zu machen, um hochgelegene Zweige zu erreichen. Natürlich sind die von der Epigenetik beschriebenen Mechanismen anders, und doch ist es komisch, wie alte Ideen manchmal in neuer Gestalt wiederauftauchen.«

▮➡ »Und wie sieht es mit der Politik aus? Hat Genetik irgendetwas mit unserer allgemeinen Sicht auf die Gesellschaft zu tun? Es gibt gar nicht so wenige Studien, die bestimmte Gene damit in Verbindung bringen, ob jemand konservative oder liberale Ansichten hat, und besonders gut ist die Beweislage für ein Dopaminrezeptor-Gen namens DRD4. Dopamin ist mit unseren Einstellungen gegenüber Risiko, Belohnung und Bestrafung verbunden, und es überrascht nicht, dass sie oft eine Quelle unserer grundlegenden politischen Meinungsverschiedenheiten sind. Aber diese Studien deuten gewöhnlich darauf hin, dass eine spezielle Gen-Ausprägung nur Vorhersagen erlaubt, wenn man sie mit Umfelderfahrungen wie sozialen Interaktionen kombiniert. So sieht es wieder einmal danach aus, dass man eine bestimmte Neigung etwa zur Hälfte auf Gene zurückführen kann. Für die andere Hälfte sind wir auf Umwelt- und Erziehungseinflüsse zurückverwiesen.«

👁 WAREN SIE EIN GENIE?

1 FALSCH – Untersuchungen an getrennt aufgewachsenen Zwillingen zeigen, dass auch sie in ihren politischen Ansichten häufig übereinstimmen – was darauf hindeutet, dass genetische Faktoren mit im Spiel sind.

2 FALSCH – Bei solchen epigenetischen Prozessen verändert sich der Gen-Code eines Individuums nicht. Allerdings können sie beeinflussen, welche besonderen Gene *in Erscheinung treten,* manchmal über mehrere Generationen hinweg.

3 RICHTIG – Schwestern schwuler Männer teilen viele Gene mit ihren Brüdern und haben oft überdurchschnittlich viele Kinder, sodass sich die genetischen Marker weit verbreiten, auch wenn sie nicht von den Männern selbst weitergegeben werden.

4 FALSCH – Zu seinen Schlussfolgerungen kam Skinner hauptsächlich durch Experimente mit Ratten und Tauben.

5 RICHTIG – Obgleich man schwer überprüfen kann, wie sich Erziehung und Umfeld ausgewirkt haben, legen Auswertungen von IQ-Tests nahe, dass die Abweichung von Intelligenz vom Mittelwert etwa zur Hälfte genetischen Faktoren geschuldet ist.

✏ KURZFASSUNG für Hochstapler

Für unser Verhalten und unsere Einstellungen spielen erbliche Faktoren eine wichtige Rolle, aber sie können selten alles erklären.

GENTECHNIK

»Verglichen mit den traditionellen Kreuzungsverfahren ist die Gentechnik das, was die Atombombe im Vergleich zum Schwert war.«

– ANDREW KIMBRELL –

Als das Geheimnis des Genoms gelüftet wurde, war der Weg frei für bemerkenswerte neue Verfahren der Genmanipulation; nun sind wir nicht länger auf die traditionellen Kreuzungsverfahren beschränkt, sondern können nützliche Eigenschaften pauschal von einem Organismus auf den anderen verpflanzen. Doch während die Zahl potentieller Anwendungen riesig ist, weckt die Schaffung solcher gentechnisch veränderter Organismen (GVO) auch ethische und sicherheitsbezogene Bedenken. Dieselben Fragen gelten auch für die Humanmedizin; wenige wehren sich gegen das Lokalisieren von Genfehlern, um Erbkrankheiten dadurch aufspüren und behandeln zu können, doch die eigentliche Frage ist: Wie weit sollten wir bei der Korrektur der Gene selbst gehen?

> Die Gentechnik kann unsere Welt und unser Leben verwandeln – doch wie funktioniert sie eigentlich und welche Risiken sind damit verbunden?

 SIND SIE EIN GENIE?

1 Während gentechnisch veränderte Nahrungsmittel in einigen Teilen der Welt weit verbreitet sind, ist die Anwendung gentechnisch erzeugter Medikamente am Menschen verboten.
RICHTIG / FALSCH

2 Im Jahr 1997 schufen Forscher der Universität von Michigan eine Maus, die einen Knorpel in Form eines menschlichen Ohres auf dem Rücken trug. Es gelang ihnen, indem sie menschliche Gene in das Genom der von Natur aus haarlosen Maus einschleusten.
RICHTIG / FALSCH

3 Im Jahr 2014 verkündeten Forscher, dass sie eine im Dunkeln leuchtende Pflanze erschaffen hatten, indem sie Gene aus biolumineszenten Meeresbakterien in Pflanzenzellen einbauten.
RICHTIG / FALSCH

4 Der erste geklonte Säuger, das Schaf Dolly, wurde nur sechseinhalb Jahre alt, was der halben Lebenserwartung seiner Art entspricht. Der Grund dafür war vermutlich, dass das Klonen eine vorzeitige Alterung bewirkt hatte.
RICHTIG / FALSCH

5 Drei-Eltern-Babys vereinen in ihren Zellkernen die Erbinformation von drei Menschen.
RICHTIG / FALSCH

ZEHN DINGE, DIE EIN GENIE WEISS

1 Die Gentechnik ist uralt

Viele Menschen stehen den Konzepten der Gentechnik skeptisch gegenüber, weil sie ihnen so vorkommen, als würde man »Gott spielen«. In Wahrheit haben wir aber schon vor Beginn der historischen Aufzeichnungen mehr oder minder absichtlich an der genetischen Veranlagung anderer Arten herumgedoktert. Der Ackerbau setzte ca. 9500 v. Chr. mit der Erkenntnis unserer Vorfahren ein, dass sie die als Nahrung genutzten Samen wieder einpflanzen konnten, um sie in den Folgejahren zu ernten. Die selektive Züchtung von Pflanzen mit nützlichen Eigenschaften folgte schon kurz darauf. Etwa zur selben Zeit fingen die Menschen auch damit an, verschiedene Tierarten durch die selektive Zucht einzelner Tiere mit wünschenswerten Eigenschaften zu domestizieren und zu »veredeln«. Ob es Ihnen gefällt oder nicht: Die Welt, in der wir leben, wurde, indem wir den genetischen Code anderer Lebensformen modifizierten, radikal verändert.

2 Die ersten transgenen Organismen

Dennoch sehen die meisten Leute beim Gedanken an die Gentechnik Wissenschaftler in weißen Kitteln vor sich, die in sterilen Labors mit Teströhrchen hantieren. In dieser Form begann die Gentechnik tatsächlich erst 1972. Damals fand der US-Biochemiker Paul Berg heraus, wie man Gene von zwei Organismen zu einem neuen »rekombinanten« DNA-Doppelstrang zusammenfügt. Etwa gleichzeitig stießen Herbert Boyer und Stanley Cohen darauf, wie man fremde DNA in einen Organismus einschleusen kann, der daraufhin gewisse Eigenschaften der neuen DNA zeigt. Der erste »transgene« Organismus war ein bescheidenes *E.coli*-Bakterium, welches durch Gene eines anderen Bakteriums, das eine natürliche Resistenz gegen bestimmte Antibiotika besaß, modifiziert wurde. Doch schon 1974 wurden die ersten transgenen Tiere erschaffen – die Revolution hatte begonnen.

3 Wie man Gott spielt

Die Verfahren zur Erschaffung transgener Organismen rangieren zwischen liebenswert brutal bis ausgesprochen clever. Am unteren Ende der Skala findet sich ein Hau-drauf-Verfahren, das als »Biolistik« oder schlicht »Partikelkanone« bekannt ist. Dabei feuert eine Luftpistole zellulärer Größenordnung winzige, mit der gewünschten DNA überzogene Goldpartikel auf einen Zellhaufen. Während die meisten Zellen dabei zerstört werden, überleben einige wenige und nehmen die DNA in ihr Genom auf. Dagegen machen sich raffiniertere Ansätze das Verhalten von Viren zunutze (die sich vermehren, indem sie ihre eigene DNA in lebende Zellen einschleusen). Indes beruht das meist genutzte Verfahren zur Erzeugung genmanipulierter (GM) Pflanzen auf dem *Agrobacterium*, einer Mikrobe, welche die Wirtspflanze mit ringförmigen DNA-Molekülen, den »Plasmiden«, infiziert. Zuerst kreieren die Forscher ein Bakterium, das ein Plasmid mit dem gewünschten Zielgen trägt, dann nutzen sie dieses Bakterium, um embryonale Pflanzenzellen zu »infizieren«.

4 Der Nutzen der Gentechnik

Im Labor haben die Verfahren der Genmanipulation zu zahlreichen medizinischen Durchbrüchen geführt. Ob es Ihnen nun gefällt oder nicht: Die Möglichkeit, transgene Mäuse mit menschlichen Krankheitsgenen zu erzeugen, hat den Takt in Feldern wie der Krebs-, Adipositas- und Demenzforschung deutlich erhöht. Durch Experimente mit transgenen Fruchtfliegen wissen wir mittlerweile deutlich mehr darüber, wie Gene die Entwicklung unserer Körper und Organe bestimmen. Und schließlich wurde das *E.coli*-Bakterium so umgebaut, dass sich damit zahlreiche, für die Medizin nützliche Substanzen produzieren lassen, darunter das menschliche Wachstumshormon, Blutgerinnungsfaktoren und Insulin.

5 Genmanipulierte Tiere

Eine größere Vielfalt gentechnisch erzeugter Tiere könnte unmittelbare Fortschritte in medizinischen Behandlungen mit sich bringen, auch wenn dadurch zahlreiche ethische Fragen aufgeworfen werden (erstens, ob man die Genmanipulation von Tieren überhaupt so weit treiben sollte, und zweitens bezüglich der Risiken für potentielle menschliche Empfänger). Zu den faszinierendsten Feldern gehören »Heterotransplantationen«. Dabei kommen tierische Gewebe oder Organe zum Einsatz (in der Regel vom Schwein), um das beschädigte Pendant beim Menschen zu ersetzen. Im Experiment wurden genetische Modifikationen im Körper bereits eingesetzt, um die Produktion von »Antigenen« zu hemmen, die das Transplantat als fremd markieren und so eine Abstoßung durch das Immunsystem bewirken (obwohl die Antigene bislang nach einiger Zeit zurückkehren und sich die Behandlung daher noch nicht zum medizinischen Einsatz eignet). Für genmanipulierte Tiere könnte es sogar noch andere Anwendungsbereiche geben: 2012 enthüllten Wissenschaftler der Universität von Utah transgene »Spinnenziegen«, deren Milch ein Protein enthält, aus dem man extra-

starke Spinnenseide für den industriellen Einsatz herstellen kann.

6 Genmanipulierte Pflanzen

Der vielleicht umstrittenste Aspekt der Genmanipulation ist ihr Einsatz in unserer Nahrung. In manchen Teilen der Welt sind transgene Kulturpflanzen, die auf Schädlingsresistenz und Trockenheitstoleranz gezüchtet wurden, inzwischen weit verbreitet, während sie in anderen Teilen der Welt weiter für alarmierte Reaktionen sorgen. Verschiedenste Bedenken werden angeführt, obwohl es bisher keinerlei Hinweise gibt, dass genmanipulierte Pflanzen den Konsumenten schaden würden (und die Technologie theoretisch riesige Vorteile birgt, um die weltweite Ernährung zu verbessern). Einige der Sorgen sind, dass genmanipuliertes Saatgut entkommen und zu unvorhersehbarer Hybridisierung mit Wildpflanzenstämmen führen könnte, die Gefahr von Dominoeffekten in anderen Umweltbereichen sowie regulatorische Bedenken darüber, dass Bauern von großen Agrarunternehmen dazu gezwungen würden, ausschließlich deren Produkte zu nutzen.

7 Die Gentherapie

Schon lange preisen Wissenschaftler die Möglichkeit, die menschlichen Gene zu Therapiezwecken zu verändern, doch die Resultate sind bisher begrenzt. Die Menschen leiden unter mehr als 5000 unterschiedlichen genetisch bedingten Beschwerden, und so hat es sich die Gentherapie zum Ziel gemacht, fehlerhafte Gene durch funktionale Versionen zu ersetzen. Die Herausforderung lautet, die modifizierten Gene im Gewebe dorthin zu befördern, wo sie gebraucht werden. Die direkte Infusion von DNA in den Blutkreislauf hat begrenzte Erfolgschancen, während modifizierte Viren im Labor zwar gut funktionieren, aber zum Risiko werden könnten, wenn sie in die Umwelt gelangen. Ein weiterer Ansatz versucht, das Problem mit der Wurzel auszureißen, indem er die Geninformation in der Keimbahn (den Geschlechtszellen) oder im befruchteten Embryo manipuliert (und ein sogenanntes Drei-Eltern-Baby erzeugt).

8 Klone und Stammzellen

Das Wort »klonen« weckt in uns wie von selbst die Science-Fiction-Bilder bösartiger Zwillinge, doch die Realität sieht eher anders aus. Zur Herstellung geklonter Organismen muss die Befruchtung umgangen werden, indem man den einfachen Chromosomensatz einer Eizelle durch den vollen Chromosomensatz eines anderen Individuums ersetzt und daraufhin den Reifeprozess in Gang setzt. Das berühmte Schaf Dolly (das 1996 geboren wurde) war der erste erfolgreiche Klon eines ausgewachsenen Säugetiers. Doch selbst heute steckt der gesamte Vorgang noch immer in den Kinderschuhen und bleibt weiter unberechenbar und von ethischen Fragen überfrachtet. Zum Beispiel besteht die Hoffnung, von geklonten Embryos im Frühstadium die individuell maßgeschneiderten »Stammzellen« (Zellen, die während der Entwicklungsphase in der Lage sind, viele verschiedene Gewebearten zu bilden) abzuernten. Aus offensichtlichen Gründen ist die Vorstellung, Embryos zu therapeutischen Zwecken zu erzeugen, jedoch heftig umstritten (zum Glück lässt sich das Potential aber auch von adulten Stammzellen mithilfe genetischer Tricks reaktivieren).

9 Die Überwindung des Alters

Indem wir die Geheimnisse des Genoms lüften, könnte uns das auch helfen, unsere Lebensspanne zu verlängern und den Alterungsprozess zu verlangsamen. Im Laufe eines Menschenlebens replizieren sich die Zellen des Körpers und werden durch andere ersetzt. Dieser Prozess ist mit der Trennung der gepaarten Chromosomenduplikate und der Herstellung neuer Gegenstücke verbunden, bevor sich der Zellkern und die gesamte Zelle teilen können. Doch jede Wiederholung dieses Vorgangs verkürzt auch die »Telomere«, die schützenden »Kappen« der nicht kodierenden DNA an der Spitze jedes Chromosoms, woraufhin irgendwann, vermutlich wenn die Länge der Telomere unter einen bestimmten Wert sinkt, der Prozess der »Seneszenz« (Wachstumsstopp der Zellen) einsetzt. Könnte es demnach, falls man es schafft, diese Regionen aufzufrischen, vielleicht möglich sein, unser Leben zu verlängern und uns im Laufe unseres Daseins sogar wieder zu verjüngen?

10 Die synthetische Biologie

Künstliches Leben zu erschaffen ist vermutlich die ultimative Form der Gentechnik – Zellen, deren DNA-Code nicht von einem anderen Organismus, sondern direkt aus dem Labor stammen. Im Jahr 2010 verkündeten Forscher um den Genetiker Craig Venter die Schaffung der ersten künstlichen Lebensform, eines *Mycoplasma*-Bakteriums. Seine Zell-DNA war nicht durch ein direkt von einem anderen Organismus stammendes Genom ersetzt worden, sondern durch eine modifizierte Kopie, die von Grund auf aus chemischen Basen zusammengebaut worden war. Seit Beginn des Jahrtausends haben Forscher Massen von nützlichem genetischem Code-Material zusammengetragen, mit denen sich Bibliotheken füllen ließen. Nun sind sie in der Lage, synthetische Bakterien zu erzeugen, deren Stoffwechsel so konzipiert ist, dass sie Treibstoff herstellen oder Schadstoffe verdauen können.

// WIE EIN GENIE REDEN

■➡ »Viele Wissenschaftler würden zwar sagen, der einzige Unterschied zwischen der Gentechnik und der traditionellen Kreuzungszucht bestehe darin, dass man die eine recht schnell im Labor und die andere sehr langsam auf dem Feld erledigt. Aber vielleicht steht gerade das bei vielen Bedenken zur Gentechnik im Mittelpunkt: Wenn man vom Kreuzen spricht, geht es nicht darum, ein fein austariertes Ökosystem urplötzlich mit einer großen genetischen Veränderung zu konfrontieren.«

■➡ »Die synthetische Biologie hat erstaunliches Potential. Schon jetzt haben Forscher Bakterien entwickelt, die Kohlendioxid aus der Luft aufnehmen und in Kohlenwasserstoffe umwandeln können, Bakterien, die im Falle einer Schwermetallbelastung zu leuchten beginnen, und sogar solche, die möglicherweise als universelle Alternative zu Spenderblut fungieren könnten. Die reale Gefahr ist nur: Was wäre, wenn jemand dieselbe Technologie zur Herstellung einer biologischen Waffe verwenden würde?«

👁 WAREN SIE EIN GENIE?

1 FALSCH – Gentechnisch veränderte Medikamente werden vielfach angewandt – so wird Insulin heutzutage meist mithilfe genetisch veränderter Bakterien hergestellt.

2 FALSCH – Bei der »Ohrmaus« war überhaupt keine Gentechnik am Werk. Das Ohr entstand, weil die Forscher Knorpelzellen von einer Kuh in eine biologisch abbaubare Form unter der Haut der Maus injiziert hatten.

3 RICHTIG – Einige Vordenker hoffen, dass leuchtende Pflanzen eines Tages als energiesparende Lichtquelle dienen könnten.

4 FALSCH – Obwohl Dolly jung starb, erlag sie einem Lungenleiden, das unter im Stall gehaltenen Schafen verbreitet ist.

5 FALSCH – Drei-Eltern-Babys tragen nur genetisches Material von zwei Eltern im Zellkern; es werden nur Spender-Mitochondrien eingeschleust, um das Risiko einer Krankheit zu vermeiden.

✏ KURZFASSUNG für Hochstapler

Bei der Gentechnik geht es um die Modifikation des Genoms. So können Zellen oder ganze Organismen mit neuen Merkmalen erzeugt werden.

DAS WESEN DER REALITÄT

»Physikalische Begriffe sind freie Schöpfungen des Geistes und ergeben sich nicht etwa,
wie man sehr leicht zu glauben geneigt ist, zwangsläufig aus den Verhältnissen in der Außenwelt.«
– ALBERT EINSTEIN –

Die Philosophen streben danach, die größten Geheimnisse des Lebens zu enträtseln, und keines ist größer als die Frage nach der Wirklichkeit. Obwohl wir meistens gut damit zurechtkommen, die Realität der Welt um uns herum als selbstverständlich zu betrachten, muss das noch lange nicht bedeuten, dass uns unsere Wahrnehmung alles, was wir über diese Realität wissen sollten, akkurat mitteilt. Die verzwickte Frage, welche Beziehung die Welt, die wir in unseren Köpfen wahrnehmen, zur objektiven Realität hat (und ob letztere überhaupt existiert), beschäftigt die Philosophen seit vielen Jahrhunderten.

> Wo endet das Reich des Geistes, und wo beginnt die harte Realität? Diese Frage war selbst für die genialsten Hirne der Menschheitsgeschichte eine Herausforderung. Kriegen Sie es besser hin?

 SIND SIE EIN GENIE?

1 Der altgriechische Philosoph Leukipp vertrat als Erster die Theorie, dass die Welt aus verschiedenen Arten unteilbarer Atome besteht.
RICHTIG / FALSCH

2 Platons universelle »Ideen« stehen für eine idealistische Weltsicht, der zufolge die Gegenstände nur durch unsere Wahrnehmung existieren.
RICHTIG / FALSCH

3 Thomas Hobbes nutzte seine materialistische Weltsicht dazu, gegen die Existenz Gottes zu argumentieren.
RICHTIG / FALSCH

4 Platon veranschaulichte sein Konzept der universellen »Ideen« mit einer Geschichte, die als »Höhlengleichnis« bekannt wurde.
RICHTIG / FALSCH

5 Der Common-Sense-Realismus ist durch die Entdeckung der Quantenphysik untergraben worden.
RICHTIG / FALSCH

ZEHN DINGE, DIE EIN GENIE WEISS

1 Monismus

Viele der antiken Philosophen waren der Ansicht, dass unsere Welt im Grunde aus einer einzigen Substanz bestehe, die nur verschiedene Erscheinungsformen oder Zustände annehme – eine Sichtweise, die heutzutage »Monismus« genannt wird. Für Thales von Milet, der im 6. Jahrhundert v. Chr. solche Lehren verbreitete, war die Grundsubstanz das Wasser. Sein Zeitgenosse Anaximander glaubte, dass alles aus einer noch nicht identifizierten Substanz namens *apeiron* bestehe, während Anaximenes eine Generation später die Luft als Basis für alles betrachtete. Viele religiöse Schöpfungsgeschichten behandeln ein ähnliches Thema: Gott teilt wieder und wieder eine Ursubstanz, um so die Welt zu erschaffen. Allerdings warfen diese Theorien eine naheliegende Frage auf – bestand auch der Geist aus dieser Substanz, oder war er irgendwie anders beschaffen?

2 Heraklit und der Fluss der Zeit

Heraklit (um 535–475 v. Chr.), den seine Nachfolger sarkastisch den Dunklen nannten, ist vermutlich am besten für ein geflügeltes Wort bekannt: »Man steigt nicht zweimal in denselben Fluss.« Für ihn ließ sich das Wesen der Realität am besten im unumgänglichen Fluss der Zeit, im ständigen Wechsel und in der Einheit der Gegensätze zusammenfassen. Ihm zufolge besteht in allen Dingen ein Gleichgewicht zwischen gegensätzlichen Eigenschaften, deren Verhältnis zueinander sich fortwährend ändert. So nehmen wir die Wirklichkeit eines Phänomens immer nur wahr, indem wir es zu einem bestimmten Moment beobachten. Sein Zeitgenosse Parmenides hingegen behauptete, dass die Welt nicht nur aus einer einzigen Sub-

stanz gemacht, sondern auch ewig und völlig unveränderlich sei.

3 Platons Ideenlehre

Protagoras (um 490–420 v. Chr.) war der erste Mensch, von dem überliefert ist, dass er mit Philosophie seinen Lebensunterhalt verdiente, und zwar als professioneller »Sophist«. Berühmter ist er jedoch für seine Überzeugung, dass »der Mensch das Maß aller Dinge« sei, was ein direkter Ausdruck der Idee ist, dass jedes Individuum eine andere Wirklichkeit wahrnimmt. Platon (um 427–347 v. Chr.) hingegen beharrte auf der Existenz einer objektiven Realität, verkomplizierte die Dinge aber mit seiner Ideen- oder Formenlehre. In Kürze besagt diese, dass die Gegenstände und Erscheinungen, auf die wir im Alltag treffen, bloße »Partikularien« seien – unvollkommene Kopien von universellen Ideen, denen eine eigenständige Existenz zukomme, und zwar außerhalb unseres Bewusstseins im sogenannten Reich der Ideen.

4 Der aristotelische Realismus

Aristoteles (384–322 v. Chr.) näherte sich dem Problem der Universalien und Partikularien auf andere Weise. Während Platon glaubte, die einzelnen Gegenstände und Eigenschaften würden aus Universalien, die in ihrer eigenen Welt existieren, hervorgehen, meinte Aristoteles, dass die Universalien *innerhalb* der Partikularien existieren. Man könne die Universalien demnach nur erkennen, indem man die Einzeldinge und ihre gemeinsamen Eigenschaften erforscht. Er betrieb deshalb akribische Studien in Bereichen wie Geologie und Biologie und leitete aus ihnen

Theorien darüber ab, wie die Welt funktioniert. Hier lagen die Wurzeln der Naturphilosophie und der modernen Wissenschaften. Die Unterschiede zwischen Platons und Aristoteles' Denkweise führten zu einer tiefen Spaltung der philosophischen Schulen, die bis in die Aufklärungsbewegung des 18. Jahrhunderts fortdauerte.

5 Leib und Seele

Mittelalterliche Denker hatten vom Wesen der Wirklichkeit ganz andere Vorstellungen als die Philosophen der Antike. Die neuplatonische Schule beeinflusste Christentum und Islam nicht zuletzt deshalb, weil ihr Begründer Plotin (205–270) andeutete, dass Platons universelle Ideen ihren Ursprung als Gedanken im Bewusstsein eines gottähnlichen »Einen« hatten. Der Mythos im Herzen des Christentums – ein Gott, der auf Erden zu Fleisch geworden war – warf aber auch Fragen nach der Beziehung zwischen Leib und Seele, zwischen Gott und Schöpfung auf. Neuplatoniker des fünften Jahrhunderts, etwa Proklos und der geheimnisvolle Pseudo-Dionysius, entwickelten Vorstellungen, in denen sich die christliche Dreifaltigkeit wiederfand, doch einige religiöse Denker wählten eine andere Herangehensweise.

6 Dualismus

Als Dualisten bezeichnet man christliche Mystiker, die einen gütigen Gott als die eine Seite in einem immerwährenden Machtkampf mit einer gleich starken, aber entgegengerichteten Kraft des Bösen sahen. Indem sie unsere Welt als Reich des Teufels deuteten, nahmen sie Gott zwar aus der Verantwortung für die irdischen Übel und Leiden. Der Preis dafür war allerdings die Beschränkung seiner Allmacht. Solche Ketzereien wurden von der kirchlichen Orthodoxie gnadenlos niedergerungen. Für die strikte Unterscheidung zwischen einem Reich des Leiblichen und einem des Geistigen hatten die religiösen Autoritäten jedoch durchaus ein offeneres Ohr. Beiden dualistischen Sichtweisen kann man in anderen Religionen und Philosophien wiederbegegnen. Die altpersische Religion des Zoroastrismus sieht die Welt beispielsweise als Kampf zwischen einem guten und einem bösen Prinzip. Chinesische Philosophien wie der Konfuzianismus und der Taoismus betrachten sie hingegen als Reich von gegensätzlichen, aber ausbalancierten Kräften, dem Yin und dem Yang (was wiederum an Heraklit erinnert). Sie schreiben ihnen allerdings selten feste moralische Eigenschaften zu.

7 Das Universum der Materialisten

Der englische Philosoph Thomas Hobbes wandte sich in seinem *Leviathan* (1651) entschieden gegen die Vorstellung von einem separaten Reich des Geistigen. Obwohl er darin vorrangig Politik und Staat untersuchte, beruhte sein Werk auf einem durch und durch materialistischen Wirklichkeitsverständnis. Er stellte die kühne Vermutung auf, dass es so etwas wie eine unabhängig existierende Seele gar nicht gebe. Ein solches Phänomen könne höchstens aus biologischen Prozessen innerhalb des Körpers entstehen: »Denn was ist das Herz, wenn nicht eine Springfeder; was sind die Nerven, wenn nicht lauter Stränge […]?« Die wissenschaftlichen Durchbrüche des 17. Jahrhunderts, angefangen von der Entdeckung des Blutkreislaufs bis hin zu Newtons Bewegungsgesetzen, legten in immer größerem Maß nahe, dass sich am Ende jeder Aspekt des Universums als Teil eines verzwickten kosmischen Uhrwerks erweisen könnte.

8. Wahrnehmung und Idealismus

Im 18. Jahrhundert entwickelten sich neue Ansätze, die Realität zu erfassen. Verwurzelt waren sie im Skeptizismus, dem René Descartes bereits 1637 Ausdruck verliehen hatte. Descartes hatte behauptet, dass wir uns nur unserer eigenen geistigen Existenz sicher sein können. Der »subjektive Idealismus« des irischen Philosophen George Berkeley (1685–1753) vertrat daher die Ansicht, dass wir die Realität der Objekte, die wir in unserer unmittelbaren Erfahrung wahrnehmen, nur selbst hervorzaubern; Platons Formen schlummern demnach in unserem Geist und warten darauf, im Prozess unserer Wahrnehmung der Welt aufgeprägt zu werden. Als christlicher Bischof ließ Berkeley die Vorstellung einer halbobjektiven Realität noch gelten, indem er einen allwissenden Gott als höchsten Beobachter voraussetzte: Gott vermöge die Wirklichkeit am Laufen zu halten, auch wenn wir gerade einmal nicht hinschauen. Seine Idee, eine frühe Form des Phänomenalismus, wurde von einflussreichen Denkern wie Immanuel Kant und John Stuart Mill aufgegriffen.

9. Common-Sense-Realismus

Im 18. und 19. Jahrhundert war Schottland ein wichtiger Schauplatz intellektueller und praktischer Durchbrüche. Viele Philosophen der schottischen Aufklärung sahen einen Widerspruch zwischen den wissenschaftlichen und technischen Fortschritten, die auf Beobachtung der »wirklichen Welt« beruhten, und der phänomenalistischen Auffassung, dass unsere Wahrnehmung die Realität erzeugt. Daraus ging die Schule des Common-Sense-Realismus hervor, deren führender Denker Thomas Reid (1710–1796) war. Die schottischen Realisten behaupteten, dass die Dinge, die wir wahrnehmen, objektiv real seien. Wir selbst seien so beschaffen, dass die Wechselwirkungen zwischen uns und anderen Objekten Wahrnehmungen in unserem Geist erzeugen und wir so Vorstellungen über diese Dinge bilden können. Der Common-Sense-Ansatz übte beträchtlichen Einfluss aus, vor allem unter den Gründervätern der Vereinigten Staaten.

10. Die Simulations-Hypothese

Die technologischen Umwälzungen des 21. Jahrhunderts (und der einflussreiche Science-Fiction-Film *Matrix*) haben eine moderne Version der Frage hervorgebracht, die zuerst von René Descartes im 17. Jahrhundert aufgeworfen wurde (und im nächsten Kapitel eingehender behandelt wird): Wie können wir uns eigentlich sicher sein, dass die physische Welt real ist? Vielleicht sind wir ja alle nur Opfer eines *genius malignus*, einer höheren Intelligenzform, die unsere Hirne mit Schnipseln virtueller Realität versorgt, während sie in einer Nährlösung schwimmen. Wir könnten sogar codierte Zahlenreihen sein, die in einer gewaltigen Computersimulation durchlaufen und keinerlei körperliche Präsenz haben. Über solche Vorstellungen mag man die Nase rümpfen, aber einige Philosophen haben tatsächlich die Möglichkeit erwogen, dass wir Teil eines Universums sind, in welchem eine posthumane Zivilisation die Technologien und das nötige Interesse entwickelt hat, um solche »Vorgänger-Simulationen« laufen zu lassen. In diesem Fall würde die Zahl der sogenannten Sims mit scheinbarem Bewusstsein vermutlich weitaus höher liegen als die Zahl der Menschen, die im Laufe der Geschichte tatsächlich ein Bewusstsein hatten – und wir würden den Unterschied gar nicht mitbekommen.

// WIE EIN GENIE REDEN

■➡ »Der Common-Sense-Realismus ist ziemlich genau die Art von Philosophie, die ein Mann von der Straße vorbringen würde, wenn man ihn nach seiner Meinung zum Wesen der Wirklichkeit fragte – aber muss sie deswegen schlecht sein? Vielleicht sind ja die komplexeren Ideen alle nur entstanden, weil man *zu viel* über das Problem nachgedacht hat?«

■➡ »Ein griechischer Philosoph namens Leukipp präsentierte vermutlich als Erster die Idee, dass es Atome gebe. Er dachte jedoch, dass sie alle aus einer einzigen Substanz gemacht wären und nicht aus 118 verschiedenen Elementen. Wenn man noch tiefer in die Sache eindringt, wird man natürlich herausfinden, dass alle Atome aus Protonen, Neutronen und Elektronen bestehen, aber selbst mit der alleraktuellsten Teilchenphysik kommen wir am Ende nicht bei einer einzigen Art von Dingen an. Wenn man heutzutage nach einer monistischen Deutung des Universums sucht, ist die Stringtheorie wohl die beste Wahl.«

DUALISMUS

K = Körperlich
G = Geistig

MONISMUS

Materialismus

Idealismus

Substanzmonismus

👁 WAREN SIE EIN GENIE?

1 FALSCH – In der altgriechischen Atomtheorie war immer nur von *einer* Art von Atom die Rede, nicht von den vielen verschiedenen, die wir heute kennen.

2 FALSCH – In Wahrheit ist Platons Weltsicht eine Spielart des Realismus, denn er behauptete, dass sowohl die Universalien als auch die Einzeldinge, die deren Eigenschaften widerspiegeln, objektiv real seien.

3 FALSCH – Hobbes' Ansichten führten zwar dazu, dass man ihn des Atheismus bezichtigte, aber in Wahrheit hatte er lediglich ein anderes Gottesbild als das Mainstream-Christentum.

4 RICHTIG – Platon beschreibt eine Höhle, in der angekettete Gefangene leben. Hinter ihnen brennt ein Feuer, und wenn irgendwelche Gegenstände zwischen dem Feuer und den Angeketteten vorüberziehen, können diese immer nur deren Schatten an der Höhlenwand sehen. Als ein Gefangener entflieht, erfährt er voller Verblüffung, dass die Schatten gar nicht die eigentliche Welt waren.

5 RICHTIG – Die Quantenphysik (bei welcher die Eigenschaften von Teilchen erst bestimmt werden, wenn man sie beobachtet) unterminiert tatsächlich einen »naiven« Realismus.

 KURZFASSUNG für Hochstapler

Gibt es eine objektive Realität? Oder erschaffen unsere Beobachtungen der Welt und unser Umgang mit ihr erst eine Wirklichkeit um uns herum?

ICH DENKE, ALSO BIN ICH

»Und da ich bemerkte, dass diese Wahrheit *Ich denke, also bin ich* so fest und sicher wäre, dass auch die überspanntesten Annahmen der Skeptiker sie nicht zu erschüttern vermöchten, so konnte ich sie meinem Dafürhalten nach als das erste Prinzip der Philosophie, die ich suchte, annehmen.«

– RENÉ DESCARTES –

Das vielleicht berühmteste Zitat der Philosophiegeschichte ist auch eines der am meisten missverstandenen. Descartes' Erklärung der Gewissheit wurzelt nämlich im Zweifel an allen übrigen Dingen. Er leitete sie als Fundament eines ehrgeizigen Projekts ab, mit dem er die Methoden der Philosophie und die Erkenntnis des Universums aus dem Denken allein und mithilfe von »ersten Prinzipien« aufbauen wollte. Diesem »rationalistischen« Ansatz folgten später viele andere Philosophen.

Wenn Sie sich Ihrer eigenen Existenz sicher sind, kann Ihnen dann cleveres Denken dabei helfen, zu einem umfassenderen Verständnis der Wirklichkeit zu gelangen?

 SIND SIE EIN GENIE?

1 René Descartes glaubte, dass nur die Existenz unseres Geistes wirklich bewiesen werden könne.
RICHTIG / FALSCH

2 Die sokratische Methode der Wahrheitsfindung beinhaltet, dass man eine These gegen ein anderes Argument – die Antithese dazu – stellt.
RICHTIG / FALSCH

3 Immanuel Kant definierte das Noumenon als den Aspekt eines Dinges, den wir mithilfe unserer Sinne erfahren können.
RICHTIG / FALSCH

4 Eine A-posteriori-Aussage beschreibt Tatsachen, die man in der Welt beobachtet hat.
RICHTIG / FALSCH

5 Leibniz hätte die Aussage »Der Eiffelturm ist 300 m hoch« als Tatsachenwahrheit bezeichnet.
RICHTIG / FALSCH

ZEHN DINGE, DIE EIN GENIE WEISS

1 ### Die Ursprünge des Rationalismus

Der Rationalismus könnte die älteste Philosophie überhaupt sein; er hat Wurzeln in der altgriechischen Schule des Pythagoreismus, die im 5. und 6. Jahrhundert v. Chr. ihre Blütezeit erlebte. Die Pythagoreer glaubten, dass Zahlen eine mystische Bedeutung haben und der Ursprung aller Dinge sind. Das führte sie dazu, dem Prozess des mathematischen Beweises eine große Wichtigkeit beizumessen. Eine Schlüsselfrage lautet natürlich, wie und warum wir überhaupt Konzepte von Zahlen und Mathematik haben. Darauf antworteten die Rationalisten, dass bestimmte Begriffe und Wahrheiten angeboren seien; wir brauchen sie nicht zu untersuchen oder zu entdecken, sondern *wissen* intuitiv um sie. Indem wir an diese Intuitionen sodann einen Prozess der logischen Deduktion anlegen, können wir unser Wissen erweitern. Spätere griechische Philosophen, darunter Sokrates, Platon und Aristoteles, haben sich diese rationalistischen Grundprinzipien zunutze gemacht.

2 ### Der sokratische Dialog

Die Ideen von Sokrates (um 470 – 399 v. Chr.) sind uns nur durch die Berichte späterer Autoren überliefert, vor allem durch die seines Schülers Platon. Viele von Platons Werken enthalten die sokratische Methode – um zur Erkenntnis zu gelangen, liefern sich Leute mit gegensätzlichen Positionen einen logischen Ringkampf. In einem typischen sokratischen Dialog könnte etwa Angela eine Behauptung aufstellen (die These), die von Ben angefochten wird, indem er die Voraussetzungen der These (die Prämissen) infrage stellt. So zeigt Ben Angela, dass die von ihr akzeptierten Prämissen

im Widerspruch zu ihrer ursprünglichen Behauptung stehen, und diese kann entweder widerlegt oder verfeinert werden.

3 ### Avicennas Ansatz

Der persische Philosoph Ibn Sina (im Westen als Avicenna bekannt) war ein wichtiger rationalistischer Denker im frühen 11. Jahrhundert, ungefähr auf dem Höhepunkt des sogenannten Goldenen Zeitalters des Islam. Er war überzeugt, dass man mit Verstand und Logik die Wahrheit des Korans beweisen könne. Besonders bekannt ist er jedoch für eine Einsicht, welche bereits die Ideen von Descartes vorwegnimmt. Er stellte sich einen »schwebenden Mann« vor, der mit verbundenen Augen in der Luft herumtreibt, sodass er seiner Sinne beraubt ist. Trotz seines Sinnesverlusts ist sich der Mann immer noch bewusst, dass sein Geist existiert, der keine eigene physische Substanz hat. Für Avicenna war das ein Einblick in das immaterielle Reich der unsterblichen Seele.

4 ### Cogito, ergo sum

Fünf Jahrhunderte später machte sich René Descartes (1596 – 1650) daran, eine grundlegende Reihe von Prinzipien zu entwickeln, mit deren Hilfe man das Universum durch rationales Denken ergründen könne. Dabei wandte er sich einem »methodologischen Skeptizismus« zu, einer Extremposition, die alle Annahmen beiseiteschiebt, die möglicherweise angezweifelt werden können, und auf diese Weise echte Gewissheiten zu erlangen hofft. Descartes verwarf also alle Anhaltspunkte, die ihm die Sinne boten, als potentiell trügerisch oder unzuverlässig. Dann stellte er fest, dass er, trotz all seiner Zweifel über das Wesen der Existenz, sich in einem doch sicher sein konnte: Da war ein Wesen, das zweifelte. Von dieser Grundlage aus war er rasch imstande, einen Glauben an Gott zu konstruieren, eine Gewissheit, dass Gott ihn nicht wirklich in die Irre führen würde, und somit die Überzeugung, dass die physische Welt real sei. Descartes veröffentlichte diese Einsichten erstmals in der französischen Ausgabe seiner *Abhandlung über die Methode*, wo die berühmte Stelle lautete: »*je pense, donc je suis*«, aber später gab er ihr eine markante lateinische Gestalt: »*Cogito, ergo sum*«.

5 Deduktive Schlüsse

Einer der wichtigsten Beiträge Descartes' ist die Methode des deduktiven Schlusses – man spaltet ein zu behandelndes Problem in einzelne Elemente auf, die untereinander bestimmte logische Beziehungen haben, und entscheidet dann, ob das Ganze gültig ist. Ein klassischer deduktiver Beweis ist unter dem Namen »Syllogismus« bekannt. Er nimmt zwei Wenn-Aussagen und kombiniert sie, um eine dritte zu erhalten (1 Wenn ich zu spät dran bin, werde ich den Zug verpassen; 2 Wenn ich den Zug verpasse, werde ich das Auto nehmen müssen; 3 Deshalb werde ich das Auto nehmen müssen, wenn ich zu spät dran bin.). Deduktive Beweisführungen sind logisch immer hieb- und stichfest, sofern die Ursprungsaussagen und Ausgangsbegriffe gut definiert sind. Wenn es aber um Dinge geht, über die man nicht viel weiß, stößt die Methode an ihre Grenzen.

6 Spinozas »einzige Substanz«

Descartes inspirierte viele nachfolgende rationalistische Denker, so Baruch de Spinoza und Gottfried Wilhelm Leibniz, zwei der großen Philosophen des 17. Jahrhunderts. Sie unterschieden sich jedoch in einer Schlüsselfrage des Rationalismus: der Trennung zwischen Geist und Körper. Spinoza war besonders beunruhigt darüber, dass der cartesianische Dualismus, also das Argument, dass Körper und Geist aus unterschiedlichen Substanzen gemacht seien, das physische Universum zu einem ganz und gar mechanischen Ding mache und Gott keine Eingriffsmöglichkeit mehr lasse. Spinozas Lösung, die posthum in seiner *Ethik* (1677) veröffentlicht wurde, lag darin, dass Gott das Universum *sei* – eine einzige unendliche Substanz, aus der heraus sowohl physische als auch geistige Bereiche erklärt werden können. Spinozas Ideen werden oft als Vorläufer der Schule des »neutralen Monismus« angesehen, die Ende des 19. Jahrhunderts u.a. vom Physiker und Philosophen Ernst Mach entwickelt wurde.

7 Der Rationalismus von Leibniz

Im Gegensatz zu Spinoza folgte Leibniz allen Aspekten von Descartes' Rationalismus, darunter auch dem Dualismus von Körper und Geist. Einer seiner wichtigsten Beiträge zum rationalistischen Denken ist die Vorstellung, dass es zwei Arten von Wahrheiten gebe – die Tatsachenwahrheiten und die Vernunftwahrheiten. Vernunftwahrheiten sind aufgrund der ihnen *innewohnenden* Konzepte notwendigerweise zutreffend (so ist die Aussage »Ein Dreieck hat drei Seiten« wahr, denn per Definition ist ein Dreieck ja schließlich eine dreiseitige Figur – das ist ein Teil des Konzepts). Tatsachenwahrheiten sind *bedingt* zutreffend, denn sie beruhen auf Konzepten, die außerhalb der Aussage liegen (so ist die Aussage »Wasser kocht bei 100 Grad« nur wahr, weil wir unabhängig von ihr den Siedepunkt des Wassers auf der Celsius-Skala bei 100 Grad definiert haben).

8 Die Humesche Gabel

Der schottische Philosoph David Hume (1711–1776) legte nahe, dass all unsere angeblich angeborenen Kenntnisse in Wahrheit von empirischen Beobachtungen der Welt abgeleitet sind. In seiner berühmten Erörterung, die man später die »Humesche Gabel« nannte, teilte er zunächst alles Wissen ähnlich wie Leibniz ein. Die notwendigen Vernunftwahrheiten nannte er »Beziehungen zwischen Ideen« und die bedingten Wahrheiten über die Außenwelt »Tatsachen«. Er zeigte, dass man mit Beziehungen zwischen Ideen zwar andere Beziehungen zwischen Ideen beweisen kann, dass sie uns jedoch nichts über die Außenwelt verraten, sofern sie nicht von Tatsachen gestützt werden. Mehr noch: Tatsachen selbst bergen von Natur aus immer die Gefahr der Ungewissheit, da unsere Sinne und Beobachtungen eingeschränkt sind. Humes skeptische Position liegt also darin, dass Tatsachen nützlich, aber provisorisch sind, Beziehungen zwischen Ideen hingegen beweisbar, aber nutzlos.

9 Kants *Kritik der reinen Vernunft*

Immanuel Kants 1781 erschienenes Werk ist vielleicht das einflussreichste Buch der Aufklärungsphilosophie. Es versucht eine Versöhnung zwischen der rationalistischen Sicht und der mit ihr konkurrierenden empirischen Methode, bei welcher Erkenntnis von Beobachtung abgeleitet ist. Auch Kant zerbrach sich über die verschiedenen Typen der Erkenntnis den Kopf. Die Tatsachen- bzw. Vernunftwahrheiten von Leibniz definierte er als synthetische bzw. analytische Urteile. Ferner unterschied er angeborenes *A priori*-Wissen und erfahrungsgestütztes *A posteriori*-Wissen. Indem er diese Konzepte kombinierte, zeigte er, dass analytische Urteile notwendigerweise *a priori* sind und synthetische Urteile gewöhnlich *a posteriori*; allerdings sei die Möglichkeit eines synthetischen *A priori*-Urteils keineswegs ausgeschlossen. Die übrigen Teile der für ihre Schwierigkeit berüchtigten *Kritik* versuchen, genau solche Aussagen zu konstruieren (Kant behauptete, dass sowohl Arithmetik als auch Geometrie diese enthalten, 8 + 3 = 11 wäre ein Beispiel) und sie in ein System der »Metaphysik« einzubauen.

10 Die Phänomenologie

Kants *Kritik der reinen Vernunft* kulminiert in seiner Lehre vom »transzendentalen Idealismus«, einer allgemeinen Trennung der Welt in *Noumenon* (das Ding an sich) und *Phaenomenon* (das Ding, wie wir es erfahren). Da wir zur Welt des Noumenon nicht anders vordringen können als über das Phaenomenon, sei die Welt, die wir kennen (und das Wissen, das wir über sie ableiten), unweigerlich durch unsere Erfahrung geformt. Die Philosophen brachten fast ein Jahrhundert damit zu, über die Wechselwirkungen der beiden Welten Kants zu grübeln, ehe Edmund Husserl (1859–1938) einsah, dass es vielleicht besser wäre, sich auf die *Lebenswelt* zu konzentrieren – die Welt der Phänomene, die unserer Erfahrung zugänglich ist. Husserls »Phänomenologie« kreiste vor allem um Probleme wie individuelle Erfahrung und Bewusstsein und teilte sich im frühen 20. Jahrhundert in viele verschiedene Richtungen. Zu den Schlüsselthemen gehört beispielsweise die Frage, auf welche Weise vergangene Erfahrungen und sozialer Druck unsere Wahrnehmung und Deutung der Welt beeinflussen.

// WIE EIN GENIE REDEN

▌➡ »Descartes selbst weitete die Gewissheit über seine eigene Existenz rasch zu einer ganzen Reihe weiterer Gewissheiten über die Außenwelt aus, aber wenn man das *Cogito* zu seinem logischen Extrem führt, kann man am Ende beim Solipsismus landen. Man zweifelt dann weiterhin an allem außer am eigenen Bewusstsein. Das ist keine sehr gesunde Sichtweise aufs Leben, denn in diesem Fall muss man auch annehmen, dass alles Übrige nur eine Hervorbringung der eigenen Phantasie ist.«

▌➡ »Die moderne Variante von Descartes' und Avicennas Grundidee ist das ›Gehirn im Tank‹, wie es der US-amerikanische Philosoph Gilbert Harman ersann. Die Idee dahinter ist folgende: Wenn Sie ein isoliertes Gehirn wären, das in einem Tank mit Nährstoffen gehalten wird und so verkabelt ist, dass es von einem Supercomputer simulierte Sinnessignale empfängt, dann könnten Sie sich einmal mehr nur Ihres eigenen Bewusstseins sicher sein. Wenn Sie diese Grundidee für plausibel halten, kann Sie das in ein endloses Labyrinth des Skeptizismus treiben: Da Sie sich ja nicht sicher sein können, ob Sie nicht wirklich ein Gehirn im Tank sind, müssen Sie einfach alles anzweifeln, was Sie zu wissen glauben und was auf der Annahme basiert, dass Sie *kein* Gehirn im Tank sind. Und das ist so ziemlich alles.«

👁 WAREN SIE EIN GENIE?

1 FALSCH – Descartes sah die Gewissheit über unsere Existenz nur als ersten Schritt, um die Realität der Welt um uns herum zu beweisen.

2 FALSCH – Ziel des sokratischen Dialogs ist nicht, eine These mit einer Antithese zu widerlegen, sondern die Prämissen der These, also deren gedankliche Voraussetzungen, zu hinterfragen.

3 FALSCH – Für Kant ist das Noumenon das unerreichbare »Ding an sich«; wir können es nur über einen anderen, als Phaenomenon bezeichneten Aspekt erfahren.

4 RICHTIG – *A posteriori* lässt sich grob mit »nach den Tatsachen« übersetzen und bezieht sich nur auf Erkenntnisse, die aus der Beobachtung gewonnen wurden.

5 RICHTIG – Unsere Messung der Höhe des Eiffelturms hängt von unserer separaten Definition des Meters ab.

> ## KURZFASSUNG für Hochstapler
>
> Rationalismus ist eine Denkschule, die Wahrheiten allein aus dem Denken ableitet. Ihr Kern ist die Feststellung, dass zumindest immer jemand da sein muss, der das Denken erledigt.

DAS STREBEN NACH ERKENNTNIS

»Ich glaube, dass es der Mühe wert ist, den Versuch zu machen, mehr über die Welt zu erfahren, selbst wenn alles, was bei dem Versuch herauskommt, nichts ist als die Erkenntnis, wie wenig wir wissen.«
– KARL POPPER –

Die menschliche Gesellschaft beruht darauf, dass wir Dinge über die Welt lernen – hauptsächlich, indem wir Regeln darüber aufstellen, wie die Welt funktioniert. Dies sind beispielsweise die Beziehung zwischen Ursache und Wirkung oder das Prinzip von Aktion und Reaktion. Heute tun wir das vor allem mithilfe der Naturwissenschaften (einer Weiterentwicklung der früheren Naturphilosophie). Aber wie lauten die Regeln, mit denen wir aus unserer Erfahrung der Welt belastbare Aussagen gewinnen und Hypothesen über ihre Funktionsweise aufstellen können? Quer durch die Jahrhunderte haben viele Philosophen versucht, diese Frage zu beantworten.

> Wie kann man am besten etwas über die Welt lernen, und wie sicher können wir uns dessen sein, was wir zu wissen meinen?

 SIND SIE EIN GENIE?

1 Aristoteles entwickelte seine Methode, aus Beobachtetem Schlussfolgerungen zu ziehen, während seines Studiums an Platons Akademie.
RICHTIG / FALSCH

2 David Hume zufolge können wir die Welt nur durch aufmerksame Beobachtung ihrer Inhalte und ihres Verhaltens begreifen.
RICHTIG / FALSCH

3 Die moderne Naturwissenschaft basiert auf der Idee, dass Hypothesen stets durch logische Deduktion aus sorgfältigen Beobachtungen und Experimenten bewiesen werden können.
RICHTIG / FALSCH

4 Die Philosophen können sich immer noch nicht entscheiden, wie »Wissen« und »Erkenntnis« genau definiert werden sollen – und erst recht nicht, wie man sie gewinnen kann.
RICHTIG / FALSCH

5 Die in den 1620er-Jahren von Francis Bacon entwickelten Methoden, um Ursachen und Wirkungen miteinander zu verknüpfen, spielen noch heute eine wichtige Rolle im Vorgehen der modernen Naturwissenschaften.
RICHTIG / FALSCH

ZEHN DINGE, DIE EIN GENIE WEISS

1 Epistemologie

Die Untersuchung des Wissens nennen Philosophen heute »Epistemologie«. Dieser Begriff wurde erst Mitte des 19. Jahrhunderts vom schottischen Autor J. F. Ferrier geprägt, aber die Versuche, Theorien über das Wissen zu formulieren, sind so alt wie die Philosophie selbst. Die Erkenntnistheorie hat auf Philosophen schon immer eine große Faszination ausgeübt, bildet sie doch das Fundament ihrer Bemühungen, alles andere zu verstehen. In ihrem Kern liegt ein skeptisches Herangehen an unsere Deutungen der Welt: Wir glauben vielleicht, dass wir bestimmte Dinge wissen, aber wie können wir uns da sicher sein?

2 Die Naturphilosophie von Aristoteles

Aristoteles war etwa zwei Jahrzehnte lang Student an Platons berühmter Akademie, aber er entwickelte eine ganz andere Methode zur Ableitung von Wissen. Während Sokrates und Platon vor allem an ethischen Fragen und menschlichen Verhaltensweisen interessiert waren, faszinierten Aristoteles die Naturphänomene, die sich mit der sokratischen Methode der deduktiven Logik, mit Aussage und Widerlegung, nicht so gut in den Griff bekommen ließen. Die Methode von Aristoteles bestand deshalb darin, so viele Einzelangaben wie möglich zu sammeln, verschiedene Möglichkeiten zur Klassifizierung dieser Angaben abzuwägen und Hypothesen aufzustellen, um die sich herausbildenden Muster zu erklären. Während der hin- und herschwingende Verlauf der »Deduktion« bei Sokrates und Platon die späteren Rationalisten inspirierte, führte Aristoteles' Konzept der »Induktion« letztend-

lich zum Entstehen der empirischen Strömungen in der Philosophie.

3 Die Entstehung des Empirismus

Die Werke von Aristoteles genossen bei den frühen islamischen Philosophen große Wertschätzung, wurden von den westlichen Gelehrten jedoch erst im 12. Jahrhundert wiederentdeckt. Der englische Mönch Roger Bacon tat viel für die Wiedereinführung der aristotelischen Erkenntnismethode, und seinem Namensvetter Francis Bacon, einem Zeitgenossen Shakespeares, wird häufig das Verdienst zugeschrieben, in den 1620er-Jahren den Prototyp der »wissenschaftlichen Methode« eingeführt zu haben. John Lockes einflussreicher Essay *Versuch über den menschlichen Verstand* griff eine alte Behauptung von Aristoteles wieder auf: Bei der Geburt eines Menschen sei sein Geist ein unbeschriebenes Blatt oder *tabula rasa*; er werde erst durch Sinneserfahrungen und induktives Denken gefüllt und geformt. Der Empirismus wird häufig als britischer Gegenspieler der rationalistischen »kontinentalen« Philosophie angesehen, aber natürlich liegen die Dinge nicht ganz so einfach. Vor allem Leibniz setzte sich mit Locke auseinander und erkannte die Wichtigkeit der Erfahrung an; gleichzeitig aber war er der Ansicht, unser Verständnis der abstrakten Welt der Mathematik zeige, dass es auch angeborenes Wissen gebe.

4 Der Skeptizismus von Hume

Der Schotte David Hume wird oft als eingefleischter Empirist betrachtet, aber eigentlich lieferte er Argumente, die sowohl das rationalistische als auch das empirische

Herangehen ans Thema Erkenntnis untergraben. In seiner *Untersuchung über den menschlichen Verstand* (1748) behauptet er, dass alles vorgeblich angeborene und dem Verstand zugeschriebene Wissen in Wahrheit empirisch ist. Dann aber wirft er heikle Fragen danach auf, ob wir das, was wir durch Beobachtung lernen, überhaupt als Wissen bezeichnen dürfen. Nur weil wir bestimmte Ereignisse und Phänomene stets in Verbindung miteinander wahrnehmen, muss das nicht notwendigerweise bedeuten, dass sie *ausnahmslos* in dieser Weise auftreten. Können wir sicher sein, dass wir die richtigen Verbindungen zwischen Ursache und Wirkung herstellen? Und ist es gewiss, dass die Funktionsweise des Universums sich in Zukunft nicht ändern wird? Dies ist als »Induktionsproblem« bekannt geworden.

5 Hegels Dialektik

Dialektik war eine Form der logischen Debattenführung, wie sie an den europäischen Universitäten des Mittelalters populär war – eine formalisierte Weiterentwicklung des rationalistischen sokratischen Dialogs. Die Prinzipien der Dialektik wurden Anfang des 19. Jahrhunderts vom deutschen Philosophen Georg Friedrich Wilhelm Hegel zu neuem Leben erweckt. Er versuchte, die rationalistische und die empirische Tradition miteinander zu versöhnen. Die »Hegelsche Dialektik« wird oftmals so beschrieben, dass man zuerst eine These einbringt, ihr dann eine Antithese entgegenstellt und beide in einer Synthese aufhebt. Hegel selbst aber verwendete aussagekräftigere Begriffe: Die Ausgangsthese ist das »Abstrakte« (der Verstand stellt Begriffe als für sich stehende Gegensätze dar), die Antithese ist das »Negative« (die Vernunft negiert diesen festen Unterschied), und die Synthese ist das »Konkrete« (die spekulative Synthese der Gegensätze, das

»Wirkliche des Seins«). Die Hegelsche Dialektik ist uns größtenteils vertraut geblieben, weil sie dazu ge- bzw. missbraucht wurde, verschiedene politische Standpunkte zu stützen.

6 Logik

Im späten 19. Jahrhundert kam es zu wichtigen Durchbrüchen bei der Verallgemeinerung mathematischen Denkens für breitere Anwendungsgebiete. Um 1850 entwarf der englische Mathematiker George Boole ein System von Symbolen, mit dem man logische Begriffe mathematisch behandeln konnte, und 1879 veröffentlichte der deutsche Philosoph Gottlob Frege sein Buch *Begriffsschrift*, in dem er zeigte, wie die Arithmetik aus der grundlegenden »Prädikatenlogik erster Stufe« hervorgeht. Freges Ideen machten Schule, nachdem der Italiener Giuseppe Peano und der Engländer Bertrand Russell aufgezeigt hatten, wie sehr sie unser Verständnis bestimmter Bereiche der Mathematik revolutionieren konnten. Ihr Werk ließ eine einflussreiche Schule der »analytischen Philosophie« entstehen, und noch heute ist die symbolische Logik ein wirkungsvolles Hilfsmittel, um über eine ganze Reihe philosophischer, mathematischer und linguistischer Probleme nachzudenken.

7 Die moderne wissenschaftliche Methode

Francis Bacon hatte in seinem *Novum Organum* (1620) als Erster Schritte vorgeschlagen, mit denen man aus empirischen Beobachtungen Wissen gewinnen konnte. Mehr verdankt die moderne wissenschaftliche Methode allerdings den Ideen des amerikanischen Philosophen Charles Sanders Peirce aus dem späten 19. Jahrhundert. Peirce skizzierte eine Methode des »abduktiven« Schlussfolgerns – jene Schritte, die wir gehen müssen, um eine auf

Beobachtungen beruhende Hypothese aufstellen zu können. Er hob die Bedeutung von »merkwürdigen Umständen« hervor, ungewöhnlichen Beobachtungen, die einer Erklärung bedürfen, zu welcher man intuitiv gelangt. Weiter vertrat er die Ansicht, dass eine einmal aufgestellte Hypothese, um von Nutzen zu sein, Voraussagen über die Welt treffen müsse – mit anderen Worten, sie kann überprüft und dabei bewiesen oder widerlegt werden.

8 Logischer Positivismus

Beeinflusst von Russells Arbeiten zur Logik, Wittgensteins Sprachphilosophie und der immer größeren Entfaltung der Naturwissenschaften, kam zwischen den beiden Weltkriegen eine einflussreiche neue Strömung der Philosophie auf. Die vor allem in Wien und Berlin angesiedelten Logischen Positivisten glaubten an den »Verifikationismus«, die Vorstellung, dass Aussagen nur »kognitiv sinnvoll« seien, wenn sie aus empirischer Beobachtung und aus Messungen stammen (*A posteriori*-Aussagen, um mit Kant zu sprechen). *A priori*-Aussagen seien hingegen »kognitiv sinnlos« (sie tragen Bedeutung nur im Rahmen ihrer eigenen Bedingungen, weil wir die Sprache und die darin enthaltenen Begriffe eben so definieren). Angesichts der privilegierten Stellung, die der Wissenschaft eingeräumt wurde, verwundert es nicht, dass der logische Positivismus unter Naturwissenschaftlern sehr populär wurde.

9 Der Grundsatz der Falsifizierbarkeit

Der Österreicher Karl Popper (1902–1994) erhob Widerspruch gegen den logischen Positivismus und entwickelte sein eigenes, höchst einflussreiches Gegenmodell. Großen Nachdruck legte er nicht auf die Verifikation, sondern auf die »Falsifizierbarkeit«. Konkret bedeutet das: Um wirklich nützlich zu sein, muss eine Aussage nicht nur kognitiv sinnvoll, sondern auch potentiell als falsch beweisbar sein (durch eine neue, ihr widersprechende Beobachtung oder Messung). Popper erkannte also an, dass man über das klassische induktive Denken nicht zu absolutem Wissen gelangt. Humes Induktionsproblem ersetzte er jedoch durch eine Methode des gesunden Menschenverstands: Eine empirische Theorie darf so lange für wahr gehalten werden, bis sie von neuen Belegen untergraben wird. Dieses Herangehen ist bis heute de facto Standard für die meisten Definitionen von Wissenschaft.

10 Was ist Wissen?

Bei allem, was wir hinzugelernt haben – die Definition von »Wissen« bleibt für die Epistemologie ein zentrales Problem. Von der Aufklärung bis ins späte 20. Jahrhundert lautete eine populäre Ansicht, Wissen sei »gerechtfertigte wahre Meinung« (*justified true belief, JTB*). Es bestehe aus zutreffenden Ansichten über die Welt, die gestützt werden durch Belege, mit deren Hilfe wir zu den Schlussfolgerungen gelangt sind. Allerdings wies der US-amerikanische Philosoph Edmund Gettier im Jahr 1963 darauf hin, dass die JTB-Definition nicht ohne Fehl und Tadel ist – man kann Szenarien ersinnen, in denen eine Meinung sowohl gerechtfertigt als auch wahr, aber trotzdem nur das Ergebnis glücklichen Ratens ist, statt aus einer akkuraten Deduktion hervorgegangen zu sein. In diesem Fall sollte sie nicht wirklich als Wissen gelten. Als Reaktion auf das »Gettier-Problem« haben spätere Epistemologen versucht, entweder seine Szenarien als nicht hinreichend begründet zu verwerfen oder die Bedingungen für JTB nachzujustieren.

// WIE EIN GENIE REDEN

▮▶ »Eines von Poppers Lieblingsargumenten gegen die positivistische Sichtweise ist der Fall der schwarzen Schwäne. Die traditionelle Sicht bestand Popper zufolge darin, dass man die auf Beobachtung beruhende Aussage traf, alle Schwäne seien weiß. Aber man kann mit deduktiver Logik nicht beweisen, dass die Aussage ›Alle Schwäne sind weiß‹ wahr ist, nur weil alle Schwäne, die man bisher gesehen hat, weiß waren. Stattdessen muss man an die Sache umgekehrt herangehen; man stellt die Hypothese auf, alle Schwäne seien weiß, und wenn dann plötzlich ein schwarzer Schwan auftaucht, kann man diesmal die deduktive Logik nutzen, um zu beweisen, dass die Aussage ›Alle Schwäne sind weiß‹ falsch ist.«

▮▶ »Wenn wir darüber reden, wie Wissenschaft funktioniert, kommen wir um Thomas Kuhn nicht herum. Sein Buch *Die Struktur wissenschaftlicher Revolutionen* (1962) verärgerte eine Menge Leute, weil es einige lieb gewonnene Vorstellungen über die Stetigkeit des wissenschaftlichen Fortschritts über den Haufen warf und stattdessen zeigte, wie halsstarrig und veränderungsresistent Wissenschaftler trotz neuer Indizien sein können. Am Ende aber ist die Beweislast dafür, dass die gegenwärtige Theorie falsch sein muss, einfach zu erdrückend, und es kommt zu einem plötzlichen Durchbruch einer neuen Theorie. Kuhn bezeichnete das als ›Paradigmenwechsel‹.«

👁 WAREN SIE EIN GENIE?

1 FALSCH – Aristoteles' wissenschaftstheoretische Durchbrüche rührten von seiner Erforschung der ihn umgebenden Welt her, vor allem aus den zwei Jahren, die er mit Naturstudien auf der Insel Lesbos verbrachte.

2 FALSCH – In Wahrheit fragte sich Hume mit einiger Skepsis, wie viel wir durch rationales Denken bzw. durch Beobachtung beweisen können.

3 FALSCH – Die moderne wissenschaftliche Methode beruht auf der Falsifizierbarkeit – jede Theorie ist nur so lange »wahr«, bis ihr widersprechende Beweise auftauchen.

4 RICHTIG – Die meisten Definitionen von »Wissen« (etwa, wenn man es als »gerechtfertigte wahre Meinung« fasst) haben einige Lücken.

5 RICHTIG – Bacons Methode stellt eine Technik zur Verfügung, mit der sich aus mehreren möglichen Ursachen für eine bestimmte Wirkung schließlich die wahrscheinlichste herausfiltern lässt. Diese kann dann weiterer Untersuchung zugeführt werden.

🖊 KURZFASSUNG für Hochstapler

Theorien, die auf Beobachtungen und Messungen beruhen, sind ein wirkungsvolles Hilfsmittel, wenn wir Wissen über die Welt gewinnen wollen – wir dürfen aber auch ihre Grenzen nicht vergessen.

GUT UND BÖSE

»Ich will Ihnen eine Definition von Ethik nennen: Gut ist, Leben erhalten und fördern,
böse ist, Leben schädigen und vernichten.«
— ALBERT SCHWEITZER —

Die Konzepte von Moral und Ethik scheinen
ein grundlegender Bestandteil der menschlichen Existenz zu sein. Mag sein, dass
individuelle Vorstellungen von Richtig und
Falsch oder Gut und Böse ebenso stark
variieren wie die Meinungen darüber, wie
man jene Kategorien in der Praxis anwenden
sollte. Trotzdem sind einige der radikalsten
Ansichten und Handlungen in der Geschichte
bis zur Gegenwart von Leuten gerechtfertigt
worden, die sich selbst letzten Endes im Recht
sehen. Es ist deshalb auch kein Wunder, dass
sich Philosophen schon sehr lange darum
bemühen zu präzisieren, was wir richtig und
falsch nennen.

> Können wir unsere Vorstellungen von
> Richtig und Falsch rechtfertigen? Und
> warum machen wir uns überhaupt erst
> über so etwas Gedanken?

 SIND SIE EIN GENIE?

1 Deontologie ist die Überzeugung, dass sich
jede Form von Ethik auf Werte stützen sollte,
die letztlich von der Religion gelehrt werden.
RICHTIG / FALSCH

2 Nach Ansicht der Epikureer waren Lust und
Schmerz gleichbedeutend mit Gut und Böse.
RICHTIG / FALSCH

3 Das hedonistische Kalkül von Jeremy
Bentham besagt, dass man bisweilen die
Interessen weniger dem Nutzen vieler opfern
sollte.
RICHTIG / FALSCH

4 Das Christentum hat die Vorstellung einer
»Erbsünde«, die auf Adam und Eva im
Garten Eden zurückgeht, aus dem Judentum
übernommen.
RICHTIG / FALSCH

5 Die »Goldene Regel« der Moralität lautet,
andere so zu behandeln, wie man selbst von
ihnen behandelt werden möchte.
RICHTIG / FALSCH

ZEHN DINGE, DIE EIN GENIE WEISS

1 Das Glück

Das Wesen der Tugend war ein zentrales Anliegen der antiken griechischen Philosophie, und die Frage, wie sie zu erreichen sei, hat die Denker schon seit Sokrates' Zeiten beschäftigt. Die Mehrheit von ihnen stimmte überein, dass Tugend durch das Streben nach »eudaimonia« (»Glück«), erlangt werden könne, aber es überrascht auch nicht, dass sie unterschiedlicher Meinung waren, was genau das sein soll. Sokrates (wie von Platon übermittelt) verstand Tugend als ein vorwiegend innerliches Streben – das Bemühen um Mut, Selbstbeherrschung, Gerechtigkeit und Weisheit (aber nicht unbedingt deren Umsetzung in der äußeren Welt). Argumente, die das Erlangen von Reichtum und irdischer Macht tugendhaft nannten, ließen beide Philosophen nicht gelten.

2 Die goldene Mitte des Aristoteles

In seiner Nikomachischen Ethik erhob Aristoteles die Vernunft zur höchsten und einzigartigen Eigenschaft des Menschen. Folglich rückte er, neben den traditionellen sokratischen Tugenden, den Gebrauch und die Pflege von Rationalität in den Mittelpunkt des Glücks. Allerdings behauptete Aristoteles weiter, dass eudaimonia nur durch Einsatz der eigenen Vernunft in der äußeren Welt erlangt werden könne. Man solle sie wirken lassen und dazu einsetzen, die oberflächlicheren Eigenschaften zu mäßigen (etwa um zu verhindern, dass aus übertriebenem Mut Tollkühnheit wird). Das Ziel bestand seiner Ansicht nach in einem Mittelweg, der »goldenen Mitte« zwischen zwei einander gegenüberliegenden Lastern. Darüber hinaus behauptete er, dass für eudaimonia neben Vernunft auch äußere Fak-

toren wie Gesundheit, Beziehungen und sogar Schönheit eine Rolle spielen.

3 Epikureismus und Stoizismus

Ausgehend von den früheren Vorstellungen von Sokrates, Platon und Aristoteles entwickelten sich um 300 v. Chr. zwei unterschiedliche Auffassungen von eudaimonia. Epikur und seine Anhänger vertraten einen sinnlichen Standpunkt, dem Lust als das einzig wesenhaft Gute galt und Schmerz als das einzig wesenhaft Böse. Glück sei demnach, nach Lust für einen selbst und andere zu streben und zugleich Schmerz sowie das Zufügen von Schmerz zu vermeiden. Demgegenüber berief sich die Stoa des Zenon von Kition und seiner Anhänger auf die sokratische Ansicht, dass der Schlüssel zum Glück in der Ausbildung innerer Tugend liegt. Allerdings verstanden die Stoiker unter Tugenden etwas anderes und argumentierten, dass wahre Tugend sowohl bedeutet, im Einklang mit der Natur zu leben, als auch Verhaltensweisen wie Schlichtheit, Selbstdisziplin und Ehrlichkeit (ähnlich dem Taoismus und Buddhismus) anzuerkennen.

4 Wo haben Tugenden ihren Ursprung?

Die Griechen mögen sich darüber einig gewesen sein, welche Eigenschaften sie für tugendhaft hielten (und in der Tat haben wir die meisten dieser Einschätzungen von ihnen übernommen), doch das führt uns zu der naheliegenden Frage: Warum heißen wir bestimmte Verhaltensweisen gut? Die beiden klassischen philosophischen Lösungsansätze für diese Frage sind die »Deontologie« (die These, dass Ethik auf allgemeingültigen Verpflichtungen gegenüber der Gesellschaft oder einer höheren Macht basieren sollte) und die »Teleologie« (die Behauptung, dass zur Bewertung moralischen Verhaltens nur dessen Ziele oder Resultate maßgeblich sind).

5 Das Christentum, der Islam und die Sünde

Wie zu erwarten, vertreten monotheistische Religionen wie das Christentum und der Islam eine deontologische Auffassung von Ethik. Sie definieren die Sünde als absichtlichen Verstoß gegen eines der vielfältigen göttlichen Verbote und die Tugend als Gehorsam gegenüber den göttlichen Gesetzen (vornehmlich den Zehn Geboten, die beide Religionen vom Judentum geerbt haben). Allerdings hatten christliche Theologen lange Zeit mit der Frage gerungen, warum wir sündigen, bis sie schließlich mit der Doktrin zur »Erbsünde« aufwarteten. Von Augustinus von Hippo verfasst, macht sie die gesamte Menschheit zu Erben eines schädlichen Verlangens, das entfacht worden sei, als Adam und Eva die Frucht im Garten Eden gegessen hätten, wodurch unsere Sünden nur durch die Fürsprache von Jesus Christus vergeben werden könnten. Demgegenüber leugnet der Islam die Existenz einer Erbsünde, besagt jedoch, dass die Menschen bei ihrer Geburt zwar rein, von Natur aus aber auch schwach und vergesslich sind. Auch wenn Sünden vergeben werden könnten, sei es die Pflicht jedes Muslims, ihnen zu widerstehen.

6 Utilitarismus

Zur Zeit der Aufklärung im 18. Jahrhundert, und teilweise unter dem Einfluss von Thomas Hobbes' Materialismus (vgl. S. 50), erwachte das Interesse an ethischen Erklärungen und moralischen Vorschriften von Neuem, diesmal unabhängig von einem strikt religiösen Bezugssystem. Sowohl John Gay als auch David Hume trieben teleologische Ansätze voran, doch die Entwicklung einer Moralphilosophie namens »Utilitarismus« wird gewöhnlich Jeremy Bentham zugeschrieben. Um das Jahr 1780 schrieb er, dass Handlungen moralisch gerechtfertigt seien, wenn sie dem Glück der größtmöglichen Zahl von Menschen nützten und es vermieden, anderen zu schaden. Bentham entwickelte sogar das »Hedonistische Kalkül«, eine Art mathematisches Hilfsmittel, um in konkreten Situationen die moralisch richtige Entscheidung zu berechnen (es hat sich, vielleicht zum Glück, nicht durchgesetzt).

7 Kant und die Goldene Regel

Als Reaktion auf den Utilitarismus veröffentlichte Immanuel Kant im Jahr 1785 seinen eigenen einflussreichen Ansatz zum Thema Moral und Ethik. Ausgehend von der Behauptung, dass die Vernunft dem Menschen eine Sonderstellung im Kosmos verleiht, diente ihm die Rationalität als Grundlage für seinen »Kategorischen Imperativ«. Sein Grundgedanke lautet: Eine Handlung könne nur dann moralische Richtigkeit beanspruchen, wenn man die damit verbundenen Entscheidungen so treffe, *als ob* die Maximen oder Prinzipien, die hinter ihnen stehen, einem universellen Gesetz zugrunde gelegt werden könnten. In mancher Hinsicht gibt er damit aber lediglich dem Prinzip der Gegenseitigkeit einen neuen Namen, das als »Goldene Regel« der Moral in vielen Weltreligionen und Philosophien vorkommt. Häufig wird diese Regel in Form einer positiven Handlungsanweisung formuliert: »Behandle andere so, wie du selbst von ihnen behandelt werden möchtest.«

8 Konsequentialismus

Als Teil eines weiter gefassten, »konsequentialistischen« Ansatzes ist der Utilitarismus für Moralentscheidungen nach wie vor ein beliebtes Denkmodell. Wie sein Name vermuten lässt, beruht die moralische Beurteilung von Handlungen im Konsequentialismus auf deren Folgen. Doch wie alle anderen Philosophen neigen auch Konsequentialisten zu Meinungsverschiedenheiten, sodass sich eine Reihe von Ansätzen herausgebildet hat. Beim »ethischen Egoismus« stehen etwa die persönlichen Folgen an oberster Stelle, während der »ethische Altruismus« das genaue Gegenteil vorgibt: Individuen sollten als Erstes abwägen, welche Folgen ihre Handlungen für alle anderen haben. Nach Meinung des »negativen« Konsequentialismus sollte das Vermeiden von Schmerzen gegenüber der Vermehrung von Glück vorrangig sein, wohingegen der »Motivkonsequentialismus« sowohl die Absicht als auch das Resultat einer Handlung berücksichtigt. Schließlich gibt es den sogenannten Regelkonsequentialismus, ein Mischsystem, aus dessen Sicht deontologische Regeln und Pflichten bezogen auf ihre Folgen festgelegt werden können.

9 »Boo-Hurray« und moralischer Relativismus

Eine der großen Fragen für moderne Philosophen lautet, ob ethische Aussagen überhaupt sinnvoll sind. Das geht letztlich auf die Überlegungen zur kognitiven Sinnhaftigkeit zurück, die sich aus Wittgensteins Arbeit über Sprache aus dem frühen 20. Jahrhundert entwickelt haben. Wenn eine ethische Aussage sinnvoll sei, dann enthalte sie Teile von realem Wissen oder realer Wahrheit über die Welt, falls sie jedoch sinnlos sei, so könne sie lediglich eine emotionale Haltung formulieren. Das Ganze lässt sich bis zu David Hume zurückverfolgen, der bereits 1739 in seinem *Ein Traktat über die menschliche Natur* die Tendenz der Moralphi-

losophen beobachtete, von Aussagen über das »Was *ist*« sprunghaft zu Aussagen über das »Was *sein sollte*« überzugehen, ohne die so entstandene Lücke angemessen zu füllen. Rund zweihundert Jahre später fasste der britische Philosoph A. J. Ayer das Problem mit seiner sogenannten Boo-Hurray-Theorie anschaulich zusammen, indem er anführte, dass ethische und moralische Behauptungen wenig mehr sind als Aufrufe zu emotionaler Ablehnung oder Zustimmung. Ähnlich wurde in jüngerer Zeit auch in postmodernen Positionen zugunsten eines »moralischen Relativismus« argumentiert: Jedes ethische System sei nichts weiter als das Produkt eines zu einer bestimmten Zeit gültigen Regelwerks, daher könne kein Regelwerk mit Recht als besser gelten als jedes andere.

10 Ethik und Evolution

Evolutionäre Anthropologen erklären mit darwinistischen Ideen, warum wir bestimmte Verhaltensweisen instinktiv für moralisch richtig halten. Im Sinne des evolutionären Selektionsdrucks könnte man eigentlich erwarten, dass Eigennutz und Selbsterhaltung fest in unserem Wesen verankert wären, weil es dadurch leichter wäre, Gene und Verhaltensweisen an die nächste Generation weiterzugeben. Warum also empfinden wir egoistische und feige Taten als beschämend (auch wenn wir ihnen oft nicht widerstehen können)? Noch rätselhafter ist in diesem Zusammenhang altruistisches und aufopferungsvolles Handeln. Einige Forscher sehen Parallelen zwischen menschlicher Moral und dem »egoistischen Gen«. Auf die Frage, wo altruistisches Verhalten herkommt oder warum bestimmte Handlungen starke Zustimmung oder Ablehnung auslösen, sind die Antworten des Darwinismus vage oder zumindest umstritten.

// WIE EIN GENIE REDEN

▪➡ »Der liberale viktorianische Philosoph John Stuart Mill spann Benthams Grundgedanken zum Utilitarismus und zum Hedonistischen Kalkül weiter und behauptete, dass es nur um andere vor Schaden zu schützen, gerechtfertigt ist, Macht über Individuen auszuüben. Doch leider bestand er auch darauf, dass man zwischen ›höheren‹ und ›niederen‹ Freuden unterscheiden muss, um die richtigen Entscheidungen treffen zu können. Natürlich konnte diese Unterscheidung nur von hochgeistigen Menschen wie Mill selbst vorgenommen werden!«

▪➡ »Der Mann, der Sokrates' Ablehnung weltlicher Tugend bis aufs Äußerste betrieb, war Diogenes von Sinope. Er entledigte sich all seiner Besitztümer, lebte nur mit Lumpen bekleidet in einer Tonne und verwickelte Passanten in Streitgespräche. Die Athener nannten ihn ›der Hund‹, doch er sammelte zweifellos eine ganze Schar Jünger um sich, die die Beleidigung ›hündisch‹ oder *kynikos* am Ende stolz wie ein Ehrenabzeichen trugen. Sie sind besser unter dem Namen ›die Zyniker‹ bekannt.«

👁 WAREN SIE EIN GENIE?

1 FALSCH – Als deontologisch werden Ethiken bezeichnet, die sich von höheren Verpflichtungen ableiten. Es geht aber wohl eher um Verpflichtungen gegenüber der Gesellschaft als gegenüber Gott.

2 RICHTIG – Aus diesem Grund entwickelten sie ein Ethiksystem, das auf der Mehrung von Lust und der Vermeidung von Schmerz beruhte.

3 FALSCH – Bentham behauptete zwar, dass moralische Handlungen das größtmögliche Gut für die größtmögliche Zahl von Menschen begünstigen, das schloss aber nicht das Verletzen von Minderheitsinteressen mit ein.

4 FALSCH – Die meisten jüdischen Theologen glauben, dass die Menschen frei von der Erbsünde geboren werden.

5 RICHTIG – Diese Regel taucht in verschiedenster Form in vielen unterschiedlichen Religionen und Philosophien auf.

🖉 KURZFASSUNG für Hochstapler

Wir können unser Handeln auf unterschiedlichste Art moralisch rechtfertigen, aber manch einer würde behaupten, dass wir in Wahrheit immer nur an uns selbst denken.

FREIER WILLE UND GOTT

»Dies aber sage ich, die Allmacht und das Allwissen Gottes zerstören grundlegend die Lehre vom freien Willen.«

– MARTIN LUTHER –

Sind wir in unserem Handeln wirklich vollkommen frei, oder werden wir von unserer Wahrnehmung der Welt einfach nur getäuscht, sodass wir *glauben,* die Freiheit zu unabhängiger Entscheidungsfindung zu besitzen? Die Frage, ob Gott uns einen freien Willen zubilligt und was das für uns bedeutet, ist für Theologen viele Jahrhunderte lang enorm wichtig gewesen, aber der Aufschwung der Naturwissenschaften hat noch einmal eine ganz neue Sichtweise auf dieses Problem eröffnet. Viele moderne Philosophen behaupten, dass wir, wenn wir die Sache richtig durchdenken, letztlich nur eine *Illusion* von Willensfreiheit haben. Welche Fragen der Ethik und Moral wirft das auf?

> Ob nun das Universum von einem allmächtigen Gott beherrscht wird oder dem stupiden Uhrwerk der Physik folgt – bleibt für uns noch irgendwelcher Freiraum, um wirklich unsere eigenen Entscheidungen zu treffen?

 SIND SIE EIN GENIE?

1 Ontologische Argumente für die Existenz Gottes beruhen eher auf Vernunft und Logik als auf der Beobachtung der Welt.
RICHTIG / FALSCH

2 Das ontologische Argument des »ersten Bewegers« basiert auf der Vorstellung, dass irgendetwas von außen das Universum ganz zu Anfang in Gang gesetzt haben müsse.
RICHTIG / FALSCH

3 Der Kompatibilismus behauptet, dass wir in einem deterministischen, von Ursache und Wirkung beherrschten Universum keinen freien Willen haben können.
RICHTIG / FALSCH

4 Spinoza meinte, dass unsere Fähigkeit, uns Gott vorzustellen, bedeuten müsse, dass er existiert.
RICHTIG / FALSCH

5 Man hält es allgemein für unmöglich, den Glauben an die Willensfreiheit mit dem Glauben an einen allmächtigen Gott in Einklang zu bringen.
RICHTIG / FALSCH

ZEHN DINGE, DIE EIN GENIE WEIß

1 Der freie Wille

Die Religion des antiken Griechenlands war von einem starken Glauben daran gekennzeichnet, dass die Menschen nur ein Spielzeug der Götter seien und ein unabänderlich festgelegtes Schicksal hätten. Als die Philosophen die Götter durch Naturgesetze ersetzten, waren diese nicht weniger unerbittlich. Das Christentum machte alles noch komplizierter, indem es die Frage des Lebens nach dem Tode aufwarf. Andere Religionen sprachen entweder von einem universellen Jenseits, von spezifischen Schicksalen für vorherbestimmte Auserwählte oder (besonders in Ostasien) von einem Zyklus der Wiedergeburt. Die Christen aber waren hin- und hergerissen zwischen zwei offenbar unvereinbaren Konzepten: einerseits der Vorherbestimmung durch einen allmächtigen Gott, andererseits der persönlichen Erlösung (der Idee, dass die Hinwendung zu Gott und die Zurückweisung der Sünde uns einen Platz im himmlischen Königreich garantieren können). Wie kann Gott allmächtig sein und uns dennoch Willensfreiheit gewähren?

2 Augustinus und Boëthius

In seinen *Retractationes* löste der Kirchenvater Augustinus von Hippo (354–430) das Problem durch eine neue Sicht auf die göttliche Allmacht. Laut Augustinus werden die Menschen mit einem freien Willen und einer natürlichen Veranlagung zum Guten geboren. Die Sünde beraube uns des freien Willens, während das Glaubensbekenntnis ihn wiederherstelle. Die Prädestination kommt nach Augustinus ins Spiel, weil Gott schon vorher wisse, welche künftigen Entscheidungen wir mit unserem freien Willen treffen wer-

den und wer von uns letztendlich erlöst werden soll. Boëthius, ein Philosoph aus dem sechsten Jahrhundert, machte diese Argumentation noch klarer, indem er behauptete, dass Gott nicht »die Zukunft schaue«, sondern überhaupt außerhalb der Zeit, wie wir sie verstehen, existiere. Nun waren die Fragen nach der Willensfreiheit und die nach der Existenz Gottes noch enger miteinander verwoben.

3 Der ontologische Gottesbeweis

Von Anselm von Canterbury, einem Mönch aus dem elften Jahrhundert, stammt der berühmte »ontologische« Beweis, der »Gottesbeweis aus dem Sein«. Er beruht auf dem einfachen Grundsatz, dass Dinge, die in der Wirklichkeit existieren, größer sind als welche, die nur im Geist existieren. Für Anselm ist Gott demnach die größte vorstellbare Sache. Gläubige und sogar Atheisten können sich die Existenz eines solchen Wesens ausmalen, woraus folgt, dass es im Reich der Gedanken existiert. Aber weil ein Wesen, das allein im Reich der Gedanken existiert, per definitionem *nicht* die größte denkbare Sache wäre, muss Gott auch jenseits dieser Begrenzungen in der Realität existieren. Spätere Denker wie Descartes, Leibniz und der Mathematiker Kurt Gödel arbeiteten diesen grundlegenden Beweis weiter aus.

4 Gottesbeweise im Islam

Der persische Gelehrte Avicenna (Ibn Sina) untersuchte um 1035 die Idee, dass die Dinge in dieser Welt eher »kontingent« als »notwendig« seien; sie existieren nur, weil irgendeine vorausgegangene Ursache ihnen Existenz verschafft hat. Da diese Ursache ihrerseits kontingent war, musste auch sie eine vorausgegangene Ursache haben etc. Avicenna schloss daraus, dass angesichts der allgemeinen Kontingenz im Universum irgendwo *außerhalb* des Universums eine erste Ursache liege, die notwendig sein müsse. Es überrascht nicht, dass er diese notwendige Ursache mit Allah gleichsetzte. Ein gutes Jahrhundert später brachte der andalusische Universalgelehrte Averroës (Ibn Ruschd) einen ähnlichen Beweis vor. Er ließ die aristotelische Idee wiederaufleben, dass die Bewegung des Universums einen »ersten Beweger« brauchte, der das All in Gang gesetzt habe. Dies ist ein Beispiel für einen »teleologischen« Gottesbeweis: Bestimmte Merkmale des Universums zeigen, dass es planvoll geschaffen worden sein muss.

5 Negative Theologie

Die Vorstellung, dass Gott – abgesehen von der Tatsache seiner Existenz – im Grunde unerkennbar ist, steht im Mittelpunkt des apophatischen oder negativen Ansatzes in der Theologie. Er wurde in der orthodoxen Kirche des Ostens populär. Sein bekanntester Vertreter ist allerdings wohl Moses Maimonides, ein Rabbi aus Cordoba, der ihn in seinem *Führer der Unschlüssigen* (um 1190) darlegte. Maimonides war der Ansicht, dass wir keine positiven Aussagen wie etwa »Gott ist mächtig« treffen sollten. Stattdessen sollten wir sagen: »Gott ist nicht schwach.« Seine Hauptargumente für die Existenz Gottes ähneln denen von Avicenna, aber er fügte eine wichtige Folgerung bezüglich des freien Willens hinzu: Da Gott allwissend sei, könne der Mensch keine Handlungsfreiheit haben – er sei dazu gezwungen, die von Gott vorgesehenen Handlungen auszuführen.

6 Die fünf Gottesbeweise des Thomas von Aquin

In seiner *Summa Theologica* brachte Thomas von Aquin, ein Theologe aus dem 13. Jahrhundert, fünf Beweise für die Existenz Gottes vor. Diese positionieren Gott nacheinander als ersten Beweger (in der physikalischen Bewegung des Universums), als erste Ursache (in einer physikalischen Kette von Ursachen und Wirkungen), als notwendigen Endpunkt einer Kette von Kontingenzen (Avicennas Argument) und als Architekten, der den Kosmos entworfen hat. Thomas von Aquins eigenständiger Beitrag ist aber der vierte Beweis, der sogenannte Stufenbeweis *(ex gradibus rerum)*: Diese Form eines ontologischen Beweises geht davon aus, dass alle Dinge Eigenschaften in unterschiedlichen Rangstufen besitzen – vom Minderen zum Größeren. Daher müsse es bei solchen Eigenschaften eine *größtmögliche* Quantität geben, die nirgendwo sonst übertroffen wird, und so sei Gott jenes Wesen, das all diese Eigenschaften im höchsten Grade besitze.

7 Spinoza: Gott ist Natur

Baruch de Spinozas einzigartige Ansichten führten in Holland zu seiner Verbannung aus der jüdischen Gemeinde, in die er hineingeboren worden war. Später verbot die katholische Kirche seine Bücher. In seiner posthum veröffentlichten *Ethik* (1677) entwickelt er ein unverwechselbares Modell der Realität, das auf Ursachen, Wirkungen und Naturgesetze gegründet ist und in vielerlei Hinsicht auf unsere moderne, wissenschaftliche Sicht aufs Universum vorausweist. Spinozas ontologischer Gottesbeweis ähnelt im Grunde dem von Anselm von Canterbury, enthält aber eine überraschende Wendung: Der menschliche Geist sei nicht in der Lage, ohne eine äußere Ursache Ideen zu formen. Die Tatsache, dass wir uns Gott vorstellen können, müsse daher bedeuten, dass er existiert. Spinoza betrachtet Gott als die Summe aller Naturgesetze und damit letztlich als die unendliche Substanz, aus der das Universum selbst gemacht ist. Seinerzeit noch heftig bekämpft, stellten Spinozas Ansichten dennoch die Weichen für die Aufklärung des 18. Jahrhunderts.

8 Determinismus und Kompatibilismus

Die Debatte um den freien Willen war ein zentraler Bestandteil der reformatorischen Bestrebungen im 16. und 17. Jahrhundert. Während die katholische Kirche weitgehend an der Argumentation von Augustinus und Boëthius festhielt, waren die Protestanten der Ansicht, dass die Willensfreiheit auf bestimmte Bereiche beschränkt, unser geistliches Schicksal aber total vorherbestimmt sei. Spinoza war vielleicht der erste moderne Philosoph, der das Problem der Willensfreiheit von einem vollkommen deterministischen Standpunkt aus betrachtete; seine Ideen über die universellen Ursachen und Wirkungen bedeuteten, dass ein freier Wille nicht existieren konnte, hätten doch all unsere Handlungen ihnen vorausgegangene (und letzten Ende externe) Gründe, die auf Gott zurückverwiesen. Der Materialist Thomas Hobbes brachte im *Leviathan* (1651) einen möglichen Mittelweg ins Gespräch: Wir haben Handlungsfreiheit in Übereinstimmung mit unserem Willen, aber dieser Wille selbst ist nicht frei, denn äußere Faktoren haben ihn geformt.

9 Atheismus

Seit der Aufklärung erlaubte das Schwinden der kirchlichen Macht es den Philosophen, freier über die Natur Gottes zu spekulieren – und darüber, ob er überhaupt existiert. Immanuel Kants transzendentaler Idealismus (der die Welt in das objektive Noumenon und das wahrgenommene Phaenomenon teilt) inspirierte in Deutschland eine idealistische Strömung, welche die Philosophie des 19. Jahrhunderts beherrschte. Ihr Schlüsselwerk, Arthur Schopenhauers *Die Welt als Wille und Vorstellung* (1818), vertrat die Ansicht, dass Noumenon und Phaenomenon im Grunde dasselbe seien – nämlich Willensakte, einmal von innen und einmal von außen gesehen. Außerdem konstruierte er ein Modell des Universums nach kompatibilistischen Grundzügen. Es stand in offenem Gegensatz zu herkömmlichen Sichtweisen auf Gott und hatte mehr Gemeinsamkeiten mit östlichen Religionen wie dem Hinduismus und dem Buddhismus. Dies ebnete späteren, auf radikalere Weise atheistischen Philosophen den Weg, beispielsweise Nietzsche.

10 Willensfreiheit im Quantenuniversum

Seit dem 19. Jahrhundert hat sich der Fokus der Debatte um die Willensfreiheit von der Frage nach Gottes Allwissenheit hin zu einem Interesse für den physikalischen Determinismus verschoben. Die Vorstellung, dass das Universum einem Uhrwerk ähnelt und von unabänderlichen physikalischen Gesetzen regiert wird, legt den Verdacht nahe, dass unsere Handlungen niemals wirklich frei sind, sondern von einer vorherbestimmten Geschichte angetrieben werden, die bis zum Urknall zurückverfolgt werden kann. Beunruhigt von den Konsequenzen einer solchen Sicht, haben manche Philosophen und viele Naturwissenschaftler Trost in der Entwicklung der Quantenphysik gefunden. Bei flüchtigem Hinschauen scheint die Quantentheorie der Ungewissheit einen gewissen Raum zu lassen, obgleich Zufälligkeit nicht unbedingt darauf hinausläuft, dass wir mehr Kontrolle über unsere Entscheidungen haben.

// WIE EIN GENIE REDEN

 »Ist es, von unserem Standpunkt aus betrachtet, denn wirklich so wichtig, ob wir einen freien Willen haben – vorausgesetzt, wir glauben daran? Selbst wenn das Universum vollkommen mechanistisch ist und jede Wirkung eine Ursache hat bis zurück zum Urknall, dann sind doch unsere Prozesse der Entscheidungsfindung ein Teil davon. Und falls *wir* nicht wissen, welche Entscheidungen wir treffen werden oder zu welchen wir uns gezwungen fühlen, dann spielt das vielleicht nicht wirklich eine Rolle, wenn sie gewissermaßen vom Universum bereits vorhergesehen sind?«

 »Manche Psychologen fragen sich besorgt, was in einer Gesellschaft passieren könnte, die nicht mehr an den freien Willen glaubt. Und wenn Sie sich all diese Experimente anschauen, bei denen man Menschen dazu gebracht hat, wie die letzten Miststücke zu handeln, weil sie ›einfach nur Befehlen gehorcht‹ haben, dann können Sie sich wirklich Sorgen machen. (Nehmen Sie bloß mal das Milgram-Experiment, bei dem die Versuchsteilnehmer von einer Autoritätsperson angewiesen wurden, jemandem in einem Nachbarraum Elektroschocks zu verabreichen, und bei diesem Treiben meistens mitmachten.) Aber dabei sprechen wir eigentlich über etwas anderes – der freie Wille bzw. sein Fehlen sollten uns nicht daran hindern, moralische Verantwortung für unser Handeln zu übernehmen.«

WAREN SIE EIN GENIE?

1 RICHTIG – Laut Bertrand Russell ist das genau der Grund, weshalb viele Menschen diese Argumente unbefriedigend finden, andererseits aber auch Mühe haben, sie zu widerlegen.

2 RICHTIG – Ein solches Argument für die Existenz Gottes war im Goldenen Zeitalter des Islam und im mittelalterlichen Europa populär.

3 RICHTIG – Der Kompatibilismus glaubt, dass unser Wille stets durch die Verkettung von Ursachen und Wirkungen determiniert sei; allerdings billigt er uns eine minder umfassende Handlungsfreiheit zu.

4 RICHTIG – Spinoza sagt, dass geistige Vorstellungen immer äußere Gründe erfordern.

5 FALSCH – Tatsächlich liegt das Problem in der Allwissenheit Gottes (obgleich Augustinus und Boëthius Wege aufzeigen, um diese Klippe zu umschiffen).

KURZFASSUNG
für Hochstapler

Die Idee der Willensfreiheit liegt uns sehr am Herzen, aber es sprechen gute Gründe dafür, dass sie vermutlich nur eine Illusion ist.

EXISTENTIALISMUS

»Aus Liebe zur Wahrheit habe ich mich aus der Geborgenheit feststehender Gewissheiten gewaltsam befreit, und die Wahrheit ist mein Lohn gewesen.«

– SIMONE DE BEAUVOIR –

Der Existentialismus steht im Ruf, die tristeste und angsterfüllteste aller philosophischen Strömungen zu sein, und doch ist er auch die am tiefsten menschliche, entspringt er doch dem Gefühl, dass frühere philosophische Schulen wenig über das Menschsein in dieser Welt zu sagen hatten. Im Kern glaubt er daran, dass wir grundlegend frei seien – das Leben habe keine tiefere Bedeutung, und so seien allein wir selbst für unsere persönlichen Entscheidungen und unser Schicksal verantwortlich. Das bedeutet nicht nur, die Gefühle und Handlungen unseres Alltagslebens anzunehmen, sondern manchmal auch, unseren innersten Ängsten die Stirn zu bieten.

> Sich mit der Sinnlosigkeit der Existenz zu konfrontieren, kann eine befreiende Erfahrung sein – sind auch Sie bereit für diese Herausforderung?

👁 SIND SIE EIN GENIE?

1 Friedrich Nietzsche legte überzeugende Gründe dafür vor, dass das Universum nicht von einem Gott geschaffen wurde.
RICHTIG / FALSCH

2 Martin Heidegger behauptete, dass rein rationales Denken der einzige Weg sei, sich mit dem mangelnden Sinn des eigenen Daseins abzufinden.
RICHTIG / FALSCH

3 Albert Camus schrieb, Sisyphos würde am Ende das Glück erlangen, wenn er seinen Felsen erfolgreich den Hügel hinaufgewälzt hätte.
RICHTIG / FALSCH

4 Authentizität ist die existentialistische Vorstellung, dass wir der Welt immer unser wahres Gesicht präsentieren sollen.
RICHTIG / FALSCH

5 Laut Jean-Paul Sartre beinhaltet das existentialistische Ringen auch, mit der Tatsache ins Reine zu kommen, dass wir dazu verdammt sind, nur einen kurzen Moment auf Erden zu weilen.
RICHTIG / FALSCH

ZEHN DINGE, DIE EIN GENIE WEIß

1 Die Kluft zwischen »kontinentaler« und »analytischer« Philosophie

Nachdem die lange bestehende Kluft zwischen Rationalismus und Empirismus durch Kants *Kritik der reinen Vernunft* (1781) einigermaßen überbrückt worden war, tat sich bald ein neuer Riss auf. Mitte des 19. Jahrhunderts verfolgten viele Philosophen (vor allem im englischsprachigen Raum) eine analytische Herangehensweise. Unbefriedigt von Kants Erkenntnistheorie, versuchten sie, Erkenntnis logisch aus den kleinstmöglichen Aussagen aufzubauen. Eine rivalisierende Schule ging aus den Ideen Georg Wilhelm Friedrich Hegels hervor, der Kants Trennung von Phaenomenon (Welt als Erfahrenes) und Noumenon (die unerkennbare Wirklichkeit) ganz klar ablehnte. Hegel favorisierte stattdessen eine einzige, beides einschließende »Idee«. Sein Denken hatte den Aufschwung des deutschen Idealismus zur Folge, der danach strebte, philosophische Ideen rund um eine große, alles überspannende Sicht auf die Existenz aufzubauen. Der Idealismus und seine geistigen Erben wurden schließlich unter der Bezeichnung »Kontinentalphilosophie« bekannt.

2 Kierkegaard und Nietzsche

Im Europa des 19. Jahrhunderts waren es vor allem zwei Denker, die dem Existentialismus den Weg bahnten. Der dänische Theologe Søren Kierkegaard (1813–1855) interessierte sich besonders für Fragen der richtigen Lebensführung des Individuums. Daher schrieb er weitgehend über Themen wie Lebensangst, Glauben, Ethik und Leidenschaft. Er behauptete vor allem, dass der Glaube an Gott einen »Glaubenssprung« erfordere

und dass man Wahrheit in der Subjektivität finde (es komme nicht auf die Fakten selbst an, sondern auf unsere Reaktion auf die Fakten). Friedrich Nietzsche (1844–1900) ging noch weiter. Beeinflusst von Schopenhauers Ideen über die Macht von Willensakten, behauptete er, dass Gott tot sei – eine Aussage, mit der er das Christentum zurückwies: Es sei ein deontologisches System einer »Sklavenmoral« und könne nicht länger unterstützt werden. Nietzsche glaubte, dass die Menschen an seiner Stelle lieber nach Selbstverwirklichung streben sollten, und zwar mit einer »Herrenmoral« als Bezugssystem, bei der eher die Folgen als irgendwelche Pflichten beurteilt werden.

3 Dostojewski und Kafka

Der frühe Existentialismus scheint im Werk mehrerer bedeutender europäischer Schriftsteller auf. Fjodor Dostojewskis *Aufzeichnungen aus dem Untergrund* (1864) geben erschreckende Einblicke in den Geist eines entfremdeten Individuums. Sie konzentrieren sich auf den inneren Monolog des Antihelden, der über seinen Platz in der Welt und das Wesen seiner Existenz nachsinnt, bevor eine Reihe von Interaktionen mit der Außenwelt sein Bewusstsein stärker öffnen. Dostojewskis tiefe psychologische Erkundungen und die Bandbreite seiner Themen übten großen Einfluss auf andere Künstler aus. So griff Franz Kafka im frühen 20. Jahrhundert viele von Dostojewskis Ideen über die scheinbare Bedeutungslosigkeit der Existenz wieder auf und fügte ihnen seine eigene Spielart düsterer Absurdität hinzu.

4 Heideggers *Sein und Zeit*

Obwohl schon frühere Philosophen Fragen nach dem Wesen der Existenz aufgeworfen hatten, hat Martin Heidegger die Seinsfrage als Erster in ein vollständiges philosophisches System gegossen. Er untersuchte, wie sie unser Handeln in der Welt formt. *Sein und Zeit* (1927) richtet seinen Blick vor allem darauf, was es für uns bedeutet, in dieser Welt zu existieren, also auf unser Da-Sein. Wo die Rationalisten allein das Denken als die bestimmende Handlung der menschlichen Existenz angesehen hatten, vertrat Heidegger die Ansicht, dass die Sorge, unser unvermeidliches Befasstsein mit den Belangen der Welt, weitaus wichtiger sei. Daneben glaubte er, dass wir durch unsere Beziehung zur Zeit – die Erfahrung des unaufhaltsamen Schwindens unserer Lebenszeit und der immer stärkeren Einengung unserer Möglichkeiten – grundlegend geformt würden. Laut Heidegger ist die einzige Antwort darauf ein authentisches, dem inneren Selbst getreues Leben.

5 Jean-Paul Sartre

Der französische Denker Jean-Paul Sartre gilt als *der* existentialistische Philosoph. Politik und Literatur wurden ihm zu Experimentierfeldern für seine Ideen, und er avancierte zu einer der kulturellen Leitfiguren in der Mitte des 20. Jahrhunderts. Der erklärte Atheist legte mit *Das Sein und das Nichts* (1943) sein philosophisches Manifest vor. Er vertrat die Position, dass der Mensch seinen persönlichen Lebenszweck selbst bestimmen müsse. Die Existenz gehe bei uns nämlich der Essenz voraus – mit anderen Worten, unsere eigenen Schöpfungen mögen durchaus einen Sinn haben, denn wir bringen sie mit dem Gedanken an einen möglichen Nutzen hervor, aber das Fehlen eines Schöpfergottes macht es unmöglich, dass unsere Existenz selbst eine ähnliche, immanente Bestimmung hat. Freiheit manifestiert sich nach Sartre in unseren Handlungen, die wiederum unser Leben ausmachen. Sartre fand auch, dass die Erkenntnis der Tatsache, dass wir frei sind (oft rührt sie von einer wachsenden Bewusstheit für die Endlichkeit unseres Lebens her), eine zutiefst verstörende Erfahrung sein kann – daher auch der Titel seines frühen Romans *Der Ekel* aus dem Jahr 1938.

6 Authentizität

Der Begriff der Authentizität hat seinen Ursprung in den Schriften Kierkegaards, der sich damit befasste, wie ein Individuum zwischen Kirchendogmen und einer von medialen Deutungen unweigerlich verzerrten Weltsicht zu einem wahrhaften religiösen Glauben finden könne. Von ihren religiösen Beiklängen befreit, wurde die Authentizität für die Existentialisten des 20. Jahrhunderts erneut zu einem wichtigen Thema, besonders für Sartre. Er fasste sie als Akzeptanz und bewusstes Annehmen der eigenen innersten Bedürfnisse und als Zurückweisung der Einschränkungen der bürgerlichen Gesellschaft. In ihrem Streben nach Authentizität übernahmen die Existentialisten daher häufig den Lebensstil der Bohème (ein berühmtes Beispiel dafür war die offene Beziehung zwischen Sartre und Simone de Beauvoir) und Haltungen, die gegen das Establishment gerichtet waren.

7 Absurdität

Ein Schlüsselthema des Existentialismus ist das Absurde – der Konflikt zwischen der menschlichen Neigung, in der Welt nach Sinn und Zweck zu suchen, und der existentialistischen Überzeugung, dass kein solcher Zweck zu finden sei. Kierkegaard war unter den Ersten, die sich mit diesem Problem herumplagten. Er ging sogar so weit, darüber nachzudenken, ob Selbstmord ein brauchbares Mittel sein könnte, dem Absurden zu entkommen. Dennoch hielt er es letztendlich für eine bessere Lösung, einen »Glaubenssprung« zu vollführen und damit die religiöse Vorstellung zu übernehmen, dass es ungeachtet des Fehlens rationaler Beweise irgendein höheres Wesen und einen höheren Zweck gebe.

8 Camus und *Sisyphos*

Camus lehnte es ab, als Existentialist etikettiert zu werden, rang aber trotzdem mit ganz ähnlichen Fragen: Wie sollen wir leben, wenn unser Dasein keinen vorgegebenen Zweck hat? Sein 1942 veröffentlichter Essay *Der Mythos des Sisyphos* spricht sich angesichts eines sinnlosen Universums für Revolte aus. Wir sollen uns unsere Existenz im Momentanen zu eigen machen und die flüchtigen Augenblicke von Glück und Erfüllung ergreifen. Das Buch untersucht die in verschiedenen menschlichen Bestrebungen liegende Absurdität und schließt mit dem Mythos vom griechischen König Sisyphos, den die Götter dazu verdammt hatten, für alle Zeiten einen Felsbrocken den Hügel hinaufzuwälzen. Kurz vor dem Ziel aber rollte der Stein immer wieder ins Tal hinab. Der tägliche Existenzkampf ist für Camus auf ähnliche Weise mühsam und vergeblich, was aber nicht bedeutet, dass wir keine Zufriedenheit finden können, wenn wir ihn akzeptieren.

9 Simone de Beauvoir

Heute am besten bekannt für ihr Buch *Das andere Geschlecht* (1949), war Simone de Beauvoir als existentialistische Philosophin genauso einflussreich wie als Romanautorin. Ihr Buch *Für eine Moral der Doppelsinnigkeit* (1947) war sowohl eine Antwort auf *Das Sein und das Nichts* von ihrem Lebenspartner Sartre als auch der Versuch, auf existentialistischer Grundlage ein umfassendes ethisches System zu errichten. Die lebenslange Atheistin kam zu dem Schluss, dass uns das menschliche Bewusstsein in einem Universum ohne Gott absolute Freiheit gewähre, aber dass Freiheit nur durch Handlungen ausgedrückt werden könne – physische Aktionen, die unseren freien Willen wirksam werden lassen. Sie identifizierte verschiedene menschliche Reaktionen auf unsere Freiheit, die von Versuchen der Leugnung über die Selbstpreisgabe an reale oder eingebildete fremde Mächte bis hin zu nihilistischer Verzweiflung und unbesonnenem Abenteurertum reichen. Schließlich skizzierte Beauvoir ein Konzept moralischen Handelns, das von der Umsetzung unserer Freiheit geprägt ist, immer ausbalanciert durch die Weigerung, andere Menschen zu unterdrücken.

10 Existentialismus in den Künsten

Einige Aspekte des Existentialismus manifestierten sich seit den 1950er-Jahren in breitem Maße auch in der Gesellschaft (besonders während des Kalten Krieges, als die drohende nukleare Vernichtung ständig ans Absurde gemahnte). Seine Grundideen schienen in Filmen der Nouvelle Vague und der Art-House-Bewegung durch, aber auch im experimentellen, radikal subjektiven Schreiben von Autoren wie Jack Kerouac und Hunter S. Thompson. Im Theater inspirierte er sowohl die trostlose Weltsicht von Beckett und Pinter als auch die absurden Stücke von Eugène Ionesco und Tom Stoppard. Sogar die Diskussionen um die Authentizität diverser populärer Musiker und Stile von Jazz bis Rockmusik haben ihre Wurzeln in der existentialistischen Debatte über Authentizität und Konformismus.

// WIE EIN GENIE REDEN

■➡ »Nietzsche hat einen üblen Leumund, besonders weil ihm manche Leute vorwerfen, dass seine Philosophie dem Faschismus den Weg gebahnt habe. Das ist aber ziemlich unfair. Er war schon als junger Mann mit Wagner befreundet, brach die Beziehungen allerdings ab und veröffentlichte eine vernichtende Kritik, nachdem Wagner den Antisemitismus unterstützt und sich für die Vereinigung aller deutschsprachigen Länder zu einem neuen Kaiserreich ausgesprochen hatte. Aus ähnlichen Gründen gab er einem Verleger den Laufpass. Das Problem lag darin, dass nach seinem geistigen Zusammenbruch 1889 seine Schwester Elisabeth die Kontrolle über seinen literarischen Nachlass übernahm. *Sie* hatte tatsächlich eine Menge mit Wagners Ansichten gemein und veränderte Nietzsches unveröffentlichtes Buch *Der Wille zur Macht* so, dass es solche Positionen stützte. Die Wahrheit kam erst nach 1945 ans Tageslicht, als Wissenschaftler Zugang zu den originalen Manuskripten und Notizbüchern erhielten, aber da war der Schaden bereits angerichtet.«

■➡ »Wenn Sie ein existentialistisches Theaterstück suchen, das noch ein paar hübsche Späße zu bieten hat, sind Sie mit *Rosenkranz und Güldenstern sind tot* am besten bedient. Tom Stoppards Stück aus dem Jahre 1966 folgt den Missgeschicken zweier Nebenfiguren aus *Hamlet*. Sie debattieren über das Wesen der Existenz, während sie aus den wenigen Schnipseln, die sie von Shakespeares Plot mitbekommen, verzweifelt zu verstehen suchen, was zum Teufel da eigentlich abgeht.«

👁 WAREN SIE EIN GENIE?

1 FALSCH – Über die Erschaffung des Universums zerbrach sich Nietzsche nicht weiter den Kopf, sondern eher über die Auswirkungen der religiösen Moral auf die Menschheit.

2 FALSCH – Heidegger meinte, dass wir das Fehlen von Sinn nur überwinden können, wenn wir uns auf die Welt einlassen und uns um sie sorgen.

3 FALSCH – Camus sagt, dass Zufriedenheit nur durch die Akzeptanz unseres sinnlosen Existenzkampfes entstehen kann.

4 RICHTIG – Bezogen auf unsere Seinsweise grenzt Sartre die Authentizität von der Unaufrichtigkeit uns selbst gegenüber ab.

5 FALSCH – Für Sartre ist das Erschreckende nicht unsere kurze Lebensspanne, sondern die Tatsache, dass wir freie Akteure sind.

> ### 🖊 KURZFASSUNG für Hochstapler
>
> Wenn das Fehlen eines Schöpfers bedeutet, dass unser Leben keine Bestimmung hat, dann fordert uns der Existentialismus dazu auf, unsere Furcht einflößende Freiheit voll und ganz anzunehmen.

DAS MENSCHLICHE GEHIRN

»In unserer Galaxie, der Milchstraße, gibt es 100 Milliarden Sterne, das entspricht in etwa der Anzahl der Neuronen in unserem Gehirn. Möglicherweise müsste man fast 40 Billionen Kilometer […] reisen, um ein Objekt zu finden, das so komplex ist wie jenes, das auf unseren Schultern sitzt.«

– MICHIO KAKU –

Es sind lediglich 1,5 Kilo fetthaltiges Gewebe, die in unserem Schädel umherwackeln. Trotzdem ist das menschliche Gehirn zu erstaunlichen Großtaten fähig und eine Quelle endloser Faszination für Wissenschaftler und Philosophen gleichermaßen. Milliarden von einzelnen Zellen bilden ein Netzwerk aus mindestens *100 Millionen* Verbindungen, das die gesamte Bandbreite der künstlerischen und wissenschaftlichen Errungenschaften des Menschen ermöglicht. Doch obwohl die Neurowissenschaft, jene Disziplin, welche die physischen und psychischen Eigenschaften des Gehirns erforscht, bereits viele verblüffende Geheimnisse gelüftet hat, umgeben unsere grauen Zellen noch jede Menge Rätsel.

> Um ein Genie zu sein, braucht es vor allem Hirnschmalz. Kann es uns aber gelingen, das Mysterium unseres Geistes zu ergründen, der jeden von uns, auf eigene Art, außergewöhnlich macht?

 ## SIND SIE EIN GENIE?

1 Trotz seiner erstaunlichen Fähigkeiten verbraucht das menschliche Gehirn pro Kilogramm weniger Energie als der Rest unseres Körpers.
RICHTIG / FALSCH

2 Man geht davon aus, dass ein durchschnittliches Gehirn mindestens 100 Billionen separate Nervenverbindungen besitzt, die sich ungefähr gleichmäßig auf rund 83 Milliarden einzelne Neuronen verteilen.
RICHTIG / FALSCH

3 Hirnscanner verfolgen Aktivität mithilfe von elektrischen Signalen. Diese entstehen, wenn winzige Funken die Lücke zwischen Neuronen überspringen.
RICHTIG / FALSCH

4 Bestimmte Formen des Lernens können sich auf die physische Struktur des Gehirns auswirken.
RICHTIG / FALSCH

5 Im Schlaf kommt die Aktivität der Großhirnrinde zum Erliegen.
RICHTIG / FALSCH

ZEHN DINGE, DIE EIN GENIE WEISS

1 Der Sitz des Bewusstseins

Obwohl es heutzutage naheliegend scheint, dass der Sitz des Geistes und des Bewusstseins im Gehirn liegt, war das nicht immer so. Die alten Ägypter nahmen etwa an, dass das Denken im Herzen stattfinde. Aus diesem Grund ließen sie es bei der Mumifizierung intakt, während sie das Gehirn und andere Organe herausnahmen. Später waren sich die griechischen Philosophen uneins: Hippokrates bevorzugte das Gehirn als Denkorgan, während Aristoteles eher der Herztyp war und meinte, das Gehirn diene lediglich der Kühlung des Blutes. Zum Glück identifizierte der griechisch-römische Arzt Galenos das Gehirn zumindest als den Ort, der die Muskeln steuert und Sinneseindrücke verarbeitet. Sein Schaffen hatte nachhaltigen Einfluss auf die Medizin des Mittelalters und darüber hinaus. Trotzdem dauerte es bis ins 16. Jahrhundert, ehe der bedeutende Anatom Andreas Vesalius die ersten brauchbaren Darstellungen der Hirnstruktur anfertigte.

2 Die Anfänge der Neurowissenschaft

Für viele Historiker ist die Entdeckung des italienischen Arztes Luigi Galvani im Jahr 1780 der Anfang der Neurowissenschaft. Er fand heraus, dass er die Nerven sezierter Froschschenkel mit Elektrizität stimulieren konnte. Das ganze 19. Jahrhundert hindurch machten Wissenschaftler kontinuierliche Fortschritte dabei, die Funktionsweise verschiedener Hirnregionen zu identifizieren. Dabei stützten sie sich auf eine Mischung aus Tierversuchen und den Beobachtungen von Patienten mit Hirnschädigungen. Zudem boten Verbesserungen in der Mikroskopie erstmals die Möglichkeit, kleine Details des Gehirns genau zu betrachten,

was zur Aufstellung der »Neuronendoktrin« durch den spanischen Histologen Santiago Ramón y Cajal führte. Dieser vertrat die neuzeitliche Ansicht, dass das Gehirn aus Unmengen von einzelnen Neuronen besteht. Auch wenn Neurowissenschaftler heutzutage elaboriertere Methoden nutzen mögen, um die Struktur und Aktivität des Gehirns abzubilden, beruht ihre Arbeit weiter auf der Annahme, dass das Gehirn vom Zusammenspiel unzähliger Neuronen angetrieben wird.

3 Die Struktur des Gehirns

Das Gehirn besteht aus mehreren unterschiedlichen Regionen, die sowohl im Hinblick auf ihre Struktur als auch Funktion eine eindeutige Hierarchie bilden. Die unteren Bereiche sind allgemein für jene Funktionen zuständig, die bei den meisten Wirbeltieren anzutreffen sind, während das eigentliche Denken in den oberen Bereichen stattfindet. Die unteren Hirnregionen (auch das »limbische System« genannt) steuern die wesentlichen Körperfunktionen. Zu ihnen zählen die *Medulla oblongata* (das »verlängerte Mark«, das Atmung und Herzfrequenz steuert), das *Cerebellum* (»Kleinhirn« zur Muskelsteuerung), der *Hippocampus* (entscheidend für das Gedächtnis) und das Mittelhirn (zuständig für Temperaturregulierung, Aufmerksamkeit und einen Großteil des sensorischen Apparats). Der *Hypothalamus* schüttet indes im Zusammenspiel mit anderen Körperdrüsen eine Vielzahl von Hormonen (chemischen Botenstoffen) aus. Er ist eng mit dem *Thalamus* verbunden, liegt im Zentrum des limbischen Systems und weckt viele unserer grundlegenden Emotionen, Begierden und Triebe.

Weiße und graue Substanz

4 Der ausgedehnte obere Teil des Gehirns, das *Cerebrum* (»Großhirn«), weist die uns vertrauten Falten und Lappen auf. Hier findet fast alles statt, was mit unserem eigentlichen, bewussten Denken zu tun hat – von der Bewertung von Sinneseindrücken über das Erinnern und Schwelgen in Tagträumen bis zur schriftlichen Division. Seine äußerste, dicht mit Neuronen besetzte Schicht bildet die archetypische »graue Substanz« und ist als Großhirnrinde bekannt. Sie ist von Falten *(Gyri)* und Furchen *(Sulci)* bedeckt, die ihre Oberfläche vergrößern, um mehr Neuronen unterzubringen. Die Großhirn-Neuronen sind mit »Exekutivfunktionen« wie Wahrnehmung, Gedächtnis und Entscheidungsfindung betraut und wiederum mit der weißen Substanz darunter verbunden, von der Signale zu den unteren Hirnregionen ausgehen.

Hemisphären und Lappen

5 Das Gehirn besteht aus zwei unterschiedlichen Hemisphären, der linken und der rechten. Tiefe *Sulci* unterteilen beide Hemisphären in je vier Lappen: den Frontal-, Temporal-, Parietal- und Occipitallappen (respektive vorne, seitlich, oben und hinten). Bildliche Darstellungen der Hirnaktivität erlauben es, über ihre jeweilige Funktion zu mutmaßen. Demnach ist – sehr allgemein ausgedrückt – der Frontallappen für Bewegungen und Exekutivfunktionen verantwortlich, der Temporallappen für das Gehör, der Parietallappen für räumliches Wahrnehmen und der Occipitallappen für das Sehvermögen. Über seine auditive Funktion hinaus scheint es, dass der Temporallappen außerdem an der Verarbeitung von Sinneseindrücken und dem Auslösen assoziativer Erinnerungen beteiligt ist – einem der Schlüssel zur Interpretation der Welt.

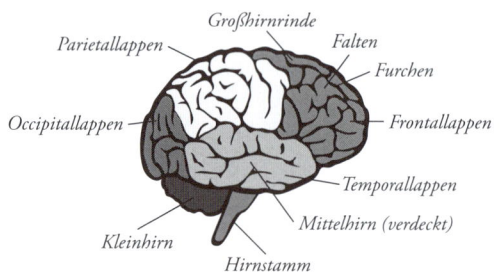

Die linke und die rechte Hirnhälfte

6 Das populäre Modell, Menschen nach der Dominanz ihrer logischen linken oder kreativen rechten Gehirnhälfte zu unterscheiden, stellt eine viel zu grobe Vereinfachung dar (denn wir alle nutzen zu unterschiedlichen Zeiten unterschiedliche Bereiche unseres Gehirns). Sie entspricht aber teilweise der Realität, weil es scheint, dass jede Hemisphäre tatsächlich auf gewisse Dinge spezialisiert ist. Allgemein bekannt ist, dass beide Gehirnhälften die Muskeln der jeweils gegenüberliegenden Körperhälfte steuern und deren Nervensignale verarbeiten. Anscheinend macht die linke Hälfte aber auch bei der Sprachverarbeitung die meiste Arbeit, während die rechte bei der Interpretation visueller Eindrücke und beim räumlichen Wahrnehmen einspringt. In der Regel wird das Resultat solcher Verarbeitungsprozesse über die Brückenregion »Corpus callosum« (»Balken«) am Ende von beiden Hemisphären geteilt.

Die Neuronen

7 Das menschliche Gehirn ist im Grunde eine Ansammlung aus Nervenzellen bzw. Neuronen. Diese ähneln ganz allgemein jenen Zellen, die ein Netzwerk durch unseren gesamten Körper bilden. Neuronen sind spezialisierte Zellen, deren Membran über zahlreiche wurzelartige Fortsätze, die »Dendriten«, und einen einzelnen langen Arm zur Signalübertragung, das »Axon«, verfügt. Letzteres spaltet sich am unteren Ende in viele »Terminale« auf. Nervensignale wandern als sogenanntes Aktionspotential durch das Axon. Es handelt sich dabei um einen elektrisch geladenen Strom aus chemischen Substanzen, der eher den unterschiedlichen Potentialen in einer Batterie ähnelt als dem klassischen Bild eines elektrischen Funkens. Am Ende trennt ein Spalt, die »Synapse«, die Axonterminale von den benachbarten Dendriten.

8 Wie neuronale Verbindungen entstehen

Jedes Neuron im Gehirn kann mit nur einigen wenigen oder Hunderten von Nachbarn verbunden sein. Neurowissenschaftler glauben, dass der Schlüssel zum menschlichen Lernen in der »Plastizität«, der Fähigkeit zur Neuordnung und Neubildung neuronaler Verbindungen liegt. Synapsen können entweder durch die Freisetzung von chemischen Substanzen, sogenannten Neurotransmittern, überbrückt werden, oder durch ein elektrisches Feld, das die Dendriten mittels einer im Terminal anliegenden hohen Ladung reizt (immer noch keine Funken!). Manche Wissenschaftler verbringen viel Zeit damit aufzuzeichnen, wie die neuronalen Netzwerke in unterschiedlichen Hirnbereichen als Reaktion auf verschiedene Reize und bei unterschiedlichen Hirnaktivitäten »feuern«. Die Grundannahme der modernen Neurowissenschaft lässt sich mit folgender Aussage zusammenfassen: »Zellen, die gemeinsam feuern, verdrahten sich« (die sogenannte Hebbsche Lernregel).

9 Wie wir lernen und uns erinnern

Herauszufinden, wie das Gehirn Erinnerungen speichert, wiederfindet und anschließend zum Lernen nutzt, ist die vielleicht größte Herausforderung der Neurowissenschaft. Hirnscans legen nahe, dass erstens das Speichern und Sich-Erinnern in weiten Teilen der Großhirnrinde stattfindet und es zweitens für die Erinnerung einer Neuordnung der Netzwerkverbindungen in weiten Teilen des Neuronennetzes bedarf. Um etwas im Kurzzeitgedächtnis zu speichern, braucht es lediglich Nervensignale, die um bestehende Netzwerke herum abgefeuert werden. Dagegen geht die Langzeitspeicherung mit der Produktion von Proteinen einher, die bei der Stärkung spezifischer Neuronenverbindungen helfen. Bei der Überführung von Kurzzeiterinnerungen ins Langzeitgedächtnis spielen die Hippocampi (je einer pro Hemisphäre) eine Schlüsselrolle. Zudem steuern sie das instinktivere räumliche Gedächtnis, das bei der Muskelkoordination zum Einsatz kommt.

10 Die Steuerung des Körpers

Das menschliche Nervensystem wird allgemein in ein »zentrales« Nervensystem (Gehirn und Rückenmark) und ein »peripheres« System unterteilt, das sich auf den gesamten Körper erstreckt. Generell werden Nervensignale vom Gehirn in den Körper und über das Rückenmark wieder zurück gesendet, doch einige der im Schädel liegenden Hirnnerven (die etwa von den Sinnesorganen kommen) finden über Abkürzungen zum Gehirn. Das periphere System ist wiederum in ein »autonomes« (unwillkürliches) und ein »somatisches« (willkürliches) System unterteilt, wobei für das erstere immer einer von zwei Zuständen zutrifft: »sympathisch« (was die Organe des Körpers in den »Fight-or-flight-Modus« – Kampf oder Flucht – versetzt) oder »parasympathisch« (wodurch sie in den »Rest-and-digest-Modus« – ruhen und verdauen – verfallen). Auf diese Weise kann das Nervensystem den Körper schnell dazu bringen, von Entspannung auf Alarmbereitschaft zu schalten.

// WIE EIN GENIE REDEN

■➡ »Einer der berühmtesten Fälle in der Geschichte der Neurowissenschaft war ein Bahnarbeiter namens Phineas Gage, dessen linker Frontallappen weitgehend zerstört wurde, als eine mächtige Eisenstange seinen Schädel durchbohrte. Erstaunlicherweise überlebte er, doch seine Persönlichkeit war völlig verändert und sein Verhalten wurde rau und vulgär. Die Tatsache, dass er viele seiner sozialen Umgangsformen bis zu seinem Tod zwölf Jahre später wiederfand, könnte man als frühen Beweis für das werten, was wir heutzutage kortikale Plastizität nennen.«

■➡ »Zu den nervenaufreibendsten Versuchen der Neurowissenschaft zählen solche mit Menschen, die ihren Corpus callosum durchtrennen ließen, um ihre Epilepsie zu lindern. Es zeigt sich, dass die linke und die rechte Gehirnhälfte die Welt auf ihre ganz eigene Weise wahrnehmen, wenn man diese Verbindung zwischen ihnen kappt. In der Regel ist das kein Problem – außer wenn man dem Patienten das rechte Auge verbindet. Dann wird er nämlich nicht mehr in der Lage sein, überhaupt irgendetwas zu beschreiben, das man ihm zeigt. Der Grund dafür ist, dass Signale vom linken Auge an die *rechte* Gehirnhälfte gehen und das Sprachzentrum normalerweise in der linken Hemisphäre liegt. Es ergeben sich sogar noch schrägere Effekte, wenn man den beiden Gehirnhälften zur gleichen Zeit unterschiedliche Informationen füttert.«

👁 WAREN SIE EIN GENIE?

1 FALSCH – Tatsächlich verbraucht das Gehirn zehnmal mehr Energie als der Rest unseres Körpers.

2 FALSCH – Die Zahlen stimmen ungefähr, aber die Verteilung der Verbindungen variiert extrem.

3 FALSCH – Das Gehirn schlägt keine Funken; stattdessen werden elektrische Signale durch vielfältige chemische Mechanismen übermittelt.

4 RICHTIG – So fand eine Studie mit Taxifahrern in Ausbildung heraus, dass sich die grauen Zellen in der Hippocampusregion vermehrten, während sie neue Strecken lernten.

5 FALSCH – Zwar hält das Gehirn Signale, die zum Cortex gelangen, bewusst zurück, doch die Region ist im Schlaf weiter aktiv.

> ### 🖊 KURZFASSUNG für Hochstapler
>
> Unsere einzigartigen Gehirne verbinden riesige neuronale Netzwerke, die in der Lage sind, komplexe und für unser Menschsein typische Aufgaben zu meistern, mit altgedienten Erbstrukturen, die für spezifische Aufgaben zuständig sind.

PSYCHOLOGIE

»Alle Gedanken und Emotionen wurzeln in jeder Hinsicht in der Struktur und Funktionsweise des Gehirns, darunter viele psychische Störungen und vermutlich auch das Genie.«
— STEVEN PINKER —

Das Verhalten des Menschen ist unendlich komplex und überraschend. Wenig überraschend ist daher, dass die Ansätze der Psychologie – der Wissenschaft, die erforscht, wie das Gehirn unser Verhalten und unsere Beziehungen zur Welt steuert – ebenso mannigfaltig sind. Nur Fachleute haben genügend Zeit, um sich in dieser verblüffenden Vielfalt zurechtzufinden. Trotzdem sollte auch jedes Möchtegerngenie über gewisse Grundkenntnisse verfügen, was die unterschiedlichen Zweige der Psychologie wirklich tun, und in der Lage sein, ein paar nützliche Einblicke in die Besonderheiten menschlichen Verhaltens zu geben, die auf der Funktionsweise unseres Gehirns beruhen.

> Die Psychologie hilft Ihnen nicht nur dabei, die Gedanken anderer Menschen zu verstehen, sie kann Ihnen auch aufzeigen, wann Sie sich *selbst* etwas vormachen.

👁 SIND SIE EIN GENIE?

1 Kernspintomographen können exakt bestimmen, welche spezifischen Neuronen bei unterschiedlichen Gehirnaktivitäten feuern.
RICHTIG / FALSCH

2 Die grobe Einteilung von Menschen nach linker oder rechter Hirndominanz fußt zum Teil tatsächlich auf psychologischen Untersuchungen.
RICHTIG / FALSCH

3 Ein als Ergebnis-Bias bezeichneter kognitiver Fehler liegt vor, wenn wir die Qualität einer Entscheidung einzig in Bezug auf ihre Resultate bewerten.
RICHTIG / FALSCH

4 Nach der Balance-Theorie gefällt es uns, wenn andere Menschen Meinungen vertreten, die unsere eigenen Meinungen über sie widerspiegeln.
RICHTIG / FALSCH

5 Die Repräsentativitätsheuristik erklärt, warum wir uns ausgehend vom Äußeren anderer Menschen ein Urteil über sie bilden.
RICHTIG / FALSCH

ZEHN DINGE, DIE EIN GENIE WEISS

1 Methodische Ansätze der Psychologie

Obwohl viele Religionen und philosophische Strömungen schon lange versucht hatten, die *conditio humana* zu begreifen, entwickelte sich die Psychologie erst im 18. Jahrhundert aus der Philosophie heraus zu einer eigenständigen wissenschaftlichen Disziplin. Heute vereint sie eine enorme Vielfalt methodischer Ansätze, zum Beispiel »verhaltenspsychologische« (wie löst ein bestimmter Reiz eine spezielle Antwort im Körper aus), »kognitive« (wie verlaufen Denkprozesse in unserem Geist) und »biologische« (was passiert bei unterschiedlichen Arten des Denkens in physischer Hinsicht mit unserem Gehirn). Indessen verfolgt die »klinische« Psychologie das Ziel, psychische Störungen zu verstehen und zu behandeln. Es gibt die Sozial-, Sprach- und Entwicklungspsychologie – was Ihnen auch einfällt, irgendeine psychologische Disziplin untersucht es mit Sicherheit.

2 Neuropsychologie

Die Phrenologie, eine Modeerscheinung des 19. Jahrhunderts, versuchte, eine Verbindung zwischen der Schädelform und bestimmten Persönlichkeitsmerkmalen herzustellen. Ein Widerhall davon ist im wissenschaftlichen Ansatz der modernen Neuropsychologie zu vernehmen, die untersucht, wie psychische Merkmale und Prozesse mit der physischen und biologischen Struktur des Gehirns zusammenhängen. Im Mittelpunkt steht das Prinzip der »Modularität«, die Vorstellung, dass spezifische Gehirnbereiche auf bestimmte Funktionen spezialisiert sind. Für Aufgaben wie die Sinneswahrnehmung, Muskelsteuerung und Kreislaufregulierung, die man auf spezifi-

sche, fest verortete Gehirnregionen zurückführen kann, scheint das gewiss zuzutreffen. Doch für die komplexeren Funktionen des bewussten Denkens ist offensichtlich ein anderer Modularitätsbegriff nötig. Er betrifft die Identifikation von Netzwerken, die sich auf viele Bereiche des Gehirns erstrecken und trotzdem mit spezifischen geistigen Prozessen zusammenzuhängen scheinen. Zur Bestimmung dieser großflächigeren Muster sind Experimente mit modernen Neuroimaging-Verfahren unverzichtbar.

3 Evolutionspsychologie

Diese Disziplin versucht unsere psychischen Eigenheiten durch die vielen Arten von umweltbedingtem »Selektionsdruck« zu erklären, denen unsere Vorfahren im Laufe ihrer Evolution ausgesetzt waren. Ihre Vertreter behaupten, dass sich verhaltensspezifische Merkmale tendenziell in der gesamten Population ausbreiten werden, wenn sie einen positiven Effekt auf die allgemeinen Überlebenschancen und/oder die erfolgreiche Paarung und Kinderaufzucht haben. Dagegen würden nachteilige Eigenschaften über mehrere Generationen hinweg tendenziell genauso verschwinden, wie es bei physischen Merkmalen der Fall ist. So kann die Evolutionspsychologie nützliche Grundlagen für andere, stärker spezialisierte Zweige der Psychologie liefern. Zudem hat sie gegenüber manch anderen Disziplinen den Vorteil, überprüfbare Theorien und Vorhersagen zu liefern, wie Menschen in verschiedenen Situationen reagieren werden.

4 Verhaltenspsychologie

Der behavioristische oder verhaltenspsychologische Ansatz nimmt an, dass Kultur weit wichtiger ist als Natur, sodass wir trotz einigen ererbten Verhaltensweisen hauptsächlich durch unsere Erfahrungen geformt werden. In unserer Kindheit wie auch im späteren Leben würden wir lernen, gewisse Reize mit positiven oder negativen Folgen zu assoziieren, weshalb unsere Denkprozesse gewöhnlich ein Balanceakt zwischen diesen Extremen, Belohnung und Risiko, seien. Indes könne die (positive wie negative) Verstärkung bestimmter Reize zu eher reflexartigen Reaktionen aus dem Bauch heraus führen. Insbesondere wenn die interne Psychologie einer Organisation oder Kultur erforscht werden soll, bietet der Behaviorismus hilfreiche Ansätze. Dabei gibt es zwei unterschiedliche Verfahren: einerseits die quantitative Analyse groß angelegter Umfragen, andererseits einen eher qualitativen Ansatz mittels eingehender Befragung und Beobachtung kleiner Fokusgruppen oder anthropologischer Feldstudien.

5 Kognitionspsychologie

Der kognitiven Methode geht es um das Verstehen der Prozesse, durch die unser Gehirn die unterschiedlichsten Aufgaben erfüllt. Sie interessiert sich weniger für die Frage, *warum* wir diese Prozesse nutzen oder woher sie kommen, sondern für das *Wie*. Darunter fallen so vielfältige Themen wie die Verarbeitung sensorischer Signale, das Gedächtnis und die Urteilsbildung auf Basis vorhandener Hinweise. Die meisten Kognitionswissenschaftler glauben, dass unser Alltagshandeln durch eine Art Autopilot gesteuert wird, während sich »Exekutivfunktionen« um anspruchsvollere Aufgaben kümmern. Nach einem populären Modell zerlegt das Gehirn kognitive Aufgaben in untergeordnete Strukturen oder »Schemata«, die entweder von einem System automatischer Handlungssteuerung *(contention scheduling)* – für Routineangelegenheiten – oder dem »übergeordneten Auf-

merksamkeitssystem« für komplexere Aufgaben geordnet und gesteuert werden. Einen wichtigen Durchbruch brachte die Erkenntnis, dass viele Schemata dank sogenannter Heuristiken, intuitiver Denkabkürzungen oder Faustregeln, sofortige Ergebnisse liefern, statt jedes Problem von Grund auf durchzuspielen.

6 Kognitive Fehler

Die Entdeckung der Heuristiken hat einige faszinierende systematische kognitive Urteilsfehler (sogenannte »Bias«) offenbart, die fest in unserem Denkprozess verankert sind. Sie helfen bei der Frage, warum wir manchmal in Sekundenschnelle ein Fehlurteil fällen und danach verbissen daran festhalten. Hier nur ein paar Beispiele: Die »Verfügbarkeitsheuristik« bewertet die Wahrscheinlichkeit von Ereignissen danach, wie leicht wir uns an ähnliche Beispiele erinnern können; die »Repräsentativitätsheuristik« verzerrt unsere Beurteilung der Wahrscheinlichkeit von Ereignissen abhängig davon, wie gut sie sich mit Stereotypen decken; die »Vertrautheitsheuristik« bezeichnet schließlich die Annahme, dass Verhaltensweisen, die sich in der Vergangenheit bewährt haben, auch künftig in mehr oder minder ähnlichen Situationen gelten werden, selbst wenn sich entscheidende Faktoren geändert haben. Der viel zitierte »Dunning-Kruger-Effekt« besagt indes, dass Menschen mit etwas Ahnung von einem bestimmten Thema dazu tendieren, sich selbst für Experten zu halten (hütet Euch, Genies der Zukunft!).

7 Unser fabulierender Geist

Eine andere Denkheuristik steckt hinter unserer Neigung, Ursache-Wirkung-Beziehungen zu sehen, auch wenn diese überhaupt nicht existieren. Oft ist ein falscher Zusammenhang zwischen zwei unverbundenen Ereignissen der Kern eines Aberglaubens, und er steckt auch hinter dem sogenannten Spielerfehlschluss. Dieser kognitive Fehlschluss besagt, dass sich beim Werfen einer Münze die Chance auf Kopf beim nächsten Wurf erhöht, je öfter sie zuvor auf Zahl gelandet ist. Doch egal welche Schwierigkeiten diese Schwäche fürs Fabulieren manchmal mit sich bringen mag: Sie könnte auch der Preis sein, den wir Menschen dafür zahlen, dass wir uns die Konsequenzen unseres Handelns ausmalen und neue Verhaltensweisen ausprobieren können.

8 Sozialpsychologie

Nur wenige von uns leben in Isolation, und so liefert auch die Psychologie ihre wichtigsten Erkenntnisse bei dem Versuch, unsere sozialen Interaktionen zu verstehen. Sozialpsychologen verwenden vielfältige Werkzeuge, darunter öffentliche Meinungsumfragen, detaillierte Fallstudien und kontrollierte Experimente, um herauszufinden, wie unsere Einstellungen, unser Verhalten und sogar unsere Persönlichkeit von anderen Menschen beeinflusst und modelliert werden. Ein berühmtes Beispiel der Sozialpsychologie ist der bereits 1920 von Edward Thorndike festgestellte »Halo-Effekt«. Dieser kognitive Urteilsfehler bezeichnet die Neigung, dass der gute oder schlechte Eindruck, den ein einziges Merkmal einer Person oder Sache (meist geht es um ihr Äußeres) hinterlässt, unsere Wahrnehmung ihrer anderen Eigenschaften und Entscheidungen beeinflusst. Es ist offensichtlich, warum die Werbung gerade diese Erkenntnis regelmäßig nutzt.

9 Die Balance-Theorie

Die 1958 von Fritz Heider formulierte »Balance-Theorie« ist eine der Grundideen der Sozialpsychologie. Er behauptete, dass unser Gehirn kognitive Ungereimtheiten nicht mag und wir deshalb von anderen erwarten, dass sie unsere Vorlieben und Abneigungen (gefachsimpelt, positiven und negativen »Valenzen«) teilen. Gleichgewicht entstehe, wenn Individuen sich mögen (oder sogar eine gegenseitige Abneigung teilen), während einseitige Beziehungen psychisch beunruhigend seien. Nicht so offensichtlich ist, dass wir es als sympathisch empfinden, wenn jemand gegenüber Dritten, einem Konzept oder Objekt eine Haltung vertritt, die unserer eigenen Einschätzung von ihm entspricht (wir wollen also, dass Menschen, die wir mögen, die gleichen Dinge mögen wie wir, aber wir könnten auch jemandem, den wir nicht mögen, näherkommen, wenn wir erfahren, dass er unsere Vorlieben teilt).

10 Angewandte Psychologie

Die Psychologie lehrt uns nicht nur etwas über die Vorgänge in unserem Geist, durch ihre Erkenntnisse können wir auch unsere Denkprozesse verbessern und psychische Probleme wie Depressionen und Phobien überwinden. Medikamentöse Therapien behandeln die durcheinandergeratene Hirnchemie mit Pharmazeutika, während andere Therapien die Problemursachen in Gesprächen herausfinden wollen oder versuchen, das Gehirn durch mentales Training neu zu strukturieren. Die unterschiedlichen Ansätze und die Effektivität zahlreicher Gesprächstherapien sind nicht selten umstritten. In den letzten Jahrzehnten hat die Psychoanalyse, die Sigmund Freud im späten 19. Jahrhundert begründet hatte, einen merklichen Bedeutungsrückgang erlitten. An ihre Stelle ist die kognitive Verhaltenstherapie getreten, weil es viel stärkere Beweise dafür gibt, dass sie tatsächlich funktioniert. Der Ansatz greift auf sogenannte Coping-Strategien zurück, um die problematischen Denkgewohnheiten eines Patienten zu unterdrücken.

// WIE EIN GENIE REDEN

▮➡ »Die Auflösung der aktuellen bildgebenden Verfahren zählt zu den größten Hürden für die Neuropsychologie. Eine MRT kann die aktiven Bereiche im Gehirn auf 3 mm genau bestimmen, doch so ein Bereich könnte noch immer Millionen Neuronen beherbergen, weshalb es schwierig ist, für spezifische Vorgänge exakt bestimmte Leitungsbahnen zu benennen.«

▮➡ »Ein einfaches Beispiel für die Verfügbarkeitsheuristik? Schreiben Sie in nur 10 Sekunden alle englischen Wörter mit dem Anfangsbuchstaben K auf, die Ihnen einfallen. Schreiben Sie jetzt, wieder 10 Sekunden lang, alle englischen Wörter auf, in denen K als dritter Buchstabe vorkommt. Lassen Sie mich raten: Die zweite Liste ist kürzer? Und das, obwohl es in dieser Gruppe dreimal so viele englische Wörter gibt – sie fallen Ihnen nur nicht so leicht ein. Genau solche Fehler führen dazu, dass die Leute mehr Angst vor Terrorismus haben als vor dem Überqueren einer befahrenen Straße.«

▮➡ »Die Idee, dass das Geschichtenerzählen ein evolutionspsychologisches Produkt ist, wird von einigen Kritikern sogar noch weiter ausgeführt. Sie behaupten, dass grundlegende Erzählmuster der Mythologie wie die ›Heldenreise‹ (man denke an Perseus und Luke Skywalker) als Hilfsmittel entstanden sind, um die Sippe zusammenzuhalten und die aufmüpfige Jugend daran zu hindern, über die Stränge zu schlagen.«

👁 WAREN SIE EIN GENIE?

1 FALSCH – Noch kann kein Gehirnscanner viel mehr zeigen als kleine Aktivitätsregionen.

2 FALSCH – Obwohl jede Gehirnhälfte einige spezifische Hirnfunktionen besitzt, scheinen Momente des Lernens und Problemlösens oder der Kreativität großflächig auf beide Hemisphären verteilt zu sein.

3 RICHTIG – Das kann dazu führen, dass wir übermütig werden, wenn Situationen, für die eine ordentliche Portion Glück nötig ist, ganz zufällig optimal laufen.

4 RICHTIG – Kurz gesagt: Wir mögen es, wenn die Leute, die wir mögen, dasselbe mögen wie wir.

5 RICHTIG – Wir mutmaßen gern über andere Menschen, abhängig davon, wie gut sie zu unseren vorgefertigten Stereotypen passen.

> ✏ **KURZFASSUNG für Hochstapler**
>
> Zusammengenommen enthüllen die unterschiedlichen Ansätze der Psychologie die komplexe Geschichte unseres Denkens, doch ihre vielleicht wichtigste Erkenntnis besteht darin, dass sie uns zeigen, wie wir Fehler machen.

DAS SCHWIERIGE PROBLEM

»Wir wissen nichts über die intrinsischen Eigenschaften physikalischer Ereignisse, außer wenn es sich bei diesen um mentale Ereignisse handelt, die wir unmittelbar erleben.«

– BERTRAND RUSSELL –

Das sogenannte schwierige Problem des Bewusstseins bezeichnet die Frage, wie unser Gehirn gewissen sensorischen Erfahrungen bestimmte Eigenschaften zuweist, zum Beispiel: Wie verarbeiten wir Phänomene wie Farbe oder Geschmack? Es war erst vor Kurzem, im Jahr 1995, dass der Philosoph David Chalmers diese Formulierung prägte (und den sogenannten einfachen Problemen, wie dem Gedächtnis und den Instinktreaktionen, gegenüberstellte), die sich inzwischen zu einem viel diskutierten Thema entwickelt hat. Obgleich einige Psychologen die philosophische Dimension des schwierigen Problems aber für unsäglich schwammig halten, kann man nicht leugnen, dass seine Wurzeln im westlichen Denken tief verankert sind.

> Das schwierige Problem ist einer dieser Fälle, wo Neurowissenschaft und Philosophie aufeinandertreffen – und es gibt viele unterschiedliche Vorstellungen davon, wie man die Kluft zwischen Wahrnehmung und Bewusstsein überwinden könnte.

SIND SIE EIN GENIE?

1 Das traditionelle Leib-Seele-Problem setzt sich mit der Frage auseinander, wie unser immaterieller Geist unseren physischen Körper steuert.
RICHTIG / FALSCH

2 Durch seine Forschung über die Farben des Lichts gelangte Isaac Newton zu einer frühen Einsicht dessen, was heute als das schwierige Problem bezeichnet wird.
RICHTIG / FALSCH

3 Vielen gilt das schwierige Problem als Herausforderung für den aus Sicht der Neurowissenschaften rein physischen Ursprung des Geistes.
RICHTIG / FALSCH

4 Sogenannte neuronale Korrelate sind die Reaktionen einzelner Neuronen auf spezifische Reize.
RICHTIG / FALSCH

5 Quantenbewusstsein ist die Vorstellung, dass durch quantenmechanische Interaktionen zwischen Neuronen ein höheres Bewusstsein entsteht.
RICHTIG / FALSCH

ZEHN DINGE, DIE EIN GENIE WEISS

1 Das Leib-Seele-Problem

Die Unterscheidung zwischen Körper und Geist ist tief in unserer Interpretation der Welt verwurzelt, was möglicherweise evolutionäre Gründe hat (vgl. S. 34). Die meisten Religionen nehmen die Unterscheidung wörtlich, indem sie im physischen Körper lediglich das Behältnis für die immaterielle und womöglich unsterbliche Seele sehen. Doch als naturphilosophisches Konzept hat dieser »Dualismus« erst mit den Schriften René Descartes' Fuß gefasst. Insbesondere seine These, dass es allein das Denken ist, das uns unserer Existenz versichert (»Ich denke, also bin ich«), privilegierte die geistige Tätigkeit und behauptete, dass wir, selbst wenn wir unserer Sinne beraubt oder von falschen Eindrücken getäuscht werden, noch immer unseren »Geist« hätten. Die Frage, wie ein materieller Körper mit einem immateriellen Geist interagiert und der Geist einem physischen Körper befiehlt, ist allerdings derart fundamental, dass sie Wissenschaft und Philosophie bis heute umtreibt.

2 Dualismus und Monismus

Aus philosophischer Sicht sind die beiden wichtigsten Ansätze für die Frage nach der Körper-Geist-Interaktion der »Dualismus« (der weitgehend Descartes' Ideen folgt) und der »Monismus«, die Vorstellung, dass Körper und Geist – entgegen unserer Wahrnehmung – Manifestationen einer einzigen Substanz sind. Zu den dualistischen Lösungen des Leib-Seele-Problems gehören auch jene von Gottfried Wilhelm Leibniz. Er umging das Problem durch die Behauptung, dass Geist und Körper eigentlich gar nicht interagieren. Es erwecke

nur den Anschein, weil beide darauf programmiert seien, einer vorgegebenen Harmonie zu gehorchen. Die monistischen Ideen reichen vom Materialismus eines Thomas Hobbes (für den der Geist quasi eine Schöpfung der Materie ist – im Grunde die Sicht der meisten modernen Naturwissenschaften) bis zum »absoluten Idealismus« Immanuel Kants (der eine einzige Substanz mit zwischen Körper und Geist liegenden Eigenschaften postulierte, die fähig ist, sich gewissermaßen als Materie und Geist zugleich zu manifestieren).

3 Das bewusste Universum

Dem »Panpsychismus«, einem im 19. Jahrhundert populären Alternativmodell des Geistes, galt Bewusstsein als Wesenszug des Universums selbst – mit anderen Worten: Geist sei ein Merkmal, das allen Dingen von Natur aus innewohne und bei dem sich unsere Bewusstseinsstufe lediglich dem Grad nach von der anderer Tiere, Pflanzen und sogar unbelebter Objekte unterscheide. Auf seine ganz eigene Art interpretierte Alfred North Whitehead diese Idee. Aus seiner Sicht sind die Grundelemente der Realität »Erfahrungsereignisse«, die sich häufen und komplexe Entitäten erzeugen, darunter auch uns Menschen. Dies war der Kern von Whiteheads »Prozessphilosophie«, nach der nicht die objektive Realität, sondern Wandel und Erfahrung die bestmöglichen Erklärungen für die Art sind, wie wir die Welt verstehen.

4 Die Lösungsversuche der Medizin

Aus rein naturwissenschaftlicher Perspektive lösten die bahnbrechenden Fortschritte in der Medizin des 19. Jahrhunderts ein für alle Mal das unmittelbare Leib-Seele-Problem. In den 1840er-Jahren zeigte die entstehende Anästhesie, dass physische Eingriffe einen Patienten bewusstlos machen konnten – quasi die Bestätigung dafür, dass der Geist eine Manifestation des Körpers war. Nun wandte sich die Aufmerksamkeit einer neuen philosophischen Fragestellung zu: Wie erzeugen Signale aus der Umgebung Eindrücke, die sich an jenem Ort manifestieren, den wir Geist nennen?

5 Qualia

Der Begriff »Qualia« wird von Neurowissenschaftlern und Philosophen gleichermaßen verwendet, um unsere bewusste Wahrnehmung verschiedener Sinneserfahrungen zu beschreiben. Das Wort selbst stammt aus dem Lateinischen, bedeutet ungefähr »wie beschaffen« und wurde durch den US-Philosophen Clarence Irving Lewis 1929 als Begriff eingeführt. Qualia werden im Geist gebildet und sind subjektiv – so zeigen Phänomene wie etwa die Rot-Grün-Schwäche, dass zwei Individuen Dinge ziemlich verschieden wahrnehmen können, wenn ihre Netzhäute von unterschiedlichen Wellenlängen des sichtbaren Lichts beschienen werden. Außerdem ist es schier unmöglich, Qualia gegenüber anderen Leuten genau zu beschreiben, ohne auf eine Sprache zurückzugreifen, die von Beginn an gemeinsames Verständnis voraussetzt. Der Philosoph Thomas Nagel illustrierte dieses Problem in seinem 1974 erschienenen Aufsatz *Wie ist es, eine Fledermaus zu sein?* auf glänzende Weise. Darin argumentiert er, dass wir aus unserer Sicht zwar vielleicht eine Vorstellung davon entwickeln können, wie es wäre, dass es jedoch keine Möglichkeit gibt herauszufinden, wie die Welt einer Fledermaus aussieht.

6 Philosophische Zombies

Die Tatsache, dass Qualia letztlich etwas Subjektives sind, lässt Raum für ein philosophisches Gedankenspiel – denn auch wenn durch das Denken allein hinreichend belegt ist, dass »ich« ein bewusstes Wesen bin: Wie ist das bei all den anderen? Ist es möglich, dass sie es einfach nur vortäuschen? Der Gedanke scheint pervers, dass jeder andere Mensch ein »philosophischer Zombie« sei, der nach außen hin zwar alle Anzeichen von Gefühl und Verpflichtung zeige, im Inneren aber kein wirkliches Bewusstsein habe (und natürlich sagt unser gesunder Menschenverstand etwas anderes). Dennoch kann das Argument zumindest dabei helfen uns klarzumachen, dass unser Glaube, für das Bewusstsein anderer Menschen gäbe es unumstößlich logische Beweise, falsch ist.

7 Neuronale Korrelate

Bedeutende Fortschritte im Bereich des Neuroimaging haben Neurowissenschaftler dazu bewegt, sogenannte neuronale Korrelate des Bewusstseins (NCCs) zu untersuchen – minimale Aktivitätsmuster im Gehirn, die mit spezifischen »Perzepten« (subjektiven Wahrnehmungsinhalten, etwa externen sensorischen Signalen, Erinnerungen oder Gefühlen) verbunden sind. Die künstliche Stimulation von NCCs kann spezifische Perzepte auslösen, die durch NCC-Deaktivierung wieder verschwinden können. Die bis dato wichtigste Erkenntnis dieser Forschung lautet, dass das Gehirn »plastisch« ist: Infolge traumatischer Schäden, aber auch allein beim Lernen neuer Fähigkeiten können sich neuronale Netzwerke neu verdrahten. Daher sind es von Mensch zu Mensch und/oder über einen längeren Zeitraum nicht immer die gleichen Neuronen, die mit bestimmten Perzepten zusammenhängen.

8 Die Formulierung des schwierigen Problems

Ungeachtet aller neurowissenschaftlichen Durchbrüche würde mancher Philosoph weiter behaupten, dass wir der Erkenntnis, wie das Gehirn die Kluft zwischen physischen Reizen und geistiger Erfahrung bzw. Perzept überbrückt, keinen Schritt näher gekommen sind. Das ist es, was der australische Philosoph David Chalmers im Jahr 1995 das »schwierige Problem des Bewusstseins« nannte: »Wie kommt es, dass wir eine visuelle oder auditive Erfahrung machen, wenn sich unsere kognitiven Systeme mit der Verarbeitung visueller und auditiver Informationen befassen: die Eigenschaft Tiefblau, die Empfindung eingestrichenes C? Wie können wir erklären, warum es dieses *Etwas ist, wie es ist* gibt, warum sind wir fähig, uns ein geistiges Bild zu machen oder ein Gefühl zu erfahren?« Auf der Suche nach einer Lösung plädiert Chalmers dafür, dass Bewusstsein eine irreduzible universelle Eigenschaft ist – ein stark an den Panpsychismus erinnernder Gedanke.

9 Das Rätsel um das Claustrum

Während der Untersuchung eines Hirnteils namens »Claustrum« (einer dünnen Neuronenschicht in der Nähe des Hirnzentrums) stolperten Neurowissenschaftler 2014 über den möglicherweise entscheidenden Hinweis zur Klärung der Bewusstseinsfrage. Bei Versuchen, eine Frau, die unter Epilepsie litt, mit Elektroden im Gehirn zu behandeln, zeigte sich, dass die Patientin das Bewusstsein verlor, wenn diese Region mit Strom stimuliert wurde. Wurde der Strom unterbrochen, erholte sie sich gleich wieder, ohne sich an irgendetwas zu erinnern, das zwischenzeitlich passiert war. Wie es scheint, spielt das Claustrum also beim Zusammentragen sensorischer Informationen eine Rolle. Zudem haben einige Neurowissenschaftler die Ansicht geäußert, dass es die Hauptrolle bei der Koordinierung von Informationen aus unterschiedlichen Hirnbereichen spielt und somit das Bewusstsein hervorbringen könnte. Falls das schwierige Problem eine biologische Lösung hat, liegt sie vielleicht also hier.

10 Quantenbewusstsein

Ein spannender Ableger des schwierigen Problems ist der umstrittene Vorschlag, dass Bewusstsein durch quantenmechanische Prozesse in winzigen Hirnstrukturen, sogenannten Mikrotubuli, entstehen könnte. Nach dieser von dem englischen Mathematiker Roger Penrose und dem US-Psychologen Stuart Hameroff aufgestellten Theorie (die auch unter dem Kürzel »Orch-OR« bekannt ist) lassen sich mentale Vorgänge nicht mit den komplexesten Algorithmen beschreiben. Herausragende geistige Fähigkeiten wie Kreativität und Problemlösung entwickeln sich, so die Theorie weiter, weil unser Gehirn in Wahrheit ein Quantencomputer ist. Seine aus Qubits bestehenden Daten (vgl. S. 221) würden im Inneren von Mikrotubuli verarbeitet und durch das gesamte neuronale Netz im Körper verstärkt. Die Orch-OR-Theorie hat für die These, dass das Bewusstsein im Inneren von Neuronen entstehe und nicht durch die Verbindungen zwischen ihnen, viel Kritik geerntet. Es gab auch Zweifel, dass Qubits in einer derart »warmen, feuchten und lauten« Umgebung in ihrem unscharfen Quantenzustand verweilen könnten. Doch 2014 zeigten Forscher in Japan, dass es im Inneren von Mikrotubuli tatsächlich zu Quantenschwingungen kommt. Die Debatte geht also weiter.

// WIE EIN GENIE REDEN

■➡ »Der Kognitionsforscher Daniel Dennett hat einmal gesagt, dass man Qualia am besten als ›die Art und Weise, wie uns die Dinge erscheinen‹ verstehen kann, und diese Beschreibung trifft den Nagel auf den Kopf. Wie können wir wissen, wie anderen dieselben Dinge erscheinen? Beschreiben Sie doch mal einen Geruch, ohne in Metaphern zu verfallen, oder denken Sie gar an eine Farbe; wie können Sie, nur weil Sie sich mit einem Freund einig sind, dass ein Luftballon ›rot‹ ist, sicher sein, dass Sie beide gerade dasselbe wahrnehmen?«

■➡ »Natürlich sind nicht alle damit einverstanden, dass es überhaupt so etwas wie ein ›schwieriges Problem‹ gibt, mit dem man sich herumquälen sollte. Manche sagen einfach, dass so etwas wie eigenständiges Bewusstsein gar nicht vorkommt, sondern nur ein Haufen Erfahrungen, auf die man sich bei bestimmten Reizen berufen kann. Wieder andere, dass Qualia nicht wirklich existieren. Die vielleicht berühmteste Absage an die ganze Idee stammt von Gilbert Ryle, und zwar lange bevor sich David Chalmers das moderne schwierige Problem überhaupt erst ausdenken konnte. 1949 verwarf Ryle den gesamten Dualismusbegriff als ›Kategorienfehler‹ – es wäre das Gleiche, wie wenn man nach dem Gespenst in der Maschine suchte.«

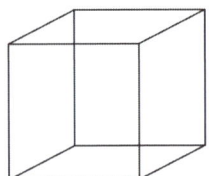

Man kann die Wahrnehmungstäuschung des »Necker-Würfels« so auffassen, dass durch einen einzelnen Sinneseindruck in unserem Geist zwei unterschiedliche Qualia entstehen.

WAREN SIE EIN GENIE?

1 RICHTIG – Sowohl das Leib-Seele-Problem als auch das schwierige Problem behandeln die Kluft zwischen dem Körperlichen und dem Geistigen, nur aus unterschiedlichen Richtungen.

2 RICHTIG – Bereits 1672 hinterfragte Newton den Vorgang, der verantwortlich dafür ist, dass wir unterschiedliche Lichtarten als unterschiedliche Farben wahrnehmen.

3 RICHTIG – Zumindest war das Chalmers' Intention, obwohl viele Neurowissenschaftler leugnen, dass es überhaupt so etwas wie ein schwieriges Problem gibt.

4 FALSCH – Neuronale Korrelate bestehen vor allem aus ausgedehnten neuronalen Netzwerken, nicht aus einzelnen Neuronen.

5 FALSCH – Das Modell besagt, dass Bewusstsein *im Inneren* der einzelnen Neuronen entsteht.

KURZFASSUNG für Hochstapler

Wie ordnet das Gehirn bestimmten Sinneseindrücken bestimmte Eigenschaften zu – und warum? Die möglichen Lösungen des schwierigen Problems hängen davon ab, ob man das Bewusstsein als etwas rein Physisches betrachtet oder nicht.

KÜNSTLICHE INTELLIGENZ

»Könnte es nicht sein, dass Maschinen etwas ausführen, das sich als Denken bezeichnen ließe,
das sich jedoch stark von dem unterscheidet, was ein Mensch tut?«

– ALAN TURING –

Kann eine Maschine denken? Auch wenn die
Frage noch immer nach Science-Fiction
klingt, ermöglichen es jüngste Fortschritte auf
dem Feld der Künstlichen Intelligenz (KI)
zunehmend, dass Computer Dinge tun, für
die man bisher einzigartige menschliche
Fähigkeiten für nötig hielt. Der Aufstieg
Künstlicher Intelligenz bringt für alle möglichen Disziplinen von der Ökonomie bis zur
Ethik große Herausforderungen mit sich.
Doch während einige sie als Störfaktor oder
sogar als existentielle Bedrohung der heutigen
Gesellschaft betrachten, stellt sie zugleich ein
enormes Versprechen für die Zukunft der
Menschheit dar.

> Wir kommen der Erschaffung von
> Künstlicher Intelligenz immer näher,
> aber: Sollten wir nicht sehr genau
> überlegen, was wir uns davon erhoffen?

 SIND SIE EIN GENIE?

1 Der mechanische »Schachtürke« war ein
berühmter Automat des 18. Jahrhunderts, der
die meisten Leute im Schach schlagen konnte.
RICHTIG / FALSCH

2 Neuronale Netzwerke lernen komplexe
Aufgaben mittels einer Art maschinellen
Entwicklung, durch die sie sich im Laufe der Zeit
verbessern.
RICHTIG / FALSCH

3 Nachdem er 1997 vom Schachcomputer
Deep Blue geschlagen worden war, bezich-
tigte Schachweltmeister Garri Kasparow seinen
Gegner des Betrugs.
RICHTIG / FALSCH

4 Eine Turing-Maschine ist ein Apparat, der in
der Lage ist, den Turing-Test für Künstliche
Intelligenz zu bestehen.
RICHTIG / FALSCH

5 Die meisten KI-Befürworter sind sich einig,
dass jede Form von Künstlicher Intelligenz
eine ethische Programmierung enthalten sollte,
die sie daran hindert, Menschen zu schaden.
RICHTIG / FALSCH

ZEHN DINGE, DIE EIN GENIE WEISS

1 Die Vorfahren von KI

Die Vorstellung von Denkmaschinen reicht bis in die Antike zurück: Künstliche Wesen mit einem gewissen Denkvermögen tauchen in den Legenden über Hephaistos, den griechischen Feuer- und Schmiedegott, und natürlich in der Geschichte Pygmalions und seiner zum Leben erweckten Statue auf. Einige Philosophen des Mittelalters sponnen diese fixe Idee weiter. Das belegen die Volksmärchen vom verzauberten Golem des Prager Rabbis Judah, vom Takwin, nach dem der muslimische Alchemist Jabir ibn Hayyan strebte, oder vom sprechenden Messingkopf, den Roger Bacon vermeintlich erschuf. Neben diesen phantastischen Ideen leisteten die Philosophen bei der Entwicklung logik- und vernunftbasierter Systeme viel ernsthaftere Arbeit. Der Mallorquiner Ramon Llull (um 1232–1316), der mit logischen Maschinen aus Papier und einem symbolischen Alphabet nach »Wahrheiten« suchte, hatte großen Einfluss auf Leibniz und somit das gesamte Feld der symbolischen Logik und Berechnung. Im frühen 19. Jahrhundert erschuf Mary Shelley dann, vom wachsenden Verständnis des Zusammenspiels von Gehirn und Körper inspiriert, die vielleicht berühmteste »Künstliche Intelligenz« der gesamten Erzählliteratur: Frankensteins Monster.

2 Der Turing-Test

Der englische Universalgelehrte Charles Babbage ist bekannt für die 1822 erfundene mechanische Differenzmaschine, eine frühe Rechenmaschine, und für seine spätere Einsicht, dass eine weitaus vielseitigere »analytische Maschine« denkbar war. Heute sind Computer allerdings elektronisch und digital (behandeln Daten also als Zeichenfolgen aus binären Einsen und Nullen). Der erste programmierbare Digitalcomputer war Colossus, der heimlich von den Briten im Zweiten Weltkrieg gebaute berühmte Codeknacker. Doch mit Ausnahme des genialen Mathematikers Alan Turing erkannte kaum jemand, dass diese vielseitige Maschine eines Tages das menschliche Gehirn imitieren könnte. Turing war es auch, der 1950 den »Turing-Test« für Künstliche Intelligenz vorstellte: Dazu benötigt man einen menschlichen Schiedsrichter, der sich in Textform zugleich mit einem Computer und einem echten Menschen unterhält. Nach Meinung Turings kann einer Maschine ein gewisses Maß an Künstlicher Intelligenz zugesprochen werden, wenn der Schiedsrichter nicht zwischen beiden Gesprächspartnern zu unterscheiden vermag.

3 Starke und schwache KI

Die erste Konferenz zu »Denkmaschinen« fand 1956 am Dartmouth College im US-Bundesstaat New Hampshire statt und brachte einige grundlegende Ideen hervor (so auch den vom US-Forscher John McCarthy geprägten Begriff Künstliche Intelligenz). In den Folgejahrzehnten wurde klar, dass es viel schwieriger sein würde als erhofft, funktionale KI zu erzeugen. Zwei breit angelegte Ansätze prägten die frühe Forschung: Die sogenannte starke KI nutzte Standard-Programmierverfahren für ihren Versuch, ein Intelligenzschema zu entwickeln, während die »schwache KI« eher auf dem zufälligen Zusammenbringen unterschiedlicher Elemente beruhte. Ihre Hoffnung bestand darin, neu entstehende Verhaltensweisen zu entdecken, welche menschliche Intelligenz imitierten.

4 Expertensysteme

Eine »starke« Methode der KI beruht darauf, Computern das nötige Wissen für spezifische Aufgaben oder Fachgebiete beizubringen und zu zeigen, wie menschliche Experten dieses Fachs zu Entscheidungen gelangen. Diese sogenannten Expertensysteme kamen in den 1970ern auf und wurden als erste erfolgreiche Anwendung Künstlicher Intelligenz gepriesen. Sie bestehen in der Regel aus einer Wissensbasis, die alle relevanten Fakten und Regeln des betreffenden Fachs umreißt, sowie einer »Inferenzmaschine«. Diese kann, indem sie logische Verfahren auf das Erlernte anwendet, Fragen und Aufgaben interpretieren, die ihr gestellt werden. Die Entwicklung der Expertensysteme, die sich eine Zeitlang großer Beliebtheit erfreuten, fiel mit dem Aufkommen des PCs zusammen, und ihre Grundprinzipien werden bis heute weiter häufig angewendet.

5 Neuronale Netzwerke

In den 1980er-Jahren brachte der »schwache« Ansatz eine erfolgreichere und vielseitigere Variante von KI hervor. Künstliche neuronale Netze bestehen aus relativ einfachen Software-»Maschinen«, die – ähnlich den Neuronen in unserem Gehirn – Daten austauschen und Verbindungen bilden. Dabei breiten sich Signale von der Eingabe- zur Ausgabeschicht durch multiple Neuronenschichten aus. Sie können einfach aus einer digitalen »0« oder »1« bestehen oder aber komplexer sein und in der Stärke variieren. Außerdem gibt es Schwellenwerte und Grenzen für das Auslösen eines Ausgabesignals. Diese Nachahmung des menschlichen Gehirns erlaubt es neuronalen Netzwerken, auf der Grundlage

von Beispielen, die ihnen eingespeist wurden, Verfahren zur Problemlösung zu entwickeln – es handelt sich dabei um das sogenannte Maschinelle Lernen ganz ohne Programmierung.

6 Die automatische Erkennung von Sprache, Zeichen und Bildern

Neuronale Netzwerke eignen sich besonders für anspruchsvolle Aufgaben wie Sprach- und Handschriftenerkennung sowie für allgemeinere Bilderkennungsverfahren. Wenn Sie ein halbes Dutzend Menschen bitten, die Zahlen 0 bis 9 aufzuschreiben, werden Sie sehen, wie schwer die Identifizierung der Zahlen aufgrund der großen Varianz für einen Computer mit starrer, regelbasierter Software sein dürfte. Unser Gehirn erledigt dieselbe Aufgabe jedoch intuitiv. Wenn man ein neuronales Netzwerk also mit einer riesigen Menge an Beispielen und einigen grundlegenden Abläufen füttert, wird es selbst Verbindungen ausbilden und sein eigenes Verfahren zur schnellen Erkennung von Zahlen herausfinden. Das Geniale (und vielleicht auch Beunruhigende) daran ist, dass wir uns über die Abläufe in den »verborgenen« Zwischenschichten des Netzwerks keinerlei Gedanken machen müssen.

7 Mensch gegen Maschine

Der Computerhersteller IBM zog 1997 das öffentliche Interesse auf sich, als sein Schachcomputer Deep Blue ein Turnier gegen den Schachweltmeister Garri Kasparow knapp für sich entschied (die Maschine nutzte intelligente Algorithmen, mit denen sie die »interessantesten« verfügbaren Züge bis zu deren potentiellem Ausgang durchspielen konnte, und eine Referenzbibliothek aus möglichen Endspielen). Im Jahr 2011 schlug ein weiteres IBM-System namens Watson frühere Gewinner von *Jeopardy!* in den USA, obwohl es bei der grammatikalischen und kontextbezogenen Interpretationen der Fragen Probleme hatte. Sobald Watson die Fragen in ein computerfreundlicheres Format umgewandelt hatte, kam ein ausgeklügeltes System zum Einsatz, das die integrierte Referenzbibliothek durchsuchte und Lösungsmöglichkeiten auflistete. Seit 2015 hat AlphaGo (ein auf Googles maschinellem Lernsystem DeepMind beruhendes Programm) mehrere Profispieler des uralten chinesischen Brettspiels Go besiegt. Go gilt gemeinhin als noch komplizierter als Schach.

8 Was KI alles leisten kann

Inzwischen hat sich KI in der Realität eingenistet. Anfangs war es Sonys Hund Aibo, heute sind es automatische Staubsauger und Rasenmähroboter, die sich den Schnitt von Räumen merken und auf Hindernisse reagieren können. Derweil sehen sich fahrerlose Autos ähnlichen, aber weitaus komplexeren Herausforderungen gegenüber, gilt es angesichts der Gefahr für Leib und Leben doch, in Sekundenbruchteilen zu reagieren. Schon jetzt kommen sie an einen Punkt, da sie statistisch sicherer als menschliche Fahrer sind. Ob die Menschen ihr Leben aber bereitwillig in die Hände von Robotern legen werden, steht auf einem anderen Blatt.

9 Technologische Singularität

Ständige Verbesserungen bei der Miniaturisierungstechnik und das junge, aber vielversprechende Feld des Quantencomputing legen nahe, dass unsere Computer zumindest in vorsehbarer Zukunft immer schneller und leistungsstärker werden. Das alles, gepaart mit den technologischen Neuerungen im Bereich KI, veranlasst viele Informatiker und Zukunftsforscher zu der Prognose, dass letztlich irgendeine Form von KI in der Lage sein

werde, die nächste KI-Generation zu entwerfen, die besser wäre als sie selbst. An diesem Punkt werde eine exponentielle Entwicklung einsetzen, die schnell in einer KI mit quasi grenzenloser Intelligenz gipfeln würde – der Mathematiker John von Neumann bezeichnete das als »Singularität«. Nach der Prognose des Zukunftsforschers Ray Kurzweil wird es noch vor Ende des 21. Jahrhunderts zu so einer Singularität kommen. Viele andere sind sich da nicht so sicher und gehen davon aus, dass die Singularität aufgrund von technologischen Schranken oder immanenten Eigenschaften des Geistes unerreichbar sein dürfte.

10 Computer mit Bewusstsein

Eine mit der Singularität verwandte, aber eigenständige Frage lautet, ob Computer je ein richtiges Bewusstsein erlangen oder einfach immer besser darin werden, ein solches vorzutäuschen. Neurowissenschaftler und Philosophen ringen weiterhin mit dem sogenannten schwierigen Problem: Wie kann man in organischen Gehirnen die Kluft zwischen physischen Reizen und geistigen Qualia (Erlebnisgehalten) überwinden? Man könnte meinen, die weitaus größere Herausforderung bestehe darin zu verstehen, wie einem elektronischen Gehirn ein vergleichbarer Schritt zu menschenähnlichem Bewusstsein gelingen könnte. Falls es für das schwierige Problem aber eine Lösung gibt, könnte diese zugleich den Bauplan für gehirnähnliche Maschinen liefern, die zur Überwindung dieser Kluft fähig sind. Trotzdem glauben manche Theoretiker, dass Bewusstsein weit mehr ist als »nur« das schwierige Problem; für sie ist es auch unser intuitiv geknüpftes Netz aus Bezügen zwischen Ideen und Erfahrungen, das für einen Computer viel schwieriger zu imitieren sein könnte.

// WIE EIN GENIE REDEN

■➡ »Kennen Sie diese CAPTCHA-Zeichen-
erkennungstests, die man manchmal vor dem
Senden eines Onlineformulars ausfüllen muss?
Nun, CAPTCHA steht für ›Completely Auto-
mated Public Turing test to tell Computers and
Humans Apart‹ (etwa: vollautomatisierter
Turing-Test zur Unterscheidung von Computer
und Mensch). Im Grund ist CAPTCHA also
ein umgekehrter Turing-Test. Nur sitzt diesmal
ein Computer am anderen Ende des Formulars,
der den Code schon kennt und gerade prüft, ob
Sie Ihr menschliches Talent zur Mustererkennung
für das korrekte Lesen des Bilds einsetzen
können.«

■➡ »Informatiker wollen den klassischen
Turing-Test schon seit den 60er-Jahren bezwin-
gen. Sie haben daher jede Menge Zeit und Mühe
in die Programmierung von ›Chatbots‹ gesteckt,
die menschliche Konversation nachahmen sollen.
›Eugene Goostman‹, ein russischer Chatbot,
erhielt 2014 viel Aufmerksamkeit, weil er den
Test angeblich geschlagen hatte. Das Programm
gab sich als russischer Jugendlicher mit begrenzten Englischkenntnissen aus, konnte so aber
auch einigen Fragen ausweichen. Man könnte
also behaupten, dass es sich nicht an die Regeln
gehalten hat.«

✏ KURZFASSUNG für Hochstapler

Computer können Intelligenz auf immer
überzeugendere Weise vortäuschen.
Es gibt Zweifel, ob sie je in der Lage
sein werden, ein Bewusstsein zu
erlangen, aber vielleicht können sie
auch das vortäuschen.

👁 WAREN SIE EIN GENIE?

1 FALSCH – In Wahrheit war es eine
ausgeklügelte Puppe, die von einem
versteckten menschlichen Schachspieler
bedient wurde.

2 RICHTIG – Neuronale Netzwerke können
durch Rückkopplungsmechanismen ihre
Leistung beurteilen und neue Methoden
ausprobieren.

3 RICHTIG – Kasparow hatte den Verdacht,
dass Menschen eingegriffen hätten.
Daher forderte er IBM auf, Einzelheiten über
die Funktionsweise der Maschine preiszugeben. IBM weigerte sich und zerlegte den
Computer, obwohl Kasparow um eine
Revanche bat.

4 FALSCH – Eine Turing-Maschine ist ein
Computer, der dadurch charakterisiert
wird, dass er vielfältige mathematische
Operationen ausführen kann.

5 RICHTIG – Schon in den 1940er-Jahren
stellte sich der Science-Fiction-Autor
Isaac Asimov vor, dass drei Gesetze der
Robotik in der Zukunft das Verhalten von KI
steuern würden. Sie bilden bis heute den
Rahmen der meisten ethischen Debatten
über KI.

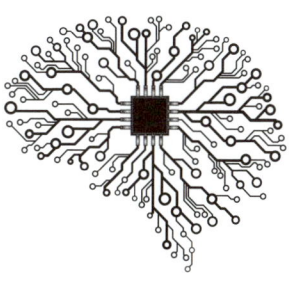

KUNSTGESCHICHTE

»Das Ziel von Kunst ist nicht, das äußere Erscheinungsbild der Dinge wiederzugeben, sondern ihre innere Bedeutung.«

– ARISTOTELES –

Kunst zählt zu den ältesten menschlichen Bestrebungen. Sie reicht mindestens 35 000 Jahre in die Vergangenheit zurück und scheint mit den Anfängen des menschlichen Bewusstseins untrennbar verbunden zu sein. Wenn wir die Zivilisationen und Kulturen der Vergangenheit deuten wollen, ist der Rückgriff auf künstlerische Darstellungen daher oft eine der wichtigsten Methoden (und manchmal die einzige Möglichkeit). Deshalb sollte jedes Genie auf diesem Gebiet Bescheid wissen. Sollten Sie nicht die Zeit haben, lange Listen von Künstlern und Strömungen abzuarbeiten, kommen Sie mit ein paar gut ausgewählten Fakten auch schon ziemlich weit …

> Eine allumfassende Definition von Kunst zu finden, ist eine schier unlösbare Aufgabe, aber wenn man die Frage nach dem Warum, Wie und Wann eines Kunstwerks beantworten kann, ist das schon mal ein guter Anfang.

 SIND SIE EIN GENIE?

1 Die Definition von Kunst, wie wir sie heute verstehen, kam im frühen 19. Jahrhundert auf.
RICHTIG / FALSCH

2 Ein wichtiger Grund dafür, dass Renaissancegemälde realistischer wirken als ältere Bilder, liegt darin, dass der Architekt Filippo Brunelleschi 1413 die Prinzipien der Perspektive entdeckte.
RICHTIG / FALSCH

3 Die Griechen und Römer nahmen für ihre Statuen am liebsten weißen Marmor, damit sich deren Erscheinungsbild von der Alltagswelt abhob.
RICHTIG / FALSCH

4 Die Jungfrau Maria wird traditionell in blauem Gewand dargestellt, weil das ein Symbol für ihre himmlische Gnade und ihre Ergebenheit gegenüber Gott ist.
RICHTIG / FALSCH

5 Die *Mona Lisa* wurde die meiste Zeit über als eines von Leonardos Nebenwerken betrachtet. Erst nachdem man sie 1911 gestohlen hatte, wurde sie das berühmteste Gemälde der Welt.
RICHTIG / FALSCH

ZEHN DINGE, DIE EIN GENIE WEISS

1 Was ist Kunst?

Kunst ist dem Menschen offenbar angeboren; seit Anbeginn der Menschheitsgeschichte spürten wir den Drang, Objekte und Bilder zu schaffen, die sowohl unsere Gefühle als auch unser Weltverständnis ausdrückten. Obgleich die meisten vormodernen Kunstwerke im Grunde die wirkliche Welt abbilden, lässt die Rolle des Künstlers im Schaffensprozess selbst dort, wo anscheinend nur die Realität nachgeahmt wird, verschiedene Interpretations- und Bedeutungsschichten entstehen. Die wachsende Anerkennung dieser vermittelnden Rolle des Künstlers in der Romantik ließ letztlich das heutige Verständnis von Kunst als Produkt eines schöpferischen Genies aufkommen.

2 Früheste Kunst

Die ersten weithin anerkannten Kunstwerke sind Plastiken, die von den frühen Europäern der Aurignac-Kultur auf dem Höhepunkt der letzten Eiszeit geschaffen wurden. Zu den Kunstwerken des Aurignacien gehören sehr explizite Venusfigürchen und unheimliche Mischwesen aus Mensch und Tier. Vielleicht waren das schützende Talismane oder Hilfsmittel bei schamanischen Riten – aber glauben Sie niemandem, der es ganz genau zu wissen meint! Die ältesten datierten Höhlenmalereien – Handabdrücke und Tierfiguren von der Insel Sulawesi (Indonesien) – stammen etwa aus derselben Zeit, aber die berühmte europäische Höhlenkunst (Lascaux etc.) ist ein Werk der sogenannten Magdalénien-Kultur und damit etwa 15 000 Jahre jünger.

3 Kunst im Altertum

Obgleich die bemerkenswerten, um 9000 v. Chr. entstandenen Tierplastiken, die man auf dem Göbekli Tepe in der Türkei fand, offenbar das Werk einer frühen Gesellschaft von Jägern und Sammlern waren, startete die Kunst erst richtig durch, als sich der Ackerbau durchsetzte und dauerhafte Siedlungen möglich machte. Zudem begann damals die Arbeitsteilung, sodass nicht jeder ständig auf Nahrungssuche sein musste. Arbeiten in Stein überdauern tendenziell länger als Gemälde; so sind von Mesopotamien über Ägypten bis nach China und in den antiken Mittelmeerraum die meisten überkommenen Kunstwerke Skulpturen, die oft mit Begräbnisriten, Gottesverehrung und politischer Macht verbunden waren. Seltene Fragmente aus dem häuslichen Rahmen, so die schönen Wandmalereien aus Pompeji, verlorener Schmuck und weggeworfenes Glas, zeigen uns, dass die Menschen auch im Alltag Kunst schätzten.

4 Der religiöse Imperativ

Der Aufschwung des Christentums im Römischen Reich ab dem 4. Jahrhundert führte zur Blüte einer Kunst, die religiöse Themen behandelte. Ihre Bandbreite reicht von herrlichen byzantinischen Mosaiken bis hin zu großartigen Ikonen, Reliquiaren und bestimmten Skulpturen. Die Hindukunst in Indien schlug einen ähnlichen Weg ein, während der Buddhismus seine eigenen Traditionen entwickelte, die sich ostwärts nach China und darüber hinaus verbreiteten. Der Aufstieg des Islam in Afrika und im Nahen Osten hatte ganz andere Auswirkungen: Das muslimische Verbot der Menschen- und Tierdarstellung ließ in den großen Moscheen und Palästen schöne geometrische, kalligraphische und florale Dekorationsmuster aufkommen. Gemeinsam war all diesen Kulturen, dass geistliche und weltliche Herrscher als Sponsoren einer Kunst wirkten, die Ehrfurcht und Kontemplation auslösen sollte.

5 Die Renaissance

Die Periode der Renaissance (wörtlich: »Wiedergeburt«) erstreckte sich etwa vom 14. bis zum 16. Jahrhundert und war durch einen neu gewonnenen philosophischen »Humanismus« sowie das eingehende Studium und die verbesserte Darstellung der menschlichen Anatomie gekennzeichnet. Der Begriff wurde vom Maler Giorgio Vasari 1550 in seinen *Lebensbeschreibungen der berühmtesten Maler, Bildhauer und Architekten* geprägt. Er wollte damit eine Epoche der italienischen Kunst definieren, die in der Zeit von Giotto di Bondone (1266 – 1337) begann und in Leonardo da Vinci (1452 – 1519) und Michelangelo (1475 – 1564) kulminierte. Beeinflusst von Wiederentdeckungen und Neubewertungen antiker Kunstwerke, war das Renaissancedenken dennoch dadurch gekennzeichnet, dass man sich von überkommenen Ansichten löste und nach neuen Herangehensweisen suchte.

6 Die Renaissance außerhalb Italiens

Jenseits der unbestrittenen Glanzleistungen der Italiener wurde in der Renaissance auch in anderen Teilen Europas ebenso eindrucksvolle Kunst geschaffen. Die expressiven Holzskulpturen des Deutschen Tilman Riemenschneider und der Realismus von niederländischen Meistern wie Jan van Eyck oder Pieter Bruegel dem Älteren stehen den Werken der italienischen Meister in nichts nach. Ein neuer kritischer Geist, der mit der protestantischen Reformation einherging, und die schnellere Verbreitung von Ideen durch den neu erfundenen Buchdruck führten dazu, dass sich humanistische Ideen und neue Kunstpraktiken rasch in Europa verbreiteten. Als Rom seine Gegenreformation startete, wurde die katholische Kunst wilder und extravaganter (verkörpert durch den Barock), während sich glaubensstrenge Protestanten die biblischen Anweisungen zum Thema Götzenbilder zu Herzen nahmen: Sie steigerten sich teilweise in eine bilderstürmerische Raserei hinein, die viele religiöse Bauten ihrer großen mittelalterlichen Kunstschätze beraubte.

7 Macht und Mäzenatentum

Wenn man ein Kunstwerk betrachtet, ist es auch eine Überlegung wert, wer es in Auftrag gegeben hat und warum. So wurde die Renaissance beispielsweise von den rivalisierenden Egos der italienischen Adligen angefeuert. Wenn Lorenzo de' Medici zur Sicherung seines Seelenheils Altarwerke sponserte, achtete er darauf, dass man ihn unter den Heiligen darstellte. So würde seine Großzügigkeit auf Erden nicht vergessen werden. Im reformierten Holland hatte man eine dezentere Vorliebe für Genreszenen aus dem häuslichen Leben, und doch ließen die hiesigen Mäzene gern ihre edelsten Besitzstücke darstellen – von Rindern bis zu Tulpen. In neuerer Zeit haben einige Industrielle und Geschäftsleute aus reiner Kunstliebe Werke in Auftrag gegeben, während andere damit ihre hochgeistige Gesinnung beweisen wollten und die Kunstwerke der Allgemeinheit stifteten. Kommunale und staatliche Instanzen wiederum haben die Künste gefördert, um Ideologien zu stützen oder moralische Lektionen zu erteilen – und manchmal auch nur, um den öffentlichen Raum zu verschönern.

Künstlerische Techniken

8 Es ist unvermeidlich, dass Kunst durch die Werkzeuge geprägt wird, mit denen wir sie erschaffen. So bestehen Malfarben gewöhnlich aus Pigmenten, die in ein passendes Bindemittel gemischt werden. Zuerst verwendete man Wasserfarben (China und Japan haben eine lange Tradition in der Malerei mit Tusche, und die dadurch flüssigen und kalligraphischen Pinselstriche sind mit dem einzigartigen Stil der Kunst jener Länder untrennbar verbunden). Bindemittel wie Bienenwachs (»Enkaustik«: grob strukturierte oder gar reliefartig wirkende Oberflächen) und Eigelb (»Tempera«: eine schneller trocknende Farbe, die glanzlose Oberflächen ergibt) waren in Europa von der Antike bis ins Mittelalter populär. Gleiches gilt für die Freskenmalerei, bei der die Pigmente auf den noch feuchten Wandputz aufgetragen werden. Rasch trocknende Temperafarben und besonders die Al-fresco-Technik erforderten eine schnelle Malweise. Später gewannen die Ölfarben (die in Afghanistan erfunden wurden und in der Renaissance Europa erreichten) wegen ihrer längeren Trocknungszeit und der besseren Kontrolle beim Aufbringen der Farbschichten an Beliebtheit. Sie boten sich für eine detailliertere Malweise an. Pinseltypen hatten ihren eigenen Einfluss auf die entstehenden Kunstwerke. Gleiches lässt sich in der Bildhauerei von den verschiedenen Werkzeugen und Materialien sagen.

Kunstrichtungen seit der Renaissance

9 Die Kunstentwicklung von der Renaissance bis ins 19. Jahrhundert kann man im Groben als eine Serie von Revivals und Reaktionen darauf charakterisieren. Der Manierismus im 16. Jahrhundert entwickelte Vorstellungen der Spätrenaissance über Proportionen und Schönheit weiter, übertrieb es am Ende aber, was zu gekünstelten, hyperrealen Bildern führte. In der Barockkunst des 17. Jahrhunderts drehte sich hingegen alles um Bewegung und Dramatik. Sie bewahrte aber strenge Regeln des Bildaufbaus, die das Rokoko (Mitte des 18. Jahrhunderts) mit spielerischem und sogar groteskem Überschwang infrage stellte. Wiederum als Reaktion darauf trat etwa gleichzeitig der viel strengere Neoklassizismus hervor, der auf die Antike zurückgriff und von der Entdeckung Pompejis inspiriert wurde. Die üppige Romantik im 19. Jahrhundert, vielleicht der letzte Atemzug der traditionellen Kunst, lässt sich auf ähnliche Weise als Reaktion auf die klassische Ordnung sowie den Aufschwung von Wissenschaft und Industrie verstehen.

Ein Spiel mit Symbolen

10 Schließlich kann man Kunst auch als Reihe von Symbolen betrachten. Oft liegt der Symbolgehalt offen auf der Hand, so in Renaissancedarstellungen mythologischer und religiöser Szenen, die dem Betrachter eine bestimmte moralische Botschaft überbringen sollten. Totenschädel, kunstvolles Geschmeide und Äpfel haltende Frauen tragen noch heute geläufige Konnotationen von Vergänglichkeit, weltlichem Reichtum bzw. erotischer Versuchung. Manchmal aber ist die Symbolik raffinierter versteckt oder im Laufe der Zeit verloren gegangen. So weiß der heutige Betrachter vielleicht nicht mehr, dass die frei wallenden Locken einer präraffaelitischen Schönheit auf Prostitution hindeuten oder dass die zahllosen Blumen in Botticellis *Frühling* einen komplizierten neoplatonischen Code in sich tragen. Im späten 19. Jahrhundert gab es mit dem Symbolismus eine eigene künstlerische Strömung, deren Vertreter hochkomplexe Bilder mit etwas aufgeblasenen Botschaften malten.

// WIE EIN GENIE REDEN

■➡ »In Südafrika fanden Archäologen kleine Ockerstäbchen, in die man vor etwa 70 000 Jahren Kreuzschraffuren eingeritzt hatte. Ist das Kunst? Wie können wir uns da sicher sein, wenn wir nicht wissen, welche Motivation dahintersteckte?«

■➡ »Kunst hatte stets eine enge Verbindung zu Technik, vielleicht sogar eine noch engere, als wir gemeinhin annehmen. So haben manche Kunsthistoriker behauptet, dass die neu gewonnene Genauigkeit der Darstellung in der Renaissancekunst auf den Gebrauch optischer Apparate wie der Camera obscura zurückzuführen sei. Damit ließen sich nämlich Bilder der Realität auf die Leinwand projizieren, was die Hand des Künstlers gelenkt habe.«

■➡ »Graffiti sind nichts Neues – die Ruinen in Pompeji und anderswo sind bekanntlich voll von unanständigen Bildern und Inschriften. Ein wirklich spannendes Beispiel ist aber die *pittura infamante* – diffamierende Porträtmalerei aus der italienischen Renaissance. Wenn jemand betrügerisch und unbeliebt war, aber über dem Gesetz stand, konnte es passieren, dass er eines Morgens aufwachte und an einer gut sichtbaren Wand ein lebensgroßes Bild von seiner eigenen Hinrichtung vorfand. Keines von diesen Bildern hat überdauert (die meisten wurden vermutlich binnen Stunden abgeschrubbt, sofern sie keine Revolution auslösten), aber wir wissen aus zeitgenössischen Berichten, dass selbst berühmte Künstler wie Botticelli bei so etwas mitmischten.«

👁 WAREN SIE EIN GENIE?

1 RICHTIG – In der Ära der Romantik wurde Kunst als einzigartige Fähigkeit des menschlichen Geistes neu definiert, während man sie zuvor unter dem Aspekt der Handfertigkeit oder technischen Meisterschaft wahrgenommen hatte.

2 RICHTIG – Obgleich viele frühere Künstler ihre eigenen Systeme hatten, erarbeitete Brunelleschi als Erster die geometrischen Regeln für die Perspektive im heutigen Sinne.

3 FALSCH – Zwar schätzten die antiken Bildhauer Marmor aufgrund seiner guten Materialeigenschaften, aber wenn eine Skulptur fertig war, wurde sie meist bunt bemalt oder vergoldet.

4 RICHTIG – Das Blau von Marias Kleidern ist Bestandteil einer vielfältigen Farbsymbolik in der mittelalterlichen Malerei. Blaue Farbstoffe waren extrem teuer, und so reservierte man sie für Darstellungen des Himmels und wichtiger religiöser Figuren.

5 RICHTIG – Die *Mona Lisa* wurde zur Legende, nachdem sie der Italiener Vincenzo Peruggia im August 1911 gestohlen hatte.

✏ KURZFASSUNG für Hochstapler

Wenn Sie ein Kunstwerk wirklich verstehen wollen, müssen Sie über das, was Sie auf der Leinwand sehen, hinausblicken.

MODERNE KUNST

»Mir scheint, der moderne Künstler verleiht einer inneren Welt Form und Ausdruck –
mit anderen Worten, [...] er drückt eher seine Gefühle aus, als sie zu illustrieren.«
– JACKSON POLLOCK –

Wenige Themen werden so kontrovers diskutiert wie die moderne Kunst, und so sollte es vielleicht auch sein. Das obige Zitat erklärt sehr gut, dass die primäre Funktion moderner Kunst darin besteht, die Gedanken und Gefühle des Künstlers und des Betrachters zu berühren. Die große Spannbreite der Kunstströmungen der letzten 150 Jahre kann für manchen allerdings verwirrend sein, und wenn Sie sich mit einer Meinung hervorwagen wollen, ist es praktisch, zumindest zu wissen, was der Künstler angestrebt hat.

> Moderne Kunst mag nicht hübsch sein, aber die Frage ist: Welche Gefühle oder Gedanken löst sie bei Ihnen aus?

 SIND SIE EIN GENIE?

1 Der Name *Impressionismus* geht auf eine spontane Bemerkung Monets zurück.
RICHTIG / FALSCH

2 Ein 1915 von Kasimir Malewitsch gemaltes schwarzes Quadrat wird manchmal als das einflussreichste Werk der abstrakten Kunst betrachtet.
RICHTIG / FALSCH

3 Die frühen Kubisten wurden von Entwicklungen in der Mathematik und Physik des beginnenden 20. Jahrhunderts beeinflusst.
RICHTIG / FALSCH

4 Die erste offizielle Anerkennung von Graffiti als Kunst war eine Ausstellung im Brooklyn Museum im Jahr 2006.
RICHTIG / FALSCH

5 Die *Outsider Art* (»Außenseiter-Kunst«) ist eine Bewegung, deren Vertreter sich absichtlich vom Kunstbetrieb distanzieren.
RICHTIG / FALSCH

ZEHN DINGE, DIE EIN GENIE WEIß

1 Was ist moderne Kunst?

Wenn Sie einem Dutzend Experten diese Frage stellen, bekommen Sie sicher ein Dutzend verschiedene Antworten zum Wesen und zur Etablierung der modernen Kunst. Von Nutzen ist allerdings, sie als einen Prozess sich beschleunigender Innovation und Neuerfindung zu sehen. Gewiss finden sich über die ganze Kunstgeschichte hinweg immer wieder einzelne Erneuerer, die zu überraschend modernen und nichtnaturalistischen Sichtweisen fähig waren. Mitte des 19. Jahrhunderts aber *zwang* die Erfindung der Fotografie die Künstler dazu, über die direkte visuelle Wiedergabe hinauszugehen und tiefer über die Gedanken, Gefühle und Reaktionen nachzudenken, die ihre Werke auslösen konnten. Dieser Ansatz wurde seitdem wohl nicht mehr infrage gestellt.

2 Japonismus

Das Aufkommen japanischer Einflüsse in Europa wird oft als Ausgangspunkt der modernen Kunstrevolution angesehen. Japan hatte sich erst 1853 für den Handel mit dem Westen geöffnet. Das stilisierte Kunsthandwerk, das sich während der Abschottungsperiode in Japan entwickelt hatte (etwa das Kakiemon-Porzellan oder die Holzschnitte von Hokusai, der berühmt ist für seine *Große Welle*), erreichte schon bald Europa. Hier wurde es zur Inspirationsquelle von Künstlern wie Tissot, Degas, Whistler, Monet und Manet. Die Bewegung gewann an Kraft, nachdem 1867 auf der Pariser Weltausstellung japanische Kunst erstmals offiziell präsentiert worden war. Einige Jahre später taufte sie der französische Kunstkritiker Philippe Burty auf den Namen Japonismus. Ihre vielfältigen Formen inspirierten das Textil- und Por-

zellandesign sowie die Darstellung japanischer Sujets in europäischem Stil. Aber wichtiger noch – sie bahnte auch radikal neue Wege der Präsentation von Kunst (etwa die in großer Auflage produzierten Plakate von Toulouse-Lautrec und die stilisierten Linien des Jugendstils).

3 Impressionismus und Postimpressionismus

Die erste große Kunstströmung der Moderne, der Impressionismus, beruhte auf der Idee, das zu malen, was der Künstler wirklich sah, und nicht eine idealisierte Version. Aus der neuen Gewohnheit der raschen Freilichtmalerei *(en plein air)* hervorgegangen, bestand die impressionistische Technik typischerweise darin, dass man kleine Striche reiner Farbe auftrug, um schnell eine lebendige Abbildung von Gegenständen zu erhalten, wie sie im wechselnden natürlichen Licht erschienen. Im Einklang mit dieser Schnelligkeit wurden auch die Sujets vielfältiger und weniger formal arrangiert. Bewegung wurde zu einem wichtigen Element. Bedeutende Impressionisten sind etwa Pissarro, Sisley, Renoir und Degas. Der Postimpressionismus tendierte zum Ausgang des 19. Jahrhunderts zu abstrakteren und symbolischeren Bildern; er war von neuen wissenschaftlichen Erkenntnissen über Farbe und Sehvorgang beeinflusst. Zu dieser Strömung gehören die komplexen und kühnen Bildfindungen von Cézanne, die lebhaften Farben van Goghs und der Pointillismus (Gemälde aus unzähligen winzigen Farbpunkten), dessen Bahnbrecher Seurat war.

4 Expressionismus

Im Gegensatz zum Impressionismus zielte die expressionistische Bewegung darauf ab, subjektive emotionale Wirkungen zu erzeugen, statt die objektive Welt abzubilden. Sie entstand im frühen 20. Jahrhundert in Deutschland als Bestandteil einer umfassenderen Moderne, die sich von der Innenschau der Psychoanalyse Sigmund Freuds, von Nietzsches Philosophie und dem düsteren schwedischen Dramatiker August Strindberg inspirieren ließ. In der Kunst ist ihr augenfälligster Vorläufer Edvard Munchs Gemälde *Der Schrei* (1893), aber sie schöpfte auch ausgiebig aus der traditionellen afrikanischen Kunst. Zu den großen Namen des Expressionismus gehören Kandinsky, Klee, Marc, Schiele und Kollwitz. Manche sind der Ansicht, diese Strömung beinhalte alles vom Kubismus bis zum Surrealismus, was es ziemlich schwer macht, sie auf einen speziellen visuellen Stil festzulegen.

5 Modernismus

Der modernistische Ansatz nahm zu Beginn des 20. Jahrhunderts Fahrt auf. Es handelte sich eher um eine lose Gruppierung im Zeichen einiger gemeinsamer Haltungen – etwa des Aufgebens überkommener Regeln, einer Tendenz zur Abstraktion und des Glaubens an die transformative Kraft von Technik und Design. Der Kubismus ist die vielleicht berühmteste und einflussreichste modernistische Schule. Seine Bahnbrecher waren um das Jahr 1907 herum Picasso und Braque. Er verwarf althergebrachte Prinzipien von Perspektive und festen Blickpunkten, um Illusionen von Bildtiefe zu erzeugen. Die italienischen Futuristen schufen dynamische Gemälde und Skulpturen, die Jugend, Kraft und Maschinenwelt priesen, während die britischen Vortizisten bei aller Ähnlichkeit einen eher von Ängsten erfüllten Standpunkt einnahmen. Der funktionelle, geometrische Konstruktivismus hatte im postrevolutionären Russland nach 1917 seine Blütezeit, während die niederländische Gruppe *De Stijl* (Mondrian u. a.) auf eine Vereinfachung von Kunst und Design abzielte – bis hin zu einfachen Linien und Primärfarben.

6 Duchamp erfindet die Konzeptkunst

Die Idee der Konzeptkunst entsprang der bewusst »antikünstlerischen« Bewegung, die mitten im Ersten Weltkrieg künstlerische wie politische Konventionen herauszufordern begann. Marcel Duchamp verwarf die Vorstellung, dass Kunst auf visuelle Stimulation abzielen solle; seiner Meinung nach sollte sie direkt den Verstand beschäftigen. *Fountain*, ein Urinal mit der hingeschmierten Signatur »R. Mutt«, wurde 1917 für eine Ausstellung in New York eingereicht, aber abgelehnt, obgleich die Schau eigentlich allen Tendenzen freien Zugang gewähren wollte. Duchamp kam die Kontroverse zugute, und er produzierte noch einige Ready-mades, unter denen *L.H.O.O.Q.* vielleicht das berühmteste ist – eine billige, mit einem albernen Schnurrbart geschmückte Kopie der *Mona Lisa*.

7 Dadaismus und Surrealismus

Aus den gleichen »antikünstlerischen« Ideen hervorgegangen wie die Konzeptkunst, war der Dadaismus eine bewusst nonsenshaltige Mischung aus Kunst, Dichtung und Performance, deren Zentren in Zürich und New York lagen. Ihre Anhänger protestierten gegen die Schrecken des Ersten Weltkriegs und gegen die bürgerliche Gesellschaft, der sie selbst entstammten. Dada schuf die Voraussetzungen für den Surrealismus der 1920er-Jahre, eine vom Poeten André Breton begründete Strömung. Unter Rückgriff auf Freud glaubte Breton, dass die scheinbar unsinnigen Nebeneinanderstellungen in Träumen tiefe Einblicke ins Unterbewusstsein bieten. Salvador Dalí und René Magritte schufen eine realistische Bildwelt mit traumhaften Konzepten und Situationen, während sich andere (wie Joan Miró und Max Ernst) im freien, »automatistischen« Malen versuchten, um so Zugang zu ihrem Unterbewussten zu erlangen.

8 Abstrakte Kunst

Als die Vereinigten Staaten nach dem Zweiten Weltkrieg ihrer wirtschaftlichen und kulturellen Macht Geltung verschafften, entfalteten sich dort zeitgleich auch eigenständige Kunstrichtungen. Der abstrakte Expressionismus war die erste dezidiert amerikanische Kunstrichtung und spielte eine Schlüsselrolle bei der Verlagerung des Zentrums der Kunstwelt von Paris nach New York. Schon der Name weist darauf hin, dass sich seine Vertreter völlig von traditionellen Darstellungsweisen verabschiedeten (selbst von den verfremdeten des Surrealismus), um ihre innersten Gefühle im Kunstwerk auszudrücken. Jackson Pollock (1912–1956) erreichte dies, indem er jeden Versuch aufgab, die Anordnung der Farbe auf der Leinwand zu kontrollieren. Beim so genannten *Action Painting* verspritzte er sie wahllos, während er sich bewegte. Auch Willem de Kooning (1904–1997) begann auf diese Art zu malen, ehe er zu kontrollierteren und gegenständlicheren Bildern zurückkehrte, etwa in seiner Bildserie *Frauen*. Andere wählten nuanciertere Herangehensweisen, so Mark Rothko (1903–1970) mit seinen »Farbfeldern«, rahmenlosen Blöcken von aufgemalter Farbe, die viele Betrachter dennoch tief berührend finden.

9 Pop-Art – und was dann kam

Die Dominanz der amerikanischen Populärkultur führte zu einer künstlerischen Reaktion in Gestalt der Pop-Art, die ihre Blüte in den 1950er- und 1960er-Jahren erlebte. Andy Warhol übernahm Techniken der Werbebranche und nutzte die wachsende Faszination für Stars, um Werke wie seine berühmten Campbell-Suppendosen und die Porträts von Marilyn Monroe zu schaffen. Viele dieser Werke wurden in seiner New Yorker »Factory« von Assistenten mechanisch reproduziert. Roy Liechtenstein verwandelte Gestaltungsmittel von Comics in Kunst, während David Hockney, ein gebürtiger Brite, helle und reizvolle häusliche Szenen malte, die vom Licht und der Architektur Kaliforniens beeinflusst waren. In Großbritannien halfen indessen die Fotocollagen von Peter Blake (am berühmtesten ist das Plattencover des *Sergeant Pepper*-Albums der Beatles aus dem Jahre 1967), späteren Mixed-Media-Kunstprojekten den Weg zu bahnen.

10 Postmoderne Kunst

Angefangen mit der Pop-Art, kann ein Großteil der Kunst der letzten Jahrzehnte unter dem Begriff »postmodern« versammelt werden, und zwar in dem Sinne, dass er auf die Kunst der Moderne, die ihm vorausging, reagiert und sie infrage stellt. Die Postmoderne umfasst ein verwirrendes Spektrum künstlerischer Schulen und Stile – alles von den Graffiti eines Jean-Michel Basquiat oder eines Banksy bis hin zur Performancekunst, Damien Hirsts eingelegten Schafen, den fotografischen Projekten von Spencer Tunick und den Mixed-Media-Installationen von Künstlern wie Ai Weiwei und Cornelia Parker. Wie in anderen Bereichen ist die Postmoderne auch in den Künsten oftmals spielerisch und versucht, bisher unausgesprochene Grundannahmen zu unterminieren. Damit erweitert sie unser Verständnis dessen, was Kunst ist und was sie uns zu sagen vermag.

// WIE EIN GENIE REDEN

 »Wenn Sie an moderne Kunst denken, dann stellen Sie sich vermutlich mit derselben Wahrscheinlichkeit, mit der Sie an ein Gemälde denken, eine Videoinstallation vor, einen eingelegten Hai oder einen Haufen Ziegelsteine, die zu einem geometrischen Muster angeordnet sind. All das geht auf Duchamp zurück, und wie immer Sie darauf reagieren mögen – die Idee, dass alles Kunst sein kann, wenn es der Künstler so sagt, hat die Möglichkeiten moderner Kunst gewaltig erweitert.«

 »Man kritisiert Leute wie Warhol und Damien Hirst dafür, dass sie Assistenten haben und eine werkstattartige Herangehensweise an die Kunstproduktion zeigen, aber ironischerweise könnte man genau dasselbe von Tizian sagen oder von Rubens. Es hat schon einen Grund, dass viele Gemälde der ›Werkstatt von ...‹ zugeschrieben werden. Die Idee vom einzelnen Künstler, der sich hinsetzt und ein Gemälde von Anfang bis Ende selbst verfertigt, war ein bisschen eine romantische Pose, und Warhols Factory bedeutete nur die Rückkehr zur üblichen Praxis.«

👁 WAREN SIE EIN GENIE?

1 RICHTIG – Als man Monet bat, einem seiner Gemälde einen Titel zu geben, entschied er sich für »Impression, Sonnenaufgang«. Später wurde der Name auf die gesamte Strömung übertragen.

2 RICHTIG – Malewitschs Suprematismus hatte in seiner russischen Heimat nur eine kurze Blütezeit, war aber von anhaltendem Einfluss.

3 RICHTIG – Vor allem wurden sie von vierdimensionalen Raumzeit-Modellen der Mathematik und Physik inspiriert.

4 FALSCH – Werke der New Yorker Künstler Lee Quiñones und Fab 5 Freddy wurden bereits 1979 in Rom ausgestellt.

5 FALSCH – Zu den Vertretern der auch als *Art Brut* bezeichneten Strömung zählen Arme, gesellschaftlich Benachteiligte oder Geisteskranke – Menschen, die außerhalb des Establishments stehen, aber nicht aus eigener Wahl.

 **KURZFASSUNG für Hochstapler**

Moderne Kunst beginnt mit dem Versuch, etwas zu sein, das die Fotografie nicht sein kann. Später machen die Umwälzungen der Konzeptkunst deutlich, dass Kunst beinahe alles sein kann.

LITERATURGESCHICHTE

»Es ist nur ein Roman [...] lediglich jene schlichte Kunstform, in welcher in der ausgesuchtesten Sprache [...] die lebhaftesten Hervorbringungen von Geist und Witz der Welt mitgeteilt werden.«
– JANE AUSTEN –

Die Ursprünge der Literatur reichen weit hinter die ersten geschriebenen Worte zurück – bis zu den Geschichten, die sich unsere prähistorischen Ahnen am Lagerfeuer erzählten. Für die längsten Zeiträume der Geschichte sind uns nur in begrenztem Maße schriftliche Quellen überliefert; Papier war teuer, und Bücher mussten von Kopisten per Hand geschrieben werden. Solche Mühe verwendete man selten auf die Erhaltung fiktionaler Texte. Das änderte sich mit der Erfindung des Buchdrucks, und die beträchtliche Bandbreite der seither entstandenen Literatur wird sogar für selbst ernannte Genies zum Furcht einflößenden Minenfeld.

> Wenn Sie nicht die Zeit haben, Bücher zu wälzen, um zu einer vielbelesenen Person zu werden, kann die Kenntnis der großen Strömungen und des ungefähren Verlaufs der Literaturgeschichte Ihnen zumindest helfen, wie eine solche zu wirken.

 SIND SIE EIN GENIE?

1 Man nimmt an, dass Homer die *Ilias* lange nach dem darin beschriebenen Trojanischen Krieg schuf.
RICHTIG / FALSCH

2 Das Rätsel um ein verlorenes Shakespeare-Stück namens *Love's Labour's Won* hat Literaturhistoriker lange Zeit fasziniert.
RICHTIG / FALSCH

3 Der *Sturm und Drang* war eine deutsche literarische Strömung in der Mitte des 19. Jahrhunderts, die ihren Blick auf intensive Gefühle richtete.
RICHTIG / FALSCH

4 Die Erzähltechnik des Bewusstseinsstroms wurde erstmals von James Joyce in seinem modernistischen Roman *Ulysses* eingesetzt.
RICHTIG / FALSCH

5 *Tausendundeine Nacht* heißt eine Sammlung arabischer Volksmärchen, die etwa im 8. Jahrhundert zusammengestellt wurde.
RICHTIG / FALSCH

ZEHN DINGE, DIE EIN GENIE WEISS

1 Epen und Versromane

Vom *Gilgamesch*-Epos (um 2100 v. Chr.) über Homers *Ilias* (zwischen 800 und 700 v. Chr.) bis zum angelsächsischen *Beowulf* (nach 700 n. Chr.): Epen sind die früheste literarische Form. Solche Texte bewahren noch Spuren ihrer Ursprünge im vorliterarischen Geschichtenerzählen, etwa die Reimschemata, die das Erinnern erleichtern und die Geschichte aufwerten sollten. Zu den späteren poetischen Epen gehören Vergils *Aeneis* (19 v. Chr.), ein politisch aufgeladener römischer Gründungsmythos, aber auch zahllose mittelalterliche Versromane (Ritterepen wie die Geschichten um König Artus) und komplexe Allegorien wie Dantes *Göttliche Komödie* (1320). Epen, Versromane und Novellen schließen oft kürzere Geschichten in eine Rahmenhandlung ein, so Boccaccios *Dekameron* (1354) und Chaucers *Canterbury Tales* (um 1400).

2 Dramen und ihr Einfluss

Dramatische Texte haben ihre frühesten Ursprünge in religiösen Ritualen, aber die westliche Theatertradition hat im antiken Griechenland ihre Wurzeln. Die Griechen unterschieden drei Arten von Stücken: Tragödien (gewöhnlich mit historischen Stoffen), derbe Satyrspiele und Komödien. Die Entwicklung der altgriechischen Komödie durchlief drei Phasen. Die Alte Komödie (Aristophanes um 400 v. Chr.) griff aktuelle Themen auf und war politisch und ätzend satirisch. Die Mittlere Komödie war vorsichtiger und allgemeiner in ihrer Zielrichtung, während die Neue Komödie (Menander u. a.) die großen politischen Themen zugunsten von Sitcom-Possen und

den Belangen der kleinen Leute mied. Nach dem Ende des Römischen Reiches wurde das Theater in Europa erneut von Religion und Moral dominiert, aber das strenge Nachstellen geistlicher Vorlagen fächerte sich allmählich in Mysterienspiele und Moralitäten auf, und auch eine weltliche Tradition etablierte sich wieder in Form von ziemlich eindeutigen Farcen und Spielen, die auf Volksmärchen und Sagen basierten.

3 Shakespeare

Der Einfluss des Dichters und Dramatikers William Shakespeare (1564–1616) nicht nur auf die englische, sondern auf die gesamte westliche Literatur ist beispiellos. Seine (einschließlich einiger Gemeinschaftswerke) 38 Stücke entlehnen Geschichten und Themen häufig aus früheren oder zeitgenössischen Texten, aber seine einzigartige Sensibilität fügt ihnen erstaunliche Tiefe hinzu. Seine Stücke waren nicht nur am Hof von Königin Elizabeth I., sondern auch unter ihrem Nachfolger Jakob I. populär. Oft schrieb er geschichtliche Themen so um, dass sie den tagesaktuellen politischen Notwendigkeiten entsprachen. Die genaue Chronologie seiner Werke ist umstritten, aber man kann eine deutliche Entwicklung von den frühen Historienstücken über die publikumswirksamen Komödien bis zu den großen Tragödien *(König Lear, Macbeth, Hamlet)* und sehr komplexen »späten Romanzen« feststellen.

4 Don Quixote

Mit seinem Roman *Don Quixote* veränderte der spanische Autor Miguel de Cervantes die Welt der Literatur für immer. Im ersten

Band (1605) wird die Geschichte von Alonso Quixano erzählt, einem verblendeten Möchtegernritter, der den glücklosen Bauern Sancho Pansa als Knappen anheuert. Das lange und abenteuerliche Werk persifliert die traditionellen Ritterromane. Spielereien und Verweise auf andere Werke gibt es im Überfluss, und einige Kapitel werden als angebliches »Archivmaterial« präsentiert – ein frühes Beispiel für Metafiktionalität. Der zweite Band (1615) ist noch verspielter und zugleich psychologisch tiefer. Die Figuren begegnen nun Menschen, die schon von ihren Heldentaten gelesen haben. Manche Kritiker betrachten *Don Quixote* als den ersten wirklichen Roman – einer der einflussreichsten ist er auf jeden Fall.

5 Die Geburt des Romans

Viele Kulturen, darunter das antike Griechenland und Rom, Byzanz, China und Japan, hatten bereits umfangreiche Erzählwerke hervorgebracht. Der moderne Roman hat seinen Ursprung aber wohl im Europa der Spätrenaissance (besonders in Spanien und Portugal). Im 18. Jahrhundert erlangte er dann eine dominierende Stellung. Von Romanen heißt es allgemein, dass sie in der Behandlung ihrer Charaktere ein gewisses Maß an psychologischer Tiefe aufweisen und eher für die individuelle Lektüre als zum Vortrag geschrieben sind. Zu den frühen Meilensteinen des Genres zählen Richardsons Briefroman *Pamela* (1740), Walpoles *Das Schloss von Otranto* (1764) – die erste »gothic novel« und ein Vorläufer des Horrorgenres –, Goethes *Leiden des jungen Werthers* (1774), Jane Austens *Stolz und Vorurteil* (1813), Mary Shelleys *Frankenstein* (1818) und Walter Scotts *Waverley* (1814).

6 Von der Romantik zum Realismus

Im 19. Jahrhundert entwickelte sich die Literatur explosionsartig, befeuert von sinkenden Druckkosten, einer weiter verbreiteten Lesefähigkeit und attraktiven neuen Erzählweisen. In Großbritannien war Walter Scott der Vorreiter des historischen Romans, aber der dominante Erzähler war Charles Dickens mit seinen populären Kurzgeschichten und Romanen, in denen sich Humor auf geschickte Weise mit dunkleren Themen und Empörung über gesellschaftliche Ungerechtigkeiten mischt. Durch Serienpublikation wurden die Kosten reduziert, und offene Kapitelenden machten Bücher wie *Der Raritätenladen* (1840/41) zu den publikumswirksamen Seifenopern ihrer Zeit. George Eliot kann mit Dickens zwar nicht in Sachen Produktivität wetteifern, kommt ihm aber in Erzähltalent und Komplexität gleich. Ihr Roman *Middlemarch* (1871/72) ist ein Meisterwerk des viktorianischen Realismus, während die Bücher der Brontë-Schwestern aus den 1840er-Jahren mit Konzepten wie dem unzuverlässigen Erzähler und wechselnden Erzählperspektiven spielen. Besonders Dickens war in Amerika höchst einflussreich. Dort entwickelte sich der Familienroman aus den Abenteuerbüchern eines James Fenimore Cooper (*Der letzte Mohikaner*, 1826) über ambitionierte und vielschichtige Werke wie Herman Melvilles monumentalen Roman *Moby Dick* (1851), der vor allem aufgrund seiner stilistischen Finesse bemerkenswert ist, bis hin zum romantischen Realismus von Henry James, bei dem die Technik des inneren Monologs bereits die Moderne ankündigt.

7 Europäische Romane

Die europäischen Romane des 19. Jahrhunderts konzentrierten sich mehr auf die Innenwelt ihrer Figuren als auf vielfältig verästelte Handlungslinien. Puschkins *Eugen Onegin* (1833) ist ein umfassendes Porträt der russischen Gesellschaft, beschreibt aber auch die Suche eines Mannes nach seinem Lebenssinn. Das bereitete den Weg für die nachfolgenden russischen Romanciers, etwa Dostojewski und Tolstoi. Flauberts *Madame Bovary* (1856), ein Schlüsselwerk des französischen Realismus, legt bis in alle Einzelheiten die Psyche einer Frau offen, die von den erdrückenden Konventionen des Provinzlebens in den Untergang gerissen wird. Andere französische Autoren, so Victor Hugo und Émile Zola, griffen in Werken wie *Die Elenden* (1862) und *Germinal* (1885) die britische Tradition des sozialen Engagements auf. Zum Ende des Jahrhunderts vereinigte der aus Polen stammende Joseph Conrad kontinentaleuropäische und britische Traditionslinien in bemerkenswerten Romanen, so *Herz der Finsternis* (1899).

8 Die literarische Moderne

Im frühen 20. Jahrhundert verwurzelt, entwickelte sich die Literatur der Moderne als Reaktion auf Erscheinungen wie die freudsche Psychoanalyse, Nietzsches Philosophie und etwas später den Skeptizismus im Gefolge des Ersten Weltkriegs. Dichter wie Ezra Pound und T. S. Eliot schufen höchst komplexe Werke mit verborgenen Bedeutungsschichten, während Romanciers wie Virginia Woolf ein zersplittertes, chronologisch verschobenes Erzählen praktizierten. Andere erweiterten sowohl literarische als auch soziale Grenzen: James Joyce packt in *Ulysses* (1920) die ganze *Odyssee* in einen eintägigen Streifzug durch Dublin und setzt dabei auf bahnbrechende Weise die Technik des Bewusstseinsstroms ein. D. H. Lawrence' *Lady Chatterley* (1928) wiederum brach sowohl mit sexuellen als auch mit klassenbezogenen Tabus.

9 Der Genrebegriff

Während der Begriff des Genres als Mittel zur Kategorisierung von Literatur bis aufs antike Griechenland zurückgeht, entstand die moderne Vorstellung von »Genreliteratur« mit dem Taschenbuchboom Mitte des 20. Jahrhunderts als praktische Marketingkategorie für Verlage. In diesem Sinne basiert Genreliteratur auf fiktionalen Stoffen, die verfasst werden, um Lesern zu gefallen, die schon ähnliche Bücher mochten. Von hochliterarischer Belletristik hingegen heißt es meist, sie konzentriere sich mehr auf Charakterzeichnung als auf den Plot. Western, Science-Fiction, Fantasy, Horrorliteratur, Thriller und Liebesromane werden somit in einer Allerweltskategorie zusammengefasst, die nur zu oft von Snobs verwendet wird, um solche Bücher von der »eigentlichen« belletristischen Literatur zu unterscheiden.

10 Postmoderne Literatur

In den letzten Jahrzehnten reizte es einige »seriöse« Romanciers, die Themen, Werkzeuge und Handlungsmuster der Genreliteratur aufzugreifen. Besonders die Science-Fiction wirkte inspirierend, und Romane wie Thomas Pynchons *Die Enden der Parabel*, David Mitchells *Der Wolkenatlas* und Kazuo Ishiguros *Alles, was wir geben mussten* bedienen sich ihrer Motive. Andere Autoren haben sich erfolgreich an der Grenze zwischen hochliterarischer Belletristik und Genreliteratur angesiedelt (etwa Margaret Atwood, Doris Lessing und Iain Banks). Der magische Realismus (Gabriel García Márquez, Isabel Allende, Salman Rushdie u. a.), bei dem sich offensichtlich phantastische Begebenheiten in einer vordergründig realistischen Welt ereignen, trägt viele Markenzeichen der Genreliteratur, genießt jedoch hohes literarisches Ansehen.

// WIE EIN GENIE REDEN

▮➡ »Die Besessenheit von den Gefahren der Genreliteratur reicht weit zurück – Cervantes lässt Don Quixotes Nichte alle seine Ritterromane verbrennen, da sie einen schlechten Einfluss auf ihn ausübten, und Jane Austen baut die gesamte Handlung von *Die Abtei von Northanger* um eine Heldin herum auf, die zu viele Schauerromane gelesen hat. Dennoch verspotten die Autoren in beiden Fällen auch jene todernst dreinblickenden Leute, die immer zu wissen glauben, dass die falschen Bücher uns schaden können.«

▮➡ »Es gibt auch eine Sicht auf die literarische Moderne, die einige ihrer Vertreter in recht unvorteilhaftem Licht dastehen lässt. Der Oxforder Literaturwissenschaftler John Carey meint, dass die intellektuellen Schichten damals eine neue Form des Schreibens erfanden, die den frisch alphabetisierten Massen, die nicht die ›richtige‹ Erziehung erfahren hatten, unzugänglich bleiben sollte. Es gibt tatsächlich Hinweise darauf, dass Autoren wie Virginia Woolf und selbst D. H. Lawrence einen Abscheu vor den Unterschichten hatten, den sie bisweilen nicht mal zu verbergen versuchten.«

👁 WAREN SIE EIN GENIE?

1 FALSCH – Die *Ilias* könnte um 750 v. Chr. aufgeschrieben worden sein, aber sie enthält offenbar in mündlicher Form überlieferte Details über Geschehnisse, die schon 400 Jahre zurücklagen.

2 RICHTIG – Allerdings argwöhnen viele, dass es nur ein anderer Titel für eines seiner erhaltenen Stücke ist.

3 FALSCH – Diese Bewegung währte nur von etwa 1760 bis 1780. Johann Wolfgang von Goethe und Friedrich Schiller waren zwei ihrer bekanntesten Vertreter.

4 FALSCH – Joyce führte sie zu neuen Höhen, aber die Technik selbst, die unsere weit herumschweifenden natürlichen Denkprozesse nachzubilden versucht, hat so ferne Vorläufer wie Laurence Sternes *Tristram Shandy* (1757).

5 RICHTIG – Die Sammlung enthält auch Geschichten aus persischen und indischen Quellen.

✏ KURZFASSUNG für Hochstapler

Die abendländische literarische Tradition gründet auf Epen, Ritterromanen, Tragödien, Satiren und Farcen, aber ihr volles Potential erreichte sie mit der Erfindung jenes endlos wandlungsfähigen und schwer zu definierenden Gebildes, das wir Roman nennen.

LITERATURWISSENSCHAFT

»Einige Bücher muss man nur anlesen, andere wohl durchlesen, aber nur oberflächlich,
und ganz wenige gründlich mit Fleiß und Aufmerksamkeit durchstudieren.«

– FRANCIS BACON –

Wer ein Buch einfach wegen seiner Handlung, seiner Charaktere und Dialoge liest,
kann jede Menge Vergnügen daraus schöpfen.
Literaturwissenschaft ist die Kunst, genauer
hinzuschauen. Die Experten untersuchen,
welche stilistischen Mittel der Autor nutzt,
um Sinn zu vermitteln, und suchen nach
verborgenen oder übersehenen Kontexten
(wobei es ziemlich egal ist, ob der Autor sie
absichtlich hineingebracht oder der Leser sie
nur so entnommen hat). Obgleich man auch
nicht fiktionale Texte auf diese Weise lesen
und analysieren kann, liefert die Literaturwissenschaft ihre besten Ergebnisse, wenn
man sie auf Belletristik anwendet – und ganz
besonders auf bestimmte Arten von Dichtung.

> Passen Sie gut auf – jeder, der ein Genie
> sein möchte, sollte mit etwas literatur-
> wissenschaftlichem Handwerkszeug
> gewappnet sein.

 SIND SIE EIN GENIE?

1 Die dreiaktige Struktur vieler Theaterstücke
und Filme basiert auf der *Poetik* von Aristoteles.
RICHTIG / FALSCH

2 Der sogenannte New Criticism ist seit den
1940er-Jahren populär. Er ist eine Form der
genauen Textlektüre, die bewusst von den
Intentionen des Autors absieht.
RICHTIG / FALSCH

3 Der Historizismus in der Literaturwissenschaft
ist Teil einer breiteren, von Hegel und Marx
beeinflussten philosophischen Denkrichtung.
RICHTIG / FALSCH

4 Feministische Positionen in der Literaturwissenschaft gingen aus der zweiten Welle der
feministischen Bewegung in den 1960er-Jahren
hervor.
RICHTIG / FALSCH

5 Literaturdarwinisten versuchen, die Idee von
einer natürlichen Auslese in der Evolution auf
die Entwicklung der Literatur anzuwenden.
RICHTIG / FALSCH

ZEHN DINGE, DIE EIN GENIE WEISS

1. Die *Poetik* von Aristoteles

Die Literaturwissenschaft beginnt mit den alten Griechen, insbesondere mit Aristoteles' *Poetik* (um 335 v. Chr.), in der er sich vor allem auf Drama und Poesie konzentriert und analysiert, wie poetisches Metrum, Melodie, Themenwahl und Darbietung unsere Reaktion auf ein Werk beeinflussen können. Im Mittelpunkt steht Aristoteles' Analyse der Tragödie: Charaktere und Handlung sollten ein zentrales Thema veranschaulichen, und das Hauptziel eines Dramas liege darin, beim Publikum eine »Katharsis« (Reinigung) auszulösen. Die *Poetik* hatte gewaltigen Einfluss auf nachfolgende Wissenschaftler, aber auch auf die literarische Entwicklung selbst. Noch bei jedem Blockbuster aus Hollywood werden Sie die Ideen von Aristoteles umgesetzt finden.

2. Intention und Lesart

In der Literaturwissenschaft blickt man gewöhnlich unter die Oberflächenelemente einer Geschichte (Handlung, besondere Geschehnisse, Charaktere), um tiefer liegende Botschaften und Bedeutungen zu analysieren. Dafür muss man auf jeden Aspekt eines Werkes schauen – von der ganz individuellen Wortwahl bis zur übergreifenden Struktur – und sowohl explizite als auch implizite Botschaften beachten. Anders als ein verbreiteter Irrglaube nahelegt, plädieren tatsächlich nur wenige Literaturwissenschaftler dafür, die Absicht eines Autors komplett außen vor zu lassen – häufiger richten sich die Anstrengungen darauf, die Techniken zu enthüllen, die der Autor bewusst und unbewusst anwendet, um beim Leser eine bestimmte Reaktion auszulösen.

3. Diegesis und Mimesis

Die Griechen fanden heraus, dass es zwei Grundtypen des Geschichtenerzählens gibt – eine Einteilung, die heute noch Bestand hat. »Diegesis« ist die von einem Erzähler wiedergegebene Geschichte, während »Mimesis« eine durch Handlung abgebildete Geschichte ohne vordergründig sichtbare Erzählung ist. Literaturwissenschaftler übernehmen dieses Prinzip manchmal, um Prosatexte zu analysieren. Diegetische Elemente wären dann jene Teile eines Textes, die sich tatsächlich in der Welt der Geschichte manifestieren – Handlung und Dialoge, die überleben würden, wenn man die Ereignisse von der Buchseite ablösen und mimetisch nachspielen würde. »Extradiegetische« Elemente hingegen wären Bestandteile der besonderen Art und Weise des Geschichtenerzählens – Wortgebrauch, Stil und andere Kunstgriffe, die zwar nichts an den »Ereignissen« ändern, aber dennoch die Wahrnehmung des Lesers beeinflussen.

4. Der Erzähler

Ein Kernelement jedes literarischen Textes ist die Erzählstimme, mit der er präsentiert wird. Frühe Romane behaupteten häufig, aus anderen Quellen zu schöpfen, womit sie die Autorität ihres Erzählers stärkten und einen »Tatsachenbericht« vorspiegelten. Diese Tradition hat sich bis zum heutigen Tag erhalten, obwohl sie inzwischen eher als literarisches Spiel gepflegt wird. Briefromane erzählen die Geschichte in Form eines Briefwechsels, bei dem eine Reihe von Episoden aus dem Blickwinkel des jeweiligen Schreibers dargestellt wird. Romane mit einem Ich-Erzähler wiederum beschränken unser Verständnis der erzählten Welt auf das, was uns dieser Erzähler (der vertrauenswürdig sein kann oder auch nicht) mitteilt. In der Literatur des 19. Jahrhunderts wurde ein allwissender Erzähler populär, der alles mit einem scheinbar klaren Blick zu überschauen vermag. Aber selbst hier lässt der Autor die Maske der Objektivität manchmal absichtlich hinabrutschen, sodass wir uns fragen, wer da eigentlich die Geschichte erzählt und warum man uns diese besondere Version der Ereignisse präsentiert.

5 Affektive und intentionale Fehlschlüsse

Die Literaturwissenschaftler haben zwei verbreitete Irrtümer herausgestellt, die uns unterlaufen, wenn wir ein literarisches Werk beurteilen. Dem »affektiven Fehlschluss« liegt die Vorstellung zugrunde, dass die Qualität eines Textes vor allem danach beurteilt werden muss, welche *Gefühle* er in uns auslöst – ob er Traurigkeit, Lachen oder Spannung erzeugt. Der »intentionale Fehlschluss« ist unsere Neigung, nach den *Absichten* des Autors zu suchen, also uns bei der Textanalyse zu fragen, was der Autor sagen will, statt in den Worten auf der Buchseite unseren eigenen Sinngehalt zu finden. Und doch haben beide Trugschlüsse ein Stück weit ihre Berechtigung: Die emotionale Reaktion auf einen Text ist ein wichtiger Fingerzeig und für die meisten Leser geradezu gleichbedeutend mit einer guten Lektüre. Und die Absichten des Autors kann man zwar beiseitestellen, um den Text nach seinen eigenen Qualitätsmerkmalen zu beurteilen – es wäre aber töricht, ganz zu vergessen, dass es solche Absichten gibt.

6 Marxistische Literaturwissenschaft und andere spezialisierte Ansätze

Eine Reihe von literaturwissenschaftlichen Methoden mögen beim ersten Hinschauen wie Spielwiesen für Theoriefreaks wirken, können jedoch interessante neue Blickwinkel auf einen Text liefern. Die marxistische Literaturwissenschaft betrachtet ein literarisches Werk in Hinblick auf die explizite Rolle des Geldes, aber auch auf die umfassenderen Machtverhältnisse, die sich darin äußern, während die feministische Literaturwissenschaft und die Queer-Theorie genauer auf die Haltung zu Genderfragen und Sexualität schauen und der Black Criticism die Rolle der »Rasse« untersucht. Diese und weitere Richtungen berücksichtigen einerseits den diegetischen und den extradiegetischen Gehalt des Werks selbst, andererseits den breiteren Kontext, in dem die Werke geschaffen und rezipiert wurden.

7 Literarische Qualität

Die meisten Literaturwissenschaftler würden sagen, dass das Merkmal »literarische Qualität« Texte auszeichnet, die ernsthafte Aufmerksamkeit verdienen – im Unterschied zur großen Mehrheit der Gebrauchsliteratur (die nicht nur die meisten Sachbücher, sondern auch einen Großteil der plotgetriebenen Genreliteratur umfasst). Wie können wir diese geheimnisvolle Eigenschaft nun aber identifizieren? Leider gilt hier eher das Prinzip »Man erkennt es, wenn man es sieht« – auf eine präzise Definition lässt sie sich schwer festnageln. Dennoch gibt es einige recht zuverlässige Indikatoren: Die Verwendung von Plot und Charakteren, um ein bestimmtes Thema von verschiedenen Seiten zu beleuchten (so wie es schon bei Aristoteles steht), besondere Sorgfalt in Satzbau und Wortwahl (rhetorische Hilfsmittel, um den Leser dazu zu bringen, die Dinge auf ganz bestimmte Weise zu sehen) sowie das Vorhandensein von Subtexten und verborgenem Sinn, Metaphern und Allegorien (Szenarien, die nicht wortwörtlich verstanden werden sollen) laden uns dazu ein, aus dem Text tiefere und umfassendere Erkenntnisse zu gewinnen.

8 Geschichtlichkeit

Eine weitere wichtige Frage lautet, wie viel Aufmerksamkeit wir den jeweiligen historischen Umständen widmen sollten, unter denen der Text einst entstand und unter denen wir ihn heute lesen. Man kann nicht leugnen, dass wir, wenn wir etwa Dickens' Roman *Die Pickwickier* zwischen zwei Buchdeckeln in den Händen halten, ein anderes Lektüreerlebnis haben als die Leser des Jahres 1836, die ihn als monatlich erscheinenden Fortsetzungsroman aufnahmen. Der Unterschied liegt nicht nur im Format, sondern auch in der Erwartungshaltung – heute wissen wir, dass es das erste wichtige Buch des einzigartigen Autors Charles Dickens ist. Dafür fehlt uns das Kontextwissen über die damalige Gesellschaft, das die ersten Leser der *Pickwickier* quasi automatisch mitbrachten, und wir mühen uns damit ab, kulturelle Bezüge zu verstehen.

9 Kritik der visuellen Medien

Im 20. Jahrhundert überholten Film und Fernsehen die gedruckten Werke. Beide sind in großem Maße das Ergebnis gemeinschaftlicher Anstrengungen, und der Text (in Form des Drehbuchs) ist bei ihnen nur ein Element von vielen. Von experimentellen Filmen einmal abgesehen, haben die meisten Drehbücher noch immer eine Verbindung zu den Grundideen von Aristoteles. Aber wie sollen wir diese Medien insgesamt beurteilen? Die meisten Experten sind sich darin einig, dass vor allem der Regisseur dafür verantwortlich ist, in welcher Form das Material auf dem Bildschirm erscheint. So argumentiert auch die sogenannte Auteur-Theorie: Da der Regisseur bei jedem Teilaspekt eines Films die lenkende Hand sei, dürfe man ihn auf die gleiche Weise kritisieren, wie man einen Autor für ein Buch verantwortlich macht. Dennoch werfen die Komplexität der Darstellung, die sich ständig wandelnden technologischen Beschränkungen und weitere äußere Zwänge Fragen danach auf, wie umfassend die Kontrollmöglichkeiten des Regisseurs wirklich sind.

10 Massenmedien

Wichtig ist schließlich auch, dass sich die Literaturwissenschaft nicht nur auf belletristische Werke erstreckt. Durch die Komplexität unserer modernen Welt sind wir zunehmend auf Massenmedien wie Zeitungen, Fernsehsender oder soziale Medien angewiesen, und doch übermittelt uns keines von ihnen ein wirklich objektives Bild von dem, was in der Welt vor sich geht. Selbst unter den günstigsten Umständen wird die Auswahl der Nachrichtenbeiträge unweigerlich davon bestimmt, wo eine Geschichte passiert ist, ob Fotos oder Reportagen zur Verfügung stehen und welche Konkurrenz es für die gleiche Sendezeit oder die entsprechende Zeitungsseite gibt. Schlimmstenfalls ignoriert man Geschichten einfach, präsentiert sie unter einem verzerrten Blickwinkel oder erfindet »alternative Fakten«, um den jeweiligen politischen oder finanziellen Agenden der Medieneigner und Werbekunden zu dienen. Die Universitätsprofessoren Edward S. Herman und Noam Chomsky haben in Büchern wie *Die Konsensfabrik* (1988) ausführlich beleuchtet, wie wichtig eine kritische Haltung gegenüber den von den Medien ausgesandten Botschaften ist.

// WIE EIN GENIE REDEN

▪➡ »Gelegenheitsgespräche über Bücher konzentrieren sich meist nur auf die diegetischen Elemente und tun so, als hätte sich die Geschichte wirklich ereignet. Die Wissenschaftler hingegen konzentrieren sich oft auf die extradiegetischen Bestandteile – Stellen, an denen der Autor seine Absichten durchblicken lässt. Aber natürlich sollte man es mit dieser Unterscheidung auch nicht übertreiben: Jedes Element der Geschichte existiert letztlich dadurch, dass der Autor beschlossen hat, es so aufzuschreiben.«

▪➡ »Manchmal kann man diese Dinge auch zu weit treiben. Der berühmt-berüchtigte postmoderne Literaturwissenschaftler Jacques Derrida verwendete einmal 80 Seiten darauf, den Gebrauch des Wortes ›yes‹ in einer einzigen Passage des *Ulysses* zu untersuchen!«

▪➡ »Viele berühmte Autoren haben die Beherrschung ihres Handwerks perfektioniert, indem sie als Kritiker der Werke von anderen hervortraten – so hat Edgar Allan Poe den Roman *Barnaby Rudge* von Charles Dickens brillant auseinandergenommen und sich von dem Buch vermutlich zu seinem berühmten Gedicht *Der Rabe* inspirieren lassen. Und selbst wenn Sie nicht selbst etwas schreiben wollen, kann das detektivische Element faszinierend sein: Wie ist der Text zusammengesetzt worden? Wo gibt es lose Enden? Und welche Spekulationen kann man über die ursprünglichen Absichten des Autors anstellen?«

👁 WAREN SIE EIN GENIE?

1 FALSCH – Über die Struktur trifft Aristoteles keine genauen Aussagen. Der römische Dichter und Theoretiker Horaz empfahl allerdings eine fünfaktige Form, die bis ins 19. Jahrhundert hinein angewandt wurde.

2 RICHTIG – Obwohl das Absehen von den Intentionen des Autors ursprünglich nicht im Mittelpunkt stand.

3 RICHTIG – Die Sichtweise des Historizismus, bei der sowohl Ereignisse als auch literarische Werke in Bezug auf ihren historischen Kontext analysiert werden, wird häufig der strukturalistischen Methode, einer auf textimmanente Regeln fokussierten Interpretation, gegenübergestellt.

4 FALSCH – Zeugnisse für feministische Positionen reichen viel weiter zurück; so erschien Virginia Woolfs Essay *Ein Zimmer für sich allein* schon 1929.

5 RICHTIG – In den 1990er-Jahren haben die Darwinisten einen neuen Ansatz zum Verständnis von Literatur eingebracht, indem sie Selektionsdruck und die Ausbreitung von Ideen untersuchen.

✏ KURZFASSUNG für Hochstapler

Literaturwissenschaft bedeutet, dass man einen Text auseinandernimmt, um zu sehen, wie er funktioniert und weshalb er auf diese besondere Art geschrieben wurde.

STRUKTURALISMUS UND SEMIOTIK

»Der Strukturalismus beruht auf der Idee, dass es Dinge gibt, die wir nicht kennen, dass wir aber erfahren können, wie sie zueinander in Beziehung stehen.«

– CLAUDE LÉVI-STRAUSS –

Wann immer wir einen Text lesen oder Kommunikation anderweitig konsumieren, machen wir im Grunde nichts anderes, als eine Reihe von Regeln, Zeichen und Symbolen zu interpretieren, die allesamt Bedeutung vermitteln. Die Absicht zu verstehen, wie genau dieses System der Interpretation funktioniert, dient zahlreichen Strömungen in Literaturwissenschaft, Linguistik, Psychologie und Philosophie mit zum Teil verwirrenden Namen als Antrieb. Nichtsdestotrotz werden Strukturalismus, Semiologie und Hermeneutik dadurch geeint, dass sie auf ihre Weise alle dieselbe fundamentale Frage stellen: Wie kommunizieren wir und wie übermitteln wir Bedeutung?

> Egal ob Sie den Sinn eines einzelnen Wortes oder eines komplexen Textes verstehen wollen: Sie müssen die Regeln kennen, die ihm zugrunde liegen.

 SIND SIE EIN GENIE?

1 Die Semiotik ist der Versuch, menschliche Kommunikation im Sinne von Zeichen und deren Bedeutung zu verstehen.
RICHTIG / FALSCH

2 In Form eines Gemäldes gab der belgische Maler René Magritte einen besonders berühmten Kommentar zur Semiotik ab.
RICHTIG / FALSCH

3 Bei seiner Untersuchung russischer Volksmärchen identifizierte Vladimir Propp 31 grundlegende Handlungsstrukturen.
RICHTIG / FALSCH

4 Farblose grüne Ideen schlafen wütend.
RICHTIG / FALSCH

5 Claude Lévi-Strauss erklärte viele anthropologische Rätsel durch die angeborene Tendenz des Menschen, zwischen binären Oppositionen zu unterscheiden.
RICHTIG / FALSCH

ZEHN DINGE, DIE EIN GENIE WEISS

1 Die hermeneutische Tradition

Die Idee, Kommunikation als eine Abfolge von Symbolen zu interpretieren, stammt von Aristoteles, der um 360 v. Chr. den Begriff *Hermeneutik* prägte (vom altgriechischen Wort für »Übersetzung«). Die Hermeneutik widmete sich hauptsächlich der Interpretation ritueller Texte, sodass heute die meisten Religionen eine eigene hermeneutische Tradition besitzen. Erst im Europa der Renaissance kam man auf den Gedanken, sie auf kritischere Weise für die Analyse der Herkunft von Texten einzusetzen. Ein berühmtes frühes Beispiel dafür war der Beweis des Italieners Lorenzo Valla, dass die *Konstantinische Schenkung*, ein vermeintlich kaiserliches römisches Dekret zur Stärkung der Macht der katholischen Kirche, eine Fälschung des 8. Jahrhunderts war. Vallas Analyse zur Verwendung anachronistischer Begriffe und Formulierungen hinterließ großen Eindruck; so werden ähnliche Methoden seit der Aufklärung verwendet, um die Urheberschaft der Bibel selbst zu analysieren.

2 Peirce und die Semiotik

Das Wort »semiotisch« (das in etwa »Zeichen beobachtend« heißt) wurde ursprünglich nur in Bezug auf medizinische Symptome verwendet. Seine moderne Bedeutung geht auf die Schriften des US-Philosophen Charles Sanders Peirce aus dem 19. Jahrhundert zurück. Dieser beschrieb die Semiotik als eine »formale Lehre von den Zeichen«, als das System, mit dessen Hilfe wir jede Art von Zeichen beobachten und lernen, wie wir sie mit Bedeutung erfüllen. Seine Semiotik war in ein aus drei Elementen bestehendes System gegliedert: das Objekt, welches das Zeichen hervorbringt, das Zeichen selbst sowie den Träger, mit dem aus dem Zeichen eine Bedeutung hervorgeht (bei Peirce der »Interpretant«). Ein solcher Interpretant könne selbst wieder als Zeichen fungieren und somit eine wahre Kaskade von weiteren Interpretationen auslösen, bis sich letztlich Verstehen einstelle.

3 Saussure und Morris

Unter dem Namen »Semiologie« begründete der Schweizer Linguist Ferdinand de Saussure sein eigenes einflussreiches Teilgebiet der Semiotik. Sein dualistischer Ansatz lenkte den Fokus viel eher auf den gesellschaftlichen Gebrauch von Zeichen sowie auf die Kluft zwischen dem gesprochenen oder geschriebenen Wort (dem Signifikanten) einerseits und der dadurch ausgelösten mentalen Interpretation (dem Signifikat) andererseits. In seinen posthum veröffentlichten *Grundfragen der allgemeinen Sprachwissenschaft* (1916) vertrat Saussure die These, dass Zeichen willkürlich sind, das heißt ohne notwendigen Bezug zu der durch sie vermittelten Bedeutung. Ähnlich einflussreich war der US-Philosoph Charles W. Morris, der in den 1930er-Jahren drei Hauptanliegen der Semiotik unterschied: die Semantik (die Beziehung zwischen Zeichen und ihren Bedeutungen), die Syntaktik (die formalen Beziehungen von Zeichen zueinander, unabhängig von deren Bedeutungen) und die Pragmatik (die Faktoren, die unsere Interpretation von Zeichen beeinflussen).

4 Der Strukturalismus

Die Beschäftigung mit Zeichen führte Saussure zu einer Betrachtungsweise von Sprache, die als Strukturalismus bekannt ist. In seiner »strukturellen Linguistik« ging es ihm darum, wie man Gruppen von Zeichen zu einem »Paradigma« (dessen Zeichen wie etwa Substantive oder Verben eines Satzes austauschbar sind) zusammenfassen und durch syntagmatische Beziehungen (Syntaxregeln) miteinander verketten kann. Die saussuresche Methode bedeutete eine maßgebliche Abkehr von den bis dato historisch geprägten Ansätzen der Linguistik (die sich generell eher auf die historische Entwicklung von Sprache konzentriert hatten). Zudem achtete er darauf, zwischen *Langue* – der Sprache als Konzept mit allen zugehörigen Regeln – und *Parole* – der gesprochenen Alltagssprache, wie wir sie erleben – zu unterscheiden.

5 Die »linguistische Wende« in der Philosophie

Zur gleichen Zeit hingen die Philosophen ihren eigenen Gedanken zur Sprache nach. So können die Ansätze Gottlob Freges und Bertrand Russells als Abbild der Versuche gelten, die Mathematik auf ein solides logisches Fundament zu stellen (vgl. S. 185). Beide verfolgten die Idee, Sprache beruhe auf einem System aus Referenzen, Verbindungen zwischen Aussagen und konkreten Tatsachen, das – so die Hoffnung – durch strikte Logik gestützt werden könne. Russell plädierte für ein Sprachmodell im Sinne des »logischen Atomismus«: Unser philosophisches Verständnis der Welt beruhe auf Sprache, weshalb Verstehen bis auf die Ebene von unteilbaren, logisch nachweisbaren Tatsachen zerlegt (atomisiert) werden könne. Die umfassende Skizze für ein solches System lieferte Ludwig Wittgenstein, ein früherer Schüler Russells, in seinem *Tractatus logico-philosophicus* von 1921. Viele sehen darin einen entscheidenden Beitrag zur »linguistischen Wende« in der Philosophie des 20. Jahrhunderts.

6 Die Philosophie der »normalen Sprache«

Auf den ersten Blick schien Wittgenstein 1921 im *Tractatus* noch, wie Russell, die Vorstellung zu vertreten, dass die Wurzel von Erkenntnis in einer streng logischen Sprache liege. Doch seine späteren Arbeiten entwickelten einen ganz anderen Ansatz. Er kam zu dem Schluss, dass bei den großen Rätseln der Philosophie die Ursachen oft gar nicht in der Realität, sondern im (vom philosophischen Jargon oft selbst verursachten) falschen Gebrauch von Sprache zu suchen sind. Diese späte Sicht deckte sich mit vielen Ideen des Strukturalismus und diente einer einflussreichen Bewegung, die bald als »Philosophie der normalen Sprache« bekannt werden sollte, als Inspiration. Weiterhin entwickelte Wittgenstein das Modell der »Sprachspiele«: bestimmter Ansammlungen oder Strukturen von Regeln und Bezügen, die wir in spezifischen Situationen befolgten und die genau deshalb nicht jederzeit gültig wären. Am Ende, in seinen posthum veröffentlichten *Philosophischen Untersuchungen* (1953), behauptete er gar, »die Bedeutung eines Wortes ist sein Gebrauch in der Sprache« – und widersprach so seiner früheren Ansicht, dass die Bedeutung eines Wortes (zumindest teilweise) in dem realen Objekt liegt, das es bezeichnet.

7 Der Strukturalismus in der Literaturwissenschaft

Die offensichtliche Stärke der strukturellen Linguistik weckte ein breites Interesse daran, wie die aus Regeln, Zeichen und Symbolen bestehenden Rahmenbedingungen von Sprache auf die Bedeutung einwirken. Der Strukturalismus fasste besonders in der Literaturwissenschaft Fuß, wo Kritiker sich auf die Suche nach Mustern in literarischen Arbeiten machten und um die Hervorhebung semiotischer Kon-

notationen bemüht waren. So entstand die »Narratologie« (Erzählforschung), eine Disziplin, die sich damit befasste, universelle Erzählmotive und -strukturen zu identifizieren und zu zerlegen. Sie nahm ihren Anfang im Jahr 1928 mit der *Morphologie des Märchens* des russischen Folkloristen Vladimir Propp und findet sich wohl in jenen unzähligen Ratgebern wieder, die für sich die Geheimformel beanspruchen, wie man einen Bestseller schreibt.

8 Lévi-Strauss' strukturale Anthropologie

Die Anthropologie (die Wissenschaft vom Menschen in seinen vielfältigen Kulturen) war ein weiteres Feld, in dem der Strukturalismus beträchtlichen Einfluss ausübte. Den Anfang machte 1948 der Franzose Claude Lévi-Strauss mit seinem einflussreichen Bericht über die Regeln zu Verwandtschaftsbeziehungen bei jenen brasilianischen Stämmen, die er während der 1930er-Jahre besucht hatte, und stellte damit zahlreiche bislang gültige Annahmen auf den Kopf. Er zeigte, wie Verwandtschaftsgruppen aufstiegen und sich durch die Beachtung struktaraler Regeln, die den unausgesprochenen in unserer eigenen Gesellschaft ähneln, ihre Stärke bewahrten. Lévi-Strauss' zugrunde liegendes Argument, dass alle Kulturen unterschwellige Ähnlichkeiten aufweisen, ist bis heute sehr einflussreich, auch wenn einige seiner Beobachtungen seitdem widerlegt wurden.

Roland Barthes und *S/Z*

9

Mit *S/Z*, Roland Barthes' ausführlicher Analyse von 1970 zu *Sarrasine*, der Kurzgeschichte Honoré de Balzacs von 1830, erreichte die strukturalistische Kritik ihren Höhepunkt. Für Barthes entsteht die Bedeutung des Werks im Zusammenspiel von fünf verschiedenen »Codes«. Der hermeneutische Code bezieht sich auf im Text verborgene und aufgedeckte Geheimnisse, der (proairetische) Handlungscode auf den auf das Erzeugen von Spannung und Erwartungen gerichteten Aufbau der Erzählung. Der semantische Code berücksichtigt, wie durch Wortwahl Bedeutung erzeugt wird, während sich der symbolische Code mit dem allgegenwärtigen Subtext befasst, der Art, wie Werke mit ihren oft nur impliziten Themen umgehen. Der kulturelle (referentielle) Code bezieht sich schließlich darauf, wie das Werk mit dem Wissen über die historische Realität seiner Zeit spielt. Zusammen bilden diese Codes das leistungsstarke Handwerkszeug zur Analyse eines jeden Textes.

Strukturalismuskritik

10

Seit einigen Jahrzehnten ist der Strukturalismus auf dem Rückzug. Die Annahme einer Universalgrammatik durch den US-Linguisten Noam Chomsky (vgl. S. 35) gilt manchen als Herausforderung von Saussures Ansatz, obwohl die Realität durchaus komplexer ist. In Wahrheit war es die Idee, dass die saussuresche Struktur ein Produkt behavioristischen Lernens ist (wie es die Sicht des US-Linguisten Leonard Bloomfield war), die durch Chomskys Konzept angeborener Grammatikregeln verdrängt wurde. Andere kreiden der strukturalistischen Semiotik an, ahistorisch zu sein: Sie suggeriere, dass man alle Bedeutungen durch Analyse von Regeln und Mustern herausarbeiten könne, ohne etwas über die historische Entwicklung des Systems selbst zu wissen.

// WIE EIN GENIE REDEN

■➡ »Wenn Sie ein gutes Beispiel dafür suchen, wie jemand mit Strukturalismus und Semiotik Spielchen treibt, dann werfen Sie einen Blick in Umberto Ecos Klosterkrimi *Der Name der Rose*. Eco war sowohl Theoretiker als auch Romancier und verfasste dieses Buch bewusst als ›offenes Kunstwerk‹ in Textform und mit einem enormen Interpretationsspielraum. Schon der Titel lässt über ein halbes Dutzend möglicher Bedeutungen zu, während der ›Detektiv‹ im Mönchsgewand im Zentrum der Geschichte – William von Basker- ville – sowohl Bezüge zu den Geschichten des Sherlock Holmes als auch zum Scholastiker William von Ockham aufweist. Der wehrhafte Turm, der die Klosterbibliothek beherbergt, ist wie eine mittelalterliche Karte der Welt struk- turiert, außerdem gibt es einen blinden Biblio- thekar namens Jorge von Burgos, der ein Tribut an den Inspirator Ecos, den argentinischen Schriftsteller Jorge Luis Borges ist.«

■➡ »Bekanntlich schrieb Wittgenstein: ›Wenn ein Löwe sprechen könnte, wir könnten ihn nicht verstehen.‹ Mit anderen Worten: Selbst wenn ein Löwe über eine Sprache verfügte und wir seine individuellen Zeichen in unsere Sprache über- setzen könnten, wären wir noch immer nicht in der Lage, ihre Bedeutung zu verstehen, weil wir nichts über das ihnen zugrunde liegende Konzept wissen. Und jede Vorstellung, die wir uns vom Löwesein machen, ist dennoch das Produkt unse- rer eigenen, menschlich geprägten Sichtweise.«

👁 WAREN SIE EIN GENIE?

1 RICHTIG – Sie gewährt Einblicke in die Frage, wie unsere Zeichenwahl unsere Wahrnehmung der Welt beeinflusst.

2 RICHTIG – Magrittes Bild *Der Verrat der Bilder*, das eine Pfeife zeigt, unter der auf Französisch ›Dies ist keine Pfeife‹ steht, kann als semiotisches Spiel aufgefasst werden.

3 RICHTIG – Zudem unterteilte er alle Figuren in nur sieben grundlegende Rollen.

4 WEDER … NOCH – Chomsky erdachte sich diesen sinnlosen, aber syntaktisch korrekten Satz als Beweis für die Grenzen einiger strukturalistischer Ideen.

5 RICHTIG – Die Hinweise darauf fand er in so besonderen Strukturen wie der Zweiteilung eines Dorfes in gegnerische Verwandtschaftsgruppen.

> ✏ **KURZFASSUNG für Hochstapler**
>
> Die Semiotik betrachtet Sprache, der Strukturalismus untersucht Bedeutung, doch beide behaupten, dass unsere Kommunikationsmetho- den die Wirklichkeit, wie wir sie wahrnehmen, prägen.

POSTMODERNE

»Im Grunde ist es die erste Pflicht des gebildeten Mannes, sich bereitzuhalten,
die Enzyklopädie jeden Tag neu zu schreiben.«
— UMBERTO ECO —

Stand die erste Hälfte des 20. Jahrhunderts noch im Zeichen der Moderne in Kunst, Literatur und Philosophie, wurde die zweite Hälfte durch ein ganz anderes Paradigma, die sogenannte Postmoderne, bestimmt. Im Gegensatz zum großen Vertrauen der Modernisten in Wissenschaft, Technik und Fortschritt ist die postmoderne Haltung durch Skeptizismus geprägt – einen alles durchdringenden Zweifel. Die Postmoderne misstraut Pauschalisierungen, großen Narrativen und jeder Art von moralischer und historischer Verabsolutierung. Stattdessen pflegt sie eine relativistische Haltung, die dauernd alles neu bewertet und hinterfragt. Im elektronischen Zeitalter hat die Bewegung der Kunst, der Gesellschaft und dem politischen Diskurs ihren Stempel aufgedrückt (und tut es bis heute).

> Seien Sie nicht überrascht, wenn Sie auf die Frage, was Postmoderne bedeutet, verschiedene und bisweilen sogar widersprüchliche Antworten erhalten – denn genau darum geht es ja.

 ## SIND SIE EIN GENIE?

1 Der Begriff der Postmoderne wurde bereits in den 1880er-Jahren verwendet, machte aber erst in den 1950er-Jahren Schule.
RICHTIG / FALSCH

2 Einige marxistische Kritiker sehen im postmodernen Weltbild die logische Entwicklungsstufe einer fortgeschrittenen kapitalistischen Gesellschaft.
RICHTIG / FALSCH

3 Das 1954 entstandene Gemälde *Flag* (*Flagge*) des US-Künstlers Jasper Johns gilt vielen als das erste postmoderne Kunstwerk.
RICHTIG / FALSCH

4 Nach den Ereignissen von 1968 in Frankreich drang die Postmoderne bis in die Mitte der Gesellschaft vor.
RICHTIG / FALSCH

5 Viele sehen im Science-Fiction-Genre des Cyberpunk ein unverwechselbar postmodernes Phänomen.
RICHTIG / FALSCH

ZEHN DINGE, DIE EIN GENIE WEISS

1. Die Anfänge der Postmoderne

Obwohl die Postmoderne als treibende kulturelle Kraft häufig in den späten 1960er-Jahren verortet wird, reichen ihre Wurzeln tiefer in die Vergangenheit. Dem existentialistischen Philosophen Martin Heidegger wird oft ein bedeutender Einfluss auf die späteren postmodernen Denker zugeschrieben. Der Grund dafür ist besonders in seiner (in einem Vortrag von 1953 formulierten) Sorge zu sehen, dass die moderne Gesellschaft Gefahr läuft, Wissenschaft und Technik zu ihrem alleinigen Bewertungsmaßstab für unseren Umgang mit der Welt zu machen und somit unseren Wert als menschliche Wesen zu mindern. Letztendlich plädierte Heidegger vehement für eine Erneuerung der Philosophie durch die Zurückweisung des Rationalismus.

2. Der Poststrukturalismus

Das Aufkommen der Postmoderne hängt eng mit dem Poststrukturalismus zusammen, einer Bewegung, die als Kritik an den Mitte des 20. Jahrhunderts verbreiteten Ideen des Strukturalismus aufgekommen war (auch wenn sie diese nie vollständig ablehnte). Der Strukturalismus beanspruchte, durch seine Analyse semiotischer Strukturen (Bedeutungscodes) die hinter einer Vielzahl von Phänomenen verborgene wahre Bedeutung ans Licht zu bringen, was nach Ansicht der Poststrukturalisten jedoch ohne historischen und kulturellen Hintergrund unzulänglich war. Sie glaubten nicht mehr, dass die Semiotik die einzig wahre Bedeutung erschließen könne, und erkannten an, dass unsere Interpretation von Phänomenen immer in einen weiteren Kontext eingebettet und von unseren persönlichen Annahmen abhängig ist. Dies war eine gänzlich andere Weltsicht, die – gepaart mit Heideggers Ablehnung des Rationalismus als Weg zur Wahrheit – späteren postmodernen Philosophen den Weg ebnen sollte.

3. Borges und die Postmoderne

Seit der Erfindung des Romans haben Schriftsteller mit unzuverlässigen Erzählern und Perspektivwechseln gespielt sowie mit der Schwierigkeit, Wahrheit und Bedeutung eindeutig zu bestimmen. Der Argentinier Jorge Luis Borges hat dieses Spiel allerdings auf ein ganz neues Niveau gehoben. Seine in den Erzählbänden *Fiktionen* (1944) und *Das Aleph* (1949) veröffentlichten Kurzgeschichten verschmelzen literarische Spielereien, Fragen der Autorschaft, Bedeutung und Absicht, vielschichtige Strukturen, Phantasie und Existentialismus. So handelt es sich etwa bei Borges' *Pierre Menard, Autor des Quijote* (1939) um eine angebliche Literaturkritik zum Werk eines fiktionalen französischen Autors, der Cervantes' *Don Quijote* nach mühseligen Recherchen Wort für Wort reproduziert hat. Er wird als Genie gefeiert, da er dem Werk durch den bloßen Akt des »Wieder-Schreibens« im 20. Jahrhundert völlig neue Bedeutungsebenen hinzugefügt habe.

4. Der Tod des Autors

Der kritische Essay *Der Tod des Autors* wurde von Roland Barthes 1967 auf dem Gipfel des poststrukturalistischen Umbruchs verfasst. Der Text warf einen langen Schatten auf die Postmoderne, behauptete er doch, dass man einen Text ohne Bezug auf die Absicht des Autors und oft sogar im Widerspruch zu der von ihm erklärten »Bedeutung« interpretieren kann. Zwar hatte sich das Konzept des »close reading« (des »sorgfältigen Lesens«, das manchen wie eine übertrieben kritische Analyse jeder einzelnen Wortwahl und Satzstruktur eines Textes vorkommen dürfte) schon seit den 1940er-Jahren als wichtiger Standard akademischer Literaturkritik etabliert. Doch dieser sogenannte New Criticism war größtenteils darauf ausgerichtet gewesen, die Absicht des Autors besser zu verstehen. Barthes war hier anderer Meinung: Sobald ein Text seinen Lesern ausgehändigt wurde, besaß für ihn die eine, durch close reading erlangte Lesart ebenso viel Gültigkeit wie jede andere.

5 Michel Foucault

Der französische Philosoph und Kritiker Michel Foucault spielte eine Schlüsselrolle bei der Verbreitung des postmodernen Gedankenguts über die literarische Welt hinaus in den weiteren Kosmos von Soziologie, Politik und Geschichtsschreibung. Er legte dar, wie die Sprache und die Vorstellungen zu einem spezifischen Zeitpunkt der Geschichte (inklusive der Gegenwart) unweigerlich durch die dominanten, unterbewussten Annahmen und Wissenssysteme ihrer Zeit geprägt werden – und daher nur im Lichte dieser Annahmen richtig verstanden werden können. Er behauptete weiter, dass die von modernen Historikern vorgetragenen Diskurse (Erzählungen über die Entwicklung von Ideen) nichts weiter sind als Narrative, die der Vergangenheit übergestülpt werden und bei näherer Betrachtung in sich zusammenfallen. Aus diesem Grund seien Ideen, die zu irgendeinem Zeitpunkt als »Tatsache« gelten, kaum mehr als die Folgen irgendeines Diskurses, sodass sie jederzeit durch andere ersetzt werden könnten. Aus Sicht Foucaults reicht die Mannigfaltigkeit gültiger Interpretationen folglich weit über die literarische Welt eines Barthes hinaus und betrifft jede Art von Ereignis, Handlung oder Text, egal wie »faktisch« diese auch scheinen mögen.

6 Derrida und die Dekonstruktion

Schon 1959 wies der Philosoph Jacques Derrida die Maximen des Strukturalismus zurück und berief sich auf die frühere Tradition der Phänomenologie (die Idee, dass wir uns einem Gegenstand mithilfe unserer Erfahrung und unseres Bewusstseins nähern sollten). Durch seinen kritischen, mit den Gedanken von Foucault und Barthes übereinstimmenden Ansatz wurde er berühmt und zu einem wichtigen Vertreter der Postmoderne. Derridas »Dekonstruktion« zielt auf die Demontage von vorgefertigten Ansichten zu jedem erdenklichen Thema, um es anschließend mit ganz neuen Augen zu betrachten. Ihre wichtigste Methode besteht darin, bei einem Gegenstand zunächst die in ihm angelegten Themen auszumachen und dann nach den Elementen zu suchen, die sie von innen her aushöhlen, was zur Offenlegung der fundamentalen Konflikte des Gegenstands führt.

7 Der Einfluss der Postmoderne

Die Postmoderne hat seit ihrer Entstehung die verschiedensten Bereiche beeinflusst, von Kunst und Literatur über Architektur bis zu den Sozialwissenschaften. Sinnbildlich für diese erweiterte Postmoderne stehen permanente Erneuerung, buchstäbliche Dekonstruktion, das Hinterfragen von Annahmen sowie eine kritische Haltung gegenüber allen bis dato gültigen Kategorien. Oft fällt auch der Begriff »spielerisch« und verweist darauf, dass man das Ganze nicht allzu ernst nehmen sollte. In der Architektur äußert sich die Postmoderne oft in Form von – aus konstruktiver Sicht – unnötigen Schmuckelementen, kleinen Details und Farbe (im Werk von Frank Gehry finden sich dafür viele Beispiele). Indes gibt die postmoderne Kunst provokative Antworten auf Fragen nach den Grenzen der Kunst, darunter auf Leinwand gedruckte Suppendosen (Andy Warhol) und monströse Skulpturen aus Luftballons (Jeff Koons). Innerhalb der Sozialwissenschaften richten sowohl die postmoderne Psychologie als auch die Soziologie bei ihrer Untersuchung menschlichen Verhaltens und zwischenmenschlicher Beziehungen den Fokus eher auf die kommunikativen und sprachlichen Rahmenbedingungen, als sich mit Entwürfen für Meistererzählungen zu befassen.

8 Postmoderne Musik

Ein anderes von der Postmoderne stark beeinflusstes Feld ist die Musik. Während die klassische Musik der Moderne noch durch die bewusst »schwierigen«, komplex strukturierten und atonalen Werke von Komponisten wie Igor Strawinsky und Arnold Schönberg bestimmt wurde, assoziiert man mit Postmoderne einen minimalistischen Stil. Dieser in den 1960er-Jahren in den Stücken von Steve Reich, Philip Glass und anderen entstandene Stil ist durch repetitive und einfache Melodien, Rhythmen und Harmonien gekennzeichnet. Selbst die Popmusik kann als Teil der Postmoderne gelten, und zwar sowohl im Hinblick auf ihre rasant wechselnden und miteinander konkurrierenden Stilrichtungen als auch auf ihre Ablehnung von »Authentizität« (man denke an die wandelbaren Rollen von Pop-Musikern wie David Bowie und Madonna).

9 Die Kritiker der Postmoderne

Als Bewegung ist die Postmoderne gewiss nicht ohne Kritiker. Wegen ihrer Unfähigkeit, Fragen des Wissens auf ernsthafte Weise zu behandeln, erscheint sie vielen seriösen Intellektuellen bestenfalls als nutzlos und wegen ihres hartnäckigen Beharrens darauf, dass jeder Versuch einer definitiven Antwort gleichsam gültig und ungültig sei, schlimmstenfalls sogar als gefährlich. Noam Chomsky hat viele Fragen bezüglich der Unfähigkeit der Postmoderne aufgeworfen, als Analysesystem zu fungieren. Indes schuf der Mathematiker und Physiker Alan Sokal in den späten 1990er-Jahren eine Kontroverse, als er einen bewusst sinnlosen Artikel mit Erfolg bei einer angeblich ernsthaften kulturwissenschaftlichen Zeitschrift veröffentlichte. In politischer Hinsicht wurde die Postmoderne von Konservativen attackiert, die sie der Förderung eines moralischen Relativismus bezichtigten, während der Vorwurf der Linken lautete, dass ihre bürgerlichen Spielereien nichts zur Lösung der realen gesellschaftlichen Probleme beitragen.

10 Was kommt nach der Postmoderne?

Kulturkritiker läuten das Ende der Postmoderne schon seit den 1990er-Jahren ein, doch was kommt danach? In der Architektur nehmen manche eine Rückkehr zu geordneteren Ansätzen wahr, während der ein oder andere Literaturkritiker von einer lang ersehnten Verpflichtung zur Ernsthaftigkeit spricht. Die Kulturwissenschaften führen die vielleicht heftigsten Debatten darüber, dass sich gerade »etwas Neues« anbahnt, weil für sie die Auswirkungen von Internet und Social Media dramatisch und nicht zu leugnen sind. Manche Kritiker äußern diesbezüglich ihre Sorge darüber, dass sich viele nur noch oberflächlich mit Themen auseinandersetzen, während andere zuversichtlich sind, dass unsere zunehmende Konnektivität zu einer intensiveren Beschäftigung mit der Welt führen könnte.

// WIE EIN GENIE REDEN

■➡ »Das einzig Neue an der postmodernen Literatur ist ihr Name. Die Idee selbst ist schon seit Cervantes im Umlauf, aber wenn Sie sie wirklich in Bestform erleben wollen, lesen Sie Laurence Sternes Buch *Tristram Shandy* von 1759. Nicht nur, dass es voller Verweise und Anspielungen auf die Politik und Philosophie seiner Zeit ist, Sterne plagiiert für seine Zwecke auch unverblümt lange Passagen aus anderen Texten. Er wechselt von einer Seite zur nächsten den Stil, spricht den Leser direkt an, um ihn zu beleidigen, und greift sogar auf typographische Tricks wie unterschiedliche Schriften und Layouts oder ganz leere oder schwarz gedruckte Seiten zurück. Deshalb können Sie sich sicher vorstellen, dass es beim Thema schwierige Lektüre neben dem *Ulysses* ganz vorne mit dabei ist.«

■➡ »Wissenschaftler reagieren allergisch auf die Postmoderne, weil sie darauf besteht, dass jede Art von Wissen gleich gültig ist, und damit den Anspruch der Wissenschaft bedroht, die einzig wahre Methode zum Aufdecken von Wahrheit zu sein. Man darf behaupten, dass der Trend, die Autorität von Experten zu hinterfragen – und bei Themen wie Klimawandel oder Impfung wissenschaftlich erwiesene Tatsachen ins Zwielicht zu rücken, um kontroverse Debatten zu erzielen –, eine selbstzerstörerische Tendenz für eine komplexe Gesellschaft ist, deren Überleben letztlich von Wissenschaft und Technik abhängt.«

◉ WAREN SIE EIN GENIE?

1 RICHTIG – Der Begriff »postmodern« wurde zuerst von einem Kunstkritiker verwendet, der damit die Notwendigkeit beschrieb, den Impressionismus zu überwinden.

2 RICHTIG – Der US-Kritiker Frederic Jameson hat behauptet, dass die Postmoderne eine Abkehr von der Idee des Fortschritts bedeutet, zugleich aber auch eine vorhersehbare Entwicklungsphase im Kapitalismus darstellt.

3 RICHTIG – Johns' enkaustisches Gemälde der US-Flagge wurde weithin als eine Einladung zu mannigfaltigen Interpretationen aufgefasst und ebnete den Weg für die Kunst der Postmoderne und die Konzeptkunst.

4 RICHTIG – Nach den weit reichenden Protesten und sozialen Unruhen im Mai 1968 erlangten viele postmoderne Denker Berühmtheit.

5 RICHTIG – Die für den Cyberpunk charakteristische Verbindung aus Zynismus, technologischer Utopie und einer kritischen Haltung gegenüber anderen Genres ist typisch postmodern.

✏ KURZFASSUNG für Hochstapler

Die Postmoderne behauptet, dass man die Welt auf viele verschiedene Arten interpretieren kann, die alle gleichermaßen gültig sind – eine erfrischende Haltung, die aber auch Gefahren in sich birgt.

MODERNE ARCHITEKTUR

»Ich glaube nicht, dass es bei Architektur nur um Schutz oder simple Behausung geht.
Architektur sollte begeistern, beruhigen, zum Nachdenken anregen.«

Unser Umfeld ist uns wichtig, und so üben Architekten außerordentliche Macht über unser Leben aus – wir können ihrer Arbeit buchstäblich nicht entkommen. Mehr noch, Architekten mögen offensichtlich nichts lieber, als Anspruch darauf zu erheben, einen kühnen neuen Ansatz gefunden oder mit früherer Konformität gebrochen zu haben. Das führte zu einer verwirrenden Fülle von Bewegungen und Stilrichtungen. Es verwundert also nicht, dass moderne Architektur heftige Reaktionen auslöst, und wenn Sie wollen, dass man sich auch Ihre Meinung anhört, müssen Sie wissen, worüber Sie reden.

> Sollte Architektur nur funktional sein, oder spielt auch die Form eine Rolle – und wo ziehen Sie die Trennlinie zwischen beidem?

 ## SIND SIE EIN GENIE?

1 Die Umwälzungen der modernen Architektur wären ohne Technologien zur Massenfertigung nicht möglich gewesen.
RICHTIG / FALSCH

2 Das weiße Äußere des Guggenheim Museum in New York sollte bewirken, dass das Gebäude hervorsticht, wenn man es über den Central Park hinweg erblickt.
RICHTIG / FALSCH

3 Eine Vorhangfassade ist eine Konstruktion, die einen Raum umschließt, aber keine andere Last zu tragen hat als ihre eigene.
RICHTIG / FALSCH

4 Es dauerte 15 Jahre, bis das Opernhaus von Sydney fertig gebaut war. Es ist eines der ersten Gebäude, bei dem computergestütztes Design verwendet wurde.
RICHTIG / FALSCH

5 Dynamische Architektur nennt man ein zunehmend beliebtes Designkonzept, das heftige Wölbungen und organische Formen beinhaltet.
RICHTIG / FALSCH

ZEHN DINGE, DIE EIN GENIE WEISS

1 Traditionelle Architektur

Bis ins späte 19. Jahrhundert setzten die herkömmlichen Materialien dem Baudesign physikalische Grenzen; Holz und Backstein sind von relativ geringer Festigkeit, und so blieben die meisten Wohngebäude klein und funktionell. Auch Naturstein, den man für die größten Bauten (etwa Kirchen) verwendete, war von mäßiger Festigkeit, hatte relativ begrenzte Vorkommen und ließ sich nur mühselig transportieren. Die Architekten folgten Prinzipien der Statik, die seit altrömischen Zeiten bekannt waren. Trotzdem reizten sie die Gesetze der Physik aus, um himmelstürmende Kirchtürme und riesige Kuppeln zu errichten. Gestützt wurden diese Konstruktionen durch Wölbungen, Bögen und Pfeiler, die die wirkenden Kräfte verteilten und letztendlich im Boden verankerten.

2 Technologische Durchbrüche

Erkennbar moderne Architektur kann man bis zu drei Durchbrüchen aus dem 19. Jahrhundert zurückverfolgen. Der erste war die Verwendung von Flachglas, die Joseph Paxton in dem riesigen, aus vorgefertigten Bauteilen errichteten Pavillon der Londoner Weltausstellung des Jahres 1851 (»Kristallpalast«) perfektionierte. Kurz darauf erfolgte die Erfindung des Sicherheitsaufzugs durch Elisha Graves Otis. Dieses Gefährt erlaubte es erstmals, die oberen Stockwerke eines hohen Bauwerks bequem und sicher zu erreichen. Schließlich machten große Qualitätsfortschritte in der Stahlherstellung in der zweiten Hälfte des 19. Jahrhunderts den Weg für den Einsatz dieses Materials als Strukturelement frei. Stahlskelette waren stärker, leichter und wandlungs-

fähiger als das herkömmliche Mauerwerk und somit der Schlüssel für die Entwicklung neuer Bautechniken.

3 Die Chicagoer Schule

Nach einem verheerenden Feuer, das 1871 einen Großteil Chicagos zerstörte, wurde der Wiederaufbau der Stadt zu einem Versuchsfeld für innovative neue Architektur. 1885 vollendete William Le Baron Jenney das Home Insurance Building, einen Wolkenkratzer mit damals unerhörten zehn Stockwerken. Das Gebäude hatte ein feuersicheres Stahlskelett, das Mauerwerk und Glaswände von ihrer tragenden Funktion befreite. Auch andere Architekten verfielen bald in einen Hochhausrausch, und die Werke der Chicagoer Schule, einer locker miteinander verbundenen Gruppe, verbreiteten sich schnell über die ganzen USA. Der einflussreichste unter den Chicagoer Baumeistern war Louis Sullivan, der in einem 1896 erschienenen Essay über den neuen Stil nachdrücklich darauf verwies, dass »die Form immer der Funktion folgt«. Mit anderen Worten: Bauwerke sollten (und *konnten* jetzt auch) immer gemäß ihrer beabsichtigten Nutzung entworfen werden und waren nicht länger durch physikalische Zwänge oder stilistische Erwägungen beschränkt.

4 Modernismus und Futurismus

Die modernistische Architektur des frühen 20. Jahrhunderts folgte Sullivans Maxime buchstabengetreu: Die neu entworfenen Bauten hatten ein Gerüst aus Stahlträgern, in das Innen- und Außenwände eingehängt werden konnten. Da es jetzt weniger darauf ankam, Gewicht zu tragen, konnte der gemauerte Teil einer Wand weitgehend durch viel größere Fenster ersetzt werden. Obwohl frühe modernistische Bauten von dekorativem Mauerwerk noch strategischen Gebrauch machten, wurden die Entwürfe immer minimalistischer. Inzwischen hatte sich die Moderne auch über die Grenzen Amerikas hinaus verbreitet – in den 1910er-Jahren ritt der österreichische Architekt Adolf Loos eine Attacke gegen die Vorstellung, dass es in Kunst und Architektur überhaupt Dekoration geben müsse. Der Italiener Antonio Sant'Elia wiederum veröffentlichte sein kühnes Manifest einer aggressiv modernen futuristischen Architektur, die voll langer Linien und Suggestionen von Tempo und Bewegung sein sollte.

5 Frank Lloyd Wright

Frank Lloyd Wright (1867–1959), der vermutlich berühmteste Architekt des 20. Jahrhunderts, war bei Louis Sullivan in Chicago in die Lehre gegangen, interpretierte den Grundsatz, dass sich die Form nach der Funktion richten müsse, aber auf seine eigene Weise. Wright versuchte oft, Bauten zu entwerfen, die zwar modern waren, sich aber trotzdem in Harmonie mit der Natur befanden. Um seine Ziele zu erreichen, nutzte er die gesamte Bandbreite verfügbarer Materialien. Weite horizontale Räume waren eines seiner Hauptthemen; ein berühmtes Beispiel dafür ist das 1935 in Pennsylvania errichtete Haus Fallingwater, das über einen natürlichen Wasserfall hinausragt. In den 1950er-Jahren plädierte Wright für einen organischen Stil, der seinen höchsten Ausdruck in den eleganten inneren und äußeren Kurven des Guggenheim Museum in New York erlangte.

6 Gropius und das Bauhaus

Der deutsche Architekt Walter Gropius (1883–1969) war eine Schlüsselgestalt des Funktionalismus, jener breiter angelegten Bewegung, die Sullivans Maxime folgte. Seit 1908 arbeitete er im Büro von Peter Behrens, dem einflussreichen Architekten und Industriedesigner, dessen legendäre AEG-Turbinenhalle in Berlin erstmals Glaswände und Reihen von Stahlpfeilern verband.

1919 wurde Gropius zum Direktor der Kunstgewerbeschule der eben gegründeten Weimarer Republik. Er verwandelte die Einrichtung in die höchst einflussreiche Kunst-, Design- und Architekturhochschule, die wir als *Bauhaus* kennen. Viele begabte europäische Künstler, Architekten und Designer wurden als Lehrkräfte ans Bauhaus berufen, und 1925 entwarf Gropius persönlich das wegweisende neue Hochschulgebäude in Dessau. Nach 1933 aus Deutschland emigriert, ließ sich Gropius schließlich in den USA nieder, wo er weiterhin einflussreiche Gebäude entwarf, etwa das modernistische Alan I. W. Frank House in Pittsburgh.

7 Gaudí und Le Corbusier

Obwohl die nach der Römerzeit verloren gegangenen Geheimnisse der Betonherstellung bereits im 18. Jahrhundert wiederentdeckt worden waren, begannen die Architekten erst nach 1890 wieder in großem Stil, Beton als Baumaterial zu verwenden. Antoni Gaudís erstaunliche Kirche »Sagrada Família« in Barcelona (Baubeginn 1882) zog daraus Nutzen, dass man Beton in sehr komplexe Formen gießen kann – ideal für den kurvenreichen Jugendstil seiner Zeit. Der gefeierte Schweizer Architekt Le Corbusier (1887–1965) demonstrierte während seiner ganzen Karriere mit einer Reihe von Bauwerken die Vielseitigkeit von Stahlbeton. Das bemerkenswerteste war der umstrittene, aber sehr einflussreiche Pavillon de l'Esprit Nouveau, eine nüchterne weiße Box mit großen Glasfenstern und kubistischer Innenaustattung, die 1925 auf der Pariser Weltausstellung des Kunstgewerbes gezeigt wurde.

8 Die späte Moderne

Nach dem Zweiten Weltkrieg nahm die Moderne rasch wieder Fahrt auf, und ein als »Brutalismus« bekannt gewordener Stil entwickelte sich als ziemlich extreme Antwort auf die von manchen so wahrgenommene gefällige Fadheit früherer Bauten. Statt die Außenflächen am Ende zu glätten, verwendeten die Brutalisten rauen Sichtbeton zur Erzeugung texturierter Fassaden, die sie nicht weiterbearbeiteten, und boten Zement, Ziegelsteine und Stahl offen dar. Konstruktionselemente wurden absichtlich freigelegt. Besonders verbreitet war der Brutalismus bei groß angelegten Wohnungsbauprojekten, wo seine typische Kombination von Modulwohnungen und endlos langen Hochhausfluren zu einem heiklen sozialen Experiment wurde. Manche Architekten verstanden es aber auch, Stahl und Beton auf elegantere Weise einzusetzen. Das berühmteste Beispiel dafür ist die neue brasilianische Hauptstadt Brasilia, die von Oscar Niemeyer entworfen und in den späten 1950er-Jahren mit erstaunlicher Geschwindigkeit erbaut wurde.

9 Hightech-Architektur

Die auch unter dem Namen »struktureller Expressionismus« bekannte Strömung folgt dem brutalistischen Prinzip, die Konstruktionsteile offen zu zeigen, erzielt dabei aber verblüffend andersartige Resultate. Während sich beim Brutalismus tendenziell alles um die »Haut« eines Bauwerks dreht, präsentiert die Hightech-Architektur stolz sein »Gerippe«. Die geodätischen Kuppeln eines Richard Buckminster Fuller aus den 1950er-Jahren waren ein einflussreicher früher Vorläufer, aber es war die Kragträger-Konstruktion, bei der die Etagen in einem zentralen Betonkern verankert und weiter außen durch Stahlträger gestützt werden, welche die Hightech-Architektur ermöglichte. Sie erlaubte es, leichtgewichtige Glas- und Metallwände anzubringen. Die in den 1970er-Jahren aufkommende frühe Hightech-Architektur neigte dazu, den minimalistischen blockartigen Formen der funktionellen Moderne zu folgen, aber bald wurden die Entwürfe üppiger, denn sie machten vollen Gebrauch von den neuen Materialien und Konstruktionstechniken.

10 Postmoderne Architektur

Schon in den späten 1960er-Jahren begannen sich einige Architekten entschieden gegen die Prämissen von Beschränkung und Minimalismus zu wenden, die dem modernistischen Ansatz innewohnen. Schmuckelemente und der Gebrauch von Farbe wurden populär, aber eigentlich gaben erst die neuen Technologien der Hightech-Architektur den Startschuss für die Postmoderne. Architekten wie Robert Venturi und Philip Johnson fügten in verschiedenen Städten der USA traditionelle Architekturmotive spielerisch in moderne Gebäude ein, während Richard Rogers und Renzo Piano Versorgungsleitungen, Rolltreppen und Fahrstühle an die Außenwände der Gebäude verlegten, so etwa beim Pariser Centre Georges Pompidou. Durch diese *bowellism* genannte Methode konnten sie innen das Volumen maximieren. In den letzten Jahren haben Architekten wie Norman Foster und Zaha Hadid die Möglichkeiten moderner Architektur in neue Richtungen erweitert. Ihre ausdrucksvoll geschwungenen Formen spielen mit unseren Vorstellungen darüber, wie ein Gebäude aussehen sollte.

// WIE EIN GENIE REDEN

▪▶ »Der wohl berühmteste brutalistische Architekt war natürlich Ernö Goldfinger (1902–1987) – vor allem, weil ein James-Bond-Bösewicht nach ihm benannt wurde. Man darf sicher behaupten, dass Ian Fleming kein Bewunderer seines Stils war!«

▪▶ »Die alten Griechen unterteilten ihre Säulen in drei Elemente: Basis, Schaft und Kapitell. Es ist erstaunlich, wie sich dieses Konzept eines Gebäudes oder Elements aus drei Teilen bis in die moderne Architektur hinein erhalten hat. Selbst heute noch trifft man sehr selten auf Bauten, die von unten bis oben genau gleich aussehen.«

▪▶ »Le Corbusier prägte das berühmte Wort: ›Ein Haus ist eine Maschine zum Wohnen.‹ Diese Sichtweise kann man sicher gut verstehen, aber man begreift auch, weshalb viele Kritiker sie später angegriffen haben. Den Architekten geht anscheinend nichts über einen guten Leitspruch, und so führten sie den ›Maschinen‹-Ansatz im sozialen Wohnungsbau der Sechziger- und Siebzigerjahre bis ins Extrem.«

👁 WAREN SIE EIN GENIE?

1 RICHTIG – Der Kristallpalast wurde beispielsweise binnen fünf Monaten mit vorgefertigtem Glas und Eisen errichtet.

2 FALSCH – Der weiße Beton wurde aus Kostengründen sichtbar belassen – Wright hatte die Außenseiten ursprünglich mit Stein verkleiden wollen.

3 RICHTIG – Befreit von der Notwendigkeit, die oberen Stockwerke oder das Dach zu stützen, können solche Wände aus Materialien wie Blech oder Glas hergestellt werden.

4 RICHTIG – Man verwendete Computer, um ein wirtschaftliches Design und eine solide Struktur für das berühmte Dach zu finden.

5 FALSCH – Diese in der Praxis noch seltene Architekturrichtung entwirft stattdessen Gebäude, die sich selbst umkonfigurieren und ihre Gestalt ändern.

✏ **KURZFASSUNG für Hochstapler**

Architektur war schon immer ein Kompromiss zwischen Visionen, Funktion und Physik. Ihre moderne Entwicklung wurde von neuen Materialien vorangetrieben, die es sowohl der Physik als auch den Visionen erlauben, ein ganzes Stück weiter zu gehen.

DEMOKRATIE

»WAHLSTIMME, Subst.: Das Instrument und Symbol für die Macht eines freien Bürgers,
sich zum Narren und zum Verderben für sein Land zu machen.«

– AMBROSE BIERCE –

Demokratie in all ihren verschiedenen
Ausprägungen ist die auf der ganzen Welt am
weitesten verbreitete und dauerhafteste
Regierungsform. Trotzdem gibt sie immer
noch Anlass zu Kritik und Debatten. Im
Grunde ist die Stärke der Demokratie – dass
sie nämlich einen großen Teil der Bevölkerung
dazu einlädt, beim Regieren ein Mitsprache-
recht zu haben – gleichzeitig ihre Schwäche,
denn um richtig zu funktionieren, braucht sie
die reale und authentische Mitwirkung der
Wähler. Viele Kontroversen drehen sich inzwischen um Fragen wie die folgenden: Wie
sollte sich der Einfluss der Wähler widerspiegeln? Wie versuchen andere Akteure, etwa
Interessengruppen oder Medienunternehmen,
diesen Prozess in ihrem Sinne zu formen?

> Woher kommt die Demokratie, und wie
> können wir sie am besten gestalten,
> damit sie die Bedürfnisse des Volkes in
> ausreichendem Maße vertritt?

 SIND SIE EIN GENIE?

1 Jean-Jacques Rousseau meinte, dass der von
Hobbes entworfene Gesellschaftsvertrag die
Schwachen dazu befähigt habe, die Reichen und
Mächtigen in die Schranken zu weisen.
RICHTIG / FALSCH

2 Das Wahlmännersystem der USA wurde einst
erfunden, um die Macht zwischen einwoh-
nerstarken und weniger bevölkerten Staaten
auszubalancieren.
RICHTIG / FALSCH

3 Recall-Wahlen ermöglichen es den Wählern,
mitten in einer Wahlperiode ein neues Votum
darüber zu erzwingen, ob ihr Repräsentant
weitermachen soll.
RICHTIG / FALSCH

4 Bei der Verhältniswahl werden die Par-
lamentssitze streng danach zugemessen,
welche Rangfolge die Wähler erstellt haben.
RICHTIG / FALSCH

5 Nirgendwo in der modernen Welt gibt es
heute noch eine funktionsfähige direkte
Demokratie.
RICHTIG / FALSCH

ZEHN DINGE, DIE EIN GENIE WEISS

1 Die Anfänge der Demokratie

Die Demokratie startete als eines von vielen konkurrierenden Regierungssystemen in den Stadtstaaten des antiken Griechenlands – das Wort selbst bedeutet »Volksherrschaft«. Heute würden wir dieses ursprüngliche System als »direkte Demokratie« bezeichnen: Alle Bürger waren de facto Mitglieder einer gesetzgebenden Versammlung und hatten das Recht, über wichtige Themen abzustimmen. Nach dem Zufallsprinzip wählte man Bürger für die verschiedenen Regierungsposten aus. Aus unserem heutigen Blickwinkel liegt der auffälligste Makel der attischen Demokratie darin, dass man den Begriff »Bürger« sehr eng fasste. Diese Definition schloss jeden aus, der nicht ein mündiger männlicher Landbesitzer war.

2 Repräsentative Demokratie

Bei der erstmals in der Römischen Republik eingeführten repräsentativen Demokratie wählen die Bürger einzelne Personen, die danach (zumindest in der Theorie) in einem Parlament deren Interessen vertreten. Es ist dann dieses Parlament, das über die praktische Politik abstimmt. Dies ist die heute am weitesten verbreitete Form von Demokratie, und sie hat klar ersichtliche Vorteile, wenn eine größere Bevölkerung über ein ausgedehntes Territorium verteilt ist und direkte Demokratie unpraktisch wäre. Die repräsentative Demokratie erlaubt es den Menschen, ihr alltägliches Leben fortzuführen. Sie müssen nur gelegentlich einen Beitrag zum demokratischen Prozess leisten.

3 Formen der Demokratie

Die meisten modernen demokratischen Staaten sind Republiken mit ausschließ-

lich gewähltem Führungspersonal. Dennoch unterscheiden sie sich beträchtlich in der jeweiligen Ausformung. Manche wählen Abgeordnete in ein gesetzgebendes Parlament oder einen Senat (mit einer Kammer oder mit zweien, die verschiedene Aufgaben haben). Dann übernimmt die größte politische Gruppe die Macht, um eine Exekutive (die Regierung) zu bilden. Diese macht Gesetzesvorschläge und regiert das Land. Andere Länder bestimmen in separaten Wahlen einen Präsidenten, von dem sie dann erwarten, dass er eine (nicht unbedingt gewählte) Exekutive ernennt, welche sich um die verschiedenen Staatsangelegenheiten kümmert und die Gesetzgebung durch ein Parlament bringt. Einige Länder sind weiterhin konstitutionelle Monarchien mit Königsfamilien, die auf die praktische Machtausübung verzichtet haben, aber noch immer als Staatsoberhäupter fungieren.

4 Der Gesellschaftsvertrag

Aber warum brauchen wir überhaupt eine Regierung? Die modernen Überlegungen zu dieser Frage fußen meist auf den Ideen der Philosophen Thomas Hobbes, John Locke und Jean-Jacques Rousseau. Hobbes' *Leviathan*, der auf dem Höhepunkt des englischen Bürgerkriegs entstand, untersucht die Struktur einer Gesellschaft und plädiert letzten Endes für die Herrschaft eines absolutistischen Souveräns. Dennoch räumt er ein, dass eine solche Herrschaft den Menschen nicht allein mit Gewalt aufgezwungen werden könne. Stattdessen ordneten sich die Individuen dem Souverän unter, weil die Alternative dazu (ein Naturzustand, in dem die Individuen blutige Kämpfe ums Überleben führen würden) eine allzu schreckliche Vorstellung wäre. Eine Generation später hatte Locke eine weniger trübe Sicht auf die Menschheit; seiner Ansicht nach beziehe der Staat seine Macht daraus, dass die Individuen ihm freiwillig einige angeborene Rechte abgetreten hätten – und zwar im Tausch gegen den Schutz anderer Rechte, die der Staat selbst erlassen hat (etwa Eigentumsrechte oder Rechtsschutz). Für diesen grundlegenden Deal, der es einer Gesellschaft erlaubt zu funktionieren, prägte Rousseau 1762 den Begriff »Gesellschaftsvertrag«. Als den Souverän im Staat betrachtete er das Volk, während die Regierung ein von ihm geschaffenes Gebilde zur notwendigen Erfüllung bestimmter Aufgaben und Funktionen sei.

5 Abgeordnete

In den meisten Demokratien erwartet man von den Repräsentanten, dass sie bei Abstimmungen ein gewisses Maß an eigenem Urteilsvermögen zeigen, statt einfach als Delegierte zu fungieren, um so die Mehrheitsmeinung ihrer Wähler wiederzugeben. Theoretisch haben die Wähler bei der nächsten Wahl die Gelegenheit, ein Urteil über die Leistungen des Abgeordneten abzugeben und ihn zu »entlassen«, wenn sie nicht glücklich mit ihm sind. Leider wird diese idealistische Theorie häufig durch Parteipolitik unterlaufen. Unabhängige Politiker sind selten, und die meisten Länder haben politische Parteien – Gruppierungen, deren Mitglieder und Abgeordnete im Großen und Ganzen ähnliche Prinzipien vertreten und die genügend Geld und Arbeitskraft aufwenden können, um einen Wahlkampf zu bestreiten.

6 Wahlrecht

Heute scheinen Demokratie und allgemeines Wahlrecht untrennbar miteinander verbunden, aber das war nicht immer so. Frühere Demokratien beschränkten das Wahlrecht oft auf Männer, Grundbesitzer oder bestimmte Konfessionen, was sich erst Anfang des 20. Jahrhunderts wirklich änderte. Und selbst wenn offenbar jeder das Recht zu wählen hat, gibt es in der Praxis oftmals Hürden: Man braucht einen festen Wohnsitz, muss aufwendige Identifikationsformulare ausfüllen oder hat einen weiten Weg bis zum Wahllokal. Diese Vorschriften sind oft legitime Versuche, Wahlbetrug zu erschweren, aber manchmal wirken sie so, als wollte man bestimmte Gruppen gar nicht an der Wahlurne sehen. Länder wie Australien betrachten die demokratische Teilhabe hingegen als etwas so Wichtiges, dass sie das Wählen zur gesetzlichen Pflicht machen.

7 Wahlsysteme

Je nach geographischen Voraussetzungen, politischen Prioritäten und historischen Wechselfällen unterscheiden sich die Wahlsysteme von Land zu Land beträchtlich. In Großbritannien und bei vielen Wahlen in den USA nutzt man beispielsweise ein Mehrheitswahlrecht, bei dem der Kandidat gewinnt, der in einem bestimmten geographischen Bereich die relativ meisten Stimmen auf sich vereint. Das soll eine solide Verbindung zwischen den Wählern und ihren Abgeordneten garantieren, aber wenn es mehr als zwei starke Kandidaten gibt, kann es zur Wahl eines Abgeordneten führen, der gar nicht die Unterstützung der Mehrheit genießt. Viele Länder (etwa Frankreich) haben deshalb eine zweite Runde eingeführt, eine Stichwahl zwischen den bestplatzierten Kandidaten. So möchte man sicherstellen, dass der Sieger zumindest theoretisch von der Mehrheit unterstützt wird. Das andere Extrem ist die reine Verhältniswahl. Sie gewährleistet eine parlamentarische Ausgewogenheit, welche mit dem Stimmverhalten der Wähler in Einklang steht, opfert jedoch die enge Verbindung zum Wahlkreis. Außerdem gibt sie die Macht an Parteien ab, die eine Liste mit Kandidaten festlegen. Kompromisslösungen sind etwa Verhältniswahlen in regionalem Maßstab (mit größeren Wahlkreisen, in denen zahlreiche Abgeordnete gewählt werden, so bei den Wahlen zum Europäischen Parlament) und die übertragbare Einzelstimmgebung (ein System, bei dem die Stimmen für weniger populäre Kandidaten, die der Wähler auf Platz 2 seiner Rangliste gesetzt hat, so lange umverteilt werden, bis schließlich einer eine richtige Mehrheit erreicht).

8 Mehrheitsprinzip und Rechte

Ein wichtiges Problem in Demokratien ist, dass die Entscheidung einer knappen Mehrheit der Wähler (ja manchmal nicht einmal einer Mehrheit) zur Verabschiedung von Gesetzen genutzt werden kann, die der Opposition und ihren Wählern aktiv schaden oder bestimmten Gruppen Rechte entziehen. Solch ein Mehrheitsprinzip kann zu radikalen Pendelumschwüngen in der Politik führen. Daher haben die meisten Gesellschaften noch andere Herrschaftsinstrumente in ihr System eingebaut, so eine starke und unabhängige Justiz, eine zweite Kammer, welche die neuen Gesetze überprüft, oder die Gewaltenteilung zwischen Exekutive und Legislative. Sie sollen allesamt als Schutzschild gegen eine unbegrenzte Macht der Exekutive wirken. Viele Länder haben Verfassungen erarbeitet, um bestimmte Rechte zu garantieren, die dann nur unter außergewöhnlichen Umständen oder mit Billigung einer besonders großen Mehrheit im Parlament abgeändert werden können.

9 Referenden

Manchmal kann eine Nation vor Problemen stehen, die für eine Entscheidung im Parlament zu groß oder zu umstritten sind. In diesem Fall könnte es beispielsweise eine Lösung sein, die Wählerschaft in einem Referendum oder Volksentscheid direkt zu befragen. Die Beliebtheit von Referenden ist sehr unterschiedlich – in der Schweiz und manchen US-Bundesstaaten werden sie ohne große Diskussionen als Regierungswerkzeug genutzt. Deutschland hingegen verbietet in seinem Grundgesetz solche Referenden, da man meint, sie könnten einem gefährlichen Populismus den Weg bereiten. Sicher liegt in der Notwendigkeit, komplexe Sachverhalte auf einfache Ja/Nein-Fragen herunterzubrechen, eine gewisse Herausforderung, und die Wähler müssen auch über die Wahlmöglichkeiten und deren Konsequenzen ausreichend aufgeklärt werden.

10 Kritik an der Demokratie

Die meisten demokratischen Systeme sind in der Theorie großartig, aber in der Praxis gibt es oft Probleme. Ein Bürger, eine Stimme – so weit, so gut, aber wenn politische Parteien von privaten Spenden abhängen, um ihren Wahlkampf finanzieren zu können, ist es für wohlhabende Personen leicht, sich Einfluss zu erkaufen. Lobbygruppen, die bestimmte politische Entscheidungen durchdrücken wollen, beschäftigen häufig ehemalige Politiker, was besorgte Fragen nach einem Interessenskonflikt aufwirft. Schließlich spielen die Medien eine große Rolle beim Festlegen der Parameter für politische Debatten. Die größte Herausforderung liegt aber vielleicht darin, angesichts verwirrender Botschaften aus allen Richtungen und bisweilen vorsätzlicher Ignoranz für eine gut aufgeklärte Wählerschaft zu sorgen.

// WIE EIN GENIE REDEN

▮➡ »Die Freiheit, nicht von einem absoluten Monarchen oder einem Tyrannen beherrscht zu werden, ist so ziemlich der Dreh- und Angelpunkt einer Demokratie, und so wundert es nicht, dass die allermeisten Demokratien Republiken sind. Das könnte sogar die Erklärung dafür sein, dass die britische Monarchie bis heute überlebt hat – sie trat schon 1215 in der Magna Carta einen Teil ihrer Macht ab.«

▮➡ »Gewiss sollte jeder das Recht haben, auf irgendeine Weise seine Stimmenthaltung auszudrücken, aber für die Einführung einer Wahlpflicht spricht, dass sie die politischen Parteien zwingt, die gesamte Wählerschaft im Blick zu behalten und nicht nur jene Segmente, die am wahrscheinlichsten zur Wahl gehen werden.«

▮➡ »Ein paar politische Gesetze sollte man immer im Hinterkopf haben. Das Allgemeine Unmöglichkeitstheorem nach Arrow ist ein sauberer logischer Beweis dafür, dass sich unsere Konzepte von einer fairen Demokratie gegenseitig widersprechen; man bekommt niemals ein in jedem Sinne ›faires‹ Wahlsystem hin, wenn man sich zwischen drei oder mehr Alternativen entscheiden muss. Duvergers Gesetz wiederum zeigt, wie je nach Wahlsystem unterschiedliche Parteienarrangements begünstigt werden: Durch die Mehrheitswahl entsteht tendenziell ein Zweiparteiensystem, während die Verhältniswahl viele verschiedene Parteien gedeihen lässt. Die Frage ist im Grunde, ob man lieber Koalitionen *zwischen* Parteien haben möchte oder Koalitionen *innerhalb* von Parteien.«

👁 WAREN SIE EIN GENIE?

1 FALSCH – In Wahrheit hatte Rousseau den Eindruck, dass der Gesellschaftsvertrag à la Hobbes die Mächtigen gegenüber den Schwachen begünstigte.

2 FALSCH – Ursprünglich war das Wahlmännersystem eine Schutzmaßnahme gegen mögliche Machenschaften des Kongresses, gegen die Stimmen der Wähler einen Präsidenten einzusetzen.

3 RICHTIG – Allerdings ist ein solcher Recall in den meisten Ländern nicht Bestandteil des Wahlsystems.

4 FALSCH – Bei der Verhältniswahl werden die Abgeordnetensitze je nach dem entsprechenden Rückhalt bei den Wählern verteilt, aber eine Rangwahl ist dafür nicht notwendig.

5 FALSCH – Zwei Schweizer Kantone haben das Modell der direkten Demokratie beibehalten.

🖉 KURZFASSUNG für Hochstapler

Winston Churchill nannte die Demokratie einmal die schlechteste Regierungsform – wenn man von allen anderen absehe. Das lässt allerdings Raum für Debatten darüber, welche Form von Demokratie die am wenigsten schlechte ist.

KONSERVATISMUS, LIBERALISMUS UND SOZIALISMUS

»Die beiden Parteien, welche den Staat spalten, die Partei des Konservatismus und die der Erneuerung […] ringen miteinander um den Besitz der Welt, seit diese erschaffen wurde.«
– RALPH WALDO EMERSON –

Drei politische Hauptströmungen dominieren heute das demokratische Leben in den westlichen Ländern. Die Wurzeln von Konservatismus und Liberalismus reichen bis ins späte 17. Jahrhundert zurück, während der Sozialismus ein vergleichsweise junger Emporkömmling ist, dessen Anfänge in der industriellen Revolution liegen. Trotz dieser historischen Ursprünge ist die Politik von Gruppen, die sich auf solche Überzeugungen berufen, in ständiger Veränderung begriffen. Manchmal treiben sie wirtschaftliche und soziale Veränderungen voran, aber manchmal bewegen sie sich auch nur, um sich nachträglich an eine neue Realität anzupassen.

> Natürliche Hierarchie, Freiheit vom Regiertwerden oder demokratische Kontrolle und Umverteilung – was ist am besten?

 ## SIND SIE EIN GENIE?

1 Konservative glauben an den freien Markt und die Privatwirtschaft, aber auch an traditionelle soziale Werte.
RICHTIG / FALSCH

2 Sozialisten glauben, dass in einer idealen Gesellschaft jeder das gleiche Einkommen haben sollte.
RICHTIG / FALSCH

3 Liberale glauben, dass man die Befugnisse der Regierung begrenzen sollte.
RICHTIG / FALSCH

4 Kommunisten glauben an die gemeinsame Kontrolle über alles Eigentum und an ein System, in dem jeder gemäß seinen Fähigkeiten und Bedürfnissen seinen Beitrag leistet und von den Ergebnissen profitiert.
RICHTIG / FALSCH

5 Anarchisten glauben an die vollständige Abschaffung des Staates, wobei Regierungsfunktionen durch freiwillige Institutionen ersetzt werden.
RICHTIG / FALSCH

ZEHN DINGE, DIE EIN GENIE WEISS

1 Whigs und Torys

Die Wurzeln des modernen, westlichen Parteiensystems lassen sich bis ins England der 1660er-Jahre zurückverfolgen. Damals kehrte Karl II. nach einem Bürgerkrieg auf den Thron zurück. In seinem Parlament konkurrierten zwei Fraktionen um die Macht: die Whigs, welche die Macht des Monarchen begrenzen wollten, und die Torys, denen zufolge die Macht des Königs erhalten bleiben sollte. Die Bezeichnung »Torys« lebt noch heute als Synonym für die britischen Konservativen fort, aber die Wirklichkeit ist ziemlich komplex: Während der heutige Liberalismus in seinen insgesamt progressiven Ansichten noch eher an die Whig-Tradition erinnert, stützt sich der moderne Konservatismus sowohl auf das Denken der Whigs als auch auf das der Torys.

2 Der moderne Konservatismus

Der Konservatismus in seiner modernen Form wird häufig auf die Schriften des irischen Politikers Edmund Burke zurückgeführt, obwohl dieser eigentlich als Whig im Parlament saß.

Burke war zwar ein Anhänger der Amerikanischen Revolution in den 1770er-Jahren und ein Befürworter der frühen »Bürgerrechte«, aber die Gewalttätigkeiten der Französischen Revolution von 1789 erschreckten ihn zutiefst. Fortan plädierte er für die Verfestigung der sozialen Hierarchie sowie die Stärkung religiöser und sozialer Traditionen. Der savoyische Philosoph Joseph de Maistre propagierte etwa zur gleichen Zeit ähnliche Ansichten, die in der französischsprachigen Welt von beträchtlichem Einfluss waren. Das Grundprinzip für beide war, dass die herrschende Klasse am besten geeignet sei, das Erbe eines Landes zu schützen. Mit ihren Rechten gingen aber auch Pflichten einher.

3 Locke und die Ursprünge des Liberalismus

Die liberale Tradition kann bis auf die *Zwei Abhandlungen über die Regierung* (1689) des Philosophen John Locke zurückverfolgt werden. Locke glaubte, dass eine Regierung ihre Macht vom Volk erlange, welches ihr willentlich bestimmte Naturrechte abtrete. Im Gegenzug schaffe und schütze der Staat andere Rechte. Diese Sicht war von großem Einfluss auf die Ausformung moderner Regierungsweisen (so bildet sie die Grundlage der Unabhängigkeitserklärung der USA).

4 Der Aufschwung des Liberalismus

Im 19. Jahrhundert wurde der Liberalismus zu einer wichtigen politischen Kraft. Die Liberalen verknüpften die ökonomischen Theorien von Denkern wie Adam Smith mit den älteren Ideen von Locke und Jeremy Benthams utilitaristischem Konzept von Ethik. Sie sprachen sich allgemein für Freihandel und individuelle Freiheiten aus. Radikaldemokratische Bewegungen, so die frühen Gewerkschaften und Wahlrechtskampagnen, wurden vom Liberalismus aufgenommen, aber es zeigten sich auch Spannungen aufgrund miteinander konkurrierender Interessen. 1859 versuchte der liberale Philosoph John Stuart Mill, diese Konflikte mit seinem Buch *Über die Freiheit* (1859) auszugleichen: Staatsgewalt gegenüber Individuen sei nur dann gerechtfertigt, wenn sie diese Individuen davon abhalte, andere zu schädigen. Mill führte auch das Problem der

»Tyrannei der Mehrheit« in die Debatte ein und plädierte aus diesem Grund für einen starken verfassungsmäßigen Schutz individueller Rechte.

5 Die Ursprünge des Sozialismus

Argumente für eine eher egalitäre Regierungsform gingen aus Religionen wie dem Islam und dem Christentum hervor, und sowohl während der Reformation als auch im englischen Bürgerkrieg versuchten protestantische Sekten, quasi-sozialistische Gesellschaften zu bilden. Die moderne Form des Sozialismus mit ihrer Grundüberzeugung, dass die Arbeiter die Produktionsmittel selbst besitzen und einen Anteil an den Profiten aus ihrer Arbeit erhalten sollten, hat ihren Ursprung allerdings erst in der industriellen Revolution. Napoleons Aufstieg erstickte die Versuche, nach der Revolution in Frankreich eine egalitäre Politik zu etablieren, und so war Großbritannien das Land, in dem die ersten erklärtermaßen sozialistischen Gruppierungen hervortraten. Zunächst beschränkten sich die sozialistischen Ideen auf die Schaffung sogenannter utopischer Gemeinschaften und »Arbeitergenossenschaften« – Gewerkschaften waren in Großbritannien durch eine Reihe von Gesetzen, die man seit 1799 verabschiedet hatte, verboten worden.

6 Politisierte Arbeiterschaft

Mitte des 19. Jahrhunderts wurde der Sozialismus zu einer wichtigen politischen Kraft. Die entsetzlichen Lebensbedingungen der Arbeiter und Bauern führten zur Entstehung verschiedener reformistischer Bewegungen, und mehrere Missernten in den 1840er-Jahren brachten das Fass zum Überlaufen. Karl Marx und Friedrich Engels veröffentlichten das *Manifest der Kommunistischen Partei* An-

fang 1848, und noch im selben Jahr brachen überall in Europa Revolutionen aus (wobei das zeitliche Zusammentreffen weitgehend dem Zufall geschuldet ist). Großbritannien reagierte auf die Unzufriedenheit schon vor den Umsturzbewegungen mit dem *Great Reform Act* (1832). Dieses Gesetz beruhigte die bürgerliche Mitte, aber die Massenbewegung der Chartisten stritt weiterhin für politische Reformen. Obwohl die Chartisten ihre Ziele nicht erreichten, machte die 1918 erfolgte Ausweitung des Wahlrechts auf alle Männer und die meisten Frauen den Weg für die erste Labour-Regierung frei, die wenige Jahre später an die Macht kam.

7 Demokraten und Republikaner

Die Vereinigten Staaten fußten auf Lockes liberalen Prinzipien, aber ihre einzigartige Geschichte hat einige Besonderheiten im Parteiensystem hervorgebracht. Die Demokraten und Republikaner von heute gehen beide auf eine 1791 von Thomas Jefferson gegründete Partei zurück, mit der er sich gegen die Föderalisten um Alexander Hamilton stellte. Nachdem sie über die Föderalisten gesiegt hatte, brach die Partei 1824 auseinander, und aus ihr entstanden unter anderem eine sozialkonservative Demokratische Partei und eine progressivere Whig-Partei, die viele frühere Föderalisten aufnahm und letztlich zu einer insgesamt liberalen Republikanischen Partei wurde. Dass diese politischen Positionen heute genau umgekehrt verteilt sind, hat vor allem drei Gründe: Der ehemalige Präsident Theodore Roosevelt überließ die Republikaner wirtschaftsfreundlichen Flügeln, um 1912 für die Progressive Partei zu kandidieren; der Demokrat Franklin D. Roosevelt verfolgte in den 1930er-Jahren sein kluges »New Deal«-Programm, und unter Lyndon B. Johnson unterstützten die Demokraten in den 1960er-Jahren die Bürgerrechtsbewegung.

8 Paternalistischer Konservatismus

Eine langlebige und erfolgreiche Methode der Konservativen, den Herausforderungen des Liberalismus und Sozialismus entgegenzutreten, war der Paternalismus. Während die Klassenhierarchie nicht angetastet wurde, fühlten sich die Paternalisten immerhin verpflichtet, den unteren Klassen eine stabile Gesellschaft zu gewährleisten. Wohlhabende Konservative sahen also die Notwendigkeit, die Bedürfnisse der Massen auf philanthropischem Wege zu befriedigen (und ihnen nebenbei moralische Führung zuteilwerden zu lassen). Dieser in Großbritannien wie in den USA verbreitete paternalistische Deal erlaubte es den Konservativen, einen großen Teil der Wählerschaft aus der Arbeiterklasse anzusprechen und somit häufig die Regierung zu bilden. Auf dem europäischen Festland und in Lateinamerika spielten religiöse Einflüsse eine Rolle bei ähnlich motivierten »christdemokratischen« Bewegungen, die meist eine Mitte-rechts-Politik verfolgten. Der deutsche Kanzler Otto von Bismarck schuf beispielsweise in den 1880er-Jahren den ersten Wohlfahrtsstaat der Welt, um auf diese Weise die Unterstützung der Arbeiterklasse zu gewinnen, die sonst wahrscheinlich zur sozialistischen Konkurrenz abgewandert wäre. Er nannte eine solche Politik »praktisches Christentum«.

9 Der Ausgleich nach dem Krieg

Nach dem Ende des Zweiten Weltkriegs waren viele europäische Länder in einem prekären Zustand. Das Bedürfnis nach wirtschaftlichem Wiederaufbau und, in manchen Fällen, völlig neuen Regierungssystemen war weit verbreitet. Alle Nationen sahen die Notwendigkeit einer Friedensdividende – nicht zuletzt angesichts der starken Expansion des Sowjetblocks. In Großbritannien übernahm 1945 Clement Attlees Labour Party die Macht; sie schuf einen Wohlfahrtsstaat und ein staatliches Gesundheitssystem, das als Vorbild für andere Länder betrachtet wurde. Die USA erlebten währenddessen einen Wirtschaftsboom, der zu einer allgemeinen Zufriedenheit mit den ökonomischen Bedingungen führte, und die Ungleichheit reduzierte sich allmählich. Diese Phase des Nachkriegs-Konsenses war eng mit den ökonomischen Vereinbarungen von Bretton Woods verbunden, die über vier Jahrzehnte in Kraft waren.

10 Neoliberalismus und Neokonservatismus

Die »neoliberale« Sichtweise, die in den letzten Jahrzehnten die Politik dominiert hat, ist im Grunde eine Wirtschaftsphilosophie. Der Neoliberalismus plädiert für eine Rückkehr zum liberalen Kernprinzip einer *Laissez faire*-Wirtschaftspolitik und für minimale Eingriffe der Regierung. Sowohl US-Präsident Reagan als auch die konservative britische Premierministerin Thatcher vertraten diese Ideen und begannen mit umfassenden Deregulierungen, Privatisierungen und Kürzungen der Staatsausgaben. Unter späteren, scheinbar weiter links stehenden Regierungen wurde diese Politik fortgesetzt, und sie verbreitete sich weltweit. Anhänger des Libertarismus führen diese Prinzipien bis ins Extrem: Die Regierung soll in alle Aspekte der Wirtschaft oder des persönlichen Lebens so wenig wie möglich eingreifen. Die Neokonservativen übernehmen zwar auch die Wirtschaftslehre des Neoliberalismus, wollen dem sozialen Wandel aber Grenzen setzen.

// WIE EIN GENIE REDEN

■➡ »Die Vorstellung von linken oder rechten politischen Flügeln stammt aus der Französischen Revolution. Damals spaltete sich die Nationalversammlung in die Unterstützer des Königs, die rechts vom Präsidenten saßen, und in die Anhänger der Revolution zu seiner Linken. Die Rechten mochten dieses Arrangement nicht, weil sie nicht wirklich an politische Gruppenbildungen glaubten, aber sie fügten sich schließlich, damit sie sich untereinander besser verständigen konnten.«

■➡ »Der große Erfolg des Neoliberalismus lag darin, dass er zumindest eine Zeitlang alle Welt von seiner Alternativlosigkeit überzeugte. Konkurrierende Ideen zur Wirtschaftsführung wurden an die Seitenlinien gedrängt, und die Mainstream-Ökonomie debattierte nur noch über das richtige Ausmaß an Management. Man könnte sagen, dass die Finanzkrise von 2008 das unvermeidliche Endergebnis solcher Trends war.«

■➡ »Die erste Regierung, die so richtig auf neoliberale Wirtschaftspolitik stand, war überraschenderweise die chilenische Militärjunta unter General Pinochet. Die Militärs wussten bei ihrer Machtübernahme nicht recht, wie sie mit der schwächelnden Wirtschaft umgehen sollten, und so beriefen sie eine Gruppe von Ökonomen, die allesamt an der Universität Chicago unter Milton Friedman studiert hatten. Bis 1982 hatten sie zwar keine großen Erfolge zu verzeichnen, aber Thatcher oder Reagan schien das nicht zu entmutigen.«

👁 WAREN SIE EIN GENIE?

1 RICHTIG – Allerdings sind manche Strömungen des modernen konservativen Denkens in sozialer Hinsicht liberaler geworden.

2 FALSCH – Die Sozialisten sind zwar für eine Umverteilung des Einkommens von den Reichsten zu den Ärmsten, aber sie gehen selten so weit, Wohlstandsunterschiede völlig ausräumen zu wollen.

3 RICHTIG – Liberale wollen dem staatlichen Eingreifen in die Freiheit des Individuums strikte Grenzen setzen.

4 RICHTIG – Beachten Sie aber, dass der marxistische Kommunismus, wie man ihn im Ostblock durchzusetzen versuchte, nicht die einzig mögliche Form ist.

5 RICHTIG – Allerdings gibt es klare Trennlinien zwischen dem traditionellen Anarchokommunismus und dem Anarchokapitalismus, dem zufolge Institutionen durch den freien Markt und vertragliche Lösungen ersetzt werden können.

> ### 🖊 KURZFASSUNG für Hochstapler
>
> Die wichtigsten politischen Philosophien sind durch unterschiedliche Haltungen zu den Fragen Hierarchie, Gleichheit und Freiheit definiert, aber wo in den Debatten die politische Mitte liegt, wird jedes Mal anders wahrgenommen.

NETZPOLITIK

»[D]as Recht auf freie Meinungsäußerung [bedeutet] nichts mehr [...], wenn die kommerzielle Kakophonie eine solche Lautstärke angenommen hat, dass einen niemand mehr hören kann.«
– NAOMI KLEIN –

Der Aufstieg der sozialen Medien ist in der Lage, einen Wandel in der Politik herbeizuführen, und hatte in jüngster Zeit weltweit großen Einfluss auf demokratische Wahlen. Die digitalen Plattformen versprechen, die Macht der traditionellen Medien durch niedrige Veröffentlichungskosten deutlich einzugrenzen, und verwandeln das ganze Internet in einen riesigen Debattierclub. Gleichzeitig errichten dieselben Plattformen aber oft neue Barrieren, die uns unbequeme Wahrheiten vorenthalten könnten. Jedes vermeintliche Genie braucht eine Strategie, um dieses digitale Minenfeld sicher durchqueren zu können.

> Die Revolution der sozialen Medien prägt verschiedenste Bereiche unseres Lebens, ob wir uns direkt an ihr beteiligen oder nicht.

 SIND SIE EIN GENIE?

1 Inzwischen hat Facebook in den USA die Rundfunkmedien als wichtigste Nachrichtenquelle der Menschen abgelöst.
RICHTIG / FALSCH

2 Der Begriff »Meme« hat dieselbe griechische Wurzel wie das Wort »Imitation«.
RICHTIG / FALSCH

3 Onlinepublikationen unterliegen nur in dem Land, in dem das Material bereitgestellt wird, den Gesetzen gegen Verleumdung.
RICHTIG / FALSCH

4 Mitte der 2010er-Jahre waren die Werbeeinnahmen von US-Zeitungen bis auf das Niveau der 1950er-Jahre geschrumpft.
RICHTIG / FALSCH

5 In den meisten Ländern gibt es für politische Onlinewerbung, verglichen mit der in Printmedien, kaum Regulierungen.
RICHTIG / FALSCH

ZEHN DINGE, DIE EIN GENIE WEISS

1 Das Medium und die Botschaft

Als Erster hat wohl der kanadische Intellektuelle Marshall McLuhan die Sprengkraft der Medientechnologie erkannt. Schon im Jahr 1964 schrieb er, dass das übertragende Medium genauso wichtig sei wie der Inhalt, den es übermittelt, wobei er die denkwürdige Wendung »Das Medium ist die Botschaft« prägte. McLuhans Sorge war, dass uns die Beschäftigung mit dem medial übertragenen, offensichtlichen Inhalt davon ablenkt, wie die jeweilige Technologie schleichend unser Denken und unsere soziale Interaktion verändert. Im Sinne McLuhans ist die Revolution der sozialen Medien nicht wegen der einzelnen auf diese Weise überbrachten Botschaften von Bedeutung, sondern durch die Art, wie sie unsere Gesellschaft und unser Denken formt: Sie demokratisiert das Publizieren und bietet auch Ansichten jenseits des Mainstreams eine Plattform, verkürzt zugleich aber unsere Aufmerksamkeitsspanne und beeinflusst, welchen Informationsquellen wir vertrauen.

2 Kulturkampf

Die sozialen Medien haben allerdings auch zu einer Verschärfung des sogenannten Kulturkampfes geführt. Das sind Spannungen zwischen konservativen und progressiven Ansichten, wie es sie in der Politik schon immer gegeben hat, die sich aber seit der gesellschaftlichen Liberalisierung der 1960er-Jahre verstärkt haben. Das Phänomen wurde 1991 vom US-Soziologen James Davison Hunter untersucht. Er behauptete, dass in den USA unterschiedliche Weltanschauungen inzwischen zu einem wichtigeren politischen Faktor avanciert waren als die traditionellen Gräben von Klasse, »Rasse« und sogar Parteizugehörigkeit. Obwohl bis dahin die meisten Politiker aller Lager die Liberalisierung früherer Normen weitgehend akzeptiert hatten, wies Hunter präzise die Entstehung einer bedeutenden Gruppierung nach, die jene Veränderungen gern rückgängig gemacht hätte, obwohl sie zugleich für eine ganz und gar moderne, deregulierte Wirtschaftsform warb, was einer gewissen Ironie nicht entbehrt.

3 Identitätspolitik

Die Vorstellung, dass die eigene politische Haltung durch die subjektive Identifikation mit einer bestimmten Gruppe (egal ob durch Geburt oder freie Entscheidung) bestimmt wird, geht auf die Bürgerrechts- und Antikriegsbewegung der 1960er-Jahre in den USA zurück. Meist stehen solche Gruppierungen politisch links und kämpfen für soziale Gerechtigkeit und gegen den Status quo. Trotzdem werden manche dieser sich selbst abgrenzenden Gruppen dafür kritisiert, dass sie exklusiv seien und zu Zersplitterung und internen Streitigkeiten neigten (ein Phänomen, das Sigmund Freud bereits 1930 den »Narzissmus der kleinen Differenzen« nannte). Identitätspolitik wird oft von Konservativen attackiert, die sich sozialem Wandel widersetzen. Aber auch einige Linke bemängeln, dass sie das große Ganze, den Kampf gegen die soziale Ungleichheit, aus den Augen verliere. Auch Nationalismus (vgl. S. 148) kann als eine Form der Identitätspolitik von rechts aufgefasst werden.

4 Memes

Der Evolutionsbiologe Richard Dawkins prägte bereits 1976 den Begriff »Meme«, um so auf eine Parallele zwischen der Evolution nach Darwin und der Verbreitungsweise von Ideen in der menschlichen Gesellschaft hinzuweisen. Heute zählen Memes (oft als Retweets, Fotos mit Untertiteln oder kurze Videoclips) zu den häufigsten und rasantesten Kommunikationsformen in den sozialen Medien. Ihre Verbreitung beruht auf einer ganz eigenen Form von natürlicher Auslese: Die erfolgreichsten unter ihnen werden immer stärker, breiten sich durch *Likes* und *Retweets* aus und mutieren dabei womöglich durch ergänzende Kommentare, während die schwachen strauchelnd um ein Publikum ringen. Wie bei einem Gen verweist auch die Stärke eines Memes auf seine Eignung, in einem bestimmten Umfeld zu überleben und sich fortzupflanzen. Doch natürlich ist die Popularität eines Memes nicht unbedingt ein Zeichen für objektiv wahre oder nützliche Informationen: Es kann genauso gut bekannte Vorurteile nähren oder einfach nur witzig sein.

5 Shitstorms im Internet

Zu den verstörendsten Aspekten der Internetkultur zählt der sogenannte Shitstorm, das übereilte Verhöhnen all jener, die eine vermeintliche Grenze überschritten haben – egal ob durch Handlungen in der realen Welt oder Kommentare im Internet. Das Phänomen ist nicht neu, schließlich sind Dämonisierungen eine altbekannte Erscheinung in den klassischen Medien, vor allem in Zeiten erhöhter Spannungen. Als soziales Phänomen interpretiert, reichen die Wurzeln der Bestrafung von Tabubrechern wahrscheinlich bis tief in die Evolution der Primaten zurück (bei Schimpansen werden individuelle Regelverstöße ganz ähnlich geahndet). Die digitale Variante ist eine Art Meme, bei dem wütende User die ursprüngliche Handlung oder Aussage weiterver-

breiten und andere aufrufen, ihrer Empörung ebenfalls Luft zu verschaffen. Wie so oft im Internet trägt die vermeintliche Anonymität dazu bei, dass das Ganze ziemlich heftige Züge annimmt.

6 Privatsphäre – online und offline

Welche Social-Media-Plattform man auch nutzt, man gibt dafür immer einen Teil seiner Privatsphäre auf. Die Plattformen verdienen am Verkauf von Werbung und personalisieren diese mithilfe von Algorithmen, die ausgehend vom persönlichen Browserverlauf ein detailliertes Nutzerprofil erstellen. Allerdings reichen diese Profile zusehends über die Onlinewelt hinaus, da Einzelne auch in der realen Welt versucht sind, immer mehr Informationen über ihr Leben preiszugeben. Und obwohl öffentlich zunehmend über die Fähigkeit und Macht des Staates zum Datensammeln diskutiert wird, sind viele von uns offensichtlich bereit, im Tausch gegen scheinbar kostenlose Dienste intimste persönliche Informationen an Unternehmen weiterzugeben. Tatsächlich ist es aber wohl so wie in dem bekannten Satz: Wenn du nicht für das Produkt zahlst, bist du *selbst* das Produkt.

7 Die Filterblase

In bisher unbekannter Weise verstärken soziale Medien unsere Neigung, abweichenden Meinungen aus dem Weg zu gehen. Wenn feste Ansichten hinterfragt und untergraben werden, führt das zu physiologischen Reaktionen, die denen bei einem körperlichen Angriff sehr ähneln. Daher ist es verständlich, dass die meisten von uns sich lieber schützen und derartige Konfrontationen vermeiden wollen. Das tun sie, indem sie in den sozialen Medien denjenigen Kanälen folgen, die sie in ihrer Weltsicht bestärken, oder indem sie auf

»blockieren« klicken. In ihrem Wunsch, uns durch passende Inhalte bei der Stange zu halten (und damit Werbeeinnahmen zu erzielen), erledigen Suchmaschinen und soziale Medien heimlich eine ähnliche Aufgabe für uns. Das geht so weit, dass viele Menschen in einer »Filterblase« leben, der man nur durch bewusste Anstrengung entkommt.

8 Die Herausforderung für die alten Medien

Durch den Aufstieg der sozialen Medien und Online-Nachrichtenquellen stehen die klassischen Medien, allen voran die Presse, vor einer existentiellen Herausforderung. Durch die sofortige Verfügbarkeit von Berichten können soziale Medien den von Natur aus behäbigen Printmedien um Längen voraus sein. Zudem bedeutet die unbegrenzt nutzbare Bildschirmfläche, dass auch das Internet profunde Analysen und Betrachtungen liefern kann, die zuvor lange der einzige Vorteil der Zeitungen gegenüber Radio und Fernsehen waren. Man mag es für positiv halten, dass der Einfluss einer Handvoll vermögender Meinungsmacher schwindet (denn obwohl die meisten Zeitungen inzwischen online sind, haben sich für einen Bruchteil der Kosten im Internet bereits neue Akteure mit anderen Ansichten etabliert). Doch dass für den teuren, aber wichtigen Investigativjournalismus (egal in welchem Medium) jetzt weniger Mittel zur Verfügung stehen, ist sicherlich eine negative Folge.

9 Zielgerichtete Botschaften

Seit 2016 werden regelmäßig Fragen danach laut, ob Facebook, Twitter und Co. einen direkten Einfluss bei demokratischen Wahlen haben. Das galt 2016 insbesondere für das Brexit-Referendum und die Wahl des US-Präsidenten. Manch einer behauptet, das Erstellen von Social-Media-Profilen sei inzwischen so weit perfektioniert, dass man Informationen über die Vorlieben eines Users nutzen könne, um seine politische Zugehörigkeit und sogar seine psychischen »Druckpunkte« auszumachen und ihn womöglich dazu zu bringen, seine Wahlentscheidung zu ändern. Das würde es erlauben, Einzelwählern gezielt maßgeschneiderte Nachrichten zu schicken, die für Außenstehende – im Gegensatz zu Werbung in den Massenmedien – unsichtbar sind und somit nur schwer korrigiert werden können. Die Organisatoren jener beiden Wahlkampagnen jedenfalls haben riesige Summen an Firmen gezahlt, die nach eigenen Angaben diese Art von Technologie einsetzen.

10 Fake News

Laut Definition sind Fake News völlig falsche Geschichten, die die Vorurteile einer bestimmten politischen Gruppierung nähren und sich deshalb als Memes verbreiten. So manche verwenden den Begriff aber missbräuchlich, um damit echte Nachrichtenbeiträge anzugreifen, die nicht dem gewünschten Narrativ entsprechen. Nichtsdestotrotz werden die eigentlichen Fake News entweder von Interessengruppen in die Welt gesetzt, um einem politischen Gegner zu schaden, oder schlichtweg erfunden, um als Meme Werbeeinnahmen zu generieren. Indes versuchen Social-Media-Plattformen darauf zu reagieren, dass sie als politischer Störfaktor ausgenutzt werden, und bemühen sich um Maßnahmen, mit deren Hilfe man Fake News melden und ihrer Verbreitung entgegenwirken kann. Zudem gibt es heftigen Streit darüber, ob soziale Medien genauso viel Verantwortung tragen sollten wie klassische Herausgeber und wie weit das Recht auf Meinungsfreiheit im Internet überhaupt reicht.

// WIE EIN GENIE REDEN

▮➡ »Sind die sozialen Medien von Natur aus parteiisch zugunsten der politischen Linken? Sicher gibt es Gründe, das zu vermuten – so zeigte eine Untersuchung im Vereinigten Königreich, dass Progressive sie eher für etwas Gutes hielten (und sich daher eher mit ihnen befassten), während Konservative sie im Allgemeinen als etwas Schlechtes ansahen. Wenn Sie aber denken, dass das, worüber sich all Ihre Medienquellen einig sind, für die ganze Öffentlichkeit repräsentativ sei, folgt vielleicht bald das böse Erwachen.«

▮➡ »Der Arabische Frühling, der 2010 in Tunesien einsetzte und sich dann rasant im Nahen Osten ausbreitete, war ein früher Hinweis auf die politische Macht sozialer Medien. Apps trugen dazu bei, dass Neuigkeiten sich fernab der staatlich kontrollierten Kanäle schnell verbreiteten, und wurden auch zur Organisation der Proteste eingesetzt – die Nutzung von Facebook etwa nahm rapide zu. Trotzdem ist das Ganze komplizierter: 2011 gelang in Libyen eine Revolution, obwohl der Zugang zum Internet stark eingeschränkt war.«

👁 WAREN SIE EIN GENIE?

1 FALSCH – Obwohl die sozialen Medien für junge Menschen zu den wichtigsten Nachrichtenquellen zählen, bevorzugen ältere Semester weiterhin klassische Medien.

2 RICHTIG – Er geht auf das Wort *mimeme* zurück, das »etwas, das imitiert wird« bedeutet.

3 FALSCH – Auch wenn die Rechtslage komplex ist und sich ständig ändert, gilt Hosting im Ausland nicht als ausreichender Schutz vor Strafe.

4 RICHTIG – Infolge des Einbruchs der Werbeeinnahmen seit 2000 musste mindestens jede dritte Zeitung in den USA eingestellt werden.

5 RICHTIG – Obwohl auch hier gilt, dass sich das Recht ständig an neue Gegebenheiten anpasst.

WÄHLEN

🖊 KURZFASSUNG für Hochstapler

Die digitale Revolution hat die Welt vielleicht in ein globales Dorf verwandelt, aber sie hat auch zu einer stärkeren politischen Polarisierung geführt und sogar die Demokratie selbst bedroht.

GLOBALISIERUNG UND NATIONALISMUS

»Wenn die Globalisierung erfolgreich sein soll, muss sie für die Armen und Reichen erfolgreich sein. Sie darf nicht weniger Rechte bringen, als sie Reichtum bringt.«

— KOFI ANNAN —

Selbst vor der großflächigen Einführung des Internets hatte die Welt seit der Nachkriegszeit einen gewaltigen Sprung bei der Vernetzung bzw. Globalisierung erlebt. Weltweit wurden einzelne Volkswirtschaften immer abhängiger voneinander, und die Menschen konnten freier reisen. Im Gegensatz dazu wurde der Nationalismus vielerorts für die Verheerungen des Zweiten Weltkriegs verantwortlich gemacht und befand sich auf dem Rückzug. Doch seit der globalen Finanzkrise von 2008 werden die Grundannahmen der Globalisierung mehr als je zuvor in Frage gestellt.

> Die Globalisierung ist mit all ihren positiven und negativen Folgen eine unumgängliche Realität des heutigen Lebens. Die Frage ist nur, wie wir mit ihr umgehen.

SIND SIE EIN GENIE?

1 Man geht davon aus, dass die internationale Verständigung auf standardisierte Frachtcontainer den Handel zwischen den Industrienationen um etwa 700 Prozent in die Höhe getrieben hat.
RICHTIG / FALSCH

2 Als eine Frühform globalisierten Handels verband der Dreieckshandel Spanien, China und Südamerika miteinander.
RICHTIG / FALSCH

3 Obwohl die USA immer noch das reichste Land der Welt sind, ist ihr Anteil an der Weltwirtschaft von etwas mehr als einem Drittel auf weniger als ein Sechstel gesunken.
RICHTIG / FALSCH

4 In den letzten 40 Jahren halbierte sich die Zahl der Menschen, die von weniger als einem Dollar am Tag leben.
RICHTIG / FALSCH

5 Chinas Wirtschaft ist heute 20-mal größer als 1979, als sich das Land entschied, den Weg der Globalisierung einzuschlagen.
RICHTIG / FALSCH

ZEHN DINGE, DIE EIN GENIE WEISS

1 Die Geschichte der Globalisierung

Globalisierung ist nichts Neues. Die Römer hatten schon vor rund 2000 Jahren Handelsbeziehungen, die bis ans Ende der damals bekannten Welt reichten. In der Renaissance lösten die Entdeckungen und Eroberungen der Europäer eine neue Welle des globalen Handels und der Kolonisierung aus, während das darauffolgende imperiale Zeitalter mit der Plünderung der Ressourcen weniger entwickelter Länder besonders hässliche Aspekte offenbarte. Wenn wir heute allerdings von Globalisierung sprechen, meinen wir damit in der Regel die nach dem Zweiten Weltkrieg entstandenen globalen Handelsverflechtungen zwischen Ländern.

2 Globalisierung heute

Direkt im Anschluss an den Zweiten Weltkrieg unterzeichneten die meisten Regierungen das Bretton-Woods-Abkommen. Es regulierte die internationalen Kapitalbewegungen zwischen den einzelnen Ökonomien, um für stabile Wechselkurse und Investitionen in die heimischen Wirtschaften zu sorgen. Zur selben Zeit vereinbarten viele Länder aber auch eine Senkung der Handelszölle, um auf diese Weise das Wirtschaftswachstum anzuregen. Nach dem Zusammenbruch des Systems in den frühen 1970er-Jahren konnte Kapital freier als zuvor zwischen den Ökonomien hin und her fließen, während die niedrigeren Zölle erhalten blieben. Das machte es für multinationale Unternehmen attraktiver, ihre Produkte in Niedriglohnländern herzustellen und anschließend zu importieren, um sie zu Hause an wohlhabende Kunden zu verkaufen.

3 Die Internationalisierung von Produktionsstätten

Zu einem entscheidenden Fortschritt im globalen Handel kam es durch eine überraschend einfache Innovation – den standardisierten Schiffscontainer. Der Containerverkehr reduzierte die Transportkosten enorm, führte zu einem deutlich geringeren Arbeitskräftebedarf in der Schifffahrtsbranche und förderte zugleich die Produktion in Übersee. Im Jahr 1979 öffnete Chinas graduelle Öffnung für die Marktwirtschaft den internationalen Zugang zu einer gewaltigen neuen Arbeiterschaft. Sie weckte aber auch einen Unternehmergeist, der chinesische Firmen allmählich dazu brachte, ihre Handelsvorteile selbst zu nutzen. Auch Japan hatte sich längst vom Produktionsstandort westlicher Hersteller zu einem Weltmarktführer für Technologien und Innovationen entwickelt wie später Südkorea und Indien.

4 Multilaterale Organisationen und Abkommen

Bretton Woods errichtete zwei tragende Säulen des globalen Finanzsystems: den Internationalen Währungsfonds (IWF) und die Internationale Bank für Wiederaufbau und Entwicklung (heute Weltbank). Der IWF war ursprünglich konzipiert worden, um die internationalen Kapitalflüsse zu regulieren, und wird durch die Beiträge seiner Mitglieder finanziert, die bei Finanzproblemen gestützt werden können. Die Weltbank fördert dagegen Investitionen in Entwicklungsländern. Unter dem Einfluss einer zunehmend monetaristischen Wirtschaft unterstützten beide Organisationen die zuerst unter dem Allgemeinen Zoll- und Handelsabkommen (GATT) und später unter dessen

Nachfolger, der Welthandelsorganisation (WTO), geschlossenen Freihandelsabkommen. Diese senkten nicht nur die Zölle auf Sachgüter, sondern ebneten auch den Weg zur Deregulierung des Handels von immateriellen Gütern wie jene der Dienstleistungsbranche, was zum weit verbreiteten Phänomen des Outsourcings führte.

Hyperglobalisierte Ökonomie

⑤   Vor der Finanzkrise von 2008 erlebte die Globalisierung einen Anstieg im Handel und Kapitalfluss zwischen einzelnen Ländern. John Maynard Keynes hatte argumentiert, dass große Ungleichgewichte im Handel (entweder die von Nettoexporteuren produzierten Überschüsse oder die von Nettoimporteuren angehäuften Defizite) von Natur aus destabilisierend wirken, weshalb er sowohl Schuldner als auch Gläubiger in der Pflicht sah, diese Ungleichheiten zu verringern. Doch sein zu diesem Zweck vorgelegtes Modell war durch das Bretton-Woods-Abkommen von 1944 zurückgewiesen worden. Dennoch hatte sich die Haltung, Handelsbilanzdefizite als etwas Schlechtes zu betrachten, bis in die 1980er-Jahre hinein gehalten. Damals stellte Milton Friedman seine These auf, dass sich solche Defizite auf lange Sicht selbst korrigieren. Von jenem bis dato für wichtig gehaltenen Aspekt der Wirtschaftssteuerung befreit, stürzten sich die Regierungen entwickelter Länder in einen Defizitrausch. So haben die USA bei China, auf dem Papier, heute mehr als eine Billion Dollar Schulden.

Protektionismus

⑥   Ein konkreter Nachteil der Globalisierung ist, dass in entwickelten Länder tendenziell Jobs verloren gehen, etwa im produzierenden Gewerbe, und dass die Industrien weniger entwickelter Länder zu einer ungleichen Kon-kurrenz für jene der herkömmlichen Industrieländer werden. Angesichts solcher Bedrohungen mögen höhere Handelsschranken in Form von Zöllen und Quoten als instinktiv richtige Reaktion erscheinen. Doch nach Meinung von Ökonomen ist dieser Protektionismus fast immer die falsche Antwort, und seine Folgen sind oft schlimmer als das Problem, das er zu beheben versucht. Am offensichtlichsten ist, dass sich durch Protektionismus tendenziell die Preise importierter wie heimischer Waren erhöhen – und damit auch die Inflation (so hielten die 1846 abgeschafften britischen »Korngesetze« den Brotpreis hoch, um die Bauern zu schützen). Nicht weniger problematisch ist, dass Protektionismus zu einer spiegelbildlichen Reaktion und somit zu Handelskriegen und einem verlangsamten Wirtschaftswachstum bei allen Betroffenen führen kann (ein entscheidender Grund, warum sich die Große Depression der 1930er-Jahre so in die Länge zog).

Immigration und Arbeit

⑦   Der vermutlich umstrittenste Aspekt des freien Handels ist die Frage, ob er sich auch auf den Arbeitsmarkt erstrecken sollte: Sollten Menschen frei auswandern dürfen, um in anderen Ländern Arbeit zu finden? Aus wirtschaftlicher Sicht lautet die Antwort unmissverständlich: »Ja«, weil Arbeit nur eine andere Art von Wirtschaftsgut ist und daher alle von ihrem freien Austausch profitieren. Groß angelegte Untersuchungen bestätigen, dass Einwanderer zur Steigerung des nationalen BIP beitragen, die Beschäftigungsquote und das Lohnniveau unter den Einheimischen aber alles in allem nicht senken (im Gegensatz zum globalisierten Warenhandel). Dennoch ist Einwanderung keine reine Wirtschaftsfrage; sie kann auch die Anforderungen an öffentliche

Dienstleistungen steigern und in Gemeinden mit großer Einwandererdichte zu kulturellen Spannungen führen. Eigentlich sollten die von eingewanderten Arbeitern erhobenen Steuern mehr als genügen, um die gestiegenen Dienstleistungskosten zu decken. Doch muss die Regierung erst einmal sicherstellen, dass die höheren Einnahmen auch in die richtigen Bereiche investiert werden, und das ist leider – ob aus ideologischen Gründen oder durch bloße Schlamperei – allzu oft nicht der Fall.

8 Multikulturalismus und Monokulturalismus

Die Antwort darauf, wie ein Land mit neu angekommenen Einwanderern umgeht, hängt entscheidend von seiner Geschichte und seiner aktuellen politischen Führung ab. Großbritannien und die USA haben aus historischer Sicht stets den Multikulturalismus bevorzugt. Er erlaubt es Einwanderern, die ethnischen und religiösen Bräuche ihrer Ursprungsländer beizubehalten, solange sie sich an die Gesetze ihrer neuen Heimat halten. Demgegenüber verfolgt Frankreich einen monokulturellen Ansatz, der auf dem Gleichheitsprinzip der Französischen Revolution beruht und den Ankömmlingen keine besonderen Freiräume gewährt – was am deutlichsten an der aggressiven laizistischen Politik gegen muslimische Kleidung zu sehen ist. Beide Ansätze sind (meist von Anhängern der Gegenseite) dafür kritisiert worden, dass sie Ghettos voll entfremdeter Einwanderer schaffen und Menschen so von gesellschaftlicher Teilhabe abhielten.

9 Die Krise der Globalisierung

Besonders in Europa bekam die Globalisierung im letzten Jahrzehnt deutlichen Gegenwind, weil manche ihrer inneren Defizite durch die Nachwehen der Finanzkrise auf grausame Weise offengelegt wurden. Der globale Handel trägt zwar beträchtlich dazu bei, den Wohlstand der einzelnen Länder auszugleichen und das Schicksal der Ärmsten zu verbessern. Doch das größte Problem der Globalisierung besteht darin, dass in den fortgeschrittenen Ländern am Ende fast immer die schlecht bezahlten Arbeiter leer ausgehen, da deren Industriezweige ins Ausland abwandern. Dieses Problem konnte so lange ignoriert werden, wie ein kontinuierliches Wachstum ständig neue, ordentliche Jobs als Ersatz für verlorene Arbeitsplätze lieferte. Doch als 2008 die Krise zuschlug, zerbrach die stillschweigende Vereinbarung zwischen den neoliberalen, die Globalisierung befürwortenden Regierungen und ihrer jeweiligen Arbeiterklasse.

10 Globalisierungskritische Bewegungen

Auf dem Höhepunkt der Globalisierung nahm die Vernetzung der globalen Wirtschaft und Kultur enorm zu, während der Nationalismus offenbar im Rückzug begriffen war. Die Krise von 2008 kehrte diesen Trend um. Sie führte vielerorts zu Protesten gegen die Globalisierungsfolgen sowie zum (Wieder)Erwachen populistischer politischer Gruppierungen, die mehr oder minder erfolgreich versuchten, auf der Unzufriedenheitswelle mitzureiten. Rechte Gruppen beschäftigen sich mit Fragen der Souveränität und der Einwanderung (und das, obwohl es oft gerade ihre Anführer sind, die von den Früchten der Globalisierung profitiert haben). Demgegenüber agieren linke Gruppen meistens aus einer internationalistischen Perspektive heraus, auch wenn sie sich für die Rechte der Arbeiter und für bessere Regulierung starkmachen (vor allem mit Blick auf die Praxis von Firmen, ihre Jobs ins Ausland zu verlegen und keine Steuern auf die Gewinne zu zahlen).

// WIE EIN GENIE REDEN

■➡ »Die Seidenstraße war nicht einfach nur eine Straße, sondern ein ganzes Netzwerk von Straßen und Handelsposten, die Ost und West über Zentralasien miteinander verbanden. Nur sehr wenige Leute haben sie je von einem Ende zum anderen bereist, aber man konnte in der Regel leicht irgendeinen Käufer finden, der einem die Ware abnahm und wusste, wo er sie wiederverkaufen konnte.«

■➡ »Multikulturellen Gesellschaften wird Ghettobildung vorgeworfen, denn Menschen mit ähnlicher Herkunft, ähnlichen Glaubensvorstellungen und sogar Ernährungsweisen leben lieber nah beieinander und ganz in der Nähe ihrer liebsten Läden und Restaurants. Dagegen ist es in manchen Teilen Europas schlicht der Wirtschaft geschuldet, dass sich Ghettos gebildet haben. Wenn man alle gleich behandelt, bedeutet das nämlich auch, dass jemand, der zur Integration vielleicht besondere Hilfe bräuchte, diese nicht bekommt und schließlich als Teil der Unterschicht in einem Sozialbau vor sich hin dümpelt.«

■➡ »Es birgt schon eine gewisse Spannung, dass oft genau jene westlichen Parteien, welche die Globalisierung einst mit ihrem wirtschaftlichen *laissez faire* vorangetrieben haben, als es noch darum ging, ob man die Produktion ins Ausland verlegen durfte, sich jetzt am besorgtesten zeigen, wenn die Folgen der Globalisierung in Form von importierten ausländischen Arbeitskräften zu Hause immer spürbarer werden.«

👁 WAREN SIE EIN GENIE?

1 RICHTIG – Das ist die beste Schätzung, und sie beruht auf den Handelszahlen der 1960er- und 1990er-Jahre.

2 FALSCH – Tatsächlich war der Dreieckshandel der Austausch von Sklaven, handgearbeiteten Waren und Tabak zwischen Afrika, Europa und der Karibik vom 17. Jahrhundert an.

3 RICHTIG – Obwohl auch die US-Wirtschaft in absoluten Zahlen weiter gewachsen ist.

4 RICHTIG – Obwohl die tatsächlichen Lebenshaltungskosten kontinuierlich gestiegen sind und damit noch immer mehr als eine Milliarde Menschen in bitterer Armut leben.

5 FALSCH – Tatsächlich ist die chinesische Wirtschaftsleistung sogar *40*-mal größer als vor der Globalisierung.

> ✏ **KURZFASSUNG für Hochstapler**
>
> Die globalisierte Welt ist das Produkt technologischer Veränderungen, die durch bewusste wirtschaftliche Entscheidungen verstärkt wurden. Versuche, die Globalisierung wieder rückgängig zu machen, könnten verheerende Folgen haben, weshalb es an uns ist, ihre Erträge gerechter zu verteilen.

KAPITALISMUS

»Bei der neuen Gemeinschaft, welche die Kapitalisten soeben errichten,
handelt es sich um eine sehr umfassende und absolute Gemeinschaft, die nichts dulden wird,
das in irgendeiner Weise von ihr selbst unabhängig ist.«

– G. K. CHESTERTON –

Die Wirtschaftsordnung des Kapitalismus basiert auf der Annahme, dass Einzelpersonen und privatwirtschaftliche Unternehmen auf Märkten miteinander interagieren. Diese privaten Akteure, so die Theorie, stellen aus purem Selbstinteresse sicher, dass die Güter und Gelder effizient verteilt werden, obwohl sie, auf die übergeordneten Bedürfnisse der Gesellschaft bezogen, nur selten bewusste Entscheidungen treffen. Doch auch wenn der Kapitalismus mittlerweile fast überall auf der Welt vertreten ist, hat er viele Gesichter. Häufig unterscheidet er sich hinsichtlich der Frage, welche Rolle die Regierung spielen sollte.

> Der Kapitalismus bestimmt die Funktionsweise der modernen Welt. Sie sind vielleicht nicht mit ihm einverstanden, aber Sie sollten wirklich wissen, wie er funktioniert.

SIND SIE EIN GENIE?

1 In der Ökonomie bezeichnet das Kapital die gesamte Bargeldmenge, die in einer Wirtschaft im Umlauf ist.
RICHTIG / FALSCH

2 Im sogenannten Mindestreserve-System müssen die Banken nur über genügend Geld verfügen, um einen kleinen Prozentsatz der Spareinlagen decken zu können.
RICHTIG / FALSCH

3 Das Prinzip des komparativen Kostenvorteils besagt, dass ein Land immer danach streben sollte, Produkte effizienter herzustellen als seine Nachbarn.
RICHTIG / FALSCH

4 Die Hauptaufgaben einer Zentralbank bestehen darin, die Staatsanleihen der nationalen Regierung zu kaufen und Banknoten auszugeben.
RICHTIG / FALSCH

5 Der Bullionismus war eine frühe geldpolitische Konzeption, die den Wohlstand eines Landes einzig an dessen Edelmetallvorräten bemaß.
RICHTIG / FALSCH

ZEHN DINGE, DIE EIN GENIE WEISS

1 Die Geburt des Geldes

Am Anfang bestand Geld größtenteils aus Münzen mit einer Prägung aus wertvollen Metallen, die einen immanenten Wert besaßen. Diese Form von Geld wird Warengeld genannt. Schon bald lernten die Staatsführer jedoch, wie man den Wert eines Zahlungsmittels mindern konnte (und zwar, indem man sein Gewicht bei gleich bleibendem Nominalwert verringerte oder Grundmetalle hinzufügte). Das hatte einen natürlichen Anstieg der Preise zur Folge, konnte aber für Regierungen, die hohe Schulden abzahlen mussten oder über begrenzte Rohstoffreserven verfügten, nützlich sein. Indes kam in China bereits im 7. Jahrhundert zum ersten Mal Papiergeld auf. Theoretisch konnten die Banknoten zwar gegen eine feste Menge Warengeld eingelöst werden. Doch früh schon wurde klar, dass es nicht zwingend nötig war, den angegebenen Wert der Banknoten durch die entsprechende Menge Gold abzusichern.

2 Die merkantilistische Revolution

Der moderne Kapitalismus ist tief im spätmittelalterlichen merkantilistischen England verwurzelt. Zuvor hatte Geld in der Gesellschaft nur eine begrenzte Rolle gespielt, da die meisten Länder einem System der Gutsherrschaft angehört hatten (Kleinbauern und Leibeigene waren ihrem Grundherrn zu Loyalität verpflichtet, der ihnen das Land im Austausch gegen einen Teil ihrer Ernte zur Bewirtschaftung überließ). Der Bevölkerungseinbruch nach dem Schwarzen Tod (um 1350) setzte diesem System heftig zu: Landeigentümer suchten verzweifelt nach Arbeitern, während die Kleinbauern Oberwasser gewannen. Viele wanderten vom Land in die Städte ab, wo sie ihre Arbeitskraft frei anbieten oder Handel betreiben konnten, während andere auf dem Land blieben, aber zu Pachtbauern wurden, die ihre Erzeugnisse gegen Geld verkauften und die Pacht bar bezahlten.

3 Die Handelsgesellschaften

Das Zeitalter der europäischen Expansion im 16. und 17. Jahrhundert bewirkte wichtige Neuerungen im Handelswesen, die von den Niederlanden und England ausgingen. Die vermutlich wichtigste war die »börsennotierte Gesellschaft« im Stil der 1602 gegründeten Niederländischen Ostindien-Kompanie (VOC). Zuvor hatten geschäftliche Unternehmungen, deren Finanzierung für eine Einzelperson zu teuer gewesen wäre, entweder die Form von informellen Partnerschaften oder privaten Aktiengesellschaften angenommen. Die privat gehandelten Anteilsscheine hatten dem Aktionär eine gewisse Teilhabe am Gewinn zugesichert, während seine Haftung einzig auf den Wert der Aktien beschränkt gewesen war, falls das Unternehmen scheiterte. Diese Vorteile bewahrte sich die VOC, fügte ihnen jedoch die revolutionäre Idee hinzu, dass die Aktien auf einem freien Markt öffentlich gehandelt werden konnten. Die Geburt des Aktienhandels bahnte den Weg für ein weitaus leistungsstärkeres System zur Finanzierung teurer Unternehmungen.

4 Die Entstehung der Zentralbanken

Im Jahr 1668 wurde in Schweden die erste staatseigene Zentralbank gegründet, doch das Modell, das von der 1694 gegründeten Bank of England vertreten wurde, erwies sich als einflussreicher. Da sich die britische Regierung unmöglich die damals atemberaubende Summe von 1,2 Millionen Pfund zum Bau einer neuen Kriegsflotte von Privatleuten leihen konnte, kam sie auf die Idee, das Geld mithilfe einer öffentlichen Anleihe zu erwerben und die Gläubiger zu Teilhabern eines haftungsbeschränkten Unternehmens zu machen. Die neue Bank sollte die Staatsanleihen als ihren wichtigsten Vermögenswert verwalten, wofür sie im Gegenzug die Erlaubnis erhielt, Banknoten in Höhe der Anleihen zu drucken. Mit der Zeit weitete sich die Rolle der Bank bei der Steuerung der britischen Wirtschaft beträchtlich aus, und sie wurde zum Vorbild für die Gründung vieler ähnlicher Zentralbanken.

5 Marktwirtschaftliche Blasen

Spekulationsblasen sind ein altbekanntes Phänomen des Kapitalismus. Sie entstehen, wenn Leute davon ausgehen, dass der Preis eines Wirtschaftsguts auf immer und ewig steigen wird, und dieses daher in der alleinigen Erwartung eines zukünftigen Gewinns kaufen. Auf diese Weise verliert der Preis des Guts schnell jeglichen Bezug zu seinem intrinsischen Wert und schießt mit steigender Nachfrage so lange rasant in die Höhe, bis der ganze Prozess sich in einem plötzlichen Kollaps schließlich umkehrt und alle Beteiligten in katastrophale Verluste stürzen kann. Zu den berühmtesten Blasen dieser Art zählen das niederländische Tulpenfieber der 1630er-Jahre, die Südseeblase der 1720er-Jahre (die die Aktienpreise eines geplanten Handelsprojekts beeinflusste) und die »Dotcom-Blase« der späten 1990er-Jahre.

6 Der Wohlstand der Nationen

Der schottische Philosoph Adam Smith wird gewöhnlich als Urvater des Kapitalismus bezeichnet. Das Argument, dass sich der Wohlstand und die Macht von Ländern nicht einfach durch den Erwerb von Reichtümern in Form von Gold und Silber, sondern durch den effizienten Einsatz von Kapital vermehrt, war sein Hauptanliegen in *Wohlstand der Nationen* (1776) und anderen Schriften. Ganz besonders machte sich Smith für die Arbeitsteilung stark – den Gedanken, dass es für einen beispielsweise aus drei verschiedenen Schritten bestehenden Produktionsprozess viel wirtschaftlicher ist, wenn sich je ein Arbeiter auf je einen Schritt konzentriert, als wenn alle drei den gesamten Prozess von Anfang bis Ende übernehmen.

7 Ricardos Erkenntnisse

Im frühen 19. Jahrhundert stellte der englische Ökonom David Ricardo zwei Grundregeln der klassischen Wirtschaftslehre auf. Er behauptete, dass der Wert eines Guts in direktem Zusammenhang mit der zu seiner Herstellung erbrachten Arbeit steht und nicht vom Nutzen für den Käufer abhängt (diese Idee stand so lange im Mittelpunkt, bis Alfred Marshall 1890 zeigte, wie Angebot und Nachfrage den Preis beeinflussen). Außerdem entdeckte Ricardo das Prinzip des »komparativen Kostenvorteils«. Es beschreibt die Tatsache, dass alle Beteiligten davon profitieren, wenn sich Produ-

Land	Portugal	England
Arbeitsstunden pro Tucheinheit	90	100
Arbeitsstunden pro Weineinheit	80	120
Arbeitsstunden für je eine Einheit der beiden	170	220
Summe der produzierten Güter	1 Tuch 1 Wein	1 Tuch 1 Wein
Konzentration des Aufwands auf den effizientesten Industriezweig		
Arbeitsstunden	170	220
Gesamtmenge produzierter Güter	2,15 Wein	2,2 Tuch
Wenn beide Länder durch Handel nun die Hälfte ihrer Produktion miteinander tauschen, dann können sie – für denselben Aufwand, mit dem zuvor von jedem Gut je eine Einheit produziert wurde – am Ende über 1,075 Weineinheiten und 1,1 Tucheinheiten verfügen.		

zenten auf die Herstellung der Güter konzentrieren, die sie selbst am effizientesten produzieren, und mit den resultierenden Überschüssen handeln. Diese Idee bildet den Kern aller Argumente für den Freihandel, und auch wenn sie auf den ersten Blick seltsam erscheinen mag, zeigt das oben genannte Beispiel, wie das Prinzip in der Praxis funktioniert.

8 Karl Marx

Obgleich der deutsche Philosoph Karl Marx gern als der Erzfeind des Kapitalismus dargestellt wird, gibt er wichtige Einblicke in die Funktionsweise des Systems. Sein Werk *Das Kapital* (1867–1894) baute auf Ricardos Arbeitswerttheorie auf und vertrat die These, dass Kapitalisten immer versuchen, den Mehrwert (die Gewinnspanne) ihrer Güter zu maximieren. Schließlich handele es sich um Geld, dass sie reinvestieren könnten, um noch mehr Profit zu erzielen. Marx war überzeugt, dass ihnen das gelingt, indem sie den Arbeitern (dem Proletariat) die geringstmöglichen Löhne zahlen und sie durch das Schreckgespenst der Arbeitslosigkeit unter Kontrolle halten. Er prophezeite, dass dieser Umstand letztlich zu einer Revolution des Proletariats führen würde, bei der die Arbeiter die Kapitalisten stürzen und selbst die Produktionsmittel an sich nehmen würden.

9 Fiatgeld

Der Großteil des heute im Umlauf befindlichen Geldes ist sogenanntes Fiatgeld (abgeleitet vom lateinischen Wort »fiat«, das in etwa »es möge so sein« bedeutet). Statt es durch ungemünztes Edelmetall abzusichern (eine Praxis, die im Grunde mit der Loslösung des Dollars vom Goldstandard im Jahr 1971 endete), erlauben Regierung und Zentralbank, dass sich der Wert des Geldes im Rahmen des sogenannten Mindestreserve-Systems der Banken herausbildet. Die Zentralbank verabreicht der Wirtschaft durch Kredite für andere Banken oder den Kauf von deren Vermögenswerten eine Geldspritze. Das führt wiederum dazu, dass die Banken dieses Geld an die Wirtschaft verleihen und einen Bruchteil davon als Reserve zurückhalten. Durch dieses Kreditgeschäft wächst die Wirtschaft in finanzieller Hinsicht zwar nicht (weil das Geld zurückgezahlt werden muss), es erhöht sich aber die Geldmenge, die im Umlauf ist. Zudem findet das verliehene Geld, sobald es ausgegeben wird, als Kundenguthaben seinen Weg zurück zur Bank, und das meiste davon kann von Neuem verliehen werden.

10 Das moderne Finanzsystem

Das Mindestreserve-System der Banken und Fiatgeld sind das Herzstück des modernen Finanzsystems. Die Frage lautet nur: Ist beides aus dem Ruder gelaufen? Mit dem in diesem Rahmen herausgegebenen, frei fließenden Geld können Finanzinstitute Märkte kreieren, die um ein Vielfaches größer sind als die ihnen zugrunde liegende Wirtschaft. So hat die Globalisierung den Außenhandel (d. h. den tatsächlichen Austausch von Gütern) auf etwa 50 Milliarden Dollar täglich angehoben, während die (angeblich im Dienst dieses Handelszweiges stehenden) Devisenmärkte hundertmal größer sind. Das ist nur eins von vielen Beispielen, und das Ungleichgewicht wird immer extremer, weil die Akteure immer komplexere Finanzinstrumente entwickeln und in Umlauf bringen. Daher war die Krise von 2008 eine sinnvolle Lektion mit Blick auf die Frage: Was kann passieren, wenn diese Art von »Finanz-Engineering« schiefgeht?

// WIE EIN GENIE REDEN

▐▶ »Die Ökonomen streiten noch immer über die Ursache von Blasen. Manche behaupten sogar, dass sie einfach zum natürlichen Konjunkturverlauf dazugehören. Doch nach allgemeiner Ansicht handelt es sich eher um ein gesellschaftliches Phänomen, das möglicherweise öfter auftritt, wenn die fraglichen Vermögenswerte – bezogen auf unser gewohntes Handeln – einen Paradigmenwechsel bedeuten. Bei der Dotcom-Blase und der Südseeblase war das definitiv so. Ich nehme an, dass sich die Leute deshalb in dem Glauben wiegen, ›diesmal wird es sicher anders‹, aber natürlich ist das nie der Fall.«

▐▶ »Die Leute sind selber schuld, wenn sie Marx ablehnen. Dabei war sein größter Fehler zu denken, dass das Ganze in Tränen enden würde. Der Gedanke, dass Kapitalisten und Regierungen zusammenarbeiten könnten, um den Lebensstandard des Proletariats anzuheben, kam ihm einfach nicht in den Sinn.«

▐▶ »Auch die Idee der ›unsichtbaren Hand‹, der selbst organisierten Effizienz von Märkten, geht auf Adam Smith zurück. Doch obwohl fast alle modernen Ökonomen dieses Konzept nicht mehr hinterfragen, ist es verblüffend, wie sehr Marktimpulse den Güterverkehr steuern – ganz ohne irgendeine zentrale Kontrollinstanz. Das ist der Grund, warum man immer eine Packung Milch im Supermarkt bekommt, auch wenn der Laden selbst nur selten Milch wegwerfen muss, die das Verfallsdatum überschritten hat.«

 ## WAREN SIE EIN GENIE?

1 FALSCH – Tatsächlich verstehen die meisten Ökonomen unter Kapital Geld oder Güter, die investiert werden, um in irgendeiner Form Ertrag zu generieren.

2 RICHTIG – Nur selten halten Banken einen Großteil ihres Vermögens in Form von Geld.

3 FALSCH – Der komparative Kostenvorteil besagt eigentlich, dass das Land Produkte herstellen sollte, die es in der eigenen Volkswirtschaft effizienter produzieren kann als andere Güter.

4 RICHTIG – Obwohl moderne Zentralbanken in der Geld- und Währungspolitik noch ganz andere Rollen spielen.

5 RICHTIG – In der Frühen Neuzeit war in Europa die Annahme verbreitet, dass Bullionismus das Richtige wäre.

> ### 🖉 KURZFASSUNG für Hochstapler
>
> Beim Kapitalismus geht es allein darum, die Mittel zu haben, um Güter herzustellen und Gewinn zu machen – doch die Ideen, wie wir das erreichen können, haben sich mit den Jahrhunderten verändert.

MAKRO- UND MIKROÖKONOMIE

»Nicht vom Wohlwollen des Metzgers, Brauers und Bäckers erwarten wir das, was wir zum Essen brauchen, sondern davon, dass sie ihre eigenen Interessen wahrnehmen.«

– ADAM SMITH –

Die umfassende wirtschaftliche Situation eines Landes, Unternehmens oder gar einer Einzelperson hängt von einer schwindelerregenden Mischung von Kräften ab, die in unterschiedlichste Richtungen und auf allen möglichen Ebenen wirken. Im Jahr 1933 traf der norwegische Ökonom Ragnar Frisch die nützliche Unterscheidung zwischen der Makroökonomie (den internationalen, nationalen und regionalen Faktoren, die staatliches Handeln am stärksten beeinflussen) und der Mikroökonomie (den kleinteiligeren Faktoren, die am stärksten auf das Handeln von Individuen und Unternehmen einwirken). Bis heute streiten Wirtschaftswissenschaftler darüber, was einige dieser Faktoren bedeuten und wie man sie kontrollieren sollte.

> Die Ökonomie ist ein Dschungel aus vielen verschiedenen Konzepten. Gelingt es Ihnen, sich im Dickicht von Wechselkursen und effizienten Märkten zurechtzufinden?

 SIND SIE EIN GENIE?

1 Die klassische Ökonomie geht davon aus, dass der Preis eines Produkts sinkt, wenn die Nachfrage steigt.
RICHTIG / FALSCH

2 Die Pareto-Effizienz ist ein Zustand, bei dem Güter unter Parteien abhängig davon aufgeteilt werden, wie viel Nutzen sie ihnen bringen werden.
RICHTIG / FALSCH

3 Die Ökonomie basiert auf dem Glauben, dass jeder Marktteilnehmer erstens so lange am Markt bleibt, wie er über vollständige Informationen verfügt, und zweitens immer rational handelt.
RICHTIG / FALSCH

4 Nach allgemeiner Ansicht von Ökonomen ist eine gewisse Arbeitslosigkeit nötig, um Inflation zu verhindern.
RICHTIG / FALSCH

5 Wenn von außen mehr Geld in eine Wirtschaft fließt, steigen die Preise in der Regel an, um es einzusaugen.
RICHTIG / FALSCH

ZEHN DINGE, DIE EIN GENIE WEISS

1 Einige Grundbegriffe der Mikroökonomie

Ökonomen verwenden alltägliche Begriffe oft auf sehr spezifische Art und Weise. Zunächst ist der »Wert« eines wirtschaftlichen Guts (ein zum Verkauf stehendes Produkt oder eine erbrachte Dienstleistung) ein Hinweis auf dessen immanenten Wert. Dazu zählen auch die direkten Herstellungskosten, nicht nur die Kosten der Rohstoffe, sondern auch der Arbeitskraft, und sogar immaterielle Kosten wie sein intellektueller Wert. Die »Kosten« eines Guts bezeichnen den Geldbetrag, der bei seiner Herstellung ausgegeben wurde, wohingegen sein »Preis« den Geldbetrag meint, für den es verkauft wird (was hoffentlich den Kosten plus einer Gewinnspanne entspricht).

2 Preis, Angebot und Nachfrage

Das Gesetz der Nachfrage besagt, dass die Nachfrage für ein Produkt steigt, wenn der Preis dafür fällt, und dass sie fällt, wenn der Preis steigt. Jedoch besteht für notwendige und schwer ersetzbare Güter oft eine »unelastische Nachfrage«, wodurch sie sich – außer bei extremen Preisveränderungen – durchgängig verkaufen. Ein nah verwandtes Gesetz stellt eine Verbindung zwischen Angebot und Nachfrage her. Beide sollten, egal bei welcher Höhe des Preises, stets zu einem Gleichgewicht finden, damit es immer gerade genügend Waren für die Kaufinteressenten gibt und jeder Verkäufer einen Käufer finden kann. Bei sinkendem Angebot steigen die Preise, was zwar zu weniger Nachfrage, aber auch zur Anregung der Produktion führt, sodass sich wieder ein Gleichgewicht herstellt. Umgekehrt fallen die Preise, wenn das Angebot steigt, und aufgrund fehlender Nachfrage wird die Produktion gedrosselt.

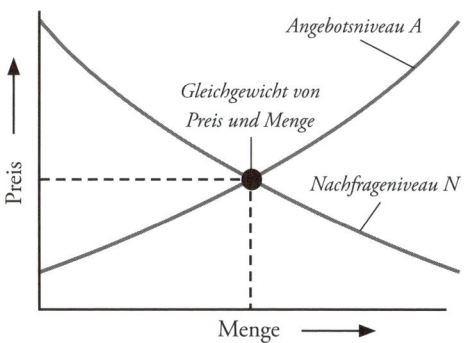

3 Sind Märkte gerecht?

Ökonomen denken sehr viel über das Konzept der sogenannten Pareto-Effizienz nach. Dabei handelt es sich um den Versuch, die Verteilung von Gütern zwischen unterschiedlichen Parteien so zu optimieren, dass der »Nutzen« jedes Einzelnen maximal ist (im Grunde geht es um den Genuss oder die Vorteile, die sie aus diesen Gütern ziehen). Bei einer Pareto-Optimierung werden Güter in bestmöglicher Weise so lange neu verteilt und der Nutzen einiger so lange erhöht, ohne den Nutzen anderer zu verringern, bis zum Schluss die effizienteste Verteilung erreicht ist. Seit Adam Smith' Zeiten haben Ökonomen immer wieder dem Credo vertraut, dass der Handel auf freien Märkten zur Entstehung gerechter, Pareto-effizienter Resultate führen kann.

4 Lassen sich die Prinzipien des Marktes überall anwenden?

Die sogenannten Wohlfahrtstheoreme versuchen die Bedingungen zu beschreiben, unter denen Märkte Pareto-effiziente Ergebnisse hervorbringen. Auch wenn sie in der Theorie funktionieren mögen – in realen Situationen versagen sie allzu oft. So besteht die »Tragik der Allmende« etwa darin, dass jeder Mensch eine gemeinschaftliche Ressource (zum Beispiel die Fische im Dorfteich) frei nutzen darf, deren verfügbare Anteile sich durch diese Nutzung aber für alle anderen verringern. Noch größere Herausforderungen stellen »öffentliche Güter« dar. Dabei handelt es sich um Ressourcen, von denen keiner ausgeschlossen werden darf, die aber trotzdem irgendwie bezahlt werden müssen (etwa die Straßenbeleuchtung). In solchen Fällen sind Besteuerung oder Regulierung die naheliegendsten Lösungen, während marktbasierte Mechanismen allzu oft überreguliert oder wirkungslos ausfallen.

5 Sind Märkte effizient?

Die meisten Ökonomen sind außerdem fest davon überzeugt, dass Märkte »effizient« sind. Mit anderen Worten: Der Preis, zu dem Güter den Besitzer wechseln, ist jederzeit sowohl gerecht als auch rational zu rechtfertigen, weil die beteiligten Parteien alle Faktoren, die es zu berücksichtigen gilt, in vollem Umfang verstehen und auf sinnvolle Weise handeln werden, um ihren eigenen Nutzen zu maximieren. Diese Annahme (die »Markteffizienzhypothese«) ist nötig, damit Ökonomen überhaupt brauchbare Beobachtungen oder Vorhersagen machen können, sie ist aber – gelinde gesagt – auch sehr naiv. Märkte verhalten sich irrational, weil Gier und Angst zu einem gewissen Herdenverhalten führen, das so ziemlich alles auslösen kann – von minütlichen Schwankungen des Aktienkurses bis zur Entstehung riesiger Vermögensblasen, die mit einem katastrophalen Knall zerplatzen. Eine noch recht junge Disziplin, die Verhaltensökonomie, bemüht sich, diese menschlichen Faktoren in die Betrachtung mit einzubeziehen.

6 Inflation

Im Bereich der Makroökonomie ist die Inflation – die Rate, mit der das allgemeine Preisniveau im Laufe der Zeit ansteigt (oder, sehr selten, sinkt) – eine Hauptsorge der meisten Regierungen und Zentralbanken. Es mag überraschen, doch ein langsamer, steter Anstieg wird als etwas Positives betrachtet. Zwischen der allgemeinen Inflation und der Geldmenge, die sich in einer Wirtschaft im Umlauf befindet, besteht ein direkter Zusammenhang. Gibt es in einer gesund wachsenden Wirtschaft einen Geldüberschuss, dann werden die Preise steigen, um dieses Geld aufzunehmen. Durch Inflation verliert »unproduktives« Geld, das auf einem Konto liegt, an Wert, weshalb davon ausgegangen wird, dass sie sinnvolle Investitionen fördert. Zudem hat Inflation aus Regierungssicht den Vorteil, dass sie den realen Wert der Schulden in der nationalen Bilanz verringert. Deshalb gilt eine anhaltend niedrige Inflation oder gar eine Deflation als ebenso schlecht wie eine hohe Inflation.

7 Fiskal- und Geldpolitik

Um Wachstum und Inflation zu regeln, nutzen Regierungen traditionellerweise zwei Werkzeuge. Die Fiskalpolitik beruht auf Steuern und Staatsausgaben: Die Grundidee ist, dass der Wirtschaft durch Steuererhöhungen überschüssiges Geld entzogen werden kann, was zur Senkung der Inflation beiträgt und die Regierung mit Mitteln zur Finanzierung nützlicher Projekte versorgt (die ihrerseits das Wachstum ankurbeln und weitere Einkünfte generieren können, ein »fiskalischer Multiplikatoreffekt«). Auf der anderen Seite geht es bei der Geldpolitik darum, die Geldmenge durch Anpassungen des Leitzinses der Zentralbank zu kontrollieren (der wiederum den von Geschäftsbanken angebotenen Zinsen zugrunde liegt). Bei höheren Zinsen lassen Sparer ihr Geld auf der Bank liegen, während die Nachfrage nach neuen Krediten sowie insgesamt die frei verfügbare Geldmenge (und somit die Inflation) sinkt. Dagegen spülen niedrige Leitzinsen unproduktives Geld aus den Konten und kurbeln die Kreditnachfrage an: Verbrauch und Wirtschaftswachstum werden angeregt, die Inflation steigt.

8 Der Wechselkurs

Der Wechselkurs zwischen verschiedenen Währungen macht das ganze Wirtschaftsgefüge komplizierter, als es ohnehin schon ist. Im Wesentlichen haben die Länder hier zwei Optionen: Sie können den Wechselkurs »festschreiben«, sodass die Währung im Vergleich zu einer anderen Währung immer einen bestimmten Wert hat, oder sie können ihn frei auf den Devisenmärkten schwanken lassen. Feste Wechselkurse bieten Stabilität, nehmen der Regierung aber auch zahlreiche Möglichkeiten der Wirtschaftssteuerung, während Länder mit frei schwankender Währung über alle Mittel der Geldpolitik verfügen, aber weniger Einfluss auf die Preise von Importgütern haben. Mithilfe des Zinssatzes können die Wechselkurse bis zu einem gewissen Grad manipuliert werden. Ein höherer Zins wird normalerweise mehr Investoren anlocken und die Währung stärken, während ein niedrigerer Zins sie in der Hoffnung auf bessere Renditen vertreiben wird.

9 Arbeitslosigkeit

Ein weiterer entscheidender Faktor zur Wirtschaftssteuerung ist die Arbeitslosenquote. Die meisten Ökonomen sind sich einig, dass ein gewisser Grad an Arbeitslosigkeit, wie hart sie für den Einzelnen auch sein mag, unabdingbar ist, damit die Wirtschaft rundläuft (fällt sie zu niedrig aus, können Arbeiter große Lohnerhöhungen fordern, die wiederum die Inflation nach oben treiben). Aus moderner Sicht sind drei unterschiedliche Ursachen auszumachen. Vorübergehende Arbeitslosigkeit entsteht, wenn Menschen zwischen zwei Jobs stehen, während strukturelle Arbeitslosigkeit auf staatliche Probleme zurückgeht, etwa auf mangelnde Qualifikationen der Arbeiter oder sogar ein System von Sozialleistungen, das Arbeitslose von der Suche abhält (was in der Praxis aber nur sehr selten vorkommt). Die dritte Ursache ist fehlende Nachfrage, wie es sie zu gewissen Zeiten im Konjunkturzyklus gibt. Der Theorie zufolge müsste darauf ein Verfall der Preise und damit auch der Löhne folgen, doch in der Realität ignorieren die Unternehmen ihre finanzielle Schieflage häufig und lösen sie durch Entlassungen.

10 Wachstumstheorien

Ökonomen definieren Wachstum als Anstieg des »realen« Bruttoinlandsprodukts (BIP) – das heißt als Zunahme des Wertes aller Güter und Dienstleistungen eines Landes nach Einbezug der Inflation. Dazu werden die langfristigen Wachstumstrends unabhängig von den kurzfristigen Schwankungen des sogenannten Konjunkturverlaufs (ein Zeitraum von ein paar Jahren) betrachtet. Es wird davon ausgegangen, dass langfristiges Wachstum durch technologische Veränderungen und eine gesteigerte Produktivität angetrieben wird. Für die kurzfristigen Zyklen gibt es dagegen sehr unterschiedliche Erklärungen. Neoliberale Ökonomen machen gern »exogene« Faktoren verantwortlich (Störungen des freien Marktes durch den Staat oder andere Akteure), während andere die Dellen im Konjunkturzyklus auf »endogene« oder marktbasierte Faktoren zurückführen, zu deren Korrektur sogar staatliches Eingreifen nötig sein könnte.

// WIE EIN GENIE REDEN

▮➡ »Die Vorstellung, dass es beim Thema Wechselkurse einen Mittelweg geben könnte, ist verlockend: Man könnte es einer Währung zum Beispiel erlauben, innerhalb einer vorgegebenen Spanne frei zu schwanken. Doch leider werden solche Versuche meist von Devisenhändlern unterbunden, die ihre Fähigkeit ausnutzen, die öffentliche Hand zur Unterstützung ihrer eigenen Agenda zu zwingen – mit sehr unschönen Folgen. Im Jahr 1992 hat das Vereinigte Königreich bekanntlich schlechte Erfahrungen mit festgelegten Schwankungsbreiten des Wechselkurses gemacht, und bis heute wird der Tag, an dem alles zusammenbrach, von Politikern als ›Schwarzer Mittwoch‹ bezeichnet.«

▮➡ »Das finanzpolitische Prinzip Besteuern und -Ausgeben wird oft als etwas dargestellt, das vor allem der Regierung bei der Finanzierung bestimmter Aufgaben hilft. Dennoch würden die meisten Ökonomen sagen, dass seine größte Bedeutung in Wahrheit darin besteht, ein Instrument der Wirtschaftssteuerung zu sein. Ein harter Kern von ihnen würde in der Tat sogar behaupten, dass man zur Finanzierung der Staatsausgaben gar keine Steuern braucht, weil die Zentralbanken mit einem einzigen Mausklick noch mehr Fiatgeld aus dem Nichts herbeizaubern können. Der Haken daran ist, dass zusätzliches Geld zu Inflation und zur Entwertung der schon im Umlauf befindlichen Währung führen kann, weshalb man nur in seltenen Fällen auf diese Methode zurückgreifen sollte.«

👁 WAREN SIE EIN GENIE?

1 FALSCH – Der Zusammenhang ist genau andersherum. Die Preise steigen als Reaktion auf steigende Nachfrage, und wenn die Nachfrage sinkt, fallen sie wieder.

2 RICHTIG – Der Vorteil, den Parteien von unterschiedlichen Gütern beziehen, wird als ihr »Nutzen« bezeichnet.

3 RICHTIG – Obwohl Verhaltensökonomen zumindest anerkennen, dass das selten der Realität entspricht.

4 RICHTIG – Man nimmt an, dass annähernde Vollbeschäftigung den Arbeitern zu viel Macht gibt und inflationstreibende Lohnerhöhungen begünstigt.

5 RICHTIG – Aus diesem Grund können Zinssätze und die im Umlauf befindliche Geldmenge dazu verwendet werden, die Inflation zu beeinflussen.

> ✏ **KURZFASSUNG für Hochstapler**
>
> Rein theoretisch sind Märkte ein rationales und effizientes Mittel, um Preise abhängig von Angebot und Nachfrage festzulegen, doch eine Gesamtwirtschaft umfasst noch viele andere komplexe Faktoren.

KEYNESIANISMUS UND MONETARISMUS

»Einer der größten Fehler ist, Politik und staatliche Programme eher nach ihren Absichten als nach ihren Ergebnissen zu beurteilen.«

– MILTON FRIEDMAN –

Zwei gegensätzliche Theorien der Wirtschaftssteuerung prägen seit Ende des Zweiten Weltkriegs die moderne Welt. Die Ideen John Maynard Keynes' stammen aus seinem 1936 veröffentlichten Werk *Allgemeine Theorie der Beschäftigung, des Zinses und des Geldes* und beherrschten die Konsenspolitik der Nachkriegsära. In jüngerer Zeit wurde die Wirtschaftspolitik von den »monetaristischen« Ideen von Friedrich von Hayek, Milton Friedman und den Ökonomen der sogenannten Chicagoer Schule angetrieben. Allerdings hat die schleppende Erholung von der Wirtschaftskrise im Jahr 2008 ein neuerliches Interesse an keynesianischen Ideen bewirkt.

> Besteuern, ausgeben und Schulden machen – oder doch die Geldmenge verändern? So lauten die zwei großen Ideen der Nachkriegsökonomie.

👁 SIND SIE EIN GENIE?

1 John Maynard Keynes behauptete, die Höhe der Nachfrage würde sich automatisch an die Produktionsmenge in einer Wirtschaft anpassen.
RICHTIG / FALSCH

2 Franklin D. Roosevelts New Deal war eine bewusste Umsetzung des keynesianischen Wirtschaftsmodells.
RICHTIG / FALSCH

3 Die Weltbank wurde nach dem Ende des Bretton-Woods-Systems in den 1970er-Jahren gegründet.
RICHTIG / FALSCH

4 Aus Sicht der Monetaristen erhöht man die Inflation am besten, indem man die Geldmenge durch das Drucken von Geld vergrößert.
RICHTIG / FALSCH

5 Aus Sicht von angebotsorientierten Ökonomen sollten Steuersenkungen immer die Reichsten der Gesellschaft treffen, weil es bei ihnen am wahrscheinlichsten ist, dass sie ihr Gespartes in neue, wohlstandsfördernde Projekte investieren.
RICHTIG / FALSCH

ZEHN DINGE, DIE EIN GENIE WEISS

1 Klassische und neoklassische Ökonomie

Bis Anfang des 20. Jahrhunderts folgte das ökonomische Denken (ausgenommen Marx' radikaler Ansatz) einer einzigen Schule, die als »klassische Nationalökonomie« bekannt ist. Sie umfasste die Ideen von Adam Smith, David Ricardo, Thomas Malthus und John Stuart Mill und war politisch liberal ausgerichtet. Aus deren Sicht waren Märkte besser zur Selbstregulierung fähig, wenn es nur minimale staatliche Eingriffe gab, außerdem hielten sie freie Märkte und internationalen Handel für vorteilhafter als Protektionismus. Um 1900 kam es zu einem bedeutenden Umbruch. Die Ökonomen der sogenannten Österreichischen Schule erkannten, dass die Arbeitswerttheorie falsch war. An die Stelle des *Wertes* eines Guts, der durch die zu seiner Herstellung geleistete Arbeit bestimmt wurde, trat nun der durch Angebot und Nachfrage bestimmte *Preis* – eine neue, für die neoklassische Ökonomie charakteristische Denkweise.

2 Das Saysche Theorem

Dieses 1803 vom französischen Ökonomen Jean-Baptiste Say eingeführte trügerisch einfache Wirtschaftsgesetz besagt, dass die Gesamtproduktion stets durch die Gesamtnachfrage ausgeglichen wird. Mit anderen Worten: Das durch die gestiegene gesamtwirtschaftliche Leistung erzeugte Geld werde naturgemäß wieder für Güter und Dienstleistungen ausgegeben. Zwischen den Zeilen lautet die Botschaft, dass es im Fall mangelnder Nachfrage für ein bestimmtes Produkt an anderer Stelle in der Wirtschaft immer eine unbefriedigte Nachfrage geben müsse. Aus diesem Grund sollten Ressourcen durch die Kräfte des Marktes von Bereichen mit mangelnder Nachfrage automatisch zu solchen mit hoher Nachfrage verlagert werden. Das Saysche Theorem wurde zu einem Eckpfeiler des ökonomischen *Laissez faire*-Liberalismus (einer Position, die für minimale Marktinterventionen eintrat), schien es doch zu zeigen, dass eine wachsende Wirtschaft ohne staatliche Eingriffe langfristig zu Vollbeschäftigung und maximaler Effizienz tendieren würde.

3 Die Große Depression

Im Oktober 1929 brach der US-Aktienmarkt zusammen – im Anschluss an ein Jahrzehnt starken und scheinbar ewigen Wachstums, an dessen Ende sich eine riesige Vermögensblase gebildet hatte. Spekulanten und gewöhnliche Investoren blieben auf der Strecke, während die Ausgaben der Konsumenten ins Bodenlose fielen und nicht durch die anerkannte neoklassische Zinssenkungspolitik wieder angekurbelt werden konnten. Als bei den Menschen die Ahnung keimte, dass eine deflationäre Zeit mit sinkenden Preisen bevorstehe, gingen die Ausgaben noch mehr zurück. Und als dann das produzierende Gewerbe zu leiden begann, wurden Zölle eingeführt, welche die Situation rückblickend nur noch verschlimmerten. Das größte Problem bestand aber darin, dass Spekulanten manche Länder durch deren Bindung an den Goldstandard dazu zwingen konnten, die US-Politik nachzuahmen, um den relativen Wert ihrer Währungen aufrechtzuerhalten. Die Effekte verschlimmerten sich in den frühen 1930er-Jahren, und die Rezession weitete sich zur Depression aus – mit weltweit schrumpfenden

Wirtschaften und vielen Millionen Menschen, die ihre Arbeit verloren.

4 Keynes' *Allgemeine Theorie*

Angesichts der Großen Depression befürwortete der englische Ökonom John Maynard Keynes eine radikale Lösung: Die Regierungen sollten durch massive (von Niedrigzinsanleihen finanzierte) Ausgaben Geld in die Wirtschaft pumpen. Dem widersprachen neoklassische Ökonomen mit dem Argument, dass sich die Wirtschaft nach dem Sayschen Theorem letztlich selbst korrigieren würde. Allerdings setzten die USA die keynesianische Politik schon bald unbeabsichtigt in die Tat um. Mit Blick auf einen drohenden sozialen Kollaps führte Präsident Franklin D. Roosevelt 1933 seine Politik des »New Deal« ein, und dieser Mix aus sozialpolitischen Garantien und massiven Staatsausgaben lieferte schnell positive Ergebnisse. Indes machte sich Keynes in seinem 1936 veröffentlichten Werk *Allgemeine Theorie der Beschäftigung, des Zinses und des Geldes* daran, die theoretischen Argumente für das Saysche Theorem auszuhöhlen: Es könne auf lange Sicht funktionieren, doch »auf lange Sicht sind wir alle tot«, wie er prägnant formulierte. Das Kernargument des Keynesianismus lautet, dass kurzfristig nicht das Angebot, sondern die Gesamtnachfrage über das wirtschaftliche Aktivitätsniveau entscheidet.

5 Bretton Woods

Der Zweite Weltkrieg wütete noch, als 1944 in Bretton Woods im US-Bundesstaat New Hampshire Abgesandte von 44 alliierten Ländern zusammenkamen, um über den Wiederaufbau der Nachkriegswelt zu diskutieren. Aus dem Treffen ging ein Währungssystem hervor, das letztlich alle Industrieländer außerhalb des kommunistischen Blocks umfassen

sollte. Es griff einerseits den Freihandelsgedanken auf und strebte andererseits nach Kontrolle des spekulativen Kapitals, welches dem Vorkriegssystem so viel Schaden zugefügt hatte. Keynes führte die britische Delegation an, und das Bretton-Woods-System selbst wird oft als keynesianisches Gebilde dargestellt.

6 Das Ende von Bretton Woods

Bretton Woods sorgte durch ein System fester Wechselkurse für Stabilität. Diese Kurse waren an den Dollar gebunden, der selbst wiederum in Gold konvertierbar war. Obgleich die Wechselkurse vom neu gegründeten IWF überwacht wurden, erzeugte dieses System enorme Ungleichgewichte im Handel, als die US-Wirtschaft dank boomender Exporte wuchs. Da sich die Spielräume der Wirtschaftssteuerung durch die festen Kurse auf die Fiskalpolitik (Besteuerung, Anleihen und Ausgaben) beschränkten, war für geldpolitische Werkzeuge kaum Platz. Mit steigendem Druck schieden immer mehr Länder aus dem System aus und ließen ihre Währungen frei schwanken. Indes begannen auch die USA, ihr eigenes Geldvolumen zu erhöhen, sodass der Dollar schon bald als überbewertet galt. Als US-Präsident Nixon 1971 erklärte, der Dollar sei nicht mehr in Gold konvertierbar, war dies gewissermaßen das Ende des Bretton-Woods-Systems.

7 Die Chicagoer Schule

Das Ende von Bretton Woods wurde als Absage an das keynesianische Modell der Wirtschaftssteuerung gewertet (was ein wenig ungerecht ist). Doch zur selben Zeit ebnete die Entspannung der Wechselkurse einem neuen Denkansatz den Weg, der von Ökonomen an der Universität Chicago vertreten wurde. Ihr Mentor Friedrich von Hayek war ein leidenschaftlicher Befürworter der neoklassischen

Laissez faire-Ökonomie und vertrat eine Haltung, die man heutzutage als Wirtschaftsliberalismus bezeichnen würde. Sein bedeutendster Schüler Milton Friedman machte einige wichtige Fortschritte, die bestimmten Aspekten des Keynesianismus das Wasser abzugraben schienen. Gemeinsam stellten sie die These auf, dass die Geldpolitik, nicht aber die Fiskalpolitik, das beste Mittel sei, um Inflation zu bekämpfen und eine Wirtschaft zu steuern.

8 Der Monetarismus

Das ökonomische Modell des Monetarismus wurde in den 1980er-Jahren unter Ronald Reagan und Margaret Thatcher populär und dominierte die folgenden drei Jahrzehnte. Es vertritt die Ansicht, dass alle wichtigen Belange einer Wirtschaft über die Geldmenge und durch langfristige Zinsanpassungen der Zentralbanken gesteuert werden können. Eine Senkung der Zinsen vergrößere die Geldmenge und fördere Wachstum und Inflation, während Zinserhöhungen zum Sparen animieren, die Inflation senken und das Wachstum bremsen würden. Es ist schwierig, diese Effekte in Abrede zu stellen, aber Politiker und Ökonomen, die sich zur Minimalstaats-Ideologie bekannten, gingen noch einen entscheidenden Schritt weiter: Sie behaupteten, dass die Fiskalpolitik (direkte staatliche Eingriffe in Form von Steuern und Ausgaben) der Wirtschaft aktiv schade.

9 Angebotsorientierte Wirtschaftspolitik

Parallel zum Monetarismus entstand die Angebotspolitik, der zufolge das Saysche Theorem – die Idee, dass ein größeres Angebot sich seine eigene Nachfrage schaffe – nach wie vor zutraf. Ihre Anhänger plädieren für niedrige Steuern, weniger Regulierung und die Privatisierung von »unwirtschaftlichen« staatseigenen Unternehmen. In der Theorie setzen solche Reformen mehr Investitionskapital frei und beleben das Geschäft zum allseitigen Nutzen. Vertreter der Angebotspolitik sind sehr auf Steuersenkungen für die Reichsten erpicht, weil diese Wohlstandsmotoren seien, die viel eher investieren und bessere Jobs für Menschen mit niedrigem Einkommen schaffen würden. Daher wird das Modell auch als »Trickle-down-Theorie« bezeichnet. Der Reichtum soll demnach in der Gesellschaft von oben nach unten »durchsickern«.

10 Schulden- und Austeritätspolitik

Die Ereignisse nach der Finanzkrise von 2008 lenkten den Fokus auf die Frage, wie viele Schulden ein Staat aushalten und wie man sie am besten verringern kann. In der Krise schraubten sich die Schulden weiter nach oben, weil die Regierungen gezwungen waren, enorme Summen zum Kauf von Vermögenswerten (sogar ganze Banken) auszugeben, um so den totalen Systemkollaps zu verhindern. Gleichzeit brachen die Produktionsleistung und das Vertrauen der Konsumenten ein, womit die Steuereinnahmen sanken. Infolge der Krise standen die Länder, grob gesagt, vor zwei breit angelegten Lösungsansätzen für das Schuldenproblem: Manche machten weiter Schulden, um damit einen »fiskalischen Anreiz« aus wachstumsfördernden Infrastrukturprojekten und Steuersenkungen für Geringverdiener (die zusätzliches Geld eher ausgeben) zu finanzieren. Andere strebten nach finanzpolitischer Konsolidierung oder Austerität. Sie senkten die Staatsausgaben in einer Weise, die auf ausgeglichene jährliche Staatsbilanzen abzielt, das Wachstum aber kaum fördert.

// WIE EIN GENIE REDEN

▪➡ »Ich frage mich, ob Keynes, als er den Namen *Allgemeine Theorie* wählte, damit bewusst Einstein kopierte. Sicher ist jedenfalls, dass auch er mit dem Gedanken auszog, ein bislang klassisches Modell zu Fall zu bringen.«

▪➡ »Die Laffer-Kurve ist ein berühmtes Diagramm, das zu beweisen scheint, dass höhere Steuersätze in Wahrheit zu geringeren Staatseinnahmen führen. Sie wirft aber einige wichtige Fragen auf: Wo liegt der ideale Steuersatz für maximale Staatseinnahmen, und wie hoch ist zu hoch? Wenn man zwei Ökonomen danach fragt, wird man vermutlich ein Dutzend unterschiedliche Antworten bekommen.«

▪➡ »Wie die Regierungen nach 2008 mit den Staatsschulden umgegangen sind, hing von ihren jeweiligen Sichtweisen auf die Gesamtwirtschaft ab. Das Austeritätsmodell behandelt Staatsanleihen wie Haushaltsschulden – wenn man die Außenstände weiter erhöht, müsse man, um mit dem Abzahlen beginnen zu können, irgendwie die Ausgaben senken. Dagegen besagt das Modell der fiskalischen Anreize im Grunde, dass man sich Geld leihen sollte, wenn man es günstig haben kann und über sinnvolle Investitionsmöglichkeiten verfügt (etwa ein neues, großes Infrastrukturprojekt). Die fiskalischen Multiplikatoren würden nämlich dafür sorgen, dass man auf lange Sicht mehr Geld zurückbekommt, und kurzfristig brauche man die Alltagsausgaben nicht so stark zu beschneiden.«

◉ WAREN SIE EIN GENIE?

1 FALSCH – Keynes glaubte, die Produktion (das Angebot) würde sich an die schwankende Höhe der Nachfrage anpassen.

2 FALSCH – Zumindest hat Roosevelt nie öffentlich zugegeben, eine keynesianische Politik zu betreiben.

3 FALSCH – Tatsächlich wurde die Weltbank in Bretton Woods gegründet.

4 FALSCH – Statt neues Geld zu drucken, würden Monetaristen die Geldmenge stets lieber mithilfe der Zinsraten anpassen.

5 RICHTIG – Das ist die Grundlage der »Trickle-down-Theorie«.

POSTKAPITALISMUS

»Der […] Kapitalismus […] ist nicht klug, nicht schön, nicht gerecht und nicht sittlich –
und er liefert nur unzulängliche Güter. […] Aber wir sind äußerst perplex, wenn wir uns überlegen,
was an seine Stelle gesetzt werden soll.«

– JOHN MAYNARD KEYNES –

Die langen Nachwehen der Finanzkrise von
2008 führten dazu, dass sich viele Volkswirtschaften weltweit nur langsam erholten.
Manch einer meinte, darin spiegele sich eine
Wiederholung von Fehlern wider, die man
schon während der Großen Depression
durchlitten hatte, und forderte eine Rückkehr
zur keynesianischen Wirtschaftspolitik.
Andere stellten die Frage, ob das Ganze nicht
sogar ein frühes Anzeichen für eine weit
bedrohlichere Krankheit sei. Lag der Kapitalismus womöglich schon auf dem Sterbebett,
nachdem er jahrhundertelang durchgehalten
hatte? Und wenn das der Fall war: Was könnte
seinen Platz einnehmen?

> Kann es uns gelingen, die Vorzüge des
> Kapitalismus gleichmäßiger zu verteilen,
> oder sollten wir stattdessen in Betracht
> ziehen, ein Leben mit weniger Arbeit
> und womöglich in einem völlig anderen
> System zu führen?

 ## SIND SIE EIN GENIE?

1 Der französische Ökonom Thomas Piketty hat
gezeigt, dass die Kapitalrendite normalerweise größer ist als das allgemeine Wirtschaftswachstum.
RICHTIG / FALSCH

2 Ökonomen gehen gemeinhin davon aus,
dass die Entdeckung neuer, zur Ausbeutung
geeigneter natürlicher Ressourcen das Wachstum
antreibt.
RICHTIG / FALSCH

3 Unternehmen werden von den Pensions-
kassen der Angestellten oft dazu gezwungen,
ihre Belegschaft zu verkleinern.
RICHTIG / FALSCH

4 Marktsozialisten sind der Meinung, dass
Regierungen die Kernbereiche der Produk-
tion selbst in die Hand nehmen sollten.
RICHTIG / FALSCH

5 Bill Gates und Elon Musk haben beide
Bedenken gegen die Idee eines bedingungs-
losen Grundeinkommens geäußert.
RICHTIG / FALSCH

ZEHN DINGE, DIE EIN GENIE WEISS

1 Der Niedergang des Kapitalismus

Seit Jahrhunderten prophezeien viele Menschen dem Kapitalismus ein schlimmes Ende – das gilt mindestens seit den Schriften von Karl Marx, der in den 1860er-Jahren voraussagte, dass sich die Spannungen zwischen Arbeitern und Kapitalbesitzern unweigerlich bis zu einer ausgewachsenen Revolution hochschaukeln würden. In jüngerer Zeit vertrat die einflussreiche Studie *Die Grenzen des Wachstums* (1972) des Club of Rome die These, dass das Wachstum der Weltwirtschaft durch die Endlichkeit der natürlichen Ressourcen – gekoppelt mit anderen Problemen wie der Umweltverschmutzung – nach oben begrenzt sei. Das ist aber – da der Wachstumsbegriff seit dem 18. Jahrhundert den Kern der globalen Ökonomie bildet – gleichbedeutend mit der Aussage, dass die Tage des Kapitalismus, wie wir ihn kennen, gezählt sind.

2 Das »Ende der Geschichte«

Das 20. Jahrhundert hat in der Tat bedeutende Arbeiterrevolutionen erlebt, doch diese fanden nicht in jener Art von Wirtschaftsgefügen statt, die Marx vorhergesagt hatte. Die zwei wichtigsten Beispiele für einen Übergang zum Kommunismus waren nicht etwa weit entwickelte bürgerliche Industrienationen, sondern erstens eine Gesellschaft, deren industrielle Entwicklung gerade erst begonnen hatte (Russland), und zweitens eine Gesellschaft, die noch immer überwiegend agrarisch geprägt war (China). Marx' Anhänger behaupten, dass sich daraus die Probleme beider Revolutionen erklären lassen: warum China nach nur wenigen Jahrzehnten zur Marktwirtschaft überging und die Sowjetunion um das Jahr 1990 zusammenbrach. Dennoch scheuten sich die westlichen Demokratien nicht, dies lauthals als Sieg für den Kapitalismus zu werten. In diesem Zusammenhang rief der US-Politikwissenschaftler Francis Fukuyama bekanntlich das »Ende der Geschichte« aus: Von nun an würde der ökonomische und politische Liberalismus unangefochten regieren.

3 Die Ursachen der Krise von 2008

Jene Prognosen einer immerwährenden (neo)liberalen Hegemonie hielten weniger als zwei Jahrzehnte stand, bis die Risse in der Fassade auf dramatische Weise sichtbar wurden. Es ist kaum zu leugnen, dass die Ursachen der globalen Finanzkrise von 2008 tief in den *Laissez faire*-Prinzipien der neoliberalen Wirtschaftslehre wurzelten. Gleiches gilt für eine Politik, die von dieser Sichtweise angespornt wurde und eine Illusion von scheinbar endlosem wirtschaftlichen Wachstum erzeugte. Der Zündfunken entsprang der Entspannung der US-Hypothekenmärkte (in einer Niedrigzinsphase, die bewusst eine Immobilienblase heraufbeschwören sollte). Anschließend breitete sich das Feuer auf der ganzen Welt aus, und zwar dank eines kopflastigen Überbaus aus komplexen Investment- und Handelsprodukten am Finanzmarkt, welcher der Realwirtschaft aufsaß. Dann kam die Labilität der US-amerikanischen »Subprime«-Hypotheken ans Licht, und ein Großteil der weltweit folgenden Panik beruhte einzig und allein darauf, dass die Finanzinstitute nicht wussten, wie anfällig sie selbst oder andere für die Folgen waren.

4 Wie löst man eine Finanzkrise?

Die Krise von 2008 wurde nicht etwa durch monetaristische Maßnahmen beendet (weil die Möglichkeit weiterer Zinsanpassungen durch die ohnehin schon niedrigen Sätze stark begrenzt war), sondern durch eine gezielte Fiskalpolitik. Die Regierungen schritten ein, um beträchtliche Bankanteile aufzukaufen und Geld ins System zu pumpen. In diesem Prozess häuften sie einen riesigen Berg aus Staatsschulden an, wofür sie das inzwischen gerettete Finanzsystem prompt bestrafte. Plötzlich war die Kreditwürdigkeit von Staaten gefährdet, deren Regierungen das Wachstum durch weitere Ausgaben zu beleben hofften (worüber dieselben Ratingagenturen entschieden, die bei der Vorhersage der drohenden Krise versagt hatten). Stattdessen sahen sich einige nun zu einer Austeritätspolitik gezwungen, die zu gekürzten Staatsausgaben und geringeren Investitionen führte. Indes waren die Unternehmen trotz niedriger Zinsen nicht zu produktivitätssteigernden Investitionen bereit, was die Ursache für ein bestenfalls schwächelndes Wachstum war.

5 *Das Kapital im 21. Jahrhundert*

Im Jahr 2013 veröffentlichte der französische Ökonom Thomas Piketty seine bahnbrechende Studie zur Wohlstandsverteilung der vorherigen 250 Jahre und löste damit eine Debatte aus, die noch lange nicht abgeschlossen ist. Ihre zentrale Erkenntnis lautete, dass wachsende Ungleichheit ein notwendiges Merkmal des kapitalistischen Systems ist, dem nur durch staatliches Eingreifen begegnet werden kann. Das Problem besteht aus seiner Sicht darin, dass die Renditen für die Inhaber von investitionsfähigem Kapital (nicht nur in Form von Geschäftsgewinnen, sondern auch von Dividenden, Zinsen und Einnahmen aus Mietimmobilien) in der Regel die gesamtwirtschaftliche Wachstumsrate übertreffen, von der aber alle anderen in Bezug auf Lohnerhöhungen, Zusatzleistungen und dergleichen abhängig sind. Kapital neige folglich dazu, sich zu vermehren, weshalb die Reichen immer reicher würden, während alle anderen stagnierten oder verarmten. Besonders in Zeiten eines kaum oder gar nicht vorhandenen Wirtschaftswachstums wird dieses Problem akut.

6 Ungleichheit und Politik

Die Frage, was man gegen die wachsende Ungleichheit tun könne, hat mittlerweile einen hohen Stellenwert. Sie hat sich noch dadurch verschärft, wie die Globalisierung die Sicherheit der Arbeiterklasse in den Industrieländern beeinträchtigt. In der neoliberalen Argumentation erscheinen riesige Kapitalanhäufungen oft als gerechter Lohn des Kapitalismus, der im Sinne der Trickle-down-Theorie letztlich uns allen zugutekommen wird. Demgegenüber gehören anderswo Stürme der Entrüstung gegen die Top-1-Prozent zur Tagesordnung (obwohl es in Wahrheit nur die oberen 0,1 Prozent sind, die uns Sorgen machen sollten, weil das von Piketty identifizierte Problem zur Spitze der Pyramide hin umso extremer wird). Als Lösung schlägt Piketty eine Art Vermögenssteuer vor, zu deren Umsetzung eine bislang nie da gewesene internationale Zusammenarbeit nötig wäre.

7 Die Bedrohung durch die Automatisierung

Die Automatisierung hat schon jetzt großen Anteil daran, dass die Zahl der gewerblichen Arbeitskräfte in den Industrieländern zurückgeht, denn viele Aufgaben werden von Robotern billiger, schneller und sicherer erledigt.

Bisher konnten die Arbeiter stets neue Anstellungen finden, die nur von Menschen erledigt werden können (zum Beispiel Autofahren). Doch die Fortschritte auf dem Feld der Künstlichen Intelligenz bedrohen all diese Berufe jetzt ebenso wie ein ganzes Segment von Mittelstandsberufen, die zum Beispiel auf dem Lesen und Interpretieren von Dokumenten beruhen. Was passiert aber, wenn die Zahl der Arbeitsplätze, für die Menschen benötigt werden, drastisch sinkt?

8 Das Grundeinkommen und andere Lösungsansätze

Sicher ist, dass Unternehmen immer Kunden brauchen werden – eine Bevölkerung, die darauf beschränkt ist, ihr Auskommen mit niedrigen Bezügen zu bestreiten, wird das kapitalistische System mit in den Abgrund ziehen. Wie lautet also die Lösung, wenn es nicht genügend gut bezahlte Arbeitsplätze gibt? Eine vielfach beworbene Idee ist das bedingungslose Grundeinkommen oder BGE. Dieser zur Deckung der grundlegenden Lebenskosten ausreichende Geldbetrag soll an jeden Erwachsenen eines Landes gezahlt werden und die meisten anderen Leistungen ersetzen. Die Finanzierung des BGE könnte nach Meinung seiner Befürworter durch Steuern auf zusätzliches Berufseinkommen, eine Vermögens- oder eine Unternehmenssteuer erfolgen, die von der Zahl der zugunsten der Automatisierung geopferten Arbeitsplätze abhängt. Zu den Alternativvorschlägen zählen eine Arbeitsplatzgarantie (wobei die öffentliche Hand in letzter Instanz als Arbeitgeber fungiert) und Beschäftigungsquoten für den Privatsektor.

9 Das Ende der Wachstumsideologie?

Eine Schlüsselfrage lautet jedoch, ob sich das Wirtschaftswachstum weiterhin für alle Länder aufrechterhalten lässt. Manche Ökonomen verneinen diese Frage und meinen, dass es aufgrund des rasanten, alles andere überwältigenden Kapitalwachstums zu einer Krise von innen heraus kommen wird. Wieder andere denken, dass wir uns auch ohne so eine Krise schon jetzt nach einem Alternativsystem umsehen sollten. Einige der radikalsten Ideen stammen aus der Umweltbewegung, insofern jede Form von Wachstum auf der Ausbeutung (letztlich begrenzter) natürlicher Ressourcen beruht. Wieder andere argumentieren, dass BIP und Pro-Kopf-Einkommen der falsche Weg zur Berechnung des nationalen Wohlstands seien – wir sollten eher unsere Abhängigkeit vom Konsum verringern und stattdessen über ein »Bruttonationalglück« nachdenken.

10 Welche Alternativen gibt es?

Zwei führende Modelle des Postkapitalismus sind Postwachstum und Marktsozialismus. Die Postwachstumsökonomie entwickelte sich in den 1960er-Jahren und plädiert für ein bewusstes Schrumpfen der Wirtschaft und reduzierten Konsum, während sie den Einzelnen dazu animiert, die Vorzüge einer schlichteren Lebensführung mit weniger Stress und mehr Freizeit zu nutzen. Indes geht der Marktsozialismus auf das Denken des liberalen Ökonomen John Stuart Mill zurück. Dieser vertrat zum Ende seines Schaffens die Ansicht, dass man kapitalistische Unternehmen durch Arbeiterkooperativen ersetzen sollte, um eine gerechtere Verteilung der finanziellen Erträge sicherzustellen und trotzdem die allgemeinen Abläufe einer Marktwirtschaft aufrechtzuerhalten. Der moderne Marktsozialismus unterstützt zahlreiche weitere Formen der Gewinnumverteilung, unter anderem Staatseigentum und soziales Unternehmertum.

// WIE EIN GENIE REDEN

▪➡ »Das Problem mit der Austerität ist, dass es sich um einen Teufelskreis handelt – in der Regel reduziert jeder staatliche Einschnitt auch die Staatseinkünfte und entzieht der Wirtschaft Geld, und das ist nun wirklich kein Wachstumsanreiz.«

▪➡ »Einige Leute sagen, Pikettys *Das Kapital im 21. Jahrhundert* brauche die 696 Seiten, allein um zu beweisen, dass die Ungleichheit zunimmt, wenn *r* (die Kapitalrendite) größer ist als *g* (das Wirtschaftswachstum), was meistens der Fall ist. Aber wenigstens legt er eine Menge Indizien vor, die seine These stützen.«

▪➡ »Die lautstärkste Kritik am BGE sagt, dass es die Leute vom Arbeiten abhalten würde. Vielleicht ist das aber gar kein Problem, wenn es sowieso nicht genügend Arbeitsplätze gibt. Trotzdem hat die Idee aus unterschiedlichen politischen Lagern überraschenden Zuspruch erhalten: Die libertären Rechten mögen sie, weil sie die staatliche Bürokratie beschneidet, die Linken, weil sie Leute aus der Armut herausholt.«

▪➡ »Wenn wir je ein BGE bekommen sollten, könnte es dazu führen, dass einige den Wert der Arbeit überdenken. Viele wären in der Lage, sich weiterzubilden und das zu tun, was sie lieben, während öde Jobs anständig bezahlt werden müssten, um noch Interesse zu wecken.«

👁 WAREN SIE EIN GENIE?

1 RICHTIG – Infolgedessen neigt das Gesamtkapital in den Händen der Reichen dazu, schneller als jeder andere Teil der Wirtschaft zu wachsen.

2 FALSCH – Die meisten Ökonomen glauben, dass Wachstum durch technologische Fortschritte angetrieben wird, die die Produktivität steigern.

3 RICHTIG – Die Pensionskasse eines Unternehmens ist oft einer seiner größten Teilhaber. Sie ist aber angehalten, den Gewinn zu erhöhen, auch wenn dafür Mitarbeiter entlassen werden müssen.

4 FALSCH – Der Marktsozialismus plädiert für verschiedene Formen von gemeinschaftlichem Eigentum vor dem Hintergrund eines freien Marktes.

5 FALSCH – Angeblich unterstützt Musk die Idee, und Gates behauptete, sie könne mittels einer »Robotersteuer« finanziert werden.

 KURZFASSUNG für Hochstapler

Der Kapitalismus hat sich noch immer nicht wirklich von der Krise von 2008 erholt. Manche sind der festen Überzeugung, dass bestimmte Entwicklungen in naher Zukunft dazu führen werden, dass er sich entweder wandeln oder sterben muss.

UMWELT UND KLIMAWANDEL

»Ein Jahr macht noch keinen Trend, aber Folgendes schon: Unter den ersten 15 Jahren dieses Jahrhunderts finden sich 14 der 15 wärmsten Jahre seit Beginn der Aufzeichnungen.«
– BARACK OBAMA –

250 Jahre Industrialisierung haben so massive Umweltveränderungen bewirkt, wie sie sonst nur in geologischen Zeiträumen zu finden sind. Doch erst in den letzten Jahrzehnten haben wir das volle Ausmaß des Problems erkannt. Die Herausforderungen, vor denen wir heute stehen, sind nicht nur eine Angelegenheit für Umweltschutzgruppen, sondern auch für Politiker und Ökonomen, die die Zukunft der Gesellschaft mitgestalten wollen.

> Die Zukunft unseres Planeten steht auf dem Spiel – was werden wir tun, um das zu ändern?

 SIND SIE EIN GENIE?

1 Indem Klimaforscher die Höhe von Bäumen messen, können sie berechnen, welche Temperaturen früher auf der Erde herrschten.
RICHTIG / FALSCH

2 Die Kohlendioxidwerte in der Atmosphäre sind seit der industriellen Revolution um fast 25 Prozent gestiegen.
RICHTIG / FALSCH

3 Gemäß dem Pariser Klimaabkommen werden alle Länder daran arbeiten, den Anstieg der globalen Durchschnittstemperatur im Vergleich zu den Werten des vorindustriellen Zeitalters auf deutlich unter 2 °C zu begrenzen.
RICHTIG / FALSCH

4 Vor vierzig Jahren prophezeiten einige Klimaforscher, dass die Erde auf eine neue Eiszeit zusteuere.
RICHTIG / FALSCH

5 Die Gaia-Hypothese besagt, dass die geologischen und biologischen Systeme der Erde der globalen Erwärmung ohne unser Zutun auf natürliche Weise entgegenwirken werden.
RICHTIG / FALSCH

ZEHN DINGE, DIE EIN GENIE WEIß

1 Umweltveränderungen auf der Erde

Der Gedanke, dass sich die Umweltbedingungen auf der Erde langfristig verändern, kam durch die Entdeckungen von Paläontologen und Geologen im 18. und 19. Jahrhundert auf. In der zweiten Auflage seiner *Eine Theorie der Erde* von 1795 behauptete der Schotte James Hutton, der gemeinhin als Begründer der modernen Geologie gilt, dass Gletscher einst in weiten Teilen der Nordhalbkugel verbreitet gewesen waren. Diese Idee wurde später durch die Arbeit des Schweiz-Amerikaners Louis Agassiz, der jenes Ereignis die »Eiszeit« nannte, auf ein festeres geologisches Fundament gestellt. Ein weiterer Schotte, Charles Lyell, führte in den 1840er-Jahren die Herkunft der in Europa und Amerika durch neue Industrien ausgebeuteten Kohle auf vorzeitliche Regenwälder zurück, die einst bis weit in den Norden verbreitet gewesen waren.

2 Die Treibhausgase

Was der Grund für derart große Umweltveränderungen sein könnte, blieb vorerst jedoch schwer greifbar. Schon 1824 hatte der französische Physiker Joseph Fourier einen ersten wichtigen Schritt zu ihrer Beantwortung getan. Damals zeigte er, dass unser Planet durch die Erdatmosphäre wärmer ist, als er es sonst wäre. In den 1850er-Jahren entdeckten dann Eunice Newton Foote in Amerika und John Tyndall in Großbritannien unabhängig voneinander, dass Kohlendioxid (CO_2) eine besonders starke Erwärmung bewirkt, indem es Sonnenlicht einfängt, das von Oberflächen (wie zum Beispiel der Erdoberfläche) reflektiert wird. In Gestalt von Methan identifizierte Tyndall zudem noch ein weiteres bedeutendes

»Treibhausgas«. Daraufhin überlegten einige Geologen, ob vergangene Klimaveränderungen nicht vielleicht mit veränderten Mengen dieser Gase in der Atmosphäre aufgrund der schwankenden Vulkanaktivitäten einhergegangen wären.

3 Die Gaia-Hypothese

Im Jahr 1896 fügte der schwedische Chemiker und Physiker Svante Arrhenius viele Teile des Klimapuzzles erstmals zusammen. Er bezifferte nicht nur, in welchem Maße sich veränderte CO_2-Konzentrationen in der Atmosphäre auf die globale Durchschnittstemperatur auswirken würden, sondern identifizierte auch eine ganze Palette von anderen Effekten. So bemerkte er, dass steigende Temperaturen einen Rückgang der Schnee- und Eisdecke bewirken, wodurch die Erde weniger Sonnenstrahlung ins All reflektieren kann und die Erwärmung weiter zunimmt. Im 20. Jahrhundert fanden Geowissenschaftler noch viele andere Rückkopplungsmechanismen dieser Art: Einige beschleunigen Veränderungen, sobald sie einsetzen, andere bremsen sie ab. Das Ganze mündete schließlich in die Gaia-Hypothese. Dieses bis heute umstrittene, aber dennoch einflussreiche Modell betrachtet die Erde und ihre gesamte von Leben erfüllte Biosphäre als einheitliches System, das zumindest teilweise zur Selbstregulierung fähig ist.

4 Die Ursachen von Klimawandel

Schon Ende des 19. Jahrhunderts hatten Arrhenius und andere erkannt, dass das industrielle Treiben des Menschen ständig Unmengen von Kohlenstoff in die Atmosphäre entließ. Gegen die Folgen des raschen Verbrennens fossiler, über Jahrmillionen angehäufter Brennstoffe konnte die heute auf der Erde lebende Pflanzenwelt (die zum Wachsen CO_2 aufnimmt) kaum etwas ausrichten. Ein Anstieg des CO_2-Gehalts war also unvermeidlich. Doch die Forscher unterschätzten die Geschwindigkeit jener Freisetzung – Arrhenius glaubte, dass sich der Planet über viele tausend Jahre langsam erwärmen würde. Außerdem wurde Mitte des 20. Jahrhunderts der Zusammenhang zwischen CO_2 und Klima angezweifelt. Das lag zum einen an der damaligen Diskussion über die Bedeutung der Sonnenaktivität, zum andern an der Entdeckung des Serben Milutin Milankowitch, dass die Erdumlaufbahn zyklischen Änderungen unterliegt. Diese beeinflussen, wie viel Sonnenlicht zur Erde gelangt, und führen zu langfristigen Klimaschwankungen (wie sie etwa in der Eiszeit auftraten).

5 Der anthropogene Effekt

Der britische Ingenieur Guy Stewart Callendar behauptete als Erster, dass ein anthropogener (menschengemachter) Klimawandel bereits im Gange sei. Im Jahr 1938 bewies er, dass sowohl die Menge an Kohlendioxid als auch die globale Temperatur im Laufe der letzten 50 Jahre gestiegen waren. Doch viele Wissenschaftler ignorierten Callendars Ergebnisse oder gingen davon aus, dass selbstregulierende Prozesse das Problem beheben würden. Atmosphärische und ozeanographische Untersuchungen machten deshalb erst in den 1950er-Jahren deutlich, dass einige der natürlichen »Senken«, die nach gängiger Meinung die steigende CO_2-Menge auffangen würden, nicht so effektiv waren wie erwartet. 1960 stellte der US-Wissenschaftler Charles David Keeling schließlich Daten aus aller Welt zusammen, die belegten, dass es einen Trend zum CO_2-Anstieg gab. Die als Keeling-Kurve bekannte Graphik zeigt bis heute einen unablässigen Anstieg.

6 Steigende Temperaturen

Ironischerweise waren andere menschengemachte Luftverschmutzer – die Aerosole – ein wichtiger Grund dafür, dass der langfristige Trend zur globalen Erwärmung jahrelang nicht erkannt wurde. Die winzigen, durch Spraydosen und andere Quellen freigesetzten Teilchen bewirken in der Atmosphäre eine merkliche Abkühlung, sodass die globale Durchschnittstemperatur in der Tat sank, als sie nach dem Zweiten Weltkrieg immer häufiger eingesetzt wurden. Doch andere von den Aerosolen ausgehende Probleme (darunter chemische Ausdünstungen und das durch sie verursachte Ozonloch) führten dazu, dass ihr Einsatz eingeschränkt wurde und ihre Konzentration in den 1980er-Jahren wieder sank. Erst dann trat die Wirkung des Kohlendioxids wieder zutage. Seitdem zeigt sich jedoch ein eindeutiger Trend – die globale Temperatur und die CO_2-Konzentration steigen gemeinsam an.

7 Es gibt keinen Zweifel

Schätzungsweise 97 Prozent aller heutigen Ökologen und Klimaforscher stimmen überein, dass die globale Erwärmung erstens real und zweitens menschengemacht ist. Keine angesehene wissenschaftliche Organisation würde diese Ansicht bestreiten, doch viele Politiker und Kommentatoren tun weiterhin so, als ob man die Frage erst noch diskutieren müsste. Das liegt zum Teil an begrifflichen Missverständnissen und an unserer eigenen verzerrten Wahrnehmung: Wir neigen dazu, unsere persönliche, kurzfristige Erfahrung des lokalen Wetters über abstrakte Schaubilder zu langfristigen globalen Klimatrends zu stellen.

Außerdem senden Klimaforscher ungewollt widersprüchliche Botschaften, indem sie sich weigern, spezifische Wetterereignisse mit globalen Klimatrends zu verknüpfen – wohl wissend, was für ein hochkomplexes und sensibles System das Wetter der Erde ist. Wenn die Medien dazu noch ein paar echte Klimakritiker und eine größere Zahl von Lobbyverbänden aufbieten, sorgt das für noch mehr Verwirrung.

Umwelt und Wirtschaft

 Aus ökonomischer Sicht ist die Umwelt ein Extrembeispiel für ein »öffentliches Gut«. In diesem besonderen Fall ist zum Nutzen aller Menschen nicht nur nationales, sondern vielmehr globales Regierungshandeln erforderlich. Daher wurde 1988 der UN-Weltklimarat (IPCC) ins Leben gerufen. Obwohl viele Hindernisse seinen Weg säumten, hat er mit dem Kyoto-Protokoll von 1997 und dem Pariser Abkommen von 2015 dennoch einige Fortschritte hin zu einem Vertrag über den Kampf gegen den Klimawandel – oder zumindest seine schlimmsten Folgen – bewirkt. Aus Sicht von Skeptikern schadet es der Wirtschaft, den CO_2-Ausstoß zu begrenzen, doch übersehen sie dabei neue Chancen. So sind sich die meisten Theorien zum Wirtschaftswachstum einig, dass der technologische Fortschritt eine der wichtigsten Triebfedern des Wohlstands ist. Der Umstieg auf erneuerbare Energien kann also, wenn er richtig gesteuert wird, sowohl zu einem gewaltigen Wirtschaftswachstum als auch zum Schutz der Umwelt führen.

Marktwirtschaftliche und staatliche Lösungen

Die mangelnde Bereitschaft moderner Regierungen, direkt in den freien Markt einzugreifen, stellt jedoch eine große Herausforderung dar. Die meisten von ihnen versuchen stattdessen, gutes Verhalten eher durch Anreize als durch die Einführung fester CO_2-Grenzwerte anzuregen. Ein solches Beispiel ist die Schaffung eines Marktes für Emissionszertifikate, der es Unternehmen erlaubt, mit ihrem »Verschmutzungsrecht« quasi Handel zu betreiben (wobei umweltfreundliche Firmen ihre ungenutzten Lizenzen an Großverschmutzer verkaufen). Mit der Zeit könne man, so die Theorie, die Menge der auf dem Markt verfügbaren Zertifikate und somit die Gesamtmenge der Emissionen reduzieren, ob das aber besser ist als direkte Regulierung, bleibt fraglich.

Geoengineering und Kohlenstoffabscheidung

Die meisten Klimaschutzbemühungen konzentrieren sich darauf, Projekte mit erneurbaren Energien zu fördern oder die Nutzung fossiler Brennstoffe zu begrenzen. Gibt es aber überhaupt Hoffnung, dass wir den bisher angerichteten Schaden rückgängig machen können? Viele ehrgeizige Geoengineering-Projekte verfolgen genau dieses Ziel. Doch ihre Pläne, die Erde mit Spiegeln im All oder durch in die obere Atmosphäre geschleuderte Partikel künstlich abzukühlen, wecken Bedenken: Sollen wir weiter in ein System eingreifen, das wir noch immer kaum verstehen? Falls es überhaupt einen »Weg zurück« gibt, liegt er viel eher darin, das natürliche Gleichgewicht der Atmosphäre durch CO_2-Entzug wiederherzustellen. Maßnahmen zur Kohlenstoffabscheidung reichen von großflächigen Aufforstungen bis zum Einsatz chemischer Filter, oft am Produktionsende von CO_2-emittierenden Industrieprozessen. Ob sie eine wirtschaftliche Lösung bieten können, ohne die fragile Umwelt auf unserem Planeten noch mehr zu stören, muss sich erst noch zeigen.

// WIE EIN GENIE REDEN

▪️➡️ »Die moderne Umweltschutzbewegung begann mit zwei Ereignissen in den 1960er-Jahren. Im Jahr 1962 stellte Rachel Carsons Buch *Der stumme Frühling* den Zusammenhang zwischen dem verbreiteten Pestizideinsatz und schwindenden Vogelpopulationen in Teilen Amerikas her und zeigte, wie viel wir über die Komplexität der Natur noch lernen mussten. Später, im Dezember 1968, entfernten sich Menschen auf dem Apollo-8-Flug um den Mond so weit von der Erde, dass sie den Planeten zum ersten Mal im Ganzen sehen konnten. Milliarden schalteten bei den Übertragungen ein und wurden durch die Einsicht wachgerüttelt, wie klein und zerbrechlich die Erde wirklich ist.«

▪️➡️ »Der Klimawandel mag für jene von uns, die in einem Land mit gemäßigtem Klima leben, leicht zu ignorieren sein. Doch in anderen Teilen der Welt löst er schon jetzt steigende Meeresspiegel, Hungersnöte und Dürren aus. Wenn wir ihn ungehindert walten lassen, könnte er Teile des Planeten quasi unbewohnbar machen und zu Problemen führen, die zwangsläufig auch auf entwickelte Länder zurückschlagen werden.«

👁 WAREN SIE EIN GENIE?

1 FALSCH – Um die Temperaturen zu berechnen, sehen sich Forscher unter anderem das veränderliche Breitenwachstum an (in Form der Jahresringe im Inneren des Stamms).

2 FALSCH – Tatsächlich sind sie um mehr als 40 Prozent gestiegen.

3 RICHTIG – Und sie werden alles daransetzen, den Anstieg auf nur 1,5 °C zu begrenzen.

4 RICHTIG – Das Ganze hing aber mit der Entdeckung viel längerfristiger Klimazyklen zusammen, die von einigen populären Büchern zur unmittelbaren Bedrohung hochstilisiert wurden.

5 FALSCH – Sie behauptet, dass das Erdklima sich anpassen kann, um langfristige kleine Veränderungen zu korrigieren, nicht aber ziemlich plötzliche und heftige.

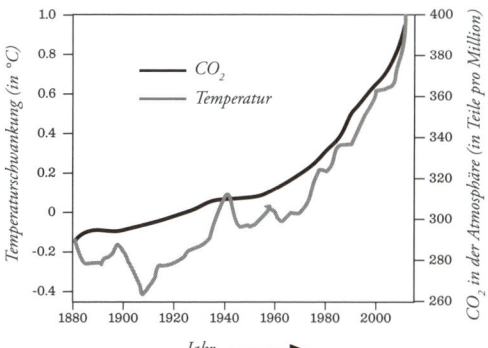

Jahr ➡️

✏️ **KURZFASSUNG für Hochstapler**

Sämtliche Anhaltspunkte sprechen dafür, dass der durch Treibhausgase verursachte Klimawandel ein gefährliches Problem für alles Leben auf der Erde ist – wir müssen also sofort damit beginnen, den Schaden zu beheben.

DER GROßE FERMATSCHE SATZ

»Ich glaube nicht, dass Fermat einen Beweis hatte.
Ich denke, er machte sich nur selbst vor, er hätte einen.«

– ANDREW WILES –

Das vielleicht berühmteste Problem in der Geschichte der Mathematik wurde nach mehr als dreieinhalb Jahrhunderten Mitte der 1990er-Jahre vom Mathematiker Andrew Wiles endlich gelöst. Pierre de Fermats Theorem ist auf trügerische Weise einfach, wenn man es nur darlegt, aber höllisch schwer, wenn man es beweisen will. Um das zu schaffen, musste sich Wiles in Bereiche der Mathematik vorwagen, die zu Fermats Zeiten noch nicht einmal existierten. Das lange Ringen um einen Beweis des Satzes verrät uns eine Menge über die Mathematik, über Zahlen und die allgemeinen Prinzipien des mathematischen Beweisens – alles Themen, über die ein Genie etwas wissen sollte.

> Der schöne, aber letztlich nutzlose Große Fermatsche Satz trieb die Mathematiker, die ihn beweisen wollten, bis an ihre Grenzen.

SIND SIE EIN GENIE?

1 Der Große Fermatsche Satz will die Antwort auf eine einfache Frage zu ganzzahligen Lösungen für ziemlich elementare Gleichungen sein.
RICHTIG / FALSCH

2 Ein mathematischer Widerspruchsbeweis will aufzeigen, dass eine hypothetische mathematische Beziehung der Realität niemals widerspricht.
RICHTIG / FALSCH

3 Mathematiker haben gezeigt, dass man die Quadratwurzel aus negativen Zahlen berechnen kann.
RICHTIG / FALSCH

4 Eine mathematische Gruppe enthält Zahlen, die bestimmte Merkmale gemeinsam haben.
RICHTIG / FALSCH

5 Eine diophantische Gleichung ist eine Gleichung, die mit den vom griechischen Mathematiker Diophantos dargelegten Methoden gelöst werden kann.
RICHTIG / FALSCH

ZEHN DINGE, DIE EIN GENIE WEIẞ

1 Der Satz des Pythagoras

Der Große Fermatsche Satz wurzelt in dem bisschen Schulgeometrie, an das sich fast jeder erinnern kann: im Satz des Pythagoras. Dieser lautet schlicht und einfach, dass in einem rechtwinkligen Dreieck das Quadrat der Hypotenuse (der längsten Seite des Dreiecks) gleich der Summe der Quadrate der beiden anderen Seiten ist. Anders ausgedrückt: Wenn Sie ein Dreieck mit 90-Grad-Winkel nehmen und an jede Seite ein perfektes Quadrat zeichnen, werden die Flächeninhalte der beiden kleineren exakt in das größte passen. Wenn wir die Seiten (angefangen von der kürzesten) als a, b und c bezeichnen und uns daran erinnern, dass der Flächeninhalt eines Rechtecks einfach Länge mal Breite ist (welche in diesem Fall gleich groß sind), können wir das Verhältnis so darstellen: $(a \times a) + (b \times b) = (c \times c)$ oder $a^2 + b^2 = c^2$. Das ist eine einfache mathematische Gleichung – eine Aussage, dass der numerische Wert zweier Größen identisch ist (was ja auch die Bedeutung des Zeichens »=« ist und im Wort *Gleich*ung selbst steckt).

$$a^2 + b^2 = c^2$$

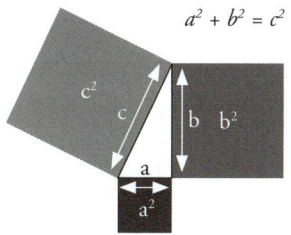

2 Pythagoreische Tripel

Einer der interessantesten Aspekte am Satz des Pythagoras ist, dass es bestimmte Lösungen gibt, bei denen a, b und c allesamt ganze Zahlen sind. Bei $a = 3$ und $b = 4$ ist c beispielsweise 5 (denn $3^2 + 4^2 = 9 + 16 = 25$, also 5^2).

Ebenso gilt: Wenn $a = 5$ und $b = 12$, dann $c = 13$. Gruppen von Zahlen mit diesem hübschen Verhältnis heißen »Pythagoreische Tripel«, und theoretisch gibt es unendlich viele davon. Als geometrischer Trick haben sie praktischen Nutzen: Schon lange vor Pythagoras könnten die alten Ägypter das 3/4/5-Dreieck verwendet haben, um beim Bau ihrer Pyramiden rechte Winkel zu erzielen. Aber auch über ihre geometrische Bedeutung hinaus, nur als Zahlen betrachtet, sind sie von einem rein mathematischen Standpunkt aus spannend genug.

3 Diophantische Gleichungen

Im dritten Jahrhundert machte der griechische Mathematiker Diophantos von Alexandria Gleichungen mit ganzzahligen Lösungen zum Kernstück eines Buches namens *Arithmetica*. Die Gleichungen, auf die er sich darin konzentrierte, sind der übliche Stoff von Lehrbüchern – Aussagen, dass bestimmte Variablen (heute durch Buchstaben wie x, y und z symbolisiert), wenn man sie mit sich selbst oder gewissen festgelegten Konstanten (die man, wenn man sie kennt, als Zahlen einsetzt oder sonst ebenfalls als Symbole wie a, b oder c) multipliziert, den gleichen Wert ergeben wie eine andere Kombination von Variablen und Konstanten. Eine einfache diophantische Gleichung lautet $ax + by = 5$ (Konstante a mal Variable x plus Konstante b mal Variable y gleich 5). Die pythagoreische Gleichung $a^2 + b^2 = c^2$ ist ein weiteres Beispiel dafür. Obwohl die *Arithmetica* seit dem Niedergang des Römischen Reiches weithin vergessen waren, wurden Teile davon von arabischen Gelehrten des 10. Jahrhunderts wiederentdeckt und übersetzt. Dort wurde die diophantische Methode unter dem Namen *al-jabr* (Zusammenfügen von zerbrochenen Teilen) bekannt – der Ursprung unseres heutigen Wortes »Algebra«.

4 Allgemeingültige Lösungen

Diophantos interessierte sich nicht allein dafür, Lösungen für Gleichungen zu finden (also die fehlenden konstanten Werte, die sie für Variablen gleich welchen Wertes stimmig machen), sondern auch für die Beweise, ob solche Lösungen überhaupt existieren. Ein entscheidender Schritt bei solchen Beweisen ist die Untersuchung, ob sie verallgemeinert werden können. Mit anderen Worten: Können in der Gleichung auftauchende Zahlen durch andere Variablen ersetzt werden, ohne dass dies die Gleichung über den Haufen wirft? Der Große Fermatsche Satz wurzelt in der Frage, ob man die Gleichung von Pythagoras verallgemeinern kann. Was würde passieren, wenn man in $a^2 + b^2 = c^2$ die Quadrate durch Kuben (a x a x a etc.) ersetzt oder durch Potenzen mit einer beliebigen Zahl n? Gibt es außer der 2 noch einen anderen Wert für n, bei dem $a^n + b^n = c^n$ zu ganzzahligen Lösungen führt?

5 Fermat und sein Satz

Pierre de Fermat war ein französischer Jurist und Amateurmathematiker, der während seiner langen Laufbahn die verschiedensten mathematischen und physikalischen Entdeckungen machte. Wie viele Mathematiker seiner Zeit war er von den diophantischen Gleichungen fasziniert, und ein Großteil seines erhaltenen Briefwechsels kreist um die damit verbundenen Beweise. Um 1637 beantwortete Fermat die Frage nach der Verallgemeinerbarkeit der pythagoreischen Gleichung mit einem nachdrücklichen Nein. Er schrieb in seinem Exemplar der *Arithmetica* an den Seitenrand: »Es ist nicht möglich, einen Kubus in zwei Kuben, eine vierte Potenz in zwei vierte Potenzen oder ganz allgemein irgendeine Potenz, die höher ist als die zweite, in zwei gleiche Potenzen zu zerlegen. Ich habe hierfür einen wirklich wunderbaren Beweis entdeckt, doch ist dieser Rand zu schmal, um ihn zu fassen.«

6 Hat Fermat seinen Satz bewiesen?

Fermats unsterbliche Randbemerkung wurde erst nach seinem Tod entdeckt. In den drei Jahrzehnten, die er nach der Niederschrift noch lebte, hat er die Sache offenbar nie wieder erwähnt. Daher darf vermutet werden, dass er bald gemerkt hat, dass ihm in seinem angeblichen »wunderbaren« allgemeinen Beweis irgendwo ein Fehler unterlaufen war. Die zentrale Rätselfrage wurde ja weiterhin viel diskutiert, und es wäre ziemlich merkwürdig gewesen, wenn Fermat einen brauchbaren Beweis für sich behalten hätte. Immerhin entdeckte er wirklich einen Beweis dafür, dass es für die Gleichung mit der vierten Potenz ($a^4 + b^4 = c^4$) keine ganzzahligen Lösungen gibt. Dies ermöglicht uns einen nützlichen Einblick in eine geläufige mathematische Technik, den »Widerspruchsbeweis«.

7 Der Beweis aus dem Widerspruch

Fermats Beweis für die vierten Potenzen beruhte darauf, dass er sich zunächst genau die *gegenteilige* Annahme zum eigentlich zu untersuchenden Problem vornahm und dann nachwies, dass ein logischer Widerspruch auftreten würde, wenn diese Annahme wahr wäre. In unserem Fall schaute sich Fermat also die Möglichkeit an, dass es für die Gleichung $a^4 + b^4 = c^4$ eine ganzzahlige Lösung gäbe, und zeigte sodann, dass dies unmöglich ist. Wenn Sie nämlich annehmen, dass eine Lösung (für einen beliebigen Wert) existiert, bringt das *immer* mit sich, dass noch eine andere, kleinere

Lösung existieren muss, und das erfordert eine *unendliche* (und damit unmögliche) Menge von ganzen Zahlen, die kleiner als der beliebig angesetzte Ausgangswert sind. Diese spezielle Form eines Widerspruchsbeweises nennt man »unendlicher Abstieg«.

8 Imaginäre Zahlen

In den folgenden Jahrhunderten waren die Mathematiker vom Großen Fermatschen Satz wie besessen. Manche strebten nach Beweisen für einzelne Potenzen, denn sie hofften, dies könnte der Schlüssel für allgemeine Lösungen sein. Andere wiederum hofften, dass ein Beweis durch unendlichen Abstieg den richtigen Weg aufzeigen könnte. (Mit anderen Worten: Wenn Sie voraussetzen, dass die Gleichung $a^n + b^n = c^n$ für irgendein bestimmtes n aufgeht, könnten Sie dann auch aufzeigen, dass diese Gleichung für ein kleineres n ebenfalls stimmen muss?) Um zu beweisen, dass es keine Fälle gibt, in denen $a^3 + b^3 = c^3$ ist, nutzte der Schweizer Leonhard Euler das Konzept der »imaginären Zahlen«. Das sind Konstrukte wie die Quadratwurzel von −1, welche in der wirklichen Welt nicht visualisiert werden können (denn die Multiplikation einer negativen Zahl mit sich selbst ergibt ja immer eine positive Zahl), aber in der Mathematik von großem Nutzen sind.

Zahlentheorie

9

Manche Mathematiker waren weiterhin damit beschäftigt, das Theorem für spezielle Fälle zu beweisen, aber von dort bis zum Beweis für alle möglichen Potenzen war es ein langer Weg, und so wählten andere eine neue Herangehensweise. Um 1815 verfolgte die brillante französische Mathematikerin Sophie Germain eine neue allgemeine Methode, die auf den Fortschritten der »Zahlentheorie« von Carl Friedrich Gauß beruhte (einer Theorie, die

Eigenschaften und Beziehungen verschiedener Arten von Zahlen untersucht). Im Prinzip konnte sie zeigen, dass der Fermatsche Satz für alle Zahlen innerhalb einer speziellen »Gruppe« wahr ist (einer algebraischen Struktur, die durch die gemeinsamen Eigenschaften ihrer Elemente definiert wird – zum Beispiel die natürlichen Zahlen, wie wir sie zum Zählen verwenden). Dann konnte sie berechnen, welche Zahlen zu dieser Gruppe gehören. Letztendlich bestätigte dies, dass der Satz für alle Exponenten (Werte von n) bis 100 wahr ist. Andere nutzten im 20. Jahrhundert dieselbe Technik, um den Beweis auf noch größere Exponenten auszudehnen.

10 Die Lösung von Andrew Wiles

Über beinahe das ganze 20. Jahrhundert hinweg betrachteten die Mathematiker eine allgemeine Lösung des Problems als derart schwierig, dass sie ohne neuartige Grundeinsichten praktisch unmöglich sei. Andrew Wiles ist mit seinem allgemeinen Beweis genau dies gelungen – ein Geniestreich in unorthodoxem Querdenken, der scheinbar grundverschiedene Bereiche der Mathematik miteinander verbindet. 1955 hatten die japanischen Mathematiker Gorō Shimura und Yutaka Taniyama den ersten Schritt getan: Ihr »Modularitätssatz« ist der Vorschlag einer Verbindung zwischen Mustern in zwei unabhängigen Gruppen – den elliptischen Kurven und den Modulformen. Mitte der 1980er-Jahre fanden dann der Deutsche Gerhard Frey und der US-Amerikaner Ken Ribet eine Verbindung zwischen dem Modularitätssatz und dem Großen Fermatschen Satz. Wiles ging das Problem auf unkonventionelle Weise an, indem er lieber den Modularitätssatz bewies, als sich an einen direkten Beweis des Theorems von Fermat zu machen. Sein Erfolg im Jahr 1994 beschloss ein langes Kapitel in der Geschichte der Mathematik.

// WIE EIN GENIE REDEN

■➡ »Zu den reizenden Dingen an diesem Satz gehört natürlich, dass er so nutzlos ist – hinter der Ecke wartete keine großartige praktische Anwendung. Carl Friedrich Gauß, der ein bisschen was von Mathe verstand, sagte, dass ihn das Problem nicht wirklich interessiere, denn er könne eine ganze Reihe ähnlich unbeweisbarer Aussagen von geringer Bedeutung aufschreiben. Wenn aus der ganzen Geschichte etwas Praktisches zu lernen ist, dann vermutlich dies: Plötzlich stellte sich heraus, dass weit voneinander entfernte Gebiete der Mathematik tiefgehende Verbindungen miteinander haben.«

■➡ »Das Interesse an Fermats Satz wurde durch Ruhm und Geld beträchtlich angefeuert. Die französische Akademie der Wissenschaften schrieb 1816 und 1850 große Belohnungen für jeden aus, der ihn beweisen konnte. Von da an wurde er erst richtig zum Forschungsgegenstand. 1908 verfügte ein deutscher Industrieller testamentarisch, dass 100 000 Goldmark aus seinem Erbe an den gehen sollten, der während der nächsten 100 Jahre einen allgemein akzeptierten Beweis vorlegen konnte. Andrew Wiles hat sich die Summe also gerade mal ein Jahrzehnt vor Ablauf der Frist gesichert. Auch beim Abelpreis (dem Nobelpreis der Mathematik) war ihm das Glück hold – er durfte ihn 2016 mit nach Hause nehmen.«

👁 WAREN SIE EIN GENIE?

1 RICHTIG – Deshalb überrascht es umso mehr, dass es so lange dauerte, ihn zu beweisen.

2 FALSCH – Widerspruchsbeweise zeigen in Wahrheit, dass das *Gegenteil* der hypothetischen Beziehung immer falsch sein muss.

3 FALSCH – Die Definitionen von »negative Zahlen« und »Quadratwurzel« bringen es mit sich, dass man für die Quadratwurzel einer negativen Zahl nie eine sinnvolle numerische Lösung finden kann. Aber indem die Mathematiker sie als »imaginäre« Zahlen behandeln, können sie noch eine Menge nützliche Mathematik damit betreiben.

4 RICHTIG – Allerdings ist der Begriff der »Gruppe« nicht nur auf Zahlen beschränkt; er kann auch andere mathematische Gegenstände beinhalten, etwa geometrische Figuren.

5 FALSCH – Eine diophantische Gleichung ist eher durch ihre Struktur als durch ihre Lösung definiert, und es gibt immer noch welche, die unlösbar scheinen.

🖊 KURZFASSUNG für Hochstapler

Das Konzept der Pythagoreischen Tripel lässt sich nicht von Quadraten auf höhere Potenzen erweitern – aber man brauchte 357 Jahre, um das zu beweisen.

DIE GÖDELSCHEN UNVOLLSTÄNDIGKEITSSÄTZE

»Entweder ist die Mathematik zu groß für den menschlichen Geist,
oder der menschliche Geist ist mehr als eine Maschine.«
– KURT GÖDEL –

Nichts lieben Mathematiker mehr als ein ungelöstes Problem, aber übersehen sie dabei nicht möglicherweise etwas Grundlegendes, etwas, das das Wesen all ihrer Bemühungen betrifft? Der österreichische Mathematiker Kurt Gödel veröffentlichte 1931 einen Befund, der nicht nur die Grundfesten der Mathematik erschütterte, sondern auch die vieler anderer Wissenschaften, die auf der Mathematik beruhen. Unseren alltäglichen Umgang mit Mathematik und Zahlen berühren die Unvollständigkeitssätze normalerweise zwar nicht, doch werfen sie philosophische Fragen danach auf, inwieweit wir die Mathematik als Ausdruck einer fundamentalen »Wahrheit« betrachten dürfen.

> Wenn man sich nicht auf die Gewissheiten der Mathematik verlassen kann, worauf kann man sich dann überhaupt noch verlassen?

 SIND SIE EIN GENIE?

1 Ein mathematisches Axiom ist eine Wahrheit, die Aspekte des wirklichen Lebens jenseits der Zahlen widerspiegelt.
RICHTIG / FALSCH

2 Formalismus nennt man in der Mathematik eine Herangehensweise, die fundamentale logische Regeln aufstellen will, welche die objektive Realität abbilden.
RICHTIG / FALSCH

3 Euklids Axiome sind nach mehr als 2000 Jahren noch immer die einzige Möglichkeit, die Regeln der Geometrie zu beschreiben.
RICHTIG / FALSCH

4 Die *Principia Mathematica* von Bertrand Russell und Alfred North Whitehead versuchen zu beweisen, dass die Wahrheit der Mathematik letztlich von der Sprache abhängt, mit welcher man sie beschreibt.
RICHTIG / FALSCH

5 Die Unvollständigkeitssätze zeigen, dass wir einem mathematischen System niemals völlig vertrauen können.
RICHTIG / FALSCH

ZEHN DINGE, DIE EIN GENIE WEIß

1 Hilberts zweites Problem

Um das Jahr 1900 herum gab der deutsche Mathematiker David Hilbert den Fahrplan für die Mathematik des 20. Jahrhunderts vor: Er erstellte eine Liste mit nicht weniger als 23 wichtigen ungelösten Problemen. Einige sind zu kompliziert, als dass wir sie hier behandeln könnten, und viele sind inzwischen gelöst worden. Am grundlegendsten war vielleicht sein zweites Problem. Es ging darum, einen Beweis dafür zu finden, dass die Axiome der Arithmetik konsistent sind. Um es ein wenig greifbarer zu machen: Die Axiome einer jeden Theorie sind ihre Grundannahmen – jene Regeln, von deren Richtigkeit man ausgeht. Um konsistent zu sein, dürfen sie keine Widersprüche aufwerfen. Und Arithmetik ist jener wohlbekannte Zweig der Mathematik, zu dem die Addition, Subtraktion, Multiplikation und Division von Zahlen gehören.

2 Axiomensysteme

Axiome haben schon immer zum Kern der Mathematik gehört; sie verliehen dieser Wissenschaft ihre Bedeutung und untermauerten ihren historischen Status als Quelle unanfechtbarer Beweise. Die Grundidee ist dabei folgende: Wenn man erst einmal die richtigen Spielregeln aufgestellt hat, kann man Aussagen über einen bestimmten Bereich der Mathematik treffen und einfach durch logische Anwendung der ihnen zugrunde liegenden Axiome beurteilen, ob sie wahr oder falsch sind. Die berühmtesten Axiome sind jene fünf, die der griechische Philosoph Euklid in *Die Elemente* (um 300 v. Chr.) zur Beschreibung der Geometrie aufstellte, aber ähnliche Axiome liegen explizit oder implizit allen Zweigen der Mathematik zugrunde.

3 Der Logizismus

Die Axiome der Arithmetik, welche Hilbert geprüft haben wollte, gingen aus einem Projekt namens »Logizismus« hervor, das mit den Arbeiten des deutschen Mathematikers Hermann Graßmann seinen Anfang nahm. Graßmann hatte 1861 darauf verwiesen, dass viele Prinzipien der Arithmetik und die Eigenschaften der natürlichen Zahlen (also der positiven ganzen Zahlen, die wir beim Zählen und Ordnen verwenden) mit zwei einfachen mathematischen Operationen aufgezeigt werden können. Eine davon ist die Nachfolgerfunktion (bei der man, grob gesagt, zu einer Vorgängerzahl 1 addiert), die andere eine mathematische Beweistechnik namens »vollständige Induktion«. Von dieser Entdeckung inspiriert, machten sich verschiedene Mathematiker nun daran, einen vollständigen Satz von Axiomen aufzustellen, der zusammen mit diesen Techniken dazu verwendet werden konnte, die gesamte Arithmetik zu definieren.

4 Die vollständige Induktion

Als gebräuchliche Form eines Beweises verdient es die Induktion, dass wir uns einen Moment bei ihr aufhalten. Technisch gesehen ist sie ein »direkter Beweis«, denn sie beweist, dass das zu untersuchende Theorem eindeutig *wahr* ist (während ein Widerspruchsbeweis zeigt, dass das Theorem *nicht falsch* sein kann). Die Induktion beinhaltet zwei Schritte: Zunächst beweist man, dass die Aussage für einen »Basisfall« wahr ist (meist setzt man dabei für eine variable natürliche Zahl n »0« oder »1«

ein); dann folgt der sogenannte Induktionsschritt, mit dem man beweist, dass die Aussage, sofern sie für eine natürliche Zahl *n* wahr ist, auch für *n* + 1 wahr sein muss. Wenn die Aussage für *eine* natürliche Zahl zutrifft, hat man nun also gezeigt, dass sie auch für alle anderen wahr ist.

5 Auf der Suche nach den Axiomen der Arithmetik

Mehrere Mathematiker versuchten im späten 19. Jahrhundert unabhängig voneinander, Axiome zu finden, mit denen sich die ganze Arithmetik beschreiben ließ. Unter ihnen waren der Amerikaner Charles Sanders Pierce und die Deutschen Richard Dedekind und Gottlob Frege. Für die vollständigste Fassung hält man aber allgemein jene, die der Italiener Giuseppe Peano 1889 formulierte. Peanos Axiome definieren zunächst einmal die 0 als natürliche Zahl (denn andernfalls könnte ihr Status zweifelhaft sein). Dann legen sie neben anderen fundamentalen Regeln fest, was Gleichheit bedeutet – zum Beispiel, dass sie »symmetrisch« (wenn $x = y$, dann auch $y = x$) und »transitiv« (wenn $x = y$ und $y = z$, dann auch $x = z$) ist. Schließlich beschreibt Peano Addition und Multiplikation als mathematische Funktionen, bei denen zwei Zahlen (welche wir »Input« nennen könnten) auf eine dritte (das »Resultat«) abgebildet werden, was beispielsweise bestätigt, dass $x + y$ dasselbe Resultat liefert wie $y + x$. Vieles davon mag wie Binsenweisheiten klingen, aber es ist alles notwendig, um der Arithmetik ein logisches Fundament zu verschaffen.

6 Ist Mathe ein Spiel?

Trotz aller Entschiedenheit der Logizisten kamen andernorts Zweifel an der Richtigkeit von Axiomen auf, besonders im Bereich der Geometrie. Die Möglichkeit »nichteuklidischer Räume«, in denen die normalen Regeln nicht mehr gelten (vor allem nicht Euklids fünftes Axiom, nach dem sich parallele Linien niemals schneiden), hatte den Mathematikern schon seit Jahrhunderten Kopfzerbrechen bereitet, aber seit etwa 1830 begannen einige von ihnen, vollständige Beschreibungen der Axiome solcher Räume zu entwickeln. Außerdem fand man heraus, dass Euklids eigene Axiome unvollständig waren und zu viele Annahmen machten (Hilbert selbst entwarf ein verbessertes System von 20 geometrischen Axiomen). Da man Systeme mit unterschiedlichen Axiommengen beschreiben konnte, verbreitete sich die Besorgnis, dass solche Axiome – anders, als die Logizisten geglaubt hatten – vielleicht gar keine Widerspiegelungen grundlegender Realitäten waren, sondern nur Regeln in einem besonderen mathematischen Spiel. Diese Haltung ist als »Formalismus« bekannt.

7 Principia Mathematica

Der entschiedenste Versuch einer logizistischen Beschreibung der Mathematik waren die monumentalen *Principia Mathematica* (1910-13) von Alfred North Whitehead und Bertrand Russell. Dieses für seine Schwierigkeit berühmt-berüchtigte Buch legte eine Reihe von Axiomen und Deduktionsregeln vor, gegen die im Prinzip alle mathematischen Aussagen gehalten und auf ihre Wahrheit hin überprüft werden konnten. Größtenteils in dichter Formelsprache geschrieben, mit vielen Querverweisen und nur kurzen Zwischenspielen in Englisch, brauchen die *Principia* 300 Seiten, um die Aussage »1 + 1 = 2« zu beweisen. Große Ausführlichkeit ist auch nötig, um scheinbar selbstverständliche Ideen neu zu definieren, etwa die der Menge (also einer Sammlung mathematischer Dinge wie Zahlen oder geometrische Figuren) – immer so, dass man Widersprüche vermeidet.

8 Die Unvollständigkeitssätze

Trotz ihres offenkundigen Erfolges hatten die *Principia* einige ernsthafte Probleme, und bald merkte man, dass sie unvollständig waren. Mit anderen Worten: Ihre Axiome boten keine vollständige Lösung für jedes erdenkliche Problem innerhalb der Bereiche, die zu beschreiben sie sich vorgenommen hatten. 1930 zeigte der österreichische Mathematiker Kurt Gödel mit seinem Ersten Unvollständigkeitssatz genau auf, weshalb das der Fall war. Er weist nach, dass es in hinreichend komplexen mathematischen Systemen (wie es etwa die *Principia* sind) immer Aussagen geben wird, die man mithilfe ihrer axiomatischen Sprache treffen kann, aber die sich nicht beweisen lassen – ungefähr so, als sollte jemand die Aussage »Diese Aussage kann nicht bewiesen werden« beweisen. Im folgenden Jahr erweiterte Gödel seine Überlegungen mit einem zweiten Theorem: Kein formales System der Arithmetik könne eine beweisbare Aussage über seine eigene Widerspruchsfreiheit enthalten. Anders gesagt: Man kann die Aussage »Dieses System enthält keine Widersprüche« erst dann beweisen, wenn es Widersprüche gibt.

9 Die Konsequenzen der Unvollständigkeit

Für die zeitgenössischen Mathematiker waren Gödels Sätze, einmal ausgesprochen, so augenscheinlich klar, dass sie das logizistische Programm schlagartig stoppten (David Hilbert etwa soll auf der Stelle seine Versuche beendet haben, die Systeme der *Principia* zu verbessern). Dennoch war die Idee zu praktisch, um vollkommen ad acta gelegt zu werden, und bald versuchte man von Neuem, axiomatische

Beschreibungen zu entwickeln (wiewohl unter Anerkennung ihrer Grenzen). Die Folgen der Unvollständigkeit verbreiteten sich indessen über Philosophie und Naturwissenschaften. Die Theoreme hatten beträchtliche Auswirkungen auf die Epistemologie (die philosophische Theorie vom Wissen, die Russells und Whiteheads Werk rückhaltlos übernommen hatte, um neue Einsichten zu gewinnen). Insbesondere zeigten sie, dass Aussagen wahr sein können, ohne dass sie sich beweisen lassen.

10 Unvollständigkeit und Gehirn

Manche Neurowissenschaftler und Philosophen sind der Ansicht, dass die Unvollständigkeitssätze auch einen Einblick in das Wesen des menschlichen Geistes bieten können – insbesondere geht es um die Frage, ob unsere Gehirne Computer sind, die mathematische Algorithmen auf dieselbe Weise verarbeiten können wie ein idealisiertes Modell, das man »Turing-Maschine« nennt. Wenn dies der Fall ist, wäre auch das Gehirn den von Gödel formulierten Beschränkungen unterworfen und nicht in der Lage, seine eigene Widerspruchsfreiheit zu beweisen. Die meisten Naturwissenschaftler und Mathematiker, die sich an dieser Debatte beteiligt haben, sind der Ansicht, dass menschliche Gehirne dazu tatsächlich nicht imstande seien, sodass man sie als Maschinen darstellen könne. Manche jedoch (namentlich der britische Philosoph J. R. Lucas, aber auch Gödel selbst) haben das Argument eingebracht, dass Menschen Widerspruchsfreiheit erkennen können, während sie von Maschinen nicht bewiesen werden kann. Das hat weitreichende Konsequenzen sowohl für das Wesen unseres Geistes als auch für die Frage, ob wir einen freien Willen haben.

// WIE EIN GENIE REDEN

■➡ »Gödels Theoreme mögen Hilbert davon überzeugt haben, sein Projekt aufzugeben, aber viele Mathematiker glauben, dass das zweite Problem noch immer auf eine Lösung wartet. Manche meinen, dass man mit anderen Formen der Logik um Gödels Sätze einen Bogen machen kann. Andere denken, dass die Unvollständigkeitssätze vielleicht nicht auf jedes mögliche System zutreffen.«

■➡ »Russell selbst hat eine Menge dafür getan, die Büchse der Pandora zu öffnen, in der die Unvollständigkeit lauerte. 1901 wartete er mit der sogenannten Russellschen Antinomie auf, einer Aussage über die Mengenlehre: R sei die Menge aller Mengen, die sich nicht selbst als Element enthalten. Ist also R ein Element seiner selbst oder nicht? Das hat natürlich keinen direkten Bezug zur Arithmetik, aber es half, den Glauben daran zu untergraben, dass man immer vollständige axiomatische Methoden finden könne. Eine anschaulichere, aber dafür logisch nicht so wasserdichte Variante ist das Paradoxon vom Barbier: Wenn der Barbier derjenige ist, der alle Männer der Stadt rasiert, die sich nicht selbst rasieren, und *nur* sie – rasiert er sich dann selbst?«

■➡ »Wenn unsere Gehirne ›nur‹ Maschinen wären, müssten sie ebenfalls von den Unvollständigkeitssätzen betroffen sein. Das heißt, sie könnten nicht sowohl in sich widerspruchsfrei als auch vollständig sein. Aber ist Ihnen schon mal ein menschliches Gehirn begegnet, das wenigstens eines von beidem war?«

WAREN SIE EIN GENIE?

1 FALSCH – Axiome beschreiben die Regeln der mathematischen Logik innerhalb bestimmter Systeme, spiegeln aber nicht unbedingt irgendeine umfassendere Realität wider.

2 FALSCH – In Wahrheit besagt dieser Ansatz, dass mathematische Systeme nur innerhalb des Bezugssystems der Sprache, mit der man sie beschreibt, beurteilt werden können.

3 FALSCH – Inzwischen gibt es mehrere andere Wege, die in speziellen Situationen nützlich sind.

4 FALSCH – Russell und Whitehead wollten stattdessen beweisen, dass die Mathematik eine absolute, von der Sprache unabhängige Wahrheit verkörpert.

5 RICHTIG – Ein System kann nicht vollständig *und* konsistent sein. Das heißt aber nicht, dass es in den allermeisten Situationen nicht akkurat funktionieren könnte.

> ### KURZFASSUNG
> ### für Hochstapler
>
> Axiomensysteme schienen einst ein logisches Fundament für die gesamte Mathematik zu liefern, aber Kurt Gödel hat gezeigt, dass sie nicht absolut wasserdicht sind.

DIE RIEMANN-HYPOTHESE UND DIE GOLDBACHSCHE VERMUTUNG

»Wenn ich nach einem tausendjährigen Schlaf aufwachen würde, wäre meine erste Frage: ›Wurde die Riemann-Hypothese bewiesen?‹«

– DAVID HILBERT –

Primzahlen sind für Mathematiker eine nie versiegende Quelle der Faszination. Ihre Definition ist ganz simpel, aber die Suche nach Techniken, mit denen man sie identifizieren kann, ohne zu brachialen Rechenoperationen greifen zu müssen, währt schon mindestens zwei Jahrtausende. Sowohl die Riemann-Hypothese als auch die Goldbachsche Vermutung sind Aussagen über das Wesen der Primzahlen. Bisher haben sie allen Tests standgehalten, aber beweisen konnte sie noch niemand.

> Primzahlen sind die Grundbausteine aller Zahlen – aber können wir vorhersagen, wie sie verteilt sind?

 SIND SIE EIN GENIE?

1 Eine Primzahl ist eine Zahl, die sich nur durch 1 teilen lässt, wenn das Ergebnis ganzzahlig sein soll.
RICHTIG / FALSCH

2 Die Häufigkeit von Primzahlen geht in einer sanft abfallenden Kurve zurück, je größer die Zahlen werden.
RICHTIG / FALSCH

3 Die Riemann-Hypothese ist ein Hilfsmittel, um schnell auszurechnen, ob große Zahlen ein Produkt zweier Primzahlen sind.
RICHTIG / FALSCH

4 Die Starke Goldbachsche Vermutung besagt, dass jede Zahl, die groß genug ist, als Summe dreier Primzahlen dargestellt werden kann.
RICHTIG / FALSCH

5 Die Riemann-Hypothese hat sich schon in bis zu 10 Billionen Einzelfällen bestätigt, aber ein allgemeingültiger Beweis steht immer noch aus.
RICHTIG / FALSCH

ZEHN DINGE, DIE EIN GENIE WEISS

1 Primzahlen

Eine Primzahl ist laut Definition eine positive natürliche Zahl, die größer als 1 ist und deren einzige »Faktoren« sie selbst und die Zahl 1 sind. Unter Faktoren versteht man hierbei Zahlen, welche miteinander multipliziert die betreffende Zahl ergeben. Umgekehrt gilt auch: Wenn man eine Primzahl durch eine andere Zahl als sie selbst oder 1 teilt, kommt immer ein »krummes« Ergebnis heraus, also keine ganze Zahl. Die 2 ist also eine Primzahl, denn ihre einzigen Faktoren sind 1 und 2 (1 x 2 = 2). Auch die 3 ist eine Primzahl, denn sie lässt sich nur durch 1 und 3 teilen, wenn das Ergebnis ganzzahlig sein soll. Die kleinsten Primzahlen sind demnach 2, 3, 5, 7, 11, 13, 17, 19, 23, 29, 31 und 37.

2 Die Verteilung der Primzahlen

Schon bei flüchtigem Hinschauen werden bestimmte grobe Muster in der Verteilung der Primzahlen deutlich. Beispielsweise ist 2 die einzige gerade Primzahl (logisch, denn eine gerade Zahl ist ja durch ihre Teilbarkeit durch 2 definiert). Außerdem nimmt die Häufigkeit der Primzahlen ab, je größer die Zahlen werden – aber vielleicht weniger schnell, als Sie es vermutet hätten. 15 Primzahlen sind kleiner als 50, 25 kleiner als 100, 46 kleiner als 200, und unter allen Zahlen bis 1000 gibt es 168 Primzahlen. Seit frühester Zeit waren Mathematiker fasziniert von Mustern in der Verteilung der Primzahlen, denn dank solcher Regelmäßigkeiten lassen sich vielleicht Primzahlen auffinden, ohne dass man mühevolle Berechnungen durchführen muss.

3 Der Fundamentalsatz der Arithmetik

Euklids Abhandlung *Die Elemente* (um 300 v. Chr.) enthält einige wichtige Ideen zu Primzahlen. Die erste ist heute als »Fundamentalsatz der Arithmetik« bekannt und besagt, dass jede ganze Zahl, die größer als 1 ist, entweder eine Primzahl ist oder eine zusammengesetzte Zahl, die bei der Multiplikation einer ganz spezifischen Reihe von Primzahlen (ihren »Primfaktoren«) entsteht. Euklid zeigte außerdem, dass es eine unendliche Menge von Primzahlen geben muss. Dabei stützte er sich auf folgende Beobachtung: Wenn man irgendeine Liste von Primzahlen nimmt, diese Zahlen miteinander multipliziert und dann noch die Zahl 1 addiert, erhält man eine Zahl, die entweder selbst eine noch ungelistete Primzahl ist oder aber eine zusammengesetzte Zahl, unter deren Primfaktoren mindestens eine Primzahl ist, die noch nicht auf der Liste steht. So lang die Liste also auch sein mag, man kann immer die Existenz einer weiteren Primzahl beweisen, die noch nicht darin verzeichnet ist.

4 Sieb des Eratosthenes

Eine der ältesten und populärsten Methoden zur Identifizierung von Primzahlen wird dem altgriechischen Mathematiker Eratosthenes zugeschrieben. Dieses »Sieb« ist ein Algorithmus (eine Reihe sich wiederholender Instruktionen), mit dem man alle Primzahlen bis zu einer bestimmten Zahl herausfinden kann. Zuerst listet man, bei der Zahl 2 beginnend, alle zu untersuchenden Zahlen auf. Dann streicht man, von n aus gezählt, jede n-te Zahl auf der Liste durch (n ist die jeweils niedrigste noch nicht durchgestrichene Zahl.) Diese Prozedur wiederholt man immer wieder mit der nächsten unmarkierten Zahl, bis es schließlich zu einem Durchlauf kommt, bei dem keine neuen Zahlen mehr ausgestrichen werden. Im ersten Durchlauf streicht man also alle geraden Zahlen, die größer als 2 sind; im nächsten alle ungeraden Vielfachen von 3; im dritten alle ungeraden Vielfachen von 5, die nicht auch durch 3 teilbar sind, und so weiter.

5 Hilberts achtes Problem

Im Jahr 1900 nahm David Hilbert die Beweise verschiedener Ideen zum Thema Primzahlen als achtes Problem in seine Liste ungelöster Geheimnisse der Mathematik auf. Ganz oben stehen dabei zwei Aussagen, die als »Riemann-Hypothese« bzw. »Goldbachsche Vermutung« bekannt sind. Die Riemann-Hypothese ist die einigermaßen undurchsichtige Aussage, dass »die Riemannsche Zeta-Funktion nur bei negativen geraden ganzen Zahlen sowie komplexen Zahlen mit dem Realteil 1/2 Nullstellen ergibt«. Da ist die Goldbachsche Vermutung viel überschaubarer. Sie besagt einfach, dass jede gerade ganze Zahl, die größer als 2 ist, als Summe zweier Primzahlen dargestellt werden kann.

6 Die Riemannsche Zeta-Funktion

Was also ist die »Zeta-Funktion«? Eine Funktion definiert in der Mathematik die Beziehung zwischen einem oder mehreren Objekten (typischerweise, wenn auch nicht immer, Zahlen), die man eingibt, und dem, was am Ende herauskommt. Der Output der Zeta-Funktion ist die Summe einer mathematischen Reihe (also einer Liste von Zahlen), die man erzeugt, indem man alle Zahlen $1/n^s$ aufschreibt, wobei n von 1 bis unendlich reicht und s der Input der Funktion ist. Mit anderen Worten: Wenn s gleich 2 ist, dann ist die Funktion die Summe von $1/1^2 + 1/2^2 + 1/3^2 + 1/4^2 + \ldots$ ($= 1 + 1/4 + 1/9 + 1/16 + \ldots$). Was die Zeta-Funktion noch komplizierter macht: s kann auch eine »komplexe« Zahl sein, d.h. eine Kombination von »realen« natürlichen Zahlen mit »imaginären« Zahlen, die auf i basieren, der Quadratwurzel von −1 (einer Zahl, die man eigentlich nicht berechnen kann, die aber in der Mathematik sehr nützlich ist).

7 Die Riemann-Hypothese

Der Output der Zeta-Funktion ist immer 0, wenn s eine negative gerade ganze Zahl ist (diese Resultate nennt man »triviale Nullstellen«). Riemanns Hypothese lautet nun aber, dass die Funktion auch nicht triviale Nullstellen liefert, wenn (und nur wenn) s eine komplexe Zahl mit der Form $1/2 + ix$ ist (i ist wieder die Quadratwurzel von −1). Die Hypothese wurde 1859 von dem deutschen Mathematiker Bernhard Riemann aufgestellt, und der Grund für ihre Beziehung zu den Primzahlen liegt darin, dass die Zeta-Funktion im Primzahlsatz auftaucht, einer Formel, mit der sich die Menge der Primzahlen bis zu einer bestimmten Zahl berechnen lassen soll. In dieser Formel regelt der Realteil der Zeta-Funktion bei nicht trivialen Nullstellen, um wie viel die wirkliche Position der Primzahlen von den Positionen abweicht, die man aus ihrer allgemeinen Häufigkeitsabnahme bei größeren Zahlen vorhergesagt hätte.

8 Beweise für Riemanns Hypothese

In den anderthalb Jahrhunderten, die seit ihrer erstmaligen Formulierung vergangen sind, haben die Versuche, die Riemann-Hypothese zu beweisen, durchwachsene Ergebnisse erbracht. Mit zahlreichen Techniken konnte gezeigt werden, dass sie für alle komplexen Werte von s zutrifft, die bestimmte Merkmale erfüllen. Mehr noch: Dank der Rechenleistung moderner Computer kann man Algorithmen verwenden, die den Wert von s für große Mengen nicht trivialer Nullstellen bestimmen. Beim jüngsten entsprechenden Versuch im Jahr 2004 wurden die ersten 10 *Billionen* nicht trivialen Nullstellen durchgecheckt und darüber hinaus »Stichproben« in dem Bereich vorgenommen, in dem man ungefähr die 10 *Billionen billionste* Nullstelle finden würde. Bisher hat die Riemann-Hypothese jeder Überprüfung standgehalten, aber aus mathematischer Sicht ist das nicht das Gleiche wie ein vollständiger Beweis.

9 Was Goldbach vermutete

Der leichter fassbare zweite Hauptbestandteil von Hilberts achtem Problem wird gewöhnlich in folgende Aussage gefasst: Jede ganze Zahl, die größer als 2 ist, lässt sich als Summe zweier Primzahlen darstellen. Das ist die sogenannte Goldbach-Zerlegung (also $n = x + y$, wobei n größer als 2 ist und x und y Primzahlen sind). Der deutsche Mathematiker Christian Goldbach stellte diese Vermutung in

leicht abgewandelter Form erstmals in einem Brief von 1742 auf. Um die Sache noch ein bisschen zu verkomplizieren, ist diese Variante auch unter dem Namen »Starke Goldbachsche Vermutung« bekannt. Die »Schwache« Vermutung hingegen besagt, dass sich jede *ungerade* Zahl, die größer als 5 ist, als Summe *dreier* Primzahlen darstellen lässt. Die Schwache Vermutung wird so genannt, weil sie automatisch bewiesen wäre, wenn jemand die Starke Vermutung beweist (wenn man weiß, dass jede gerade Zahl von 4 aufwärts die Summe zweier Primzahlen ist, braucht man nur noch die Primzahl 3 hinzuzufügen).

10 Lösungen für Goldbach

Da sie einen beschränkteren Bereich umfasst, haben sich die Mathematiker oft darauf konzentriert, erst einmal die Schwache Vermutung zu beweisen. Frühe Beweisversuche legten die Annahme zugrunde, die Riemann-Hypothese sei wahr, oder aber sie funktionierten nur bei »ausreichend großen« Zahlen (ein Euphemismus für Zahlen mit mindestens 6,8 Millionen Ziffern, was es praktisch unausführbar machte, alle »restlichen« bis zu dieser Größe per Hand zu überprüfen). 1997 gelang ein Durchbruch, denn man konnte zeigen, dass die Riemann-Hypothese die Schwache Vermutung für alle Zahlen mit mehr als 20 Ziffern beweisen würde (eine Zahl, die klein genug ist, um alle Ausnahmen per Computer durchchecken zu können). Im Jahr 2013 schließlich veröffentlichte der peruanische Mathematiker Harald Helfgott einen Beweis, der sich nicht auf die Riemann-Hypothese stützt. Beweise der Starken Vermutung stehen hingegen noch immer aus.

// WIE EIN GENIE REDEN

■➡ »Es gibt einen sehr guten praktischen Grund dafür, dass dies alles wichtig ist – die Internetsicherheit beruht weltweit zum großen Teil auf Primfaktoren. Im Prinzip läuft es so: Sie erzeugen eine sehr große Zahl, indem Sie zwei Primzahlen miteinander multiplizieren. Dann können Sie die Zahl öffentlich verfügbar machen, damit verschlüsselte Nachrichten an Ihre Website gesendet werden, aber nur der Computer, der die beteiligten Primzahlen kennt, kann die Nachricht entschlüsseln. Jeder, der sich die Daten unterwegs schnappt, bekommt vielleicht die lange Zahl heraus, aber die Faktorisierung (also die Suche nach den beiden Primzahlen, die zur Erzeugung der langen Zahl verwendet wurden) ist eine Aufgabe, für die ein Computer Jahrhunderte von Rechenzeit braucht. Also ist das System sicher. Jeder Beweis der Riemann-Hypothese könnte auch den Weg zu einer schnelleren Faktorisierungsmethode weisen. In diesem Fall müssten wir dem elektronischen Handel vielleicht Ade sagen.«

■➡ »Auch in der Natur tauchen häufig Primzahlen auf. Ein faszinierendes Beispiel dafür sind die Periodischen Zikaden. Diese Insekten bringen den größten Teil ihres Lebens als Larven in Erdlöchern zu und kommen nach entweder 13 oder 17 Jahren an die Oberfläche, um sich fortzupflanzen. Es gibt zwei Theorien darüber, weshalb sie diesen auf Primzahlen beruhenden Vermehrungszyklus haben – er könnte es Fressfeinden schwerer machen, ihre eigenen Fortpflanzungszyklen an den der Zikaden anzupassen, um das üppige Nahrungsangebot auszunutzen, oder aber er könnte sicherstellen, dass zwei separate Populationen einander selten überlappen. Auf diese Weise vermeiden sie es, um die Ressourcen zu konkurrieren oder sich zusammen fortzupflanzen und den Zyklus durcheinanderzubringen.«

👁 WAREN SIE EIN GENIE?

1 FALSCH – Primzahlen können auch durch sich selbst geteilt werden; das Resultat ist dann immer 1.

2 FALSCH – Obwohl es insgesamt einen Rückgang gibt, variiert sein Tempo doch beträchtlich. Die Riemann-Hypothese bietet eine mögliche Erklärung dafür.

3 FALSCH – Allerdings könnte ein Beweis dieser Hypothese den Weg aufzeigen, auf dem sich die »Primfaktoren« großer Zahlen berechnen lassen.

4 FALSCH – Dies ist in Wahrheit die Definition der Schwachen Goldbachschen Vermutung.

5 RICHTIG – Die Suche nach einem allgemeinen Beweis hat noch kein Ergebnis gebracht.

> ✏ **KURZFASSUNG für Hochstapler**
>
> Alle bekannten Primzahlen folgen bestimmten Verteilungsregeln, aber dass diese umfassend gültig sind, konnte noch nicht bewiesen werden.

UNENDLICHKEIT

»Es gibt einen Begriff, der Verderben und Vereitler der übrigen Begriffe ist. Ich spreche nicht vom Bösen, dessen begrenztes Herrschaftsgebiet die Ethik ist; ich spreche vom Unendlichen.«
– JORGE LUIS BORGES –

Unendlichkeit ist einer der bemerkenswertesten und verwirrendsten Begriffe im menschlichen Denken überhaupt. Seine Auswirkungen sind in Mathematik, Naturwissenschaften und Philosophie spürbar. Beim ersten Hinschauen wirkt die Vorstellung, dass Zahlen, Räume und Begriffe immerfort wachsen oder sich ausdehnen können, ohne an eine Grenze zu stoßen, ziemlich unproblematisch, aber als Georg Cantor sie im 19. Jahrhundert auf eine mathematische Grundlage stellte, warf er über das Wesen der Unendlichkeit mehr Fragen auf, als er Antworten geben konnte.

> Es kann uns bereits schwindlig werden, wenn wir uns klarmachen, was Unendlichkeit alles mit sich bringt – aber wenn wir dann noch merken, dass sie in verschiedenen Varianten daherkommt ...

 SIND SIE EIN GENIE?

1 Unendlichkeit geht in beide Richtungen – sowohl zu Zahlen als auch zu physischen Mengen kann unendlich etwas hinzugefügt werden oder man kann sie unendlich oft teilen.
RICHTIG / FALSCH

2 Georg Cantor beschrieb grundlegend verschiedene Arten von Unendlichkeit – solche, bei denen wir zumindest beginnen können, sie auf sinnvolle Weise abzuzählen, und solche, bei denen das nicht möglich ist.
RICHTIG / FALSCH

3 Bijektion ist ein Prozess, der in unendlichen Zahlensequenzen Lücken schafft, damit wir mehr Zahlen hineinpacken können.
RICHTIG / FALSCH

4 Hilberts Hotel ist ein mathematischer Beweis dafür, dass es keine nicht abzählbaren Unendlichkeiten gibt.
RICHTIG / FALSCH

5 Fraktale sind Muster, die durch unendliche Teilung relativ einfacher geometrischer Formen geschaffen werden.
RICHTIG / FALSCH

ZEHN DINGE, DIE EIN GENIE WEISS

1 Die Ursprünge der Unendlichkeit

Die erste uns bekannte Person, die sich mit dem Begriff der Unendlichkeit befasste, verstand ihn eher im räumlichen als im mathematischen Sinne. Der vorsokratische Philosoph Anaximander behauptete im 6. Jahrhundert v. Chr., der Kosmos habe seinen Ursprung in einem grenzenlosen, chaotischen Raum namens *apeiron*. Dieser sei in der Lage, unendliche Welten zu erzeugen und neu aufzubereiten. Aristoteles hingegen zog als Erster eine wichtige Trennlinie zwischen der potentiellen Unendlichkeit der Zahlen und des Vorstellungsvermögens sowie den physikalischen Arten von Unendlichkeit, die seine Vorgänger ins Spiel gebracht hatten. Während er die erstgenannte Art von Unendlichkeit bejahte, verwarf er die andere und schuf damit das Fundament für die räumlich begrenzten Modelle unseres Universums, die für fast 2000 Jahre fortbestehen sollten.

2 Zenons Paradoxien

Einige der frühesten und wichtigsten Überlegungen zur mathematischen Unendlichkeit verdanken wir Zenon von Elea, einem weiteren vorsokratischen Philosophen. Er skizzierte eine Reihe von Paradoxien, die das beinhalteten, was wir heute »unendliche Reihen« nennen würden. (Das berühmteste Paradox ist das von Achilles, der im Wettlauf immer näher an eine Schildkröte herankommt, ohne sie je zu erreichen, aber es gibt bei Zenon auch den Nachweis, dass ein fliegender Pfeil in Wahrheit bewegungslos verharrt, wenn der Moment der Messung nur kurz genug ist). Zenon wollte damit ein Problem herausstellen: Da jeder Schritt eines unendlich oft teilbaren Prozesses ein endliches Maß an Zeit beanspruchen muss, könnten solche Prozesse niemals vollendet werden.

3 Unendliche Reihen

Eine unendliche Reihe ist im Grunde ein mathematischer Ausdruck, der zu einer endlosen Anzahl separater Elemente (die *Terme* heißen) »expandiert«. Viele Reihen sind divergent (sie werden mit jedem Term größer und liefern ein unendliches Resultat), aber eine nützlichere Gruppe ist konvergent (jeder Term bringt sie näher an einen »Grenzwert« heran, und schließlich gibt es ein festes endliches Resultat). Eine einfache Reihe ist die Summe aller $(1/n)$, wobei n einen Wert von 1 bis unendlich annimmt (anders ausgedrückt: $1 + 1/2 + 1/3 + 1/4 + \ldots$). Es mag überraschen, dass dies eine divergente Reihe mit einer unendlichen Summe ist. Im Gegensatz dazu ist die unendliche Entwicklung von $(1/2n)$ – also $1/2 + 1/4 + 1/8 + \ldots$ – konvergent, und ihre Summe ist schlicht und einfach 1. Die Begriffe »unendliche Reihe« und »Grenzwert« spielen eine entscheidende Rolle auf dem mathematischen Gebiet der Infinitesimalrechnung. Obwohl es gewöhnlich heißt, dass Newton und Leibniz ihre Prinzipien Ende des 17. Jahrhunderts entdeckt haben, wurden viele Grundlagen dafür bereits vom englischen Mathematiker John Wallis geschafen. In seinem Werk aus dem Jahre 1655 führte er auch das berühmte Symbol ∞ als Zeichen für Unendlichkeit ein.

4 Mengenlehre

Die meisten modernen Überlegungen zur Unendlichkeit fußen auf der Mengenlehre, einer mathematischen Methode, bei der bestimmte Regeln der Logik auf Gesamtheiten von mathematischen Objekten angewendet werden. Der deutsche Mathematiker Georg Cantor begründete diese einflussreiche Theorie praktisch im Alleingang in einer Abhandlung aus dem Jahre 1874. Cantor führte die Idee von »abzählbaren unendlichen Mengen« ein: Mag eine Menge auch eine unendliche Zahl von Elementen in sich fassen – oft ist es möglich, sie in einer Art geordneter Liste zu arrangieren, wobei jedes Element zu einer natürlichen Zahl (1, 2, 3, 4, …) in Beziehung gesetzt wird. Diesen Prozess nennt man »Bijektion«. So ist etwa die Menge aller ganzen Zahlen (einschließlich der negativen) abzählbar, weil sich ihre Elemente in einer Liste ordnen lassen, die so beginnt: 0, 1, – 1, 2, – 2, …

5 Nicht abzählbare Unendlichkeit

Im Gegensatz zu den abzählbaren Unendlichkeiten stehen die nicht abzählbaren (in der Mathematik »überabzählbar« genannten) unendlichen Mengen, deren Existenz Cantor ebenfalls bewies. Ihre Elemente kann man *nicht* in einer geordneten Liste darstellen. Nehmen wir die Menge *aller* reellen Zahlen einschließlich jener mit einem Dezimalzeichen, hinter dem eine beliebige Anzahl von Ziffern stehen kann. Cantor zeigte per Widerspruchsbeweis, dass eine solche Menge nicht abzählbar ist: Zuerst nimmt man an, dass die Menge aller reellen Zahlen abzählbar sei und man eine Bijektion ausführen könne, indem man jede dieser Zahlen, der Größe nach geordnet, mit einer natürlichen Zahl »paart«. Dann aber hat Cantor eine einfache Methode parat, mit der er eine Zahl erzeugen kann, die *nicht* auf der Liste auftaucht, obwohl diese doch scheinbar alle reellen Zahlen enthält. Dieser Widerspruch beweist, dass die ursprüngliche Annahme der Abzählbarkeit falsch sein muss. In Cantors Terminologie haben nicht abzählbare unendliche Mengen eine höhere »Mächtigkeit« oder »Kardinalität« (Anzahl von Elementen) als abzählbare – sie sind in gewisser Hinsicht »größer«.

6 Die rationalen Zahlen abzählen

Es verwundert vielleicht, dass die Menge aller rationalen Zahlen (ganze Zahlen und Bruchzahlen der Form x/y, etwa 1/4 oder 13/72) abzählbar ist. Man könnte annehmen, es sei unmöglich, eine geordnete Liste aller möglichen Brüche zu erstellen, aber 1878 zeigte Cantor, dass es zu schaffen ist, indem man ein Zwischenstadium namens »Paarungsfunktion« nutzt. Dazu muss man alle möglichen Paare von natürlichen Zahlen (also die obere und die untere Hälfte eines jeden Bruches) in eine kohärente Ordnung bringen, woraufhin man sie jeweils zu einer Abzähl-Zahl in Beziehung setzt. Die ersten Paare in der Liste sind (0,0), (0,1), (1,0), (0,2), (1,1), (2,0), (0,3), …

7 Hilberts Hotel

1924 stellte sich David Hilbert in einer praktischen Analogie ein Hotel mit einer (abzählbar) unendlichen Zahl von Zimmern vor, von denen jedes mit einem einzigen Gast belegt ist. Wenn nun ein neuer Gast auftaucht, wie könnte man ihn dann noch unterbringen? Laut Hilbert müsste man jeden Gast bitten, ein Zimmer weiter zu ziehen: Der Gast aus Zimmer 1 zieht in Zimmer 2 um etc. Weil es unendlich viele Zimmer gibt, steht niemand ohne Zimmer da, und Zimmer 1 ist nun für den neuen Gast frei. Ein anderes Umzugsschema, bei dem man jeden bittet, in das Zimmer zu wechseln, dessen Nummer das Doppelte der alten Zimmernummer ist, würde es dem Hotel sogar erlauben, *unendlich* viele neue Gäste aufzunehmen und dabei immer noch abzählbar zu bleiben. Hilbert zeigte außerdem, dass es sogar möglich ist, eine unendliche Zahl von Gästen aus einer unendlichen Zahl gerade eingetroffener Reisebusse in dem scheinbar ausgebuchten Hotel unterzubringen, was eine Reihe von ineinandergeschachtelten Unendlichkeiten erzeugt. Hilbert fand nur eine einzige Beschränkung: Die Anzahl dieser unendlichen Ebenen muss selbst endlich sein.

8 Cantors Paradies

Die höhere Kardinalität, welche die Menge aller reellen Zahlen aufweist, wird als »Kardinalität des Kontinuums« bezeichnet. Um sie zu verstehen, kann man vielleicht zu folgendem vereinfachten Bild greifen: Wenn wir bei der zählbaren Kardinalität Striche auf einem unendlichen Bandmaß markieren, würde die Kardinalität des Kontinuums auch versuchen, die unendlich vielen Unterteilungen zwischen zwei benachbarten Strichen zu berücksichtigen. Cantor zeigte, dass es, mathematisch gesehen, eine *unendliche* Zahl von möglichen Kardinalitäten geben müsse. Die Begründung dafür ist, dass jede Menge nicht nur Teilmengen hat, die einige, aber nicht alle ihrer Elemente beinhalten; es gibt zu ihr auch immer eine »Potenzmenge«, die die Menge all ihrer Teilmengen ist. Cantor zeigte auf, dass die Potenzmenge *immer* mehr Elemente hat als die ursprüngliche Menge, was ihr eine höhere Kardinalität verschafft. Indem er über Potenzmengen von Potenzmengen nachdachte, entwickelte er die Vorstellung einer Unendlichkeit von verschiedenen Arten von Unendlichkeit.

9 Fraktale

Fraktale sind Muster, die in einem Prozess unendlicher Wiederholung entstehen: Die gleichen Muster wiederholen sich immer wieder in immer kleinerem Maßstab. Das erste solche Muster wurde 1872 von dem Deutschen Karl Weierstraß identifiziert, aber es war einmal mehr Cantor, der die Fraktale allgemein bekannt machte, nachdem er eine Möglichkeit gefunden hatte, eine Strecke fraktal zu teilen. Fraktale können aus Graphen von Gleichungen generiert werden, aber auch durch unendliche Wiederholung von recht einfachen Anweisungen in verschiedenem Maßstab. Ein kurioses Merkmal dabei ist, dass der Rand, der die Begrenzung eines Fraktals definiert, eine hohe Komplexität aufweist (eine Eigenschaft, die Mathematiker »fraktale Dimension« nennen), während die Fläche innerhalb der fraktalen Umrisse bis auf null schrumpft, wenn man sie nur detailliert genug betrachtet.

10 Unendlichkeit in der Natur

Zu Aristoteles' Vermächtnis zählt die Trennlinie zwischen der potentiellen Unendlichkeit der Mathematik und der tatsächlichen Unendlichkeit der physischen Welt; doch erst im 20. Jahrhundert wurde die Idee von einer Unendlichkeit in der Natur weithin akzeptiert. Lösungen für die Feldgleichungen, die in Einsteins Allgemeiner Relativitätstheorie die Raumzeit beschreiben, lassen es möglich erscheinen, dass es Singularitäten gibt (physikalische Entsprechungen für eine Division durch null, bei denen sich Eigenschaften unendlich ausweiten). Am bekanntesten sind die Schwarzen Löcher, aber auch der Urknall war vermutlich eine Singularität. Und während sich die meisten Astronomen bis vor Kurzem vorstellten, der von ihm geschaffene Kosmos habe eine endliche Ausdehnung, sieht es inzwischen immer mehr danach aus, dass unser Universum selbst unendlich ist und seine eigenen Kardinalitäten besitzt.

// WIE EIN GENIE REDEN

■➡ »Die meisten von Zenons Paradoxien arbeiten mit dem gleichen Trick – sie unterteilen einen Prozess wieder und wieder in eine unendliche Zahl von Schritten und behaupten dann, dies bedeute, dass er nie zu Ende geführt werden könne. Natürlich ist das ein bisschen albern, und ich zweifle daran, dass Zenon selbst je versucht hat, schneller als ein Pfeil zu rennen, aber wenn Sie das Problem in seiner eigenen Begrifflichkeit angehen wollen, dann so: Wenn sich die Zeit für jede weitere Teilung einer Aufgabe hinreichend reduziert, konvergiert sogar eine unendliche Anzahl von Zeitabschnitten schließlich auf eine endliche Summe hin. So kommt es, dass Achilles die Schildkröte am Ende immer einholt.«

■➡ »Hier ist eine der merkwürdigen Paradoxien der Mengenlehre: Man kann eine Menge aus allen natürlichen (Abzähl)Zahlen bilden und sagen, dass sie eine Kardinalität $|N|$ hat. Aber man kann auch nur die geraden Zahlen nehmen, und wenn man dann eine Bijektion vornimmt, sodass jede gerade Zahl einer natürlichen Zahl entspricht (also 2 mit 1 verbindet, 4 mit 2, 6 mit 3 usw.), zeigt man am Ende, dass die Menge aller geraden Zahlen exakt dieselbe Kardinalität hat wie die Menge aller Zahlen – und dabei gibt es doch nur halb so viele!«

■➡ »Erstaunlicherweise gibt es einen Text aus dem 4. Jahrhundert v. Chr., der von Anhängern des Jainismus – einer indischen Religion – verfasst wurde und davon spricht, dass man Zahlen grob in drei unterschiedliche Klassen einteilen könne und dass es unterschiedliche Ebenen von Unendlichkeit und Abzählbarkeit gebe. Irgendjemand war Cantor um 2200 Jahre voraus!«

👁 WAREN SIE EIN GENIE?

1 FALSCH – Während Unendlichkeit bei Zahlen tatsächlich in beide Richtungen geht, hat in der Physik vieles eine kleinstmögliche Menge (ein Quantum), unter der es nicht weiter geteilt werden kann.

2 RICHTIG – Allerdings unterschied Cantor sogar noch weitere Arten.

3 FALSCH – In Wahrheit ist Bijektion ein Prozess, bei dem man die natürlichen Zahlen mit den Elementen einer unendlichen Folge »paart«, um zu zeigen, dass diese Folge abzählbar ist.

4 FALSCH – Die Hotel-Analogie befasst sich nicht mit Unzählbarkeit.

5 RICHTIG – Bei Fraktalen erzeugt fortgesetzte Teilung komplexe, sich wiederholende Muster auf vielen Ebenen.

KURZFASSUNG
für Hochstapler

Es gibt viele verschiedene Grade von Unendlichkeit; manche können wir abzählen, andere nicht.

WAHRSCHEINLICHKEITSRECHNUNG UND STATISTIK

»Um Gottes Gedanken zu verstehen, müssen wir Statistiken studieren,
denn diese sind das Maß seiner Absichten.«

– FLORENCE NIGHTINGALE –

Daten korrekt bewerten zu können (Statistik) und die Wahrscheinlichkeit des Eintretens bestimmter Ereignisse zu begreifen (Wahrscheinlichkeitsrechnung), sind unerlässliche Fähigkeiten in einer zunehmend komplexen Welt. Und doch ist das Wissen über diese beiden miteinander verbundenen Bereiche dünn gesät, und wir neigen dazu, sie abzulehnen, wenn sie mit unseren angeborenen Instinkten kollidieren. Jedes Genie braucht ein paar Grundkenntnisse über die verschiedenen Möglichkeiten, Daten zu nutzen – und sei es auch nur, um herauszufinden, wo man von anderen in die Irre geführt wird oder sich selbst etwas vormacht.

> Wahrscheinlichkeitsrechnung und Statistik sind mathematische Hilfsmittel, mit denen wir Wahrheiten über die wirkliche Welt entdecken – aber können wir mit der Wahrheit umgehen?

 SIND SIE EIN GENIE?

1 Wenn man mit zwei sechsseitigen Würfeln würfelt, liegt die Wahrscheinlichkeit, irgendeine bestimmte Kombination von Augen zu erhalten, bei 1 zu 36.
RICHTIG / FALSCH

2 Wenn man mit denselben zwei Würfeln würfelt, liegt die Wahrscheinlichkeit, irgendeine bestimmte Summe zu erhalten, bei 1 zu 12.
RICHTIG / FALSCH

3 Wenn man bei einer statistischen Stichprobe die Zahl der untersuchten Elemente verdoppelt, halbiert sich stets die Fehlerspanne.
RICHTIG / FALSCH

4 Sofern Sie die größere Fehlerspanne nicht aus den Augen verlieren, können Sie nützliche Angaben oft auch aus Teilstichproben gewinnen – speziellen Bereichen einer Umfrage oder Abstimmung.
RICHTIG / FALSCH

5 Mit Durchschnittszahlen lassen sich statistische Angaben gut darstellen.
RICHTIG / FALSCH

ZEHN DINGE, DIE EIN GENIE WEISS

1 Wahrscheinlichkeit

Die meisten von uns haben eine intuitive Vorstellung von Wahrscheinlichkeit; sie zeigt, wie groß die Möglichkeit ist, dass ein bestimmtes Ereignis eintritt oder ein bestimmtes Resultat zustande kommt. Wenn Sie würfeln, ist die Chance, dass die 2 oben zu liegen kommt, 1 zu 6 – oder 0,166, denn die Mathematiker geben die Wahrscheinlichkeit auf einer Skala von 0 (unmöglich) bis 1 (todsicher) an. Sobald die Sachlage ein wenig komplizierter wird, beginnen die meisten von uns, Fehler zu machen. Wir vermuten Beziehungen, die es nicht gibt, und übersehen die tatsächlich existierenden. Wenn Sie eine Münze 85-mal werfen, ist es höchst unwahrscheinlich, dass die Zahl jedes Mal oben zu liegen kommt (die Chance dafür ist 0,5, und das 85-mal). Diese Chancen sind genau die gleichen wie bei jeder beliebigen anderen 85-Wurf-Reihe. Und selbst wenn die Münze jedes Mal mit der Zahl nach oben landet, behält sie keine Erinnerung daran zurück: Beim nächsten Wurf ist die Wahrscheinlichkeit erneut fifty-fifty.

2 Überraschende Ergebnisse

Ein richtiges Verständnis der Wahrscheinlichkeit kann einige Offenbarungen mit sich bringen. Ein Beispiel dafür ist das »Geburtstags-Paradoxon« – wie viele Leute müssen in einem Raum sein, damit zwei von ihnen mit einer Wahrscheinlichkeit von 0,5 am gleichen Tag Geburtstag haben? Der einfachste Weg, darüber nachzudenken, liegt darin, dass man vom umgekehrten Fall ausgeht (jeder hat an einem anderen Tag Geburtstag). Diese Wahrscheinlichkeit sinkt rapide, wenn die Zahl der Leute steigt. Da die kombinierte Wahrschein-lichkeit aller möglichen Ergebnisse immer 1 ist, wird ein gemeinsamer Geburtstag wahrscheinlicher als kein gemeinsamer, sobald die Wahrscheinlichkeit unterschiedlicher Geburtstage unter 0,5 sinkt, was schon bei gerade mal 23 Leuten passiert.

3 Der Bayessche Wahrscheinlichkeitsbegriff

Die meisten Arten der Wahrscheinlichkeitsrechnung stellen ihre Berechnungen aufgrund der Ausgangsdaten eines bestimmten Systems an. Thomas Bayes, ein englischer Mathematiker des 19. Jahrhunderts, entwickelte hingegen eine Methode, die auch zusätzliche Informationen berücksichtigt, die man unterwegs gewonnen hat. In ihrem Kern findet sich ein als »Bayesscher Satz« bezeichnetes Wahrscheinlichkeitsgesetz, mit dem man neue Erkenntnisse in ein früheres Modell einfließen lassen kann. So kann man auch das berühmte »Monty-Hall-Problem« lösen: Man fordert Sie auf zu entscheiden, in welcher von drei Kisten ein Hauptgewinn liegt. Danach zeigt man Ihnen, dass eine der von Ihnen nicht gewählten Kisten leer ist, und erlaubt Ihnen, noch einmal zu wählen. Wenn Sie jetzt die andere Kiste wählen, schrauben Sie Ihre Gewinnchancen von 0,333 auf 0,666 hoch. Weil es beim ersten Mal nur eine Chance von 1 zu 3 gab, die richtige Kiste zu treffen, erhöht sich durch die Öffnung der leeren Kiste die Wahrscheinlichkeit, dass die andere den Preis enthält, auf 2 zu 3.

4 Wahrscheinlichkeit, Ungewissheit und Risiko

Richtig eingeschätzte Wahrscheinlichkeiten sollten eigentlich unserer Wahrnehmung der

Gewissheit und Häufigkeit des Eintretens von Ereignissen zugrunde liegen, aber im Alltag unterlaufen uns dabei oft Fehler, die kognitiven Verzerrungen geschuldet sind. So überschätzen wir häufig die Wahrscheinlichkeit seltener, aber in den Medien sehr präsenter Ereignisse (etwa Lottogewinne oder Terrorangriffe) – einfach, weil wir uns besser an sie erinnern. Dabei blenden wir die Basisrate der Möglichkeit des Eintretens zugunsten neuer Informationen aus, die diese Basisrate zu »überschreiben« scheinen. Außerdem vernachlässigen wir die unterschiedlichen Zeitrahmen, die mit verschiedenen Risiken verbunden sind. So ist es extrem unwahrscheinlich, dass Sie daran sterben werden, dass ein Asteroid zu Ihren Lebzeiten auf der Erde einschlägt. Man hat allerdings berechnet, dass die durchschnittliche Wahrscheinlichkeit, bei einem solchen Einschlag zu sterben, etwa genauso hoch ist wie die, einem Tornado zum Opfer zu fallen. Die Erklärung dafür ist, dass große Asteroiden unglaublich selten die Erde treffen – aber wenn, dann haben sie das Potential, eine enorm hohe Zahl von Opfern zu fordern.

5 Warum Statistik wichtig ist

Statistik ist das Geschäft der Datenanalyse – ein ganzes Bündel mathematischer Techniken, die aus begrenzten Untersuchungen der Realität Zahlen ableiten, Muster und Trends identifizieren sowie die Wahrscheinlichkeit bestimmen, dass diese Muster einigermaßen repräsentativ sind. Die einfache »deskriptive Statistik« beschreibt die Grundeigenschaften eines einzigen Datensatzes – beispielsweise das Durchschnitts- und das am häufigsten auftretende Alter von Käufern eines bestimmten Produkts und die Altersverteilung um diese Höchstwerte herum. Die Inferenzstatistik hingegen berechnet mögliche Beziehungen zwi-

schen mehreren Datensätzen: Beeinflusst das Alter die Wahrscheinlichkeit, dass sich jemand für dieses Produkt interessiert? Statistiken sind wirkungsvolle Hilfsmittel, aber man darf dabei nie vergessen, dass ihre Schlussfolgerungen von Wahrscheinlichkeiten sprechen, nicht von Gewissheiten.

6 Stichproben

In vielen statistischen Kontexten ist der Zugang zu den Daten aus praktischen Gründen begrenzt. Die Herausforderung liegt also darin, eine statistisch aussagekräftige Stichprobe vorzunehmen, von der man erwarten darf, dass sie die Eigenschaften des zu untersuchenden Gesamtgegenstands widerspiegelt. Bei Meinungsumfragen wird solch ein Sample gewöhnlich unter Berücksichtigung der sozioökonomischen Gruppenzugehörigkeit, des Alters und anderer Muster in der Gesamtbevölkerung aufgebaut. Dabei greift man auf umfassende Zensus-Daten zurück.

7 Fehlerspanne

Die Techniken zur Berechnung von Abweichungen sind ziemlich kompliziert, aber das Grundprinzip lautet: Je größer oder durchdachter eine Stichprobe oder ein Experiment sind, desto wahrscheinlicher ist es, dass sie das ihnen zugrunde liegende Muster korrekt aufzeigen. Bei Meinungsumfragen wird der Genauigkeitsgrad durch eine »Fehlerspanne« (Messabweichung nach oben oder unten) gekennzeichnet. Dennoch kann selbst eine großartig aufgebaute Umfrage gelegentlich zu nicht repräsentativen Resultaten führen, die man »Ausreißer« nennt. Die Statistiker drücken die Wahrscheinlichkeit ihrer Resultate durch eine Prozentzahl aus, die als »Konfidenzintervall« bezeichnet wird. So sollte eine richtig aufgebaute politische Meinungsumfrage mit einer

Stichprobengröße von 1000 Befragten die Wahlabsichten der Bevölkerung mit einer Fehlerspanne von 3 Prozent und einem Konfidenzintervall von 95 Prozent voraussagen können – das heißt, es gibt nur eine fünfprozentige Wahrscheinlichkeit, dass die wahren Absichten der Bevölkerung um mehr als 3 Prozent von den Umfrageergebnissen abweichen.

8 Statistik, Wahrscheinlichkeit und Beweis

In den Naturwissenschaften und vielen anderen Bereichen wollen Forscher die Wahrheit einer Hypothese oft durch Experimente oder statistische Belege überprüfen. Die Wahrscheinlichkeitsrechnung spielt dabei eine Schlüsselrolle. Die gängigste Technik besteht nämlich darin, die »Nullhypothese« zu testen – die Annahme, dass es zwischen zwei Datensätzen (oder zwischen *einem* Satz und einem Vorhersagemodell, das eine bestimmte Hypothese beschreibt) keinen Zusammenhang gibt. Der daraus resultierende p-Wert zeigt an, mit welcher Wahrscheinlichkeit die Nullhypothese innerhalb eines bestimmten Konfidenzintervalls wahr ist. Liegt der p-Wert unterhalb eine gewissen Schwelle, die man Signifikanzniveau nennt, kann die Nullhypothese verworfen werden. Das heißt allerdings noch nicht, dass der angenommene Zusammenhang oder die gegenteilige Hypothese damit als wahr bewiesen wären – um die Bandbreite der Möglichkeiten einzuengen, sind normalerweise weiteres Überprüfen und Experimentieren vonnöten.

9 Anekdotische kontra statistische Evidenz

Genau wie bei unserer Risikobewertung haben wir auch oft mit kognitiven Verzerrungen zu kämpfen, wenn wir statistische Informationen korrekt beurteilen sollen. Unser Gehirn neigt automatisch dazu, persönliche Erfahrungen höher zu bewerten als unpersönliche Zahlen. Wenn also ein kognitiver Konflikt auftritt, zweifeln wir die statistischen Belege gewöhnlich an. Aber anekdotische Evidenz lässt sich gegen statistische schlecht ins Feld führen – drei Beispiele aus dem Bekanntenkreis müssen noch keinen Trend anzeigen. Eine nuanciertere und überzeugendere Sichtweise wäre: »Hinter Statistiken stecken auch Menschen« – im Prinzip sind Umfragen tatsächlich Sammlungen von Anekdotischem, aber gefiltert durch Systeme, die viele ihrer Details entfernen und sie hoffentlich korrekt gewichten, damit sie die Wirklichkeit abbilden können.

10 Vom Missbrauch der Statistik

Ebenso sollte man sich daran erinnern, dass statistische Erhebungen anfällig für Fehldeutungen und sogar unverblümten Missbrauch sind. Eine bekannte Taktik besteht darin, den Umfrageteilnehmern Fragen vorzulegen, die bereits eine implizite Interpretation der »Tatsachen« enthalten. So bringt man die befragten Personen dazu, ganz bestimmte Antworten zu geben. Außerdem neigen wir von Natur aus zu »positiven« Antworten, sodass die Formulierung der Frage schon erheblichen Einfluss auf die Antwort haben kann. Andere Fragen wiederum täuschen vielleicht nicht die *Umfrageteilnehmer,* können aber *uns* in die Irre führen, wenn wir die Resultate zu deuten versuchen. Leider sind Umfragen nur selten eine völlig unparteiische akademische Übung; stattdessen formen die kommerziellen oder politischen Interessen ihres Auftraggebers oft das Ergebnis (oder zumindest die Art und Weise, wie darüber berichtet wird).

// WIE EIN GENIE REDEN

■➡ »Die Fehlerspanne zeigt die wahre Differenz zwischen Anekdotischem und statistisch Erhobenem. Selbst bei gut vorbereiteten Befragungen mit vielen Teilnehmern liegt diese Marge gewöhnlich bei etwa 3 Prozent in beiden Richtungen, aber bei nur 50 befragten Personen schießt sie auf 14 Prozent hoch. Deshalb werden Sie am Ende wahrscheinlich frustriert dastehen, wenn Sie glauben, dass das, was Ihre Freunde Ihnen erzählen, eine weit verbreitete Meinung oder Erfahrung repräsentiert. Aber natürlich haben wir trotzdem eine Vorliebe für anekdotische Evidenz – schließlich sind wir Menschen.«

■➡ »Der Basisratenfehler ist ein gutes Beispiel dafür, wie wir Wahrscheinlichkeiten falsch einschätzen. Stellen Sie sich vor, dass die Bevölkerung einer bestimmten Stadt zu 5 Prozent aus Schwarzen besteht und dass es dort eine Krankheit gibt, die bei Schwarzen zehnmal häufiger auftritt als bei den übrigen Bewohnern. Patricia lebt in dieser Stadt und hat die Krankheit. Wie groß ist also die Wahrscheinlichkeit, dass sie eine Schwarze ist? Die Antwort lautet: ›Weniger als 1 zu 8.‹ Wenn Sie gedacht hätten, sie läge höher, hat bei Ihnen die spezifische Information über die Krankheit die ›Basisrateninformation‹ über den Bevölkerungsanteil der Schwarzen schlichtweg ausgeschaltet.«

■➡ »Der US-amerikanische Ingenieur Robert Howard hat 1980 eine clevere Methode vorgelegt, mit der man die wirklichen Risiken bei verschiedenen Aktivitäten aufzeigen kann. Er schuf eine Einheit namens ›Mikromort‹: eine Todeswahrscheinlichkeit von 1 zu einer Million. Der Oxforder Statistiker David Spiegelhalter fügte dem die Einheit ›Mikrolife‹ hinzu: eine Verringerung der Lebenserwartung um eine halbe Stunde. Alkohol und Nikotin kosten uns also x Mikrolife.«

👁 WAREN SIE EIN GENIE?

1 RICHTIG – Aber nur, wenn Sie beide Würfel immer gut unterscheiden.

2 FALSCH – Die Wahrscheinlichkeit jeder möglichen Gesamtsumme hängt davon ab, auf wie vielen Wegen man sie erzielen kann.

3 FALSCH – Eine wachsende Samplegröße hat bei kleinen Stichproben beträchtliche Auswirkungen auf die Fehlerspanne, aber je größer die Zahl der untersuchten Elemente ist, desto geringere Auswirkungen hat ihre Verdopplung.

4 FALSCH – Das gilt nur, wenn die Teilstichprobe ausreichend repräsentativ für ihren Teil der Gesamtbevölkerung ist.

5 FALSCH – Durchschnittswerte werden oft dazu benutzt, unsere Wahrnehmungen zu verzerren, denn sie zeigen nicht, wie die Werte um sie herum verteilt sind.

✏ KURZFASSUNG für Hochstapler

Wahrscheinlichkeitsrechnung ist die überraschende Mathematik von Chancen und Vorhersagen, während sich die Statistik damit befasst, wie genau eine begrenzte Datenmenge die wirkliche Welt abbildet und wie wir sie am besten präsentieren können.

CHAOS

»[Das Buch der Natur] ist in der Sprache der Mathematik geschrieben [...],
ohne die es dem Menschen unmöglich ist, ein einziges Wort zu verstehen [...].«
– GALILEO GALILEI –

Chaos ist einer jener irreführenden Begriffe, die in der Alltagssprache für vieles verwendet werden, für Mathematiker und andere Wissenschaftler jedoch eine ganz spezifische Bedeutung haben. Es ist wichtig, zwischen beiden Bereichen zu unterscheiden, weil der mathematische Chaos-Begriff in vielen Fällen die Grenzen mathematischer Vorhersagen erklären kann. Unsere Modelle für das Wetter oder ähnliche Phänomene scheitern nämlich nicht etwa aufgrund inhärenter Fehler, sondern es trifft eher zu, dass wir ihre Anfangsbedingungen nicht gut genug verstehen (und vielleicht niemals verstehen werden).

> In der Natur und der Mathematik wird deutlich, dass das Chaos regiert - können Sie seiner Herr werden?

 SIND SIE EIN GENIE?

1 Die Chaostheorie setzt der Genauigkeit einiger mathematischer Vorhersagen Grenzen.
RICHTIG / FALSCH

2 Aus jeder mathematischen Gleichung kann Chaos folgen – das hängt allein davon ab, für welches natürliche Phänomen sie steht.
RICHTIG / FALSCH

3 Chaotische Attraktoren versetzen mathematische Gleichungen in bestimmte Zustände des Hin- und Herschwingens, bevor sie sich letztlich auf einen Endwert einpendeln.
RICHTIG / FALSCH

4 Die Chaostheorie widerspricht in jeder Hinsicht den Bewegungsgleichungen der klassischen newtonschen Mechanik.
RICHTIG / FALSCH

5 Nach Ansicht von Astronomen hatte das Chaos großen Einfluss auf die Geschichte unseres Sonnensystems.
RICHTIG / FALSCH

ZEHN DINGE, DIE EIN GENIE WEISS

1 Newtons berechenbares Universum

Im Jahr 1687 veränderte Isaac Newton mit der Veröffentlichung seines Werks *Mathematische Grundlagen der Naturphilosophie*, das besser als *Principia* bekannt und nicht mit den späteren Arbeiten von Russell und Whitehead zu verwechseln ist, für immer unsere Sicht auf die Welt. Darin stellte er seine Gesetze der Bewegung und der Gravitation auf, die das Verhalten von Objekten unter dem Einfluss verschiedener Kräfte vorhersagen. Die Newtonschen Gesetze sind die Grundlage der »Klassischen Mechanik« und werden bis heute weithin verwendet (obwohl Einsteins Relativitätstheorie in einigen Extremsituationen besser greift). Ihre Entdeckung löste ein philosophisches Erdbeben aus, weil sie den Anschein erweckten, das Universum sei deterministisch. Es schien, als könne man seine Zukunft rein theoretisch vorhersagen, wenn man nur die Ausgangspunkte und Bewegungen all seiner Partikel wüsste.

2 Das Dreikörperproblem

Wissenschaftler haben jedoch bald erkannt, dass auf jeden, der diesen Versuch wagen würde, ein Problem wartet. Man nehme zum Beispiel die Planetenbahnen um die Sonne. Die Bewegung eines einzelnen Planeten vorherzusagen ist völlig unproblematisch, sobald man aber einen weiteren hinzufügt (einen dritten Körper im System), ist es mit der Vorhersagbarkeit schnell vorbei. Bei ausreichend langer Beobachtung bewirken die wechselnden Gravitationskräfte zwischen drei großen Körpern unvorhersehbare Variationen der Planetenbahnen. Mit diesem »Dreikörperproblem« mühten sich Astronomen im 19. Jahrhundert bei dem Versuch, die Existenz hypothetischer neuer Planeten vorauszusagen, lange Zeit und nach Leibeskräften ab. Schließlich schlug der französische Mathematiker Henri Poincaré 1880 vor, dass bestimmte orbitale Konstellationen schlicht und ergreifend unvorhersehbar oder, mit unserem heutigen Begriff, »chaotisch« seien.

3 Die Entdeckung des Chaos

Trotz aller Zweifel, die das Dreikörperproblem geweckt hatte, überwog die traditionelle »lineare Theorie« in Vorstellungen über physikalische Systeme bis Mitte des 20. Jahrhunderts. Nach diesem Modell würden kleine Veränderungen oder Unbekannte ebenso kleine Ergebnisänderungen hervorrufen und nicht etwa bedeutende Abweichungen. Entsprachen die realen Resultate nicht den erwarteten, wurden die Unterschiede häufig als Messfehler oder zufällige Variation abgetan (»Rauschen«). Ein paar Mathematiker ahnten zwar schon früh, dass dahinter etwas ganz anderes stecken könnte, doch erst mit der Entwicklung des Computers und der Möglichkeit, komplexe mathematische Modelle immer wieder durchzuspielen, kam die Wahrheit allmählich ans Licht: Viele physikalische Systeme sind viel stärker von den genauen Anfangsbedingungen abhängig, als man bis dahin vermutet hatte.

4 Der Schmetterlingseffekt

Im Jahr 1972 veröffentlichte der US-Mathematiker und Meteorologe Edward Lorenz einen Artikel zu nicht linearen Gleichungen, in dem er das berühmteste Leitbild der Chaostheorie einführte: die Idee, dass der Flügelschlag eines Schmetterlings in Brasilien einen Tornado in Texas auslösen könne. Schon

1961 war Lorenz, bei einer primitiven Computersimulation des Wetters, auf die mögliche Empfindlichkeit einiger mathematischer Systeme aufmerksam geworden. Nachdem er beim ersten Durchlauf noch die umständliche Startbedingung 0,506127 gewählt hatte, tippte er beim zweiten Mal einfach 0,506 ein, um erstaunt festzustellen, dass die Simulationsergebnisse gravierend vom ersten Durchlauf abwichen. Diese extreme »sensitive Abhängigkeit von den Anfangsbedingungen« ist ein Kennzeichen von mathematischem Chaos und, wie sich herausstellt, erstaunlich verbreitet.

5 Differentialgleichungen

Chaos ist eine Eigenschaft, die sich aus mathematischen Beschreibungen von Veränderung ergibt, die wir als Differentialgleichung kennen. Gewöhnlich beschreiben solche Gleichungen die Veränderungsrate einer Zustandsgröße eines Systems in Abhängigkeit von einer anderen – gemeinhin dargestellt als dy/dx (die Größe der Veränderung von y für eine einzelne Veränderung von x) oder einfach als $f(y)$ (wobei f die Abkürzung für mathematische Funktion ist). Lineare Differentialgleichungen berechnen die Veränderungsrate mithilfe einfacher Additionen, Subtraktionen und Multiplikationen der beteiligten Variablen, während die nicht linearen eine Potenzierung der Variablen beinhalten (beispielsweise Zeit zum Quadrat oder t^2). Ein Schlüsselmerkmal chaotischer Systeme ist, dass sie stets durch nicht lineare Gleichungen beschrieben werden: Die Potenzierung der Variablen verstärkt die Auswirkung kleiner Veränderungen.

6 Chaotische Attraktoren

Zu den faszinierenden Merkmalen chaotischer Systeme zählt, dass viele von ihnen nicht *gänzlich* unvorhersehbar sind (und potentiell überall und nirgendwo enden können), sondern nur *innerhalb* relativ klar bestimmter Grenzen. Sie oszillieren um einen einzelnen Punkt oder mehrere Kernzustände herum, die man »Attraktoren« nennt. Dieses Verhalten tauchte erstmals in Poincarés Forschung zum Dreikörperproblem auf, und bei Planetenumlaufbahnen kann man sich den Attraktor einfach als den mittleren Ellipsenkurs vorstellen, um den die tatsächliche Position des Planeten schwankt. Bei anderen Systemen lassen sich die Attraktoreigenschaften mit einem zwei- oder dreidimensionalen Schaubild darstellen (etwa das Verhältnis zwischen den Raub- und Beutetierzahlen in einem spezifischen Ökosystem). Der vielleicht bekannteste Attraktor ist das schmetterlingsförmige Muster, welches sich aus der Lorenz-Gleichung für atmosphärische Konvektion ergibt.

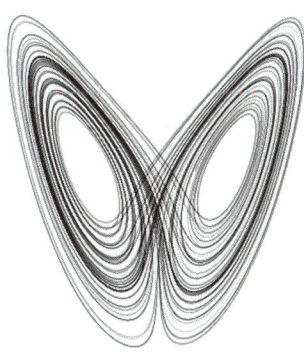

7 Wettervorhersage

Das Konzept Chaos erklärt, warum selbst mittelfristige Wettervorhersagen noch immer so eine Herausforderung sind. Das Wetter der Erde ist ein hochkomplexes System und wird vom Wechselspiel aus Sonnenstrahlung, geographischer Struktur, Ozean und Atmosphäre angetrieben. Seine Vorhersage stützt sich auf Modelle, welche die Gesetze der Thermodynamik und der Strömungslehre vereinen. Diese

Gleichungen sind von Natur aus chaotisch: Ihre Entwicklung reagiert äußerst sensibel auf die Anfangsbedingungen, und obwohl es Satellitenbeobachtung und ein dichtmaschiges Netz von Bodenstationen gibt, können Meteorologen vermutlich nie genug Daten für eine einzige glaubwürdige Prognose sammeln. Stattdessen beruht ihre Strategie darauf, Modelle mehrmals mit leicht veränderten Anfangsbedingungen durchzuspielen und die Vorhersage dann auf die wahrscheinlichsten Ergebnisse zu stützen.

8 Die Mandelbrot-Menge

Fraktale nennt man unglaublich detailreiche Muster, die von sich wiederholenden mathematischen Algorithmen bei steigender Detailliertheit erzeugt werden. Einige Fraktale entwickelten sich aufgrund ihrer verblüffenden Empfindlichkeit gegenüber den Anfangsbedingungen zu Ikonen der Chaostheorie. Am bekanntesten ist die Mandelbrot-Menge, die der in Polen geborene franko-amerikanische Mathematiker und Chaostheoretiker Benoît Mandelbrot 1979 entdeckte (der auch die Begriffe »fraktal«/»Fraktal« prägte). Dieses berühmte Schaubild stellt die Menge der komplexen Zahlen c dar, die nicht gegen unendlich divergieren, wenn die einfache Funktion $f(z) = z^2 + c$ mit größer werdendem z, beginnend mit 0, wiederholt wird (wobei die Schaubildachsen die realen und imaginären Bestandteile von c zeigen). Nahe der Grenze zwischen den divergierenden und nicht divergierenden Zahlen bringen die minimalen Veränderungen, die das Zünglein an der Waage sind, unglaublich schöne und komplexe Muster hervor. Chaotische Attraktoren zeigen häufig solche fraktalen Strukturen.

9 Die Rauheit der Natur

Können Mechanismen, die auf Chaos beruhen, wirklich einen Großteil der offenkundigen Regellosigkeit der Natur erklären und damit wieder etwas Ordnung ins Chaos bringen? Das glauben viele Wissenschaftler inzwischen, und auch hierzu hat Mandelbrot viel beigetragen. Er interessierte sich besonders für die »Rauheit« der Natur und untersuchte dafür so scheinbar willkürliche Phänomene wie die Form von Küstenlinien, den Aufbau von Pflanzen und sogar die kleinmaßstäbige Verteilung von Blutgefäßen. In diesen und weiteren Fällen stieß er auf bestimmte Muster von Selbstähnlichkeit – Wiederholungen bei unterschiedlichen Skalierungen, welche die für Fraktale typischen Muster widerspiegelten. Wie es scheint, ist Mandelbrot, indem er die Natur und sogar menschliches Verhalten in Form von chaosbasierten Fraktalen modellierte, auf eine verborgene Harmonie in der Natur gestoßen.

10 Selbst organisierte Kritikalität

Das Konzept der »selbst organisierten Kritikalität« (SOC) ist ein außergewöhnlicher Ableger der Chaostheorie. Die erstmals 1987 von Forschern vorgestellte Idee besagt, dass dynamische Systeme in der Natur sich per se einem kritischen Punkt an der Grenze zwischen zwei oder mehr eigenständigen Phasen (signifikant unterschiedlichen Anordnungen der Systemelemente) annähern. Der kritische Punkt fungiert als Attraktor. Er bringt das System sogar bei grundverschiedenen Anfangsbedingungen dazu, sich zu ihm hin zu entwickeln und um ihn herum zu schwingen. Diverse komplexe Systeme, von den Finanzmärkten über Epidemien und die Evolution bis zur Sonnenaktivität, zeigen diese eigentümliche Nähe zu einem solchen Quasigleichgewicht. Die SOC bietet eine mögliche Erklärung dafür, wie es zu diesen fragilen Gleichgewichtszuständen kommt.

// WIE EIN GENIE REDEN

■➡ »Chaos unterhöhlt das Grundprinzip des Determinismus nicht wirklich – auch wenn es Ergebnisse weniger berechenbar macht. Nach wie vor entwickeln sich Systeme im Einklang mit den vorhersehbaren Gesetzen der Physik und Biologie sowie nach dem Prinzip von Ursache und Wirkung. Es liegt alles nur daran, dass unser Modell der Ursachen nicht präzise genug ist, um die Wirkungen herauszufinden. Ich finde, Edward Lorenz hat es am besten beschrieben, als er die Chaosidee wie folgt zusammenfasste: ›… wenn die Gegenwart die Zukunft festlegt, aber die genäherte Gegenwart nicht näherungsweise die Zukunft bestimmt.‹«

■➡ »Für Autoren ist der Schmetterlingseffekt so etwas wie ein Standard-Erzählmittel geworden, aber er hatte schon viele Vorläufer. Der Philosoph Johann Gottlieb Fichte schrieb diesbezüglich, dass schon das Bewegen eines einzelnen Sandkorns ungeahnte Folgen für den ganzen Strand haben könnte. Und ich weiß nicht, ob Lorenz jemals Ray Bradburys *Ferner Donner* gelesen hat: In dieser Geschichte treten Zeitreisende beim Besuch der späten Kreidezeit auf einen Schmetterling, um bei ihrer Rückkehr festzustellen, dass ihre Welt nun von einem Faschisten regiert wird.«

Die Mandelbrot-Menge

👁 WAREN SIE EIN GENIE?

1 RICHTIG – Die Chaostheorie besagt, dass die Genauigkeit von Vorhersagemodellen von der Detailliertheit der Informationen abhängt, mit denen wir sie bestücken.

2 FALSCH – Chaos tritt nur in Differentialgleichungen mit Quadraten und anderen Potenzen auf.

3 FALSCH – Attraktoren pegeln sich nie auf einen singulären Endwert ein, sondern schwingen immer weiter.

4 FALSCH – Chaos ist ein Merkmal der newtonschen Physik und kein Widerspruch zu ihr.

5 RICHTIG – In grauer Vorzeit könnten chaotische Wechselwirkungen der Planeten eine Verschiebung ihrer Umlaufbahnen bewirkt und sie sogar dem Zusammenstoß nahe gebracht haben.

> ✏ **KURZFASSUNG für Hochstapler**
>
> Chaos entsteht, wenn geringe Unterschiede bei den Anfangsbedingungen zu sehr unterschiedlichen Ergebnissen führen – und es ist viel verbreiteter, als wir dachten.

NANOTECHNOLOGIE

»Die Prinzipien der Physik sprechen, soweit ich das erkennen kann,
nicht gegen die Möglichkeit, die Dinge Atom für Atom zu bewegen.«
– RICHARD FEYNMAN –

Nanotechnologie ist die außergewöhnliche
Wissenschaft von den sehr kleinen Dingen –
angefangen von Konstruktionen im Nano-
meterbereich (also auf der Ebene von Milliardstel Metern) bis hinab zum maßgeschneiderten Zusammenbau einzelner Atome, die
noch hundertmal kleiner sind. Gegenwärtig
ist Nanotechnologie einfach eine Sonderform
der herkömmlichen Ingenieur- und Werk-
stoffwissenschaften, aber manche ihrer
Verfechter glauben, dass ihr Potential letztlich
in der Schaffung winziger, sich selbst verviel-
fältigender Roboter liegen könnte, von denen
ein jeder imstande ist, eine breite Palette von
Aufgaben auszuführen.

> Nanotechnologie ist bereits ein Bestand-
> teil unseres Lebens – aber ist sie
> wirklich die alles umwälzende Wissen-
> schaft, für die ihre Befürworter sie
> halten?

 SIND SIE EIN GENIE?

1 Fullerene sind Nanoteilchen, die nach einem
US-amerikanischen Architekten benannt
wurden, dessen facettierte Kuppelentwürfe
ähnliche Strukturen aufweisen.
RICHTIG / FALSCH

2 Nanopartikel sind ungefähr hundertmal
dünner als ein menschliches Haar und
können nur mit leistungsstarken Mikroskopen
wahrgenommen werden.
RICHTIG / FALSCH

3 Moores Gesetz besagt, dass sich die
Komponentendichte in einem Mikrochip
derzeit alle zwei Jahre verdoppelt. Es ist
wahrscheinlich, dass dies bis in absehbare
Zukunft so weitergeht.
RICHTIG / FALSCH

4 Geckos nutzen eine natürliche Form der
Nanotechnologie, um an glatten senkrechten
Oberflächen emporzuklettern. Ingenieure haben
dieses Prinzip übernommen, um ein superstarkes
künstliches Gecko-Klebeband herzustellen.
RICHTIG / FALSCH

5 Die Beschleunigungssensoren, die in
Smartphones stecken oder in Autos beim
Aufprall die Airbags aktivieren, sind ein Beispiel
für Nanotechnologie im Alltag.
RICHTIG / FALSCH

ZEHN DINGE, DIE EIN GENIE WEISS

1 Unten ist noch Platz

Die Nanotechnologie ist einer jener Fälle, in denen die waghalsige Vorhersage eines genialen Wissenschaftlers schließlich ganz und gar Wirklichkeit wurde. Im Dezember 1959 hielt Richard Feynman (der bereits für seine Arbeiten zur Theorie der Quantenelektrodynamik bekannt war) am California Institute of Technology einen Vortrag mit dem Titel *Da unten ist noch jede Menge Platz*. Darin legte er dar, welche gewaltigen Möglichkeiten die Produktion in atomarem Maßstab bot. Er ging sogar so weit, für Meisterleistungen der Miniaturisierung zwei Preise von jeweils 1000 Dollar auszuschreiben: für die Verkleinerung einer Druckseite um das 25 000-Fache und die Konstruktion eines funktionsfähigen Elektromotors, der kleiner war als ein Würfel von 6 Millimeter Kantenlänge. Der Motorpreis wurde schon im nächsten Jahr eingefordert, aber Feynman musste bis in die 1980er-Jahre warten, ehe die Technologie so weit war, seine Druckaufgabe zu lösen.

2 Mikroelektronik und Moores Gesetz

Währenddessen erlebte die Welt eine Revolution in der Mikroelektronik. Transistoren (also die Bauelemente, die in elektronischen Geräten wie Computern den Stromfluss steuern) hatten früher auf altmodischen Elektronenröhren beruht. Diese waren bereits durch kompakte Blöcke von Silizium, einem Halbleiter, ersetzt worden. Im Jahr 1958 fanden Ingenieure von Texas Instruments heraus, wie man einen ganzen Schaltkreis mit zahlreichen Komponenten und Verbindungen auf einer einzigen Siliziumscheibe anordnen konnte. Als sich die Herstellungstechniken rasant verbesserten, wurde ein Muster deutlich: Gordon Moore (der spätere Mitbegründer von Intel) zeigte, dass sich die Dichte von elektronischen Komponenten, die sich auf einer einzigen Scheibe unterbringen ließen, jedes Jahr verdoppelte, denn die einzelnen Elemente wurden immer kleiner. Moores Gesetz hat bis heute Bestand, auch wenn sich das Tempo der Fortschritte seit der Jahrtausendwende etwa halbiert hat. Einzelne Siliziumelemente werden inzwischen in einer Größenordnung von wenigen Nanometern (also Milliardstel Metern) produziert.

3 Top-down-Herstellungsverfahren

Die Techniken zur Herstellung von Siliziumchips werden als »Top-down-Nanotechnologie« bezeichnet. Sie beruht darauf, Komponenten zu erzeugen, die aus einer relativ großen Anzahl von Atomen bestehen, und nutzt die Eigenschaften von Bulk-Materialien, etwa die elektrische Leitfähigkeit (die nur richtig funktioniert, wenn man große Mengen von Elektronen durch ein Material schicken kann). Die traditionelle Chipherstellung bedient sich der Fotolithografie, einer Technik, bei der Licht durch eine Fotomaske auf lichtempfindliche Chemikalien gerichtet wird und in ein darunterliegendes Substrat (gewöhnlich Silizium) bestimmte Komponenten »einätzt«. Schaltkreisbestandteile müssen sich normalerweise nicht von der Stelle bewegen, aber man kann dieselbe Technik verwenden, um winzige mechanische Bauteile herzustellen, etwa Räder und Antriebswellen.

4 Bottom-up-Nanotechnologie

Noch beeindruckendere Anwendungen erwarten uns vielleicht am anderen Ende der Nanotechnologie-Skala. Beim Bottom-up-Verfahren manipuliert man einzelne Atome auf einem Substrat, um Daten zu speichern oder molekulare Maschinen zu bauen. Ein solches Vorgehen wurde erst in den 1980er-Jahren möglich, nachdem Forscher der Firma IBM das Prinzip des Rastertunnelmikroskops (RTM) entdeckt hatten. Das RTM geht über die herkömmlichen Elektronmikroskope hinaus und macht sich den quantenmechanischen Tunneleffekt zunutze. Dieser bietet nicht nur einen direkten Blick auf einzelne Atome auf einer Oberfläche – man kann diese auch mit der nadelartigen Sonde des Mikroskops aufnehmen und umsetzen.

C_{60}-Fulleren-Moleküle

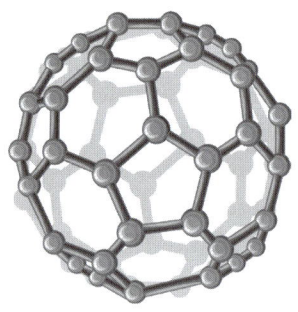

5 Nanostrukturen aus Kohlenstoff

Ein Beispiel für bereits praxistaugliche Nanotechnologien sind die als Fullerene bezeichneten Moleküle. Diese Bälle und Röhren enthalten Hunderte von Kohlenstoffatomen in unterschiedlichen geometrischen Anordnungen. Fullerene bilden sich auf natürliche Weise in der Atmosphäre sterbender Sterne, können aber auch im Labor hergestellt werden, indem man Graphit mit einem leistungsstarken Laserstrahl verdampft. Verbunden können ihre gitterartigen Strukturen 20-mal stärker als Stahl sein, aber sie wiegen dabei nur halb so viel wie Aluminium. Da die Herstellungskos-

ten rapide sinken, ist es wahrscheinlich, dass sie die Werkstoffe der Zukunft sind. Andere Eigenschaften der Fullerene, so ihre chemische Trägheit und die Fähigkeit, sowohl Wärme als auch Elektrizität extrem effizient zu leiten, macht man sich ebenfalls zunutze. So kann man Fullerene bei manchen Krebstherapien als »Behälter« verwenden, um giftige Medikamente in bestimmte Teile des Körpers zu bringen.

6 Nanoengineering

1986 schrieb der US-amerikanische Ingenieur K. Eric Drexler den Bestseller *Maschinen der Schöpfung*, der die Nanotechnologie in den Mainstream katapultierte. Der Begriff »Nanotechnologie« war bereits 1974 durch den Japaner Taniguchi Norio geprägt worden, aber Drexler war der Erste, der viele Spekulationen aus Feynmans lange übersehener Rede ins Rampenlicht rückte. Hauptsächlich warb er für das Potential winziger Maschinen, die er Assembler nannte. Diese Geräte im Nanoformat sollten einzelne Atome und Moleküle aus der Umgebung zusammentragen und sie auf unterschiedliche Weise verarbeiten. Zu den möglichen Anwendungen gehörten die Neutralisierung von Schadstoffen, indem man sie in unreaktive Moleküle einband, die Gewinnung nützlicher Metalle aus Erzen und sogar die Herstellung von großformatigeren Bauteilen und Maschinen.

7 Die Von-Neumann-Maschinen

Für viele Verfechter der Nanotechnologie liegt deren Endziel darin, sich selbst vervielfältigende Nanomaschinen zu schaffen. Die nach dem ungarisch-amerikanischen Mathematiker John von Neumann (1903–1957) benannten Apparate wären in Wahrheit eine Form künstlichen Lebens – sie könnten aus eigener Kraft die nötigen Materialien finden, um weiter zu funktionieren, und sich selbst aus der Umwelt reproduzieren. Der Chemie-Nobelpreisträger Richard Smalley (einer der Entdecker der Fullerene) machte allerdings Zweifel geltend: Er behauptete, Assembler würden in der Praxis nur funktionieren, wenn sie sich in einer Flüssigkeit befänden und mit den richtigen »Nährstoffen« versorgt würden.

8 Die Physik des Winzigen

Bei Nanotechnologie geht es aber nicht nur darum, Prinzipien, die auf größerer Ebene wirken, ins Allerkleinste zu übertragen. Einzelne Atome und kleine Gruppierungen verhalten sich nämlich nicht unbedingt so wie größere Mengen eines Materials. Man kann etwa Metalle wie Platin, die unter normalen Umständen nicht reaktionsfähig sind, in starke chemische Katalysatoren verwandeln, indem man mittels Nanokörnern eine größere Oberfläche schafft, die den Umgebungsstoffen ausgesetzt ist. Andere Materialien ändern ihre optischen Merkmale (Kupfer wird im Nanoformat durchsichtig) oder zeigen andere elektrische Eigenschaften (Silizium, normalerweise ein Isolator, wird auf kleinster Ebene zum elektrischen Leiter). Nanotechniker müssen diese unüblichen Verhaltensweisen berücksichtigen, können sie sich aber auch nutzbar machen.

9 Anwendungsbereiche der Nanotechnologie

Bei der gegenwärtigen Anwendung der Nanotechnologie ist es oft so, dass man andere Materialien mit feinen Partikeln ummantelt. Oberflächen können beispielsweise mit Nanoteilchen überzogen werden, um sie widerstandsfähiger gegen Verschmutzung und Beschädigungen zu machen. Titanoxid-Körnchen im Nanoformat bilden in Sonnencremes eine effiziente Barriere gegen die UV-Strahlen, die viel länger wirkt als bei herkömmlichen Sonnencremes. Andere Produkte sind etwa hocheffiziente Filter, die man aus einem Netz aus unzähligen Nanofasern herstellt, und wirksamere Katalysatoren für Autos. Ausgefeiltere Nanomaschinen auf Grundlage des Top-down-Prinzips gibt es bisher nur auf dem Reißbrett, könnten zukünftig aber viel komplexere Aufgaben bewältigen. Ein häufig vorgeschlagenes Anwendungsgebiet ist die Medizin, wo Nanoroboter, die man in den Körper spritzt, krankes Gewebe aufspüren und vernichten oder sogar dabei helfen könnten, beschädigte Organe zu reparieren.

10 Gefahren der Nanotechnologie

Einige Umweltschützer und sogar skeptische Wissenschaftler befürchten, dass sich die Nanotechnologie leicht unserer Kontrolle entzieht und zu einer Bedrohung werden könnte. Auf etwas größerer Ebene ist das heute bereits der Fall, denn es gibt immer mehr Belege dafür, was Mikroplastik aus Kosmetika und anderen Produkten anrichtet, wenn es in die Ozeane gelangt und sich in der Nahrungskette der Meere anreichert. Die Vorstellung, es könnte einmal selbstreplizierende Von-Neumann-Maschinen geben, muss uns deshalb erst recht Sorgen machen. Wenn sie das passende »Futter« finden, könnte ihre Zahl exponentiell wachsen, und selbst wenn man sie mit den besten Absichten in die Welt setzen würde, liefert die jüngere Geschichte doch ausreichend Beispiele dafür, wie es zu Umweltkatastrophen kommen kann, nachdem man scheinbar harmlose neue Arten in Ökosysteme mit einem fragilen Gleichgewicht eingeführt hat.

// WIE EIN GENIE REDEN

■➡ »Feynmans Preis für die winzige Druckseite wurde am Ende von Tom Newman, einem Doktoranden der Stanford University, eingefordert. Er hatte die erste Seite von Dickens' *Eine Geschichte aus zwei Städten* mit einer Elektronenkanone auf ein 200 Mikrometer großes Plastikquadrat geätzt – auf diese Weise könnte man die gesamte *Encyclopedia Britannica* auf einem Stecknadelkopf unterbringen!«

■➡ »Laut ihren Befürwortern würden die Von-Neumann-Maschinen nur segensreiche Funktionen erfüllen, und ohnehin könnte man sie ja mit einer Art Notschalter versehen. Aber was passiert, wenn der Vervielfältigungsprozess nicht so perfekt läuft und die Kontrollmechanismen nicht wirken? Man könnte sich sogar eine Situation vorstellen, in welcher sich die Maschinen jenseits unserer Kontrolle ›weiterentwickeln‹, indem sie Zufallsfehler anhäufen und an die nächste Generation weitergeben. Der naheliegendste Weg, dieses Problem zu umgehen, ist natürlich, von vornherein keine komplett autonome Maschine zu bauen. Drexler war vermutlich sein eigener schlimmster Feind, als er über durchgegangene Assembler spekulierte, welche, um sich selbst nachzubauen, den ganzen Planeten in ›Graue Schmiere‹ verwandeln.«

👁 WAREN SIE EIN GENIE?

1 RICHTIG – Richard Buckminster Fuller erfand die sogenannten geodätischen Kuppeln. Kugelförmige C_{60}-Moleküle haben auch den Spitznamen »Buckyballs«.

2 FALSCH – Ein menschliches Haar ist in Wahrheit etwa 100 000 Nanometer breit; echte Nanostrukturen sind also noch viel winziger. Bottom-up-Nanostrukturen sind selbst mit dem Elektronenmikroskop nicht sichtbar.

3 FALSCH – Für die Größe handhabbarer elektronischer Schaltkreise gibt es eine Untergrenze. Die Ingenieure glauben, dass Moores Gesetz ab einem Größenbereich von etwa 1,5 Nanometern nicht länger gültig ist.

4 RICHTIG – Geckozehen sind mit Spatulae, feinen Härchen im Nanobereich, bedeckt. Ihre große Gesamtoberfläche erhöht die Wirkung der normalerweise schwachen intermolekularen Kräfte.

5 FALSCH – So winzig die heutigen Beschleunigungssensoren auch sind, sie gehören »nur« zur Mikrotechnologie.

🖊 KURZFASSUNG für Hochstapler

Wenn man sich die Welt der Nanotechnologie zunutze macht, eröffnet das neue Horizonte für Energieeffizienz, technischen Umweltschutz und sogar Robotertechnik.

QUANTENPHYSIK

»Wer von der Quantentheorie nicht schockiert ist, der hat sie nicht verstanden.«

— NIELS BOHR ZUGESCHRIEBEN —

Die Quantenphysik ist eine wissenschaftliche Theorie, die in der einen oder anderen Form schon seit mehr als einem Jahrhundert bekannt ist und vielen Erscheinungen unserer modernen Technologiegesellschaft zugrunde liegt. Deshalb ist es bemerkenswert, wie überwältigend sie auf die meisten Menschen immer noch zu wirken scheint. Teilweise hat das sicher mit den einschüchternden Gleichungen zu tun, die Physiker verwenden, um die Quantentheorie in die Praxis umzusetzen, aber wenn man all diese Zahlen zur Seite schiebt, kann man die Sache leicht auf eine Handvoll Schlüsselideen eindampfen. Die eigentliche Herausforderung liegt darin, dass diese Ideen eine Welt enthüllen, die in grundlegendem Widerspruch zu unserer Alltagserfahrung steht.

> Die Quantenphysik zeigt, dass das Universum nicht nur seltsamer ist, als wir denken, sondern seltsamer, als wir überhaupt zu denken vermögen ...

 SIND SIE EIN GENIE?

1 Licht wird normalerweise als Welle aufgefasst, ist aber auch in winzige teilchenähnliche Portionen aufgespalten, die man Photonen nennt.

RICHTIG / FALSCH

2 Obgleich subatomare Teilchen gewöhnlich als feste, punktähnliche Objekte behandelt werden, können sie auch ein wellenähnliches Verhalten zeigen.

RICHTIG / FALSCH

3 Die Quantenphysik erlaubt es uns, die chemische Zusammensetzung weit entfernter Sterne zu bestimmen.

RICHTIG / FALSCH

4 Nach der Quantentheorie ist das Weltall mit virtuellen Teilchen gefüllt, die ständig aus dem Nichts entstehen und wieder vergehen — aber diese Idee ist noch eine Hypothese.

RICHTIG / FALSCH

5 Physiker konnten wellenartiges Verhalten bei Teilchen ausmachen, die einen Durchmesser von einem tausendstel Millimeter haben.

RICHTIG / FALSCH

ZEHN DINGE, DIE EIN GENIE WEISS

1 Was ist die Quantentheorie?

Die Quantentheorie beschreibt, wie die Physik auf einer winzigen, subatomaren Ebene funktioniert – nämlich nicht nach dem deterministischen Ursache-und-Wirkung-Prinzip, das wir gemäß den klassischen Modellen (den schlichten, aber eleganten Gleichungen, die Isaac Newton im späten 17. Jahrhundert ausarbeitete) erwarten würden. Das Wort »Quant« bedeutet im Grunde »kleine Portion«, und die Quantentheorie beruht im Kern auf der Vorstellung, dass bestimmte Phänomene, die – auf unserer Alltagsebene betrachtet – kontinuierlich zu sein scheinen, in Wahrheit in kleine Packungen oder »Quanten« zerlegt sind. Dies erklärt, weshalb eine ganze Reihe von physikalischen Erscheinungen (angefangen vom Licht bis hin zum radioaktiven Zerfall) nicht so beschaffen sind oder so ablaufen, wie man es normalerweise annehmen würde.

2 Der Ärger mit dem Licht

Die Quantenphysik ging aus derselben Debatte über das Wesen des Lichts hervor wie die Relativitätstheorie. Im Jahr 1865 zeigte James Clerk Maxwell, dass man das sichtbare Licht als elektromagnetische Welle beschreiben kann – ein Modell, das die Existenz weiterer ähnlicher Wellen mit unterschiedlichen Wellenlängen voraussagte, etwa der Radiowellen. Beim Modellieren verschiedener Lichtquellen trat aber noch ein anderes Problem auf: Wie änderte sich mit der Temperatur das Spektrum der verschiedenen Wellenlängen, die von einer idealisierten Lichtquelle (dem sogenannten Schwarzen Körper) emittiert wurden? Die Physiker entdeckten eine Gleichung, mit der sie das Verhalten bei niedrigen Temperaturen und großen Wellenlängen akkurat beschreiben konnten, und eine andere, die bei hohen Temperaturen und kurzen Wellenlängen funktionierte, aber sie schafften es nicht, beide zusammenzuführen. Dieses Problem nannte man später die »Ultraviolettkatastrophe«.

3 Die Geburt des Photons

Im Jahr 1900 fand der deutsche Physiker Max Planck heraus, wie man die Ultraviolettkatastrophe auf raffinierte Weise überlisten konnte: Wenn er annahm, dass ein Schwarzer Körper Licht in kleinen, voneinander getrennten Packungen produzierte, deren Energie an ihre Wellenlänge gebunden war, ergaben die Muster des Energieausstoßes einen Sinn. Planck war der Ansicht, dass dieses Emissionsmuster irgendwie ein Resultat des Verhaltens im Licht aussendenden Material sein müsse, aber 1905 ging Albert Einstein einen Schritt weiter. Er behauptete, dass quantisierte Portionen (die wir heute Photonen nennen) kennzeichnend für das Wesen des Lichts überhaupt seien. Damit ließ sich erklären, weshalb elektrischer Strom durch bestimmte Metalle floss, wenn man sie schwachem kurzwelligem Licht aussetzte, aber nicht, wenn man sie mit starkem langwelligem Licht bestrahlte. Dieser sogenannte photoelektrische Effekt hängt von der Energie ab, die in den einzelnen Lichtquanten verpackt ist, aber nicht von der Anzahl der Quanten, die auf eine Oberfläche treffen.

4 Der Welle-Teilchen-Dualismus

Die Photonentheorie legt nahe, dass Licht sowohl Teilchen- als auch Welleneigenschaften hat – eine Idee, mit der sich viele Fragen zum Verhalten von Licht beantworten lassen. Mitte der 1920er-Jahre begannen sich Physiker zu fragen, ob etwas Ähnliches auch bestimmte Probleme im Verhalten von Atomen und subatomaren Teilchen erklären könnte. Der Franzose Louis-Victor de Broglie schlug vor, dass Teilchen eine eigene, mit ihrem Impuls verbundene »De-Broglie-Wellenlänge« haben könnten. Die Wellenlängen auch nur der kleinsten Teilchen wären dann so kurz (viel kürzer als die des sichtbaren Lichts), dass diese normalerweise als punktartige Objekte erscheinen. In gewissen Situationen aber könnte sich die Wellenlänge manifestieren und sogar genutzt werden. Eine klassische Veranschaulichung dafür ist die Art und Weise, in der sich Elektronenstrahlen ausbreiten und Interferenzmuster erzeugen, nachdem sie enge Schlitze passiert haben. Das gleiche Prinzip steckt aber auch hinter dem Elektronenmikroskop, welches die ultrakurzen Wellenlängen von Elektronen zur Abbildung von Objekten nutzt, die mit Lichtwellen nicht scharf aufgelöst werden können.

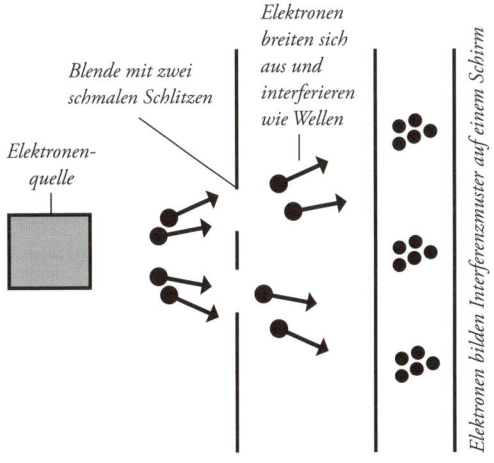

Blende mit zwei schmalen Schlitzen

Elektronen breiten sich aus und interferieren wie Wellen

Elektronenquelle

Elektronen bilden Interferenzmuster auf einem Schirm

5 Die Wellenfunktion

Die wellenartigen Eigenschaften eines Objekts werden mit seiner Wellenfunktion beschrieben, die man mit dem griechischen Buchstaben ψ *(psi)* bezeichnet. Es handelt sich um eine Gleichung, die erstmals von Erwin Schrödinger ausgearbeitet wurde und im Grunde die Verteilung der Eigenschaften von Teilchen in Raum und Zeit beschreibt. Man kann die Wellenfunktion als Kurve darstellen, die aufzeigt, wie sich ihre Stärke je nach Position ändert – die einfachsten Formen weisen eine glockenförmige Verteilung auf und haben ein einziges »Wellental«, das sich sanft gegen null hinbewegt. Unter Physikern gibt es ernsthafte Meinungsverschiedenheiten darüber, was die Wellenfunktion bedeutet, aber für praktische Zwecke beschreibt sie gewöhnlich die Wahrscheinlichkeit, die Eigenschaften eines Objekts in einem bestimmten Zustand beobachten zu können (zum Beispiel die Position eines Teilchens oder seine Energie), wenn eine Messung vorgenommen wird. Und dass die Wellenfunktion ausgebreitet ist, hat zur Folge, dass die Eigenschaften eines Quantenteilchens niemals ganz deterministisch sind; es gibt immer die Möglichkeit einer Abweichung von den »wahrscheinlichsten« Eigenschaften, wie sie die klassische Physik vorhergesagt hat.

6 Das quantenmechanische Atommodell

Ein naheliegender Bereich, in dem sich Quanteneffekte bemerkbar machen, ist die Atomstruktur. Herkömmliche Modelle gingen davon aus, dass es einen Atomkern aus schweren Teilchen (Protonen und Neutronen) gebe, der von massearmen Elektronen umgeben sei. Diese schwirrten in Schalen, die man Orbitale nannte, um den Kern herum. Später stellte sich jedoch heraus, dass ein Modell, in dem die Elektronen »verschwommen« und ihre Eigenschaften größtenteils im Orbital »verschmiert« sind, bei der Beschreibung des tatsächlichen Verhaltens von Atomen viel bessere Dienste leistete. Das ist wichtig, weil die Eigenschaften von Elektronen einen Einfluss darauf haben, wie Atome bei chemischen Reaktionen interagieren.

7 Radioaktiver Zerfall

Quanteneffekte sind von grundlegender Bedeutung, wenn man den radioaktiven Alphazerfall beschreiben will, bei dem Protonen- und Neutronencluster aus einem Atomkern entweichen, Energie freisetzen und das Atom in ein anderes Element verwandeln. Die herkömmliche Physik hielt das für unmöglich, da um den Kern herum eine Energiebarriere besteht, aber laut Quantenphysik gibt es für die Wellenfunktion der Alphateilchen immer eine Möglichkeit, über die Grenze hinauszureichen – mit anderen Worten, genug Energie zu gewinnen, um die Barriere mittels eines Tunneleffekts zu überwinden und auszubrechen. Man kann den genauen Zeitpunkt, an dem ein einzelner Quantentunneleffekt eintritt, nicht voraussagen, aber wenn man genügend Material hat, lässt sich herausfinden, wie lange es dauert, bis die Hälfte der Atome zerfallen ist. Dies ist die sogenannte Halbwertzeit.

8 Die Unschärferelation

Die Unvorhersagbarkeit der Quantenwelt wird in Werner Heisenbergs berühmter Unschärferelation zusammengefasst: Bei zwei komplementären Eigenschaften eines Teilchens sei es unmöglich, beide Werte mit beliebig großer Präzision zu bestimmen. Anders gesagt: Je genauer man die eine Eigenschaft festnagelt, desto weniger genau lässt sich die andere abschätzen. Ein Beispiel dafür sind die Position eines Teilchens und sein Impuls (Masse mal Geschwindigkeit). Angenommen, die Masse des Teilchens sei feststehend. Je präziser man nun die Position dieses Teilchens misst, desto weniger genau kann man seine Geschwindigkeit bestimmen.

9 Vakuumenergie

Ein anderes Paar von komplementären Eigenschaften ist die Energie, die in einem bestimmten Bereich des Weltraums vorhanden ist, und die Zeit, über welche diese Energie unveränderlich bleibt. Die sogenannte Energie-Zeit-Unschärferelation erlaubt es dem Universum, kleine Mengen Energie aus dem Nichts zu erzeugen, vorausgesetzt, dass sie fast augenblicklich wieder zurückgegeben werden – je größer die Energiemenge, desto kürzer die Zeit, in der sie entliehen werden kann. Das mag sich wie Science-Fiction anhören, ist aber ein reales Phänomen – der leere Raum ist voll von kurzlebigen »virtuellen Partikeln«, die für kurze Zeit in die Existenz springen und dabei diese geborgte Energie nutzen. In Extremsituationen (etwa in der Umgebung Schwarzer Löcher) können solche Teilchen auch beständig oder »real« werden.

10 Die Quantentheorie in der Praxis

Hoffentlich haben wir jetzt einigermaßen erklären können, weshalb die Quantentheorie für Wissenschaftler wichtig ist. Sie liegt aber auch einer ganzen Reihe von modernen Technologien zugrunde. Laser, Mikroelektronik und diverse bildgebende Verfahren in der Medizin beruhen allesamt auf Quantenprinzipien. Atomkraftwerke und selbst Sonnenkollektoren könnten nicht gebaut werden, wenn wir nicht wüssten, wie sich Atome und subatomare Teilchen verhalten. Und wie wir im nächsten Kapitel noch sehen werden, haben manche der ziemlich merkwürdigen Aspekte der Quantentheorie sogar noch einen gewaltigeren praktischen Nutzen.

// WIE EIN GENIE REDEN

■➡ »Die Kamera in Ihrem Smartphone, die Sie so gernhaben, ist ein weiteres Beispiel für angewandte Quantenphysik – sie basiert auf einem Halbleiterchip, der die Lichtportionen zählt, die auf seine einzelnen Pixel treffen.«

■➡ »Die De-Broglie-Wellenlänge eines jeden Objekts mit einer Masse lässt sich ermitteln, indem man eine wirklich winzige Zahl, die man ›Plancksches Wirkungsquantum‹ nennt, durch den Impuls dieses Objekts teilt. Das bedeutet, dass diese Wellenlänge bei allen Dingen, die merklich größer als ein Elektron sind, unermesslich klein ist, und erklärt auch, weshalb Alltagsgegenstände normalerweise keine wellenähnlichen Eigenschaften aufweisen.«

■➡ »Man muss aufpassen, dass man die Unschärferelation nicht mit dem Messproblem verwechselt. Erstere ist eine grundlegende Grenze für unser Bemühen um akkurate Erkenntnis von Materie, während Letzteres ein eher praktisches Problem ist: Manchmal kann man einen Aspekt eines Systems gar nicht messen, ohne dabei noch etwas anderes zu verändern. Theoretisch könnte man Wege finden, um das Messproblem zu umschiffen – aber um die Unschärferelation wird man nie herumkommen!«

👁 WAREN SIE EIN GENIE?

1 RICHTIG – Einzelne Lichtphotonen können mit Hilfsmitteln wie Elektronenkameras aufgespürt werden.

2 RICHTIG – Kleine Teilchen können dazu gebracht werden, Interferenz, Unbestimmtheit der Position und andere wellenähnliche Verhaltensweisen zu zeigen.

3 RICHTIG – Die von der Quantenphysik ermittelte Atomstruktur führt dazu, dass Atome Licht mit spezifischen Energiemengen aussenden und absorbieren. Das erzeugt im Licht weit entfernter Objekte einen chemischen Fingerabdruck.

4 FALSCH – Virtuelle Teilchen erzeugen eine messbare Kraft, die unter dem Namen »Casimir-Effekt« bekannt ist.

5 FALSCH – Die bislang größten Objekte, in denen wellenartige Eigenschaften gemessen wurden, waren Kohlenstoffkügelchen mit einem Durchmesser von einem Nanometer.

> ✏ **KURZFASSUNG für Hochstapler**
>
> Auf allerkleinster Ebene verhalten sich Wellen wie Teilchen und Teilchen wie Wellen. Daher ist das Universum viel weniger vorhersagbar, als wir einst glaubten.

SCHRÖDINGERS KATZE

»Daher ist die Aufgabe nicht sowohl, zu sehn, was noch Keiner gesehn hat, als, bei Dem, was Jeder sieht, zu denken, was noch Keiner gedacht hat.«

– ARTHUR SCHOPENHAUER –

Wie interagiert die von Natur aus unvorhersehbare subatomare Welt der Quantenphysik mit der offenkundigen Vorhersehbarkeit der größer dimensionierten Alltagswelt? Wenn jedes Atom subatomare Teilchen enthält, die sich in einem Zustand der Unschärfe befinden und mit einander überlagernden Wellenfunktionen beschrieben werden können – warum gehorcht dann die »wirkliche Welt« so langweiligen Gewissheiten wie den Regeln von Ursache und Wirkung oder den Gesetzen der newtonschen Physik? Das berühmteste Gedankenexperiment der Wissenschaftsgeschichte wirft ein Schlaglicht auf dieses Paradoxon, auch wenn es selbst keine Lösung zu bieten hat.

> Es gibt verschiedene Wege, um die Quantenphysik mit der Alltagswelt in Einklang zu bringen – aber welcher ist der richtige?

 SIND SIE EIN GENIE?

1 Quantenteleportation – die Übermittlung von Informationen in den verschränkten Zuständen von Quantenteilchen – ist eine vielversprechende Idee, konnte bisher aber nur im Labor getestet werden.
RICHTIG / FALSCH

2 Quantencomputer können Probleme schon heute bis zu zehntausendmal schneller lösen als herkömmliche Computer.
RICHTIG / FALSCH

3 Zwar hat man es nie mit etwas so Großem wie einer Katze versucht, aber Wissenschaftler konnten die Wirkungen der Quantenunschärfe doch bereits an Gegenständen beobachten, die mit bloßem Auge sichtbar sind.
RICHTIG / FALSCH

4 Die Quantenverschränkung könnte das Gesetz von Ursache und Wirkung aufheben, da man mit ihrer Hilfe Informationen schneller als mit Lichtgeschwindigkeit senden kann.
RICHTIG / FALSCH

5 Wenn die Viele-Welten-Interpretation zutreffend ist, führt jede Quantenmessung dazu, dass sich das Universum in verschiedene Realitäten aufsplittet.
RICHTIG / FALSCH

ZEHN DINGE, DIE EIN GENIE WEISS

1 Das Problem der Wellenfunktion

Dass es so schwierig ist, die Welt der Quanten und unsere Alltagswelt miteinander zu verbinden, liegt hauptsächlich an einem Phänomen, das als »Kollaps der Wellenfunktion« bekannt ist. Quantensysteme (etwa Elektronen und Atomkerne) haben sowohl Wellen- als auch Teilcheneigenschaften. Erstere lassen sich am besten mit einer Gleichung namens »Wellenfunktion« beschreiben. Sie zeigt auf, wie wahrscheinlich es ist, dass ein System zu einer bestimmten Zeit oder an einem bestimmten Ort eine Reihe von Eigenschaften hat (Lage im Raum, Impuls etc.). Wir können die Wellenfunktion mathematisch beschreiben, aber wenn wir ein Quantensystem beobachten, werden wir es immer in einem ganz bestimmten Zustand auffinden – an einem klaren Ort, mit einem eindeutigen Impuls usw. Es ist niemals hier und dort zugleich. Was passiert da also?

2 Die Kopenhagener Deutung

Die erste (und noch immer populärste) Antwort auf diese Frage ist unter dem Namen »Kopenhagener Deutung« bekannt. Sie wurde in der Frühzeit der Quantenphysik in Dänemark von Niels Bohr, Werner Heisenberg und anderen entwickelt. Laut Kopenhagener Deutung sind es gerade der Akt des Messens und die damit verbundene Interaktion mit der viel größer dimensionierten Welt der Laborgeräte und Forscher, welche die Wellenfunktion plötzlich kollabieren lassen und ein ganz spezifisches Resultat hervorbringen. Im Grunde sagen die Kopenhagener, dass es nichts bringe, die Teilcheneigenschaften eines Systems zu betrachten, ehe man nicht eine Messung vorgenommen hat: Die Wellenfunktion beschreibe die Wahrscheinlichkeit, dass bestimmte Eigenschaften während der Messung erscheinen, aber theoretisch seien sogar die am wenigsten wahrscheinlichen Ergebnisse möglich.

3 Schrödingers Experiment

Erwin Schrödinger, der eigentlich der Vater der Wellenfunktion war, hielt von der Kopenhagener Deutung trotz ihrer Popularität nicht viel. Um ihre absurden Züge aufzuzeigen, stellte er sich ein Experiment vor, mit dem man die Quantenunschärfe bis auf eine makroskopische Ebene vergrößern könnte. Man steckt eine Katze zusammen mit einem Giftfläschchen in eine Kiste. Das Fläschchen soll zerbrechen, wenn eine kleine radioaktive Quelle innerhalb eines bestimmten Zeitraums ein Teilchen aussendet. Da der radioaktive Zerfall den Gesetzen der Quantentheorie gehorcht, folgerte Schrödinger, dass seine Wellenfunktion erst in dem Augenblick kollabieren dürfte, wo man sie beobachtet. Mit anderen Worten: Das Teilchen verharrt in einer »Superposition« von zerfallenen und unzerfallenen Zuständen, bis es durch die Messung

mit der Außenwelt interagiert. Wenn man das weiterdenkt, müsste das Giftfläschchen bis dahin sowohl zerbrochen als auch unversehrt sein – und die Katze tot und zugleich lebendig.

4 Lösungen für Schrödingers Problem

Schrödingers Experiment spielte sich rein auf Gedankenebene ab – es wäre sonst unnötig grausam gegenüber der armen Katze, und selbst wenn man die Versuchsanordnung nachbilden würde, könnte man nicht sehen, was in der Kiste passiert, bevor man sie nicht öffnet und damit das Ende des Experiments provoziert. Aber es wirft ein Schlaglicht auf ein wirkliches Problem – was bewahrt alltägliche Gegenstände davor, in einen Zustand der Quantenunschärfe zu fallen? Anhänger der Kopenhagener Deutung umgehen diese Frage, indem sie sagen, dass die Katze selbst schon eine Beobachterin sei, aber das ist nicht die einzige Lösung, und es hängt viel von unserer Auffassung darüber ab, was die Wellenfunktion tatsächlich ist.

5 Ist die Wellenfunktion real?

Grob gesagt gibt es zwei Interpretationen der Wellenfunktion. Eine hält sie für ein reines mathematisches Hilfsmittel – eine Beschreibung, mit der wir herausarbeiten können, wie groß die Chance ist, dass ein Quantensystem bestimmte Eigenschaften zeigt, wenn wir es messen. Nach dieser Lesart haben Quantensysteme zu jeder Zeit wirklich eigenständige Teilcheneigenschaften – sie wirken nur so unscharf, weil wir nicht überall sein und alles im selben Moment messen können. Die andere Interpretation lautet, dass die Wellenfunktion real ist – wenn wir nicht hinschauen, sind die Eigenschaften eines Teilchens tatsächlich im Raum »verschmiert« und der

Quantenunschärfe unterworfen. Eingefleischte Kopenhagen-Verfechter sagen, dass die Realität weder da noch dort wirklich zählt: Wir sollten einfach »den Mund halten und rechnen«!

6 Die Viele-Welten-Interpretation

Die berühmteste Alternative zur Kopenhagener Deutung beruht auf der Annahme, dass die Wellenfunktion nicht nur real, sondern der grundlegende Stoff des Weltalls überhaupt ist. Gemäß der Viele-Welten-Interpretation, die von Hugh Everett in den 1950er-Jahren formuliert wurde, bewirkt jede direkte oder implizite Beobachtung eines Quantensystems, dass sich das Universum in mannigfaltige parallele Wirklichkeiten verzweigt – für jedes mögliche Ergebnis eine. Mit anderen Worten: Das Öffnen der Kiste schafft zwei Universen, eines für jedes mögliche Schicksal der Katze. Diese verwirrende Idee impliziert, dass unendlich viele Universen nebeneinander in einem komplexen, vieldimensionalen »Multiversum« existieren, wobei jedes nur mögliche Resultat gerade irgendwo eintritt.

7 Objektiver Kollaps

Ein problematischer Aspekt der Kopenhagener Deutung ist, dass sie Subjektivität ins Universum einbringt – für den Kollaps der Wellenfunktion ist eine Messung erforderlich, und eine Messung braucht einen bewussten Beobachter. Dies wirft einige interessante kosmologische Fragen auf, aber viele Wissenschaftler fühlen sich ein wenig unbehaglich angesichts der Implikation, dass sich das Universum in Quantenunschärfe auflösen könnte, wenn wir alle aufhören würden, es zu betrachten. »Objektiver Kollaps« ist eine Deutung, bei der die Beobachter nicht mehr privilegiert werden. Stattdessen legt sie nahe, dass die Wellenfunktion von Natur aus undicht oder »dekohärent« sei. Sie kollabiert auf ganz natürliche Weise, wenn sie mit dem größer dimensionierten Universum um sie herum interagiert. Nach dieser Interpretation ist das Schicksal der Katze also schon lange entschieden, bevor man die Kiste öffnet.

8 Verschränkte Teilchen

Ein außergewöhnliches Beweisstück für die Realität der Wellenfunktion und die Richtigkeit der Kopenhagener oder ähnlicher Deutungen ist das Phänomen der »Quantenverschränkung«. Unter bestimmten Bedingungen ist es nämlich möglich, Paare von Teilchen zu bilden, von denen wir wissen, dass sie komplementäre Quanteneigenschaften haben müssen, ohne dass wir diese Eigenschaften selbst messen. Solche Paare nennt man »verschränkt«, und sie lassen sich durch eine einzige Wellenfunktion beschreiben, die so lange nicht kollabiert, bis man das eine oder das andere Teilchen misst. Das Unheimliche daran ist: Selbst wenn die Teilchen voneinander getrennt sind, »weiß« das nicht gemessene Teilchen irgendwie, dass sein Gegenstück geoutet wurde. Es übernimmt dann unverzüglich die komplementäre Eigenschaft. Einstein nannte dieses seltsame Verhalten »spukhafte Fernwirkung«.

9 Teleportation

Der Kollaps verschränkter Teilchen erfolgt augenblicklich und ohne jede herkömmliche »Kommunikation« zwischen diesen Teilchen. Daher hat er ein hohes Potential als Technologie zur Datenübertragung. Das wäre die sogenannte Quantenteleportation. Man könnte zum Beispiel ein Paar von Elektronen mit entgegengesetztem Spin bilden und eines davon in einem Raumschiff zu einer weit entfernten extraterrestrischen Kolonie schicken. Wird dann das auf der Erde verbliebene Teilchen gemessen, kollabiert sein Gegenstück augenblicklich in den Komplementärzustand. So können die Kolonisten den Spin seines irdischen Geschwisters erfahren. Nun ist der Spin eines einzelnen und lange vorbereiteten Elektrons für sich genommen natürlich keine weltbewegende Information. Der Clou liegt darin, dass man die miteinander gepaarten Teilchen irgendwie dazu bringen muss, Daten zu übermitteln, ohne die Wellenfunktion permanent zusammenbrechen zu lassen.

10 Quantencomputer

Verschränkte Teilchen haben auch das Potential, die Arbeit mit Computern zu revolutionieren. Während herkömmliche Computer ihre Daten in »Bits« verarbeiten, die entweder den Wert »0« oder »1« haben und immer nur eine Rechenoperation nach der anderen ausführen, könnte ein Quantencomputer im Spin von Elektronen oder in der Vibration von Lichtphotonen »Qubits« von Daten speichern. Solange ihre Wellenfunktion nicht kollabiert, könnten diese Qubits *zum selben Zeitpunkt* Werte von 0, 1 oder irgendetwas dazwischen annehmen. Diese Eigenschaft der Superposition ermöglicht es Quantencomputern, viele Berechnungen simultan vorzunehmen, womit sie mathematische Probleme millionenfach schneller lösen könnten als konventionelle Supercomputer.

// WIE EIN GENIE REDEN

■➡ »Wenn die Quantencomputer erst einmal keine Laborspielzeuge mehr sind, sondern Maschinen unserer Alltagswelt, dann können Sie sich von allen herkömmlichen Ideen zum Thema ›elektronische Privatsphäre‹ verabschieden. Ein Großteil der Internetverschlüsselung basiert auf *Shared Key*-Verfahren – Reihen von Zahlen, die selbst ein Vielfaches zweier Primzahlen sind. Konventionelle Computer würden ewig brauchen, um sich diese ›Primfaktoren‹ mit roher Gewalt zu beschaffen, aber ein Quantencomputer könnte sie binnen Sekunden auffinden. Nach Ansicht vieler Experten werden wir schon im nächsten Jahrzehnt Quantencomputer mit der dafür nötigen Leistungsfähigkeit haben.«

■➡ »Der beste Schutz dagegen, von einem Quantencomputer gehackt zu werden, liegt ironischerweise darin, die Information in Quantenform zu verschicken. Wenn Sie ein Paar verschränkter Teilchen haben, könnten Sie die Information mit konventionellen Mitteln senden, aber mit einer Kodierung, die nur funktioniert, wenn man den Quantenzustand des Teilchens kennt, das sich beim Absender befindet. Man ›sendet‹ den Schlüssel, indem man das Teilchen misst – die verschränkte Wellenfunktion kollabiert, und der Empfänger kann herausfinden, welchen Zustand das Teilchen des Senders hatte. Im Prinzip ist das wunderbar, aber ein bisschen umständlich für den Mann von der Straße, der einfach nur seine Kreditkartendaten sicher übermitteln möchte!«

👁 WAREN SIE EIN GENIE?

1 FALSCH – Teleportation ist bereits über Distanzen von mehr als 500 km gelungen.

2 RICHTIG – 2017 wurde der D-Wave 2000Q vorgestellt, er hat 2000 Qubits und ist schneller als die in herkömmlichen Supercomputern genutzten Algorithmen.

3 RICHTIG – Im Jahr 2010 schufen Forscher der University of California einen winzigen Resonator, ein stimmgabelähnliches Gerät von gerade mal 0,04 Millimeter Länge, und versetzten ihn erfolgreich in eine Quantensuperposition.

4 FALSCH – Da sich der Zustand, in welchen jedes Teilchen kollabiert, nicht beeinflussen lässt, kann man die Verschränkung nicht dazu nutzen, Informationen schneller als das Licht zu übertragen.

5 RICHTIG – Allerdings breiten sich die Aufspaltungen laut dieser Theorie mit Lichtgeschwindigkeit im Universum aus.

🖉 KURZFASSUNG für Hochstapler

Normalerweise verschwindet die Quantenunschärfe in unserer Alltagswelt, aber wenn man sie bewahrt, kann das einige bemerkenswerte Wirkungen haben.

DAS HIGGS-BOSON

»Für gläubige Menschen ist es vermutlich leichter, die Bedeutung des Geschehens
zu erkennen, wenn man es das ›Gottesteilchen‹ nennt. Aber der Name selbst ist eine
Mogelpackung – es war doch nur ein Scherz, wissen Sie …«

– PETER HIGGS –

Das Higgs-Boson wird oft als »Gottesteilchen« bezeichnet; es war seit den 1960er-
Jahren theoretisch vorhergesagt worden und
bildete lange das fehlende Puzzleteilchen im
sogenannten Standardmodell der Teilchenphysik. Es half bei der Beantwortung der
kniffligen Frage, wie Teilchen an Masse
kommen. Um aber wirklich zu verstehen,
worum es sich dabei handelt, müssen wir uns
zunächst einmal mit einer ganzen Reihe von
merkwürdig benannten Teilchen auseinandersetzen, die auf ein Nicht-Genie mächtig
einschüchternd wirken können. Glücklicher-
weise liegt all den seltsamen Namen und
geheimnisvollen Eigenschaften ein Muster
von überraschender Schlichtheit und Eleganz
zugrunde.

> Das Higgs-Boson war das fehlende
> Teilchen in einem Puzzle und konnte
> erst nach hundert Jahren Forschung
> gefunden werden. Aber kennen wir jetzt
> wirklich das komplette Bild?

 SIND SIE EIN GENIE?

1 Im Jahr 1905 hat Albert Einstein als Erster
sichtbare Beweise für die Existenz von Atomen
gefunden, auch wenn es bis in die 1980er-Jahre
nicht möglich war, die Atome selbst zu »sehen«.
RICHTIG / FALSCH

2 Der Atomkern ist voll mit positiv geladenen
Protonen. Er fällt einzig nicht auseinander
(eigentlich stoßen sich gleiche Ladungen ja ab),
weil auch ungeladene Neutronen vorhanden
sind, durch welche die Protonen in größerer
Distanz zueinander verharren.
RICHTIG / FALSCH

3 Alle Atome eines bestimmten Elements
haben in ihrem Kern eine feste Zahl von
Protonen und Neutronen.
RICHTIG / FALSCH

4 In unserem Teil des Universums wird
Antimaterie nur künstlich bei Nuklearreak-
tionen erzeugt. Somit gibt es hier keine Antimaterie, die normale Materie zerstören könnte.
RICHTIG / FALSCH

5 Laut manchen Theorien könnte es sogar fünf
verschiedene Higgs-Teilchen geben – vier
harren also vielleicht noch ihrer Entdeckung.
RICHTIG / FALSCH

ZEHN DINGE, DIE EIN GENIE WEIß

1 Elemente und Atome

Elemente sind die Grundbausteine der Materie: Substanzen, die ganz spezifische chemische Eigenschaften aufweisen und durch chemische Reaktionen nicht weiter in andere Substanzen aufgespalten werden können. Die Fortschritte in der Chemie haben enthüllt, dass manche Stoffe, die man einst für Elemente hielt, in Wahrheit Verbindungen sind. Andererseits entdeckte man auch neue Elemente, die ihren Platz einnahmen. Alle Elemente bestehen aus einzelnen Atomen mit unverwechselbaren Eigenschaften, die sie sowohl im Aussehen als auch im Verhalten von den Atomen anderer Elemente unterscheiden. Über ihre Existenz war bereits von den altgriechischen Philosophen spekuliert worden, aber zweifelsfrei nachweisen konnte man sie erst im 18. Jahrhundert, als Experimente aufzeigten, wie Elemente miteinander stets in festen Proportionen reagieren. Heute sind etwa 118 Elemente bekannt, von denen aber nur 90 natürlich auf der Erde vorkommen.

2 Im Inneren des Atoms

Im frühen 20. Jahrhundert wiesen Physiker nach, dass alle Atome aus drei Arten noch kleinerer Partikel bestehen – Elektronen, Protonen und Neutronen. Elektronen sind leicht und tragen eine negative elektrische Ladung. Wenn wir die Quantenunschärfe beiseitelassen, können wir sie uns als winzige Satelliten vorstellen, die einen kompakten zentralen Atomkern umkreisen. Dieser enthält den ganz überwiegenden Teil der Masse des Atoms und besteht aus massereichen Protonen mit positiver Ladung sowie ungeladenen Neutronen von vergleichbarer Masse. Jedes Element ist durch seine Ordnungszahl definiert, die Anzahl der Protonen in seinem Kern. In einem elektrisch neutralen Atom ist das auch die Anzahl der Elektronen, die den Kern umkreisen. Elektronen kreisen in einer komplexen Abfolge von Schalen und Unterschalen, und Atome mit vollen oder halbvollen äußeren Schalen sind tendenziell die stabilsten Formen. Die meisten chemischen Reaktionen haben damit zu tun, dass Elektronen in der äußeren Schale miteinander ausgetauscht oder geteilt werden, um so Stabilität zu erreichen.

3 Atome zertrümmern

Teilchenbeschleuniger sind das wichtigste Werkzeug der Physiker, wenn sie die Tiefenstruktur der Materie erforschen wollen. Maschinen wie der Large Hadron Collider (LHC) nutzen mächtige Magnetfelder, um elektrisch geladene Teilchen auf einem donutförmigen Kurs zu beschleunigen, bis sie sich beinahe mit Lichtgeschwindigkeit bewegen. Wenn diese Teilchen kollidieren, verwandeln sie sich gemäß Einsteins berühmter Gleichung $E = mc^2$ in pure Energie. Diese Energie verdichtet sich rasch wieder zu Teilchen, und die dabei geschaffenen extremen Bedingungen erlauben bestimmten Teilchen die Existenz, die unter den energieärmeren Bedingungen des Alltagsuniversums nicht von allein überleben würden.

4 Quarks

Atomzertrümmerungs-Experimente haben ergeben, dass nur eines der drei wichtigsten subatomaren Teilchen – das Elektron – wirklich unteilbar oder »elementar« ist. Sowohl Protonen als auch Neutronen können in noch kleinere Teilchen aufgespalten werden, die man »Quarks« nennt (benannt von ihrem Entdecker Murray Gell-Mann nach einem Nonsenssatz aus James Joyce' *Finnegan's Wake*). Von den Quarks gibt es insgesamt sechs Typen, die auch als »Flavours« bezeichnet werden (Up und Down, Charm und Strange, Top und Bottom, geordnet nach zunehmender Masse), aber nur die Up- und die Down-Quarks finden sich in alltäglicher Materie. Up-Quarks tragen eine elektrische Ladung von + 2/3 (im Vergleich dazu beträgt die des Elektrons – 1), während Down-Quarks eine Ladung von – 1/3 tragen. Jedes Quark hat etwa ein Drittel der Masse eines Protons (und ist damit rund 612-mal so schwer wie ein Elektron). Wenn man zwei Up-Quarks und ein Down-Quark kombiniert, erhält man ein Proton, während zwei Down-Quarks und ein Up-Quark ein Neutron ergeben.

5 Leptonen

Weitere Experimente haben gezeigt, dass in Analogie zu den Quarks auch das Elektron nur die »alltägliche« Form in einer Familie von drei ähnlichen Partikeln ist (die anderen heißen *Myon* und *Tauon*). Jedes dieser Teilchen hat ein Neutrino-Gegenstück, ein kleines Teilchen ohne Ladung und mit sehr geringer Masse. Zusammen bilden diese Paare drei »Generationen« von Elementarteilchen namens »Leptonen« – ganz ähnlich wie bei den drei paarweisen Generationen von Quarks. Leptonen und Quarks sind gemeinsam die Bausteine aller »normalen« Materie im Universum.

6 Antimaterie

Dies wäre eigentlich schon kompliziert genug, aber wie sich herausgestellt hat, besitzt jedes Materieteilchen einen bösen Zwilling – ein Gegenstück mit gleich großer, aber umgekehrter elektrischer Ladung und weiteren Quanteneigenschaften wie zum Beispiel dem Spin. Antimaterie tritt häufig in der Science-Fiction auf – am prominentesten als Energiequelle des Warp-Antriebs bei *Star Trek*. Das liegt an ihrer berühmtesten Verhaltensweise: Wenn Materiepartikel und Antimateriepartikel miteinander in Berührung kommen, verschwinden oder »verlöschen« sie in einem Ausbruch reiner Energie, die sich in Form von Gammastrahlen manifestiert. Dass wir immer noch hier sind und nicht ständig von tödlicher Strahlung getroffen werden, zeugt von der Tatsache, dass Antimaterie in unserem Teil des Universums nicht gerade verbreitet ist. Die Physiker glauben aber, dass sie bei vielen Arten nuklearer Reaktionen entsteht.

7 Das Standardmodell

Die zwölf Materieteilchen (sechs Quarks und sechs Leptonen) werden zusammen als »Fermionen« bezeichnet. Sie bilden die Grundlage des Standardmodells der Teilchenphysik, in dem sie neben einer Gruppe von kräftetragenden Teilchen namens »Bosonen« stehen. Fermionen und Bosonen unterscheiden sich durch ihren verschiedenartigen Spin (eine Quanteneigenschaft, die man sich ähnlich vorstellen muss wie das Drehmoment eines Kreisels, obwohl sie nicht auf dieselbe Weise »real« ist). Spin tritt in quantisierten Einheiten auf: Die Fermionen des Standardmodells haben alle einen Spin von 1/2, während die Bosonen einen ganzzahligen Spin aufweisen: entweder 1 bei Bosonenpartikeln, die Kräfte zwischen Materieteilchen tragen, oder 0 im Falle des schwer fassbaren Higgs-Bosons (das wir noch nicht aus dem Auge verloren haben!).

8 Wo passt das Higgs-Boson hin?

Das Higgs-Boson ist die äußere Manifestation einer Theorie namens »Higgs-Effekt«. Die sogenannten Eichtheorien der Fundamentalkräfte erklären die Wechselwirkungen von Materieteilchen (im Grunde tauschen Fermionen »Eichbosonen« aus, um damit einander zu »sagen«, dass sie da sind und was für eine Reaktion erfolgen soll). Aber diese Theorien erklären nicht, wie die Eichbosonen zu ihrer Masse kommen. Um das Jahr 1964 herum schlugen mehrere Forscherteams vor, die Existenz eines Kraftfelds anzunehmen, das der Struktur der Raumzeit innewohnend ist. Heute ist es unter dem Namen »Higgs-Feld« bekannt. Eichbosonen und andere Teilchen mit jener Eigenschaft, die wir als Masse bezeichnen, interagieren mit diesem Feld, verlangsamen sich und setzen dabei Higgs-Bosonen frei.

9 Wirkungen des Higgs-Bosons

Higgs-Feld und Higgs-Boson verdanken ihre Namen Peter Higgs (geb. 1929), einem der Pioniere dieser Theorie. Den Spitznamen »Gottesteilchen« bekam das Boson in einem 1993 erschienenen Buch von Leon Lederman und Dick Teresi verpasst (wobei viele andere Teilchenphysiker, darunter Higgs selbst, nicht gerade begeistert von diesem Begriff sind). Experimente zum Verhalten von Teilchen unter dem Einfluss großer Energiemengen stützten bald die Idee von einem Feld, das sich auf massereiche Objekte auswirkt. Wichtig dabei ist, dass das Higgs-Boson selbst keine Masse hat – der Higgs-Effekt kann mit Schwimmen durch Sirup verglichen werden, wobei die Bosonen der »Klebrigkeitsfaktor« sind. Es wurde vorausgesagt, dass die Masse dieses Teilchens – sollte man es denn einmal separat erzeugen können – größer als die jedes Quarks sein würde, den schwersten Top-Quark einmal ausgenommen. Außerdem würde es vermutlich nicht einmal den sextillionsten Teil einer Sekunde stabil bleiben.

10 Das Higgs-Boson finden

Die hohe Masse und die Instabilität des Higgs-Bosons machten eine direkte Beobachtung bei den gängigen Experimenten im Teilchenbeschleuniger unmöglich (es gelang nicht einmal im LHC). Wie also wurde es entdeckt? Der Schlüssel dazu lag darin, dass man nicht nach dem Boson selbst suchte, sondern nach der nächsten Generation von Teilchen, die durch seinen Zerfall freigesetzt würden und deren Eigenschaften man mithilfe von theoretischen Modellen vorhersagen konnte. Indizien für das Higgs-Boson fand man bei der Analyse von etwa 300 Billionen Proton-Proton-Zusammenstößen während des ersten Higgs-Versuchsdurchlaufs 2010/11. Im Jahr 2012 waren die Wissenschaftler von den Daten dann ausreichend überzeugt, um ihre Entdeckung eines »Higgs-Boson-artigen Teilchens« bekannt zu geben, das genau die theoretisch vorausgesagten Eigenschaften aufwies.

Teilchen im Standardmodell

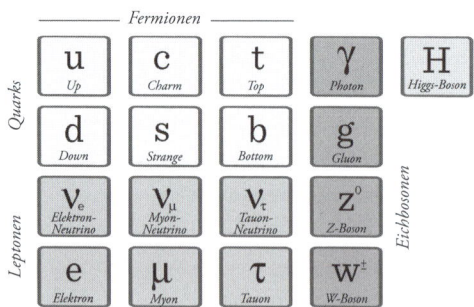

// WIE EIN GENIE REDEN

■➡ »Es ist wirklich schwer, eine gute Analogie dafür zu finden, wie der Higgs-Mechanismus funktioniert – man muss immer im Hinterkopf behalten, dass sich die Bosonen nicht einfach auf das Teilchen ›stapeln‹ und dass sich das Feld nicht wirklich der Bewegung widersetzt. Auch darf man nicht vergessen, dass die ganze Theorie nur entwickelt wurde, um zu erklären, weshalb bestimmte kräftetragende Teilchen Masse besitzen – für den Großteil der Masse in normalen Materieteilchen ist der Mechanismus nicht verantwortlich.«

■➡ »Wenn es um große Entdeckungen wie diese geht, neigen die Wissenschaftler zur Vorsicht – und das aus gutem Grund. Obgleich das im LHC entdeckte Teilchen die vom Higgs-Boson erwarteten Eigenschaften aufwies, hatte man noch keinen endgültigen Beweis dafür, dass es die vom Higgs-Effekt vorhergesagte Rolle spielt. So bleibt es vorerst ein ›Kandidat‹ für das Higgs-Boson – wenn auch ein ziemlich überzeugender. Ansonsten gibt es nämlich keinen vernünftigen Grund für die Existenz dieses besonderen Teilchens. Es wird vermutlich im Kandidatenstatus verharren, bis wir einen noch größeren Teilchenbeschleuniger bauen.«

👁 WAREN SIE EIN GENIE?

1 RICHTIG – Einstein zeigte, dass ein Phänomen namens »Brownsche Bewegung«, bei dem winzige Teilchen in Luft oder Flüssigkeiten zittern, darauf zurückzuführen ist, dass sie von unsichtbaren Atomen »angerempelt« werden.

2 FALSCH – In Wahrheit werden Atomkerne zusammengehalten, weil über ganz kleine Entfernungen die Anziehung durch die Starke Nukleare Wechselwirkung viel stärker ist als die Abstoßung durch den Elektromagnetismus.

3 FALSCH – Atome desselben Elements können sich in ihrer Neutronenzahl unterscheiden, was zu verschiedenen Isotopen führt.

4 FALSCH – Antimaterie kann auch in der Umgebung Schwarzer Löcher geschaffen werden, zum Beispiel um das riesige Schwarze Loch im Zentrum der Milchstraße.

5 RICHTIG – Die Physiker hoffen, dass weitere Higgs-Partikel ihnen bei der Erklärung der Masse von Materieteilchen und sogar der schwer zu fassenden »Dunklen Materie« helfen können.

✏ KURZFASSUNG für Hochstapler

Das Higgs-Boson erklärt, wie kraftübertragende Teilchen bei Interaktionen ihre Masse ändern können – aber wir wissen noch immer nicht, wie andere Teilchen zu ihrer Masse kommen.

DIE WELTFORMEL

»Theoretische Physiker [...] haben immer geglaubt, dass die Gesetze der Natur
die einzigartige, unvermeidliche Konsequenz irgendeines eleganten mathematischen Prinzips
seien [...] Die empirischen Belege weisen [...] in die entgegengesetzte Richtung.«
– LEONARD SUSSKIND –

Die Suche nach einem Modell, das alle Aspekte der Grundlagenphysik erfolgreich in einer einzigen mathematischen Beschreibung vereint, beschäftigt die Physiker seit mehr als einem Jahrhundert. An der Spitze der Bestsellerlisten stehen regelmäßig Erklärungen der allerneuesten »Theorie von Allem«, eben der Weltformel. Jedes Genie, das etwas auf sich hält, sollte dazu eine Meinung haben, aber wie können Sie Ihre Stringtheorie von Ihrer Schleifenquantengravitation unterscheiden und die Elektronukleare Wechselwirkung aus Ihren Branen zaubern?

> Macht die Suche nach einer einfachen Theorie, die jede Grundkraft und alle subatomaren Teilchen erklärt, unser Universum in Wahrheit *noch* komplizierter?

 ## SIND SIE EIN GENIE?

1 Die Gravitation, die über Milliarden Lichtjahre hinweg wirkt, ist die stärkste Kraft im Universum – weitaus stärker als der Elektromagnetismus oder die Starke und die Schwache Wechselwirkung.
RICHTIG / FALSCH

2 Virtuelle Botenteilchen sind ein geschickter mathematischer Kunstgriff, mit dem man erklären kann, wie Teilchen interagieren, aber bisher gibt es keine Beweise dafür, dass sie tatsächlich existieren.
RICHTIG / FALSCH

3 Ein Superstring ist eine Art Energiewelle, die sich laut bestimmten Theorien in unterschiedlichen Teilchen manifestiert, und zwar abhängig davon, wie der String vibriert.
RICHTIG / FALSCH

4 Gegenwärtige Versionen der Stringtheorie machen die Existenz von insgesamt 26 Dimensionen erforderlich.
RICHTIG / FALSCH

5 Wenn wir viel, viel kleiner wären, könnten wir die Existenz von zusätzlichen Dimensionen im Universum selbst wahrnehmen.
RICHTIG / FALSCH

ZEHN DINGE, DIE EIN GENIE WEISS

1 Die vier Grundkräfte oder Wechselwirkungen

Im vorangegangenen Kapitel haben wir gesehen, wie alle Materie im Universum in ein Dutzend verschiedene Elementarteilchen namens Fermionen zerlegt und dann noch einmal in die schweren Quarks und die leichten Leptonen unterteilt werden kann. Aber wie interagieren diese Teilchen miteinander, um zusammenzufinden und größere Objekte zu bilden? Die Wissenschaftler hatten schon lange erkannt, dass es zwei unterschiedliche Kräfte oder Wechselwirkungen gibt: die von Dingen mit einer Masse ausgeübte Gravitation und die elektromagnetische Anziehung oder Abstoßung zwischen Gegenständen mit elektrischer Ladung oder magnetischer Polarität. Mitte des 20. Jahrhunderts enthüllten Untersuchungen der Atomkerne, dass auf kleinster Ebene zwei weitere Grundkräfte wirken. Die »Starke« und die »Schwache Wechselwirkung« sind beide viel stärker als Gravitation oder Elektromagnetismus, spielen sich aber nur über extrem kurze Distanzen ab.

2 Quantenelektrodynamik

Gemäß dem Standardmodell der Teilchenphysik lassen sich Kräfte aus der Wirkung von Kraftfeldern erklären, welche die Raumzeit durchdringen und Materieteilchen in Abhängigkeit von deren Eigenschaften unterschiedlich beeinflussen. Die berühmteste dieser Theorien, die Quantenelektrodynamik, wurde von Richard Feynman und anderen in den 1940er-Jahren entwickelt und beschreibt die Wirkungsweise der elektromagnetischen Kraft. Wie andere Feldtheorien beinhaltet sie den Austausch von Botenteilchen, die »Eich-

bosonen« genannt werden – Impulse von elektromagnetischer Energie, die dafür empfängliche Partikel die Präsenz anderer Partikel spüren lassen und ihnen sagen, wie sie reagieren sollen. Im Fall der Quantenelektrodynamik sind diese Eichbosonen nichts anderes als Photonen, masselose Lichtquanten und andere Formen elektromagnetischer Strahlung.

3 Virtuelle Boten

Ein wichtiger Unterschied zwischen den Photonen der Quantenelektrodynamik und denen, die man in anderen Situationen misst, liegt darin, dass Photonen, die als Eichbosonen wirken, nicht im landläufigen Sinne real sein müssen. Heisenbergs Unschärferelation, einer der Grundpfeiler der Quantentheorie, erlaubt über kurze Zeiträume winzige Fluktuationen in der Energie des leeren Raumes. Dadurch können virtuelle Paare von Teilchen und Antiteilchen in die Existenz springen und sich später mit ihrem Gegenstück wieder aufheben. So seltsam es klingt – auf genau diese Weise senden Partikel in der Quantenelektrodynamik und anderen Feldtheorien einander Botschaften. Und mehr noch: Da Botenphotonen masselos sind, brauchen sie nur eine ganz geringe Energiemenge und können deshalb lange Zeit bestehen bleiben, was die große Reichweite der elektromagnetischen Kraft erklärt.

4 Die Theorie von der Farbladung

Die Quantenelektrodynamik war, wenn es um die Erklärung elektromagnetischer Interaktionen ging, so erfolgreich, dass die Physiker ähnliche Eichtheorien verfolgten, um auch die anderen subatomaren Kräfte zu erklären. Die Starke Wechselwirkung (welche die Protonen und Neutronen im Atomkern zusammenhält und die einzelnen Quarks in ihnen bindet) wird mit der Quantenchromodynamik beschrieben, einer Theorie, die jedem Quark eine »Farbladung« zuschreibt (wobei Farbe in diesem Fall eher eine Analogie ist als die vertraute Alltagseigenschaft). Die Quantenchromodynamik zeigt, wie bestimmte Farben – ähnlich wie die Farben auf einer Palette – in Paaren oder Dreiergruppen miteinander gemischt werden können, sodass sie neutrale Kombinationen bilden. Die Starke Wechselwirkung wird von zwei Botentypen getragen: virtuellen Eichbosonen, die »Gluonen« heißen und zwischen einzelnen Quarks ausgetauscht werden, und schwereren virtuellen Teilchen namens »Pionen«, die eigentlich Paare von Quarks sind und zwischen Protonen und Neutronen ausgetauscht werden. Die größere Masse der daran beteiligten Partikel begrenzt die Zeitdauer, über welche ihre Energie »geliehen« werden kann, und schränkt daher die Reichweite dieser Kraft ein.

5 Die seltsame Schwache Wechselwirkung

Die Schwache Wechselwirkung (»schwach« nur im Vergleich zur Starken Wechselwirkung) ist essenziell, weil sie es den Quarks ermöglicht, von einem Flavour zu einem anderen hinüberzuwechseln (von »Up« zu »Down« oder umgekehrt) – ein wichtiger Prozess beim radioaktiven Zerfall. Je nach der konkreten Interaktion kann sie von drei unterschiedlichen Eichbosonen übertragen werden: den elektrisch geladenen W^+ und W^- oder dem neutralen Z^0. Beschreiben lässt sie sich mit einer eigenen Feldtheorie, der Quantenflavourdynamik. Dennoch wird sie häufiger mit den Begriffen der »Elektroschwachen Theorie« beschrieben,

einem mathematischen Modell, das aufzeigt, wie sich Schwache und Elektrodynamische Wechselwirkung unter extremen Bedingungen (etwa im Teilchenbeschleuniger) auf dieselbe Weise verhalten.

6 Die Grundkräfte vereinheitlichen

Die in den 1970er-Jahren formulierte Elektroschwache Theorie war ein wichtiger erster Schritt auf dem Wege dazu, die verschiedenen Grundkräfte in einer einzigen Beschreibung zusammenzuführen. Im Prinzip müsste sich die Starke Wechselwirkung bei ausreichend hoher Energie relativ »einfach« in die Elektroschwache Theorie einbinden lassen. Das hatte die Entstehung der »Großen Vereinheitlichten Theorie« zur Folge. Inzwischen sind mehrere Varianten von ihr vorgeschlagen worden; jede davon trifft verschiedene Voraussagen, die eines Tages dazu führen könnten, dass die eine oder andere dieser Theorien bestätigt wird. Aber was ist mit der Gravitation? Die beste Beschreibung dieser Grundkraft stammt nicht aus einer Eichtheorie, sondern aus Einsteins Allgemeiner Relativitätstheorie. Eine funktionierende, mit den übrigen Grundkräften ineinandergreifende Quantenbeschreibung für die Gravitation zu finden ist eine gewaltige Herausforderung. Eine solche Beschreibung würde tatsächlich den Titel »Weltformel« oder »Theorie von Allem« verdienen.

7 Die Suche nach der Quantengravitation

Warum ist die Gravitation ein solches Problem? Hauptsächlich, weil sie sich ganz anders verhält als die übrigen Wechselwirkungen: Schwerkraft ist eine Eigenschaft größerer Materiemengen – so schwach, dass man sie im Quantenbereich einzelner Atome gar nicht feststellen kann, und doch mit einer solchen Reichweite, dass sie sich über noch größere Distanzen auswirkt als die elektromagnetischen Felder. Diese Eigenschaften mit einer Eichtheorie in Einklang zu bringen wäre ziemlich hart, wenn es mit der Allgemeinen Relativitätstheorie nicht schon ein perfektes großflächiges Modell der Gravitation gäbe. Obwohl die Physiker bereits die Hypothese aufstellten, dass es ein schwerkrafttragendes Boson geben müsse, das sie »Graviton« nennen, und bestimmte Situationen vorhersagten, in denen man es aufspüren könnte, gibt es bislang keine Belege für seine Existenz.

8 Stringtheorien

Als wäre es nicht schon ehrgeizig genug, die vier Grundkräfte einheitlich beschreiben zu wollen, glauben die theoretischen Physiker auch noch, dass aus einer guten Weltformel die verschiedenen Eigenschaften von Fermionen (Materieteilchen) und Bosonen (krafttragenden Teilchen) hervorgehen sollten. Die bislang besten Versuche zur Erklärung dieser Eigenschaften sind die »Stringtheorien«. Sie verstehen Teilchen als winzige Energiesaiten oder -schleifen, die in unterschiedlichen Frequenzen vibrieren. Bei bestimmten Frequenzen fallen die Strings ganz natürlich in harmonische Muster. Das entspricht bestimmten Werten der unterschiedlichen Eigenschaften. Es würde erklären, weshalb die Eigenschaften diskrete Quantenwerte annehmen, statt kontinuierlich zu variieren. Die größte Herausforderung bei den Stringtheorien liegt jedoch darin, dass bei ihnen die Strings in mindestens zehn Dimensionen vibrieren müssen – sechs mehr, als wir im uns umgebenden Universum zu erkennen vermögen.

9 Höhere Dimensionen und Branen

Verfechter der Stringtheorie halten deren zusätzliche Dimensionen für andere »Richtungen« im Raum, die rechtwinklig zu unseren gewohnten drei Dimensionen stehen. Die Unsichtbarkeit jener neuen Dimensionen erklärt man damit, dass sie »kompaktifiziert« seien – aufgerollt auf unglaublich kleinen Größenordnungen (ein bisschen wie ein Ball verworrener Fäden, der zu einem Pünktchen schrumpft, wenn man ihn aus großer Entfernung betrachtet). Von den aktuellen Formen der Stringtheorie verspricht die in den 1990er-Jahren entwickelte »M-Theorie« am meisten. Sie fügt eine siebte zusätzliche Raumdimension hinzu, die anders als die übrigen *nicht* aufgerollt sei. Diese schaffe ein Bulk-Volumen, das blattähnliche »Branen« der Raumzeit voneinander trennt. Nach dieser Theorie ist unser Universum mit seinen vier Dimensionen der Raumzeit und seinen sechs kompaktifizierten Extra-Dimensionen nur eine Bran unter vielen.

10 Alternative Weltformeln

Stringtheorien sind zwar vielversprechend, aber nicht ohne Konkurrenz. Andere potentielle Weltformeln umschiffen die lästige Notwendigkeit von Extra-Dimensionen, indem sie stattdessen ein anderes Modell der Raumzeit vorschlagen. Während Stringtheorien und Allgemeine Relativitätstheorie die Raumzeit als glattes Kontinuum behandeln, nehmen die damit rivalisierenden Theorien an, dass es in jeder Dimension so etwas wie diskrete Quanten (kleinste mögliche Einheiten) gibt. Modelle mit Namen wie »Schleifenquantengravitation« und »Kausalmengen-Theorie« legen eines nahe: Wenn wir unser vorgefasstes Bild von einer kontinuierlichen Raumzeit aufgeben, haben wir bessere Chancen, eine funktionierende Theorie der Quantengravitation zu entwickeln, ohne dafür auf zusätzliche Dimensionen, Strings oder andere bizarre neue Konzepte zurückgreifen zu müssen.

// WIE EIN GENIE REDEN

■➡ »Dass die Quantenelektrodynamik so gut bekannt ist, liegt teilweise daran, dass Feynman sie auf ganz einfache Weise graphisch dargestellt hat. Die ›Feynman-Diagramme‹ zeigen die Bahnen von Materieteilchen in Form von geraden Linien und Bosonen als wellenartige. Zu Interaktionen kommt es dort, wo sich Linien treffen, und man kann eine Rechenoperation namens ›Pfadintegral‹ ausführen, die zeigt, dass die einfachsten Interaktionen mit der größten Wahrscheinlichkeit auftreten werden.«

■➡ »Im Prinzip gibt es zwei Herangehensweisen an die Quantengravitation: Die Stringtheorie startet mit dem Quantenbit und versucht dann herauszufinden, wie die Gravitation auf die gleiche Weise, aber auf viel größerer Ebene Wirkungen hervorruft, die wie Allgemeine Relativität aussehen. Die Schleifenquantengravitation und ähnliche Theorien beginnen mit der Allgemeinen Relativität und versuchen dann herauszubekommen, wie das auf Quantenebene ablaufen würde und welchen Effekt es auf die anderen Quantenkräfte hätte.«

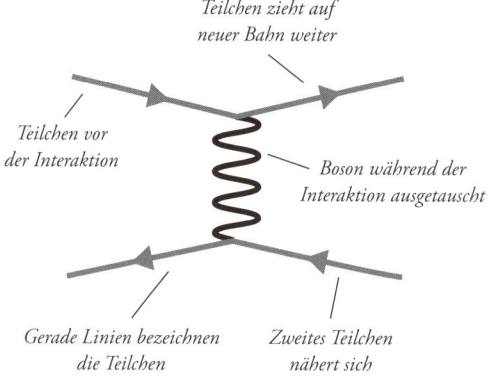

Teilchen zieht auf neuer Bahn weiter

Teilchen vor der Interaktion

Boson während der Interaktion ausgetauscht

Gerade Linien bezeichnen die Teilchen

Zweites Teilchen nähert sich

👁 WAREN SIE EIN GENIE?

1 FALSCH – Streng genommen ist die Gravitation sogar die schwächste Kraft von allen, denn zwischen einzelnen Teilchen übt sie nur eine ganz geringe Wirkung aus.

2 FALSCH – Ein Phänomen namens »Casimir-Effekt«, das parallele Metallplatten in einem Vakuum aneinanderdrückt, liefert einen Beleg für die Existenz virtueller Teilchen.

3 RICHTIG – Superstrings finden in den Theorien von der »Supersymmetrie« Verwendung. Das sind Modelle, die jedes bekannte Boson und Fermion mit einem noch unentdeckten Pendant vom gegensätzlichen Typ paaren.

4 FALSCH – Die Hinzufügung zusätzlicher supersymmetrischer Teilchen in den 1980er-Jahren reduzierte die Anzahl der benötigten Dimensionen auf zehn, was leichter handhabbar ist.

5 RICHTIG – Stringtheorien vermuten, dass die Extradimensionen auf ganz winziger Ebene »eingerollt« sind – in einem Größenbereich, der noch viel kleiner ist als bei den kleinsten subatomaren Partikeln.

✏ KURZFASSUNG für Hochstapler

Während zwei der vier Grundkräfte erfolgreich vereinheitlicht sind und gute Hoffnung besteht, auch die dritte mit ins Boot zu bekommen, bleibt die Gravitation der störrische Außenseiter.

DER URKNALL

»Ein Universum, das im Urknall aus dem Nichts entstand, verschwindet beim großen Kollaps ins Nichts, und die paar gloriosen Xillionen Jahre seiner Existenz werden nicht einmal eine Erinnerung sein.«
– PAUL DAVIES –

Der Urknalltheorie zufolge begann unser Universum in einer gewaltigen Explosion vor etwa 13,8 Milliarden Jahren, sodass die übrige Geschichte des Alls wie eine Fußnote erscheint. Sie ist der bei Weitem erfolgreichste wissenschaftliche Erklärungsversuch für die Entstehung des Universums, da sie viele seiner Merkmale beschreibt – von der kosmischen Expansion bis zur Verteilung der Elemente. Dennoch hat auch sie ihre Probleme, bedauerlicherweise vor allem bei den schwer fassbaren Ereignissen, die überhaupt erst zu jener Explosion geführt hatten, sowie bei der Frage, wie das Schicksal des Alls in ferner Zukunft aussieht.

> Angenommen, das Universum expandiert vom Augenblick seiner Entstehung an: Was lernen wir daraus über seine vergangene, gegenwärtige und zukünftige Entwicklung?

 ## SIND SIE EIN GENIE?

1 Astronomen berechnen die Distanz zu anderen Galaxien, indem sie das Pulsieren von Sternen in ihnen messen.
RICHTIG / FALSCH

2 Aus der Entdeckung, dass das Licht weiter entfernter Galaxien röter ist als das von benachbarten, schlussfolgerten Astronomen, dass sich das Universum ausdehnt.
RICHTIG / FALSCH

3 Georges Lemaître legte 1927 als erster Astronom dar, dass das Universum aufgrund der kosmischen Expansion in einem Big Bang entstanden sein müsse.
RICHTIG / FALSCH

4 Ein erheblicher Teil der unsichtbaren Dunklen Materie im All könnte aus Schwarzen Löchern, erloschenen Sternen oder Planeten und anderen verborgenen, aber »normalen« Objekten bestehen.
RICHTIG / FALSCH

5 Wahrscheinlich geht die heutige Struktur des Universums auf Klumpen aus Dunkler Materie zurück, die sich schon kurz nach dem Urknall zu bilden begannen.
RICHTIG / FALSCH

ZEHN DINGE, DIE EIN GENIE WEIß

1 Die Expansion des Weltraums

Die Urknalltheorie beruht auf einer ziemlich einfachen Beobachtung: Egal wohin wir im Universum blicken, ferne Galaxien bewegen sich immer von uns weg, und diese Bewegung ist tendenziell umso *schneller*, je weiter eine Galaxie entfernt ist. Auf den ersten Blick könnte man denken, dass wir aus irgendeinem Grund unsäglich unbeliebt sind. Doch es gibt eine bessere Deutung dieser kosmischen Expansion: Das Universum insgesamt dehnt sich aus, und die Galaxien bewegen sich durch die Streckung des umliegenden Weltraums voneinander weg, ein bisschen wie Rosinen in einer aufgehenden Backmischung. Wenn der Raum fortwährend expandiert, besagt die Logik, dass vorher alles enger beieinandergelegen haben und letztlich auf einen einzigen Punkt im Raum zusammengedrängt gewesen sein muss – der sich im Urknall entlud.

2 Hubbles Entdeckungen

Der entscheidende Beweis für den Urknall stammt aus der Arbeit von Edwin Hubble (1889–1953; berühmt durch das nach ihm benannte Weltraumteleskop). Bis vor weniger als einem Jahrhundert glaubten viele Astronomen, die Milchstraßen-Galaxie, ein System aus Milliarden Sternen einschließlich unserer Sonne, sei der gesamte Kosmos. Einige wenige behaupteten aber, die Spiralnebel genannten unscharfen Sternenhaufen seien ferne, eigenständige Galaxien. In den 1920er-Jahren berechnete Hubble die intrinsische Helligkeit gewisser Sterne im Inneren der Spiralnebel und zeigte, dass sie so weit entfernt sind, dass ihr Licht uns erst nach Millionen Jahren erreicht. Als Zugabe maß er auch noch Farbverschiebungen im Licht einer jeden Galaxie. Sie ließen erkennen, wie schnell sich die Galaxie auf die Erde zu- oder von ihr wegbewegte. So wurde das »Hubble-Gesetz« enthüllt, der Zusammenhang zwischen Entfernung und Fluchtgeschwindigkeit einer Galaxie.

3 Hat das Universum einen Anfang?

Im Jahrhundert vor Hubbles Forschungen hatten die meisten Wissenschaftler versucht, sich an den Gedanken zu gewöhnen, dass das Universum ohne Anfang sei. Hinweise aus Evolutionslehre und Geologie legten nahe, dass die Erde unzählige Millionen Jahre alt war. Das stand in klarem Widerspruch zur Bibel und warf die Frage auf, ob der Kosmos vielleicht schon immer existiert hatte. Als Einstein 1915 seine Allgemeine Relativitätstheorie formulierte, baute er bewusst eine »kosmologische Konstante« mit ein. Sie sollte dem Hang des Universums entgegenwirken, unter dem eigenen Gewicht zu kollabieren, und war deshalb für ein »statisches« Universum von unendlicher Existenzdauer nötig. Manchen Astronomen ist heute noch bei dem Gedanken unwohl, dass das Universum einen eindeutigen Anfangszeitpunkt haben soll.

4 Das Uratom

Der belgische Pfarrer und Astronom Georges Lemaître sagte die kosmische Expansion voraus, bevor Hubble den Beweis dafür fand, und war auch der erste Mensch, der die logischen Schlussfolgerungen daraus zog. Das Universum verhalte sich als Ganzes genauso wie Gas in einem Kolben, weshalb der junge, dichtere Kosmos auch zwingend heißer gewesen sein müsse. Das veranlasste Lemaître zu der

These, dass alle Dinge aus einem hyperdichten und megaheißen Uratom hervorgegangen waren. Allerdings definierte er die Zahlenwerte für die Expansionsrate derart unscharf, dass das Alter des Kosmos gewaltig schwankte. Letzten Endes konnte die Expansion erst mit dem *Hubble Space Telescope* exakt bestimmt und die kosmische Konvergenz auf einen Zeitpunkt vor etwa 13,8 Milliarden Jahren datiert werden.

5 Das Nachglimmen der Schöpfung

Als entscheidender Beleg für den Urknall gilt eine andere wichtige Entdeckung, die Kosmische Mikrowellenhintergrundstrahlung (engl. kurz CMBR). Bereits in den 1940er-Jahren erkannten Astronomen, dass die Gluthitze des jungen Kosmos eine starke Strahlung ausgelöst haben musste, die wir heute, nach ihrer Milliarden Jahre dauernden Reise vom Rande des Kosmos bis zu uns, womöglich noch immer nachweisen könnten. Auf diesem langen Weg hat ihr die Expansion des Raums fast alle Energie entzogen und ihre Wellenlängen gestreckt, sodass sie die Erde nur noch als schwaches Mikrowellensignal erreicht. Trotzdem erwärmen diese 1964 entdeckten Mikrowellen den gesamten Himmel auf 2,7 °C über dem absoluten Nullpunkt. Die Aufzeichnung winziger Veränderungen in ihren Wellenlängen liefert uns wichtige Hinweise zu den Bedingungen, die kurz nach dem Urknall herrschten.

6 Die Schmiede der Elemente

Im jungen Universum herrschten so extreme Bedingungen, dass die Materie ganz anders geformt war als heute. Könnte man die Zeit zurückdrehen, so hätten die damaligen Kräfte diejenigen überstiegen, die in Teilchenbeschleunigern wie dem LHC am CERN wir-

ken, und einzelne Atome in eigenständige Elementarteilchen aufgespalten. In den allerersten Schöpfungssekunden waren – nach Einsteins Gleichung $E = mc^2$ – Masse und Energie identisch. Massereiche Partikel, etwa Quarks, konnten sich nur für einen flüchtigen Moment bilden und fanden sich schnell zur Bildung von Protonen und Neutronen zusammen, die sich wiederum selbst miteinander verbanden und in einem »Nukleosynthese« genannten Prozess die einfachsten Atomkerne (Wasserstoff, Helium und Lithium) formten. Die weniger massereichen Elektronen wurden mehrere Minuten lang erzeugt, hefteten sich aber erst an die Atomkerne, als die kosmische Temperatur unter 3000 °C gesunken war – rund 380 000 Jahre nach dem Urknall.

7 Kosmische Inflation

Im jungen Universum lag der Raum aufgrund all jener freien Elektronen im Nebel – Strahlungsphotonen schossen zwischen dicht gedrängten Partikeln hin und her und trieben sie auseinander. Somit dürfte, bis zur Rekombinationsphase 380 000 Jahre später, eine relativ konstante Dichte geherrscht haben. Wie genau hat sich also aus einer derart gleichmäßigen Grundsubstanz die ausgesprochen ungleichmäßige und ausgedehnte Struktur des heutigen Kosmos entwickelt – mit riesigen Galaxienhaufen inmitten von scheinbar leeren »Voids«? In den frühen 1980er-Jahren gelang es dem Kosmologen Alan Guth und anderen, das Loch in der Urknalltheorie auf geniale Weise zu flicken – mit einer Idee namens »Inflation«. Sie besagt, dass unser heute sichtbares Universum aus einer winzigen Region während des Urknalls selbst entstanden ist, als Folge einer abrupten, gewaltigen Freisetzung von Energie im ersten Bruchteil einer Sekunde der Geschichte des Alls. Der Inflationstheorie zufolge ist seine heutige Struktur das Echo von Quantenfluktuationen im neugeborenen Universum. Diese These wird durch die Entdeckung gestützt, dass schon die (aus der Rekombinationsphase stammende) kosmische Hintergrundstrahlung minimale Unregelmäßigkeiten aufweist.

8 Dunkle Materie

Seit den 1970er-Jahren haben Kosmologen allmählich erkannt, dass die sichtbare Materie ein falsches Bild über das Universum abgibt. Eine mysteriöse »Dunkle Materie«, die sich nur durch ihren gravitativen Einfluss zu erkennen gibt, übertrifft die in allen Sternen, Planeten und interstellaren Gas- und Staubwolken vorhandenen Substanzen um ein Vielfaches. Sie besteht vermutlich aus exotischen Teilchen, die kein Licht abgeben und selbst lichtdurchlässig sind. Obwohl die Urknalltheorie wegen dieser geheimnisvollen Materie in der Tat etwas nachjustiert werden muss, löst die Dunkle Materie in gewisser Hinsicht mehr Probleme, als sie aufwirft – nicht zuletzt, weil Ansammlungen dieser Materie als Nährboden für die Bildung von Galaxien im noch jungen Universum gedient haben könnten.

9 Dunkle Energie

In den 1990er-Jahren suchten Astronomen ferne Galaxien nach hellen, explodierenden Sternen ab, durch deren Helligkeit sie die Berechnungen des Hubble-Gesetzes im benachbarten Universum überprüfen könnten. Sie erwarteten, dass das All entweder mit einer konstanten Rate expandiert oder dass sich seine Expansion durch die Gravitationskräfte der sichtbaren und Dunklen Materie in seinem Inneren verlangsamt. Doch stattdessen fanden sie heraus, dass sich die kosmische Expansion sogar *beschleunigt*. Inzwischen führt man dieses Ergebnis auf eine mysteriöse, gewaltige Kraft zurück, die »Dunkle Energie« genannt wird. Niemand weiß wirklich, was das genau ist. Es könnte sich aber um eine für die Expansion des Weltraums maßgebliche »kosmologische Konstante« handeln, ähnlich jener, die Einstein erst vorgeschlagen, später aber wieder verworfen hatte.

10 Das Schicksal des Universums

Durch die Urknallforschung erfahren wir nicht nur etwas über Vergangenheit und Gegenwart des Universums. Die genaue Expansionsrate sowie die Menge an Materie und Dunkler Energie im Kosmos sagen auch etwas über seine Zukunft aus. Sie entscheiden, ob die Expansion am Ende entweder durch die Schwerkraft gebremst und umgekehrt wird und sich alles in einem »big crunch« (»Großen Kollaps«) wieder zusammenzieht, oder aber, ob sie ewig anhält und im »big chill« (»Großen Frösteln«) zu einem immer kälteren und dunkleren All führt, in dem der Brennstoff, der die Sterne leuchten lässt, verbraucht und im ganzen Raum verstreut ist. Jüngste Belege, dass die Kraft der Dunklen Energie mit der Zeit zunimmt, legen ein weiteres Szenario nahe – dass sich die Expansion so lange beschleunigt, bis die Materie in einem »big rip« (»Großen Reißen«) in Stücke gerissen wird. Zum Glück haben wir vermutlich noch ein paar Billionen Jahre Zeit, bis eine dieser Situationen akut wird.

// WIE EIN GENIE REDEN

■➡ »In den letzten 500 Jahren hat uns die Astronomie erst vom Zentrum des Universums zu einem von mehreren Planeten gemacht, die um die Sonne kreisen, und dann zu einem einzelnen Sonnensystem, das mitten in der Milchstraßengalaxie liegt. Wie sich herausstellt, gibt es mindestens so viele Galaxien im Universum wie Sterne in unserer Galaxis. Wenn wir irgendetwas daraus lernen können, dann ist es das Kopernikanische Prinzip: Denke bloß nicht, dass an unserem Platz im Universum etwas Besonderes ist.«

■➡ »Es hat schon etwas Ironisches, dass wir ›Big Bang‹ dazu sagen. Schließlich hatte Fred Hoyle, einer der heftigsten Kritiker der Theorie, den Begriff geprägt und ursprünglich abwertend gemeint.«

■➡ »Die Theorie ist in ihrer Reinform ein ziemlich cleverer Schachzug, weil man nicht darüber reden kann, was vor dem Urknall gewesen war. Schließlich hat die Explosion nicht nur die Materie, sondern auch Raum und Zeit geschaffen. Wir können ja nicht einmal sagen, was in jenem ersten, winzigen Augenblick passiert ist, weil das Universum damals noch so klein und so dicht war, dass Quantenunschärfe eintritt und die klassische Physik versagt. Natürlich gibt es heutzutage auch jede Menge Theorien über Multiversen, und die bieten tatsächlich mögliche Erklärungen für die Ursache des Urknalls …«

👁 WAREN SIE EIN GENIE?

1 RICHTIG – Manche Sterne zeigen regelmäßige, zyklische Veränderungen, die auf ihre intrinsische Helligkeit zurückgehen. Indem die Astronomen das Veränderungsintervall messen, können sie ihre absolute Helligkeit und Entfernung berechnen.

2 RICHTIG – Diese »Rotverschiebung« entsteht sowohl, weil sich die Galaxien von der Erde wegbewegen, als auch aufgrund der Streckung des Lichts beim Durchqueren des expandierenden Raumes.

3 RICHTIG – Doch schon 1922 hatte Alexander Friedmann als Erster bewiesen, dass ein expandierendes Universum mit der Allgemeinen Relativitätstheorie vereinbar ist.

4 FALSCH – Versuche, die Verteilung dichter, dunkler Objekte in unserer Galaxis zu messen, legen nahe, dass sie einfach nicht weit genug verbreitet sind, um wirklich etwas zur Lösung des Problems der Dunklen Materie beitragen zu können.

5 RICHTIG – Weil die Dunkle Materie gegen Licht immun ist, konnte sie aufgrund der Schwerkraft schon sehr früh Klumpen bilden.

 KURZFASSUNG für Hochstapler

Die Urknalltheorie hat für alles, was mit der Entstehung des Universums zu tun hat, eine Erklärung – außer für den kniffligen Teil ganz am Anfang.

SPEZIELLE UND ALLGEMEINE RELATIVITÄTSTHEORIE

»Die Raumzeit sagt der Materie, wie sie sich bewegen soll, und die Materie sagt der Raumzeit, wie sie sich krümmen soll.«

— JOHN ARCHIBALD WHEELER —

Einsteins Theorien der Speziellen und Allgemeinen Relativität, veröffentlicht in den Jahren 1905 und 1915, sind in vieler Hinsicht das Fundament der modernen Physik und genau die Sorte Wissen, die jedes selbstbewusste Genie besitzen sollte. Man kann sich leicht in all den Analogien über schnell laufende Uhren und Gummimatten verlieren. Aber im Grunde muss man zwei Dinge verstehen: Die Lichtgeschwindigkeit in einem Vakuum ist konstant (und von nichts anderem zu erreichen, sodass sich alles andere in der Physik schlicht verbiegen und daran anpassen muss), und Schwerkraft und Beschleunigung sind im Grunde ein und dasselbe.

> Auch wenn die Relativitätstheorie unsere physikalische Alltagserfahrung auf den Kopf stellt, ist sie dennoch die mit Abstand beste Beschreibung, wie unser Universum wirklich funktioniert – worum geht es dabei also?

 **SIND SIE EIN GENIE?**

1 Das Relativitätsprinzip wurde erstmals im Jahr 1905 von Albert Einstein vorgestellt.
RICHTIG / FALSCH

2 Einstein war so etwas wie ein akademischer Versager, bis er 1905 seine vier revolutionären Aufsätze veröffentlichte.
RICHTIG / FALSCH

3 Einsteins Version der Allgemeinen Relativität beruhte einzig auf Gedankenexperimenten, bis Astronomen 1919 den ersten Beleg dafür fanden.
RICHTIG / FALSCH

4 Einsteins »Zwillingsparadoxon« behauptet, dass ein nahezu mit Lichtgeschwindigkeit in weite Ferne reisender Zwilling langsamer altern wird als sein auf der Erde gebliebenes Geschwisterteil. Und das, obwohl beide Zwillinge sehen werden, dass die Zeit bei ihrem Geschwister aufgrund der relativen Bewegung beider zueinander langsamer vergeht.
RICHTIG / FALSCH

5 Die Allgemeine Relativitätstheorie wurde erst 2016 endgültig akzeptiert, als Astronomen die Gravitationswellen kollidierender Schwarzer Löcher nachwiesen.
RICHTIG / FALSCH

ZEHN DINGE, DIE EIN GENIE WEISS

1 Die Lichtgeschwindigkeit

Einsteins Theorie ging aus den Bemühungen hervor, ein Paradox im Verhalten von Licht aufzulösen – nämlich die Tatsache, dass seine Geschwindigkeit scheinbar konstant ist, unabhängig von der relativen Bewegung der Lichtquelle und ihres Beobachters. Diese Erkenntnis steht in starkem Kontrast zur Physik des Alltags (in der sich Geschwindigkeiten gewöhnlich addieren – wie wäre es, einen Fußball zu fangen, den jemand aus einem fahrenden Zug wirft?). Sie hatte jedoch lange auf sich warten lassen, weil die Lichtgeschwindigkeit so hoch ist, dass sich jede andere relative Bewegung zu ihr meist nur minimal auswirkt. Erst Mitte des 19. Jahrhunderts kam unter Physikern der Verdacht auf, dass da etwas im Busch war: Damals zeigte James Clerk Maxwell, dass seine elektromagnetische Theorie des Lichts *immer* Wellen mit 299 792 km/s (kurz c genannt) hervorbrachte.

2 Die Suche nach dem Äther

Maxwells Modell des Lichts als Welle warf die naheliegende Frage nach dem Medium auf, in dem sich diese Welle bewegte. Das brachte Physiker dazu, sich einen alles durchdringenden »Lichtäther« vorzustellen. Die Relativitätsrevolution nahm so richtig Fahrt auf, als die US-Wissenschaftler Albert A. Michelson und Edward Morley ein geniales neues Experiment entwickelten, das geeignet gewesen wäre, die winzige Differenz in der Lichtgeschwindigkeit nachzuweisen, welche durch die Bewegung der Erde durch jenen Äther verursacht würde. Doch Michelson und Morley scheiterten damit im Jahr 1887, was die Physik in eine Art Krise stürzte. Viele geniale Rettungsversuche wurden unternommen, doch Einstein war einer der wenigen, die das Ergebnis ernst nahmen, und der Einzige, der erkannte, dass die Gesetze der Physik von Grund auf neu formuliert werden mussten.

3 Die Spezielle Relativitätstheorie

Das traditionsreiche Relativitätsprinzip beruht schlicht auf der Idee, dass die Gesetze der Physik für alle Beobachter eines Experiments gleichermaßen gelten sollten, unabhängig von deren Bezugssystem. Also müsste ein Wissenschaftler, dessen Labor sich in einem fahrenden Eisenbahnwaggon befindet, dieselben physikalischen Beobachtungen machen wie sein Kollege im Signalhäuschen. Das Wort »Spezielle« bezeichnet eine Einschränkung, die Einstein in seinem Aufsatz von 1905 vornahm und das Ganze vereinfacht, weil nämlich nur sogenannte inertiale (träge) Labore betrachtet werden: In ihnen herrschen identische Kräfte, weshalb sie relativ zueinander weder beschleunigen noch abbremsen. Einstein überlegte, was passieren würde, wenn sich ein Beobachter in einem ruhenden Labor befände, während sich die übrigen mit konstanter Geschwindigkeit nahe c bewegten: Was müssten beide aus ihrer jeweiligen Sicht anders wahrnehmen, um dieselbe, konstante Lichtgeschwindigkeit messen zu können?

4 Relativistische Effekte

Einstein ermittelte eine Reihe von Effekten, die zwischen Bezugssystemen in relativistischer Bewegung (mit relativen Geschwindigkeiten nahe c) zu unterschiedlichen Messungen führen würden. Einer davon betrifft die Länge von Objekten: Ein Zollstock in einem bewegten Labor sollte – von außen betrachtet – kürzer erscheinen (dieses Phänomen heißt »Lorentz-Kontraktion«). Ein weiterer Effekt ist, dass der Lauf der Zeit im bewegten Labor – von außen gemessen – verlangsamt oder »dilatiert« würde. In beiden Fällen nimmt der Beobachter im Inneren des bewegten Labors selbst nichts Sonderbares wahr. Man könnte beide Phänomene daher für bloße Illusion halten, tatsächlich sind sie aber alles andere als das. Das Relativitätsprinzip besagt, dass der unbewegte Beobachter keinen privilegierten Standpunkt besitzen kann, von dem aus nur er in der Lage wäre, die einzig »wahre« Physik zu beobachten. Aus diesem Grund wird der Beobachter im bewegten Labor dieselben Verzerrungen bemerken, wenn er die gleichen Experimente durchführt.

5 $E = mc^2$

Es gibt noch einen wichtigen Aspekt der Speziellen Relativitätstheorie, dessen Folgen weit über relativistische Bewegungen hinausreichen. Einstein überlegte, was passieren würde, wenn man einen mit annähernder Lichtgeschwindigkeit bewegten Körper durch ständige Energiezufuhr weiter zu beschleunigen versuchte. Da der Körper niemals Lichtgeschwindigkeit erreichen könnte, begriff Einstein, dass die zugeführte Energie stattdessen in ein immer stärkeres Massewachstum umgelenkt würde. So können seine Energie und sein Impuls weiter ansteigen, wenn es bei der Geschwindigkeit nicht mehr weitergeht. Aus diesem Grund, so Einsteins Erkenntnis, sind Masse und Energie im Grunde äquivalent (und in verschiedenen Szenarien austauschbar), wobei die Energie E eines Körpers mit seiner Masse m durch die berühmte Gleichung $E = mc^2$ verbunden ist.

6 Raumzeit

Die Alltagserfahrung legt nahe, dass die drei Raumdimensionen stabil in rechten Winkeln zueinander stehen. Die Zeit scheint dagegen etwas völlig anderes zu sein und in ihre eigene, einzigartige »Richtung« zu fließen. Doch wie die Spezielle Relativitätstheorie beweist, sind alle vier Dimensionen verbunden und können gegeneinander vertauscht werden. Hermann Minkowski, Einsteins ehemaliger Lehrer, entwickelte einen geometrischen Ansatz der »Raumzeit«, der einen der leichtesten Zugänge zum Verständnis der Theorie bietet. Demnach könne jedes Bezugssystem als eine Region mit senkrecht zueinander stehenden Dimensionen interpretiert werden. Relative Bewegung nahe der Lichtgeschwindigkeit fuhre aber zu einer Rotation der Systeme relativ zueinander, sodass bestimmte Dimensionen gedehnt oder gestaucht würden.

7 Die Allgemeine Relativitätstheorie

Wie der Name nahelegt, zielt die Allgemeine Relativitätstheorie auf eine Beschreibung der Relativität in *allen* (sich beschleunigenden wie trägen) Bezugssystemen. Hier lautete Einsteins bahnbrechende Erkenntnis, dass sich ein Gravitationsfeld nicht von einer sich konstant beschleunigenden Kraft unterscheidet. Mit anderen Worten: Ein Beobachter im Inneren eines sich gleichmäßig beschleunigenden Raumschiffs sollte zu exakt denselben physikalischen Resultaten gelangen wie jemand auf einem Planeten mit eigenem Gravitationsfeld. Daraus entwickelte Einstein die »Feldgleichungen« der Allgemeinen Relativitätstheorie. Sie belegen, dass die Gegenwart riesiger Massen die Raumzeit in ähnlicher Weise krümmen kann wie bei relativistischer Bewegung.

8 Die gekrümmte Raumzeit

Eine gängige Visualisierung für die Effekte der Allgemeinen Relativität besteht darin, sich die raumartigen Dimensionen der Raumzeit auf eine zweidimensionale Gummimatte reduziert vorzustellen. Diese wird durch die Gegenwart eines massereichen Objekts (eines Planeten oder Sterns) in einer dritten, »zeitartigen« Dimension eingedellt (»gekrümmt«), sodass die Bahnen anderer Objekte abgelenkt werden, wenn sie die »Gravitationssenke« des Objekts passieren. In diesem Modell ist der Orbit eines Planeten oder Mondes schlicht die Bahn, auf der dieser sich am inneren Hang der Senke gerade schnell genug bewegt, um nicht abzustürzen. Man kann sich den Effekt auch als Trichter vorstellen, ähnlich denen in einer Sanduhr, welche von Massen im ansonsten regelmäßigen dreidimensionalen Raster des Raumes erzeugt werden.

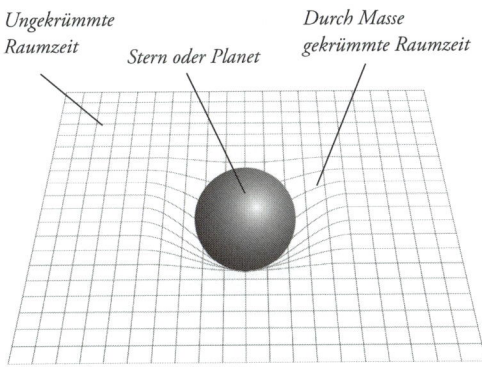

Ungekrümmte Raumzeit

Stern oder Planet

Durch Masse gekrümmte Raumzeit

9 Die Zeit geht auf Reisen

Einsteins Theorien sind auf vielerlei Wegen bestätigt worden, nicht nur durch die Ergebnisse abstruser physikalischer Experimente, sondern auch durch einige verblüffende Effekte in der realen Welt. Der vielleicht bekannteste ist der »Gravitationslinseneffekt« – die Ablenkung des Lichts in der Nähe von massereichen Objekten. Astronomen hatten bereits 1919 während einer totalen Sonnenfinsternis festgestellt, dass Sternenlicht wie durch eine Linse um die Sonne gelenkt wurde. In jüngerer Zeit haben sie den Linseneffekt ferner Galaxienhaufen ausgenutzt, um die Verteilung der sogenannten Dunklen Materie im Inneren dieser Haufen zu skizzieren. Und zu Hause auf der Erde wiesen Physiker die Wirkung der Zeitdilatation nach, indem sie hochpräzise Atomuhren in Überschallflugzeuge steckten und dann mit ihren Pendants am Boden verglichen.

10 Die kosmische Höchstgeschwindigkeit

Kann sich also irgendetwas schneller bewegen als das Licht? Nach dem Jahrhunderterfolg von Einsteins Theorie laut die Antwort ein schallendes »Nein« (auch wenn es töricht wäre, eine neuerliche Revolution der Physik ganz auszuschließen). Das hindert Wissenschaftler und Ingenieure aber nicht daran, Möglichkeiten zu ersinnen, wie man diese Grenze umgehen könnte. Sie reichen von »Tachyonen« (hypothetischen Teilchen, die sich stets mit Überlichtgeschwindigkeit bewegen) bis zu dem seltsamen Effekt, den wir »Quantenverschränkung« nennen. Indes stellt das Lichtgeschwindigkeitslimit all jene vor große Herausforderungen, die eine Reise über unser Sonnensystem hinaus planen. Allerdings hält die Zeitdilatation hier eine Hintertür offen: Für die Crew eines relativistischen Raumschiffs verginge die Zeit langsamer als für jene, die auf der Erde zurückblieben.

// WIE EIN GENIE REDEN

▮➡ »Einsteins sogenanntes *annus mirabilis* lässt moderne Physiker blass erscheinen: Im Wunderjahr 1905 erschienen nicht nur jene Aufsätze, in denen er die Spezielle Relativitätstheorie sowie die Idee der Äquivalenz von Masse und Energie darlegte, er lieferte auch den ersten empirischen Beweis für die Existenz der Atome und gab einen wichtigen Impuls für die Quantentheorie, indem er nachwies, dass Licht sich in Form von Photonen bewegt. Nicht übel für einen Angestellten im Patentamt!«

▮➡ »Tatsächlich sagt die goldene Regel für Lichtgeschwindigkeitsreisen, dass man *Informationen* nicht schneller als das Licht versenden kann. Andernfalls würde man das Prinzip von Ursache und Wirkung verletzen, und wo kämen wir dann hin?«

▮➡ »Mehrere kluge Köpfe haben theoretische Konzepte für Warp-Antriebe entwickelt, mit denen man die Lichtgeschwindigkeit umgeht. Auch wenn ein Raumschiff nicht schneller als *c* fliegen kann, könne man, so die Grundidee, eine normale Raumzeit-Blase um das Schiff legen und *diese* dann mit Überlichtgeschwindigkeit durch die Gegend fliegen lassen. Das Ganze ist im Moment allerdings rein hypothetisch. Außerdem befürchten die meisten Physiker, dass diese Schummelei durch irgendwelche bisher unentdeckten Probleme verhindert werden würde.«

👁 WAREN SIE EIN GENIE?

1 FALSCH – Tatsächlich wurde das Prinzip 1632 von Galileo formuliert, um Argumenten zu begegnen, dass die Erdbewegung für wahrnehmbare Effekte verantwortlich sei.

2 RICHTIG – Obwohl Einstein sein Studium in Zürich mit guten Noten abschloss, ermutigte man ihn nicht zu einer akademischen Laufbahn.

3 FALSCH – Einstein bewies schon 1915, dass die Allgemeine Relativitätstheorie eine Schwankung im Orbit des Merkur erklärt, bei der die klassische Physik versagt.

4 RICHTIG – Das »Paradox« des einen Zwillings, der bei der Rückkehr des anderen älter ist, lässt sich damit erklären, dass der Reisende Beschleunigung und Entschleunigung erfahren hat.

5 FALSCH – Da hatten unzählige Tests längst die Richtigkeit der Allgemeinen Relativitätstheorie bewiesen.

✏ KURZFASSUNG für Hochstapler

Die Spezielle Relativitätstheorie erläutert, warum die Physik bizarr wird, wenn sich Objekte nahezu mit Lichtgeschwindigkeit bewegen, und die Allgemeine Relativitätstheorie, warum sie in Gegenwart massereicher Objekte verrücktspielt.

SCHWARZE LÖCHER

»Es heißt, die Wirklichkeit sei manchmal seltsamer als die Produkte unserer Phantasie.
Nirgendwo dürfte das wahrer sein als im Fall der Schwarzen Löcher.«

— STEPHEN HAWKING —

Schwarze Löcher sind ein klassischer Fall für Genies, denn sie gehören zu den faszinierendsten und geheimnisvollsten Objekten des Universums. Die Vorstellung, es gebe ein Objekt mit einer derart starken Anziehungskraft, dass ihm nicht einmal Licht entkommen könne, hat eine überraschend lange Geschichte. Doch erst in den letzten paar Jahrzehnten haben Astronomen damit begonnen, Schwarze Löcher zu identifizieren und zu erforschen. Wie sich herausstellt, sind sie sogar noch vielfältiger und interessanter, als es irgendjemand vermutet hätte.

> In der Nähe eines Schwarzen Lochs wird Materie in Stücke gerissen, und die Gesetze der Physik werden außer Kraft gesetzt – reicht Ihr Intellekt aus, um sich in diesen geheimnisvollen Gefilden zurechtzufinden?

SIND SIE EIN GENIE?

1 Würden Sie beim Sturz in ein Schwarzes Loch nach draußen zurückblicken, dann könnten Sie in die Zukunft schauen.
RICHTIG / FALSCH

2 Kein Objekt kann auf einer stabilen Umlaufbahn um ein Schwarzes Loch kreisen, ohne von ihm verschluckt zu werden.
RICHTIG / FALSCH

3 Mit großer Wahrscheinlichkeit wird es nie dazu kommen, doch falls ein Teilchenbeschleuniger wie der Große Hadronen-Speicherring (LHC) am CERN jemals ein mikroskopisch kleines Schwarzes Loch erzeugen würde, könnte es unseren gesamten Planeten in Sekundenschnelle verschlucken.
RICHTIG / FALSCH

4 Nach Meinung einiger Physiker könnte der Urknall selbst im Universum Unmengen von Schwarzen Löchern hinterlassen haben.
RICHTIG / FALSCH

5 Es wäre möglich, dass direkt vor unserer Haustür im Weltall ein Schwarzes Loch auf das Sonnensystem zusteuert und wir es erst mitbekommen, wenn es schon zu spät ist.
RICHTIG / FALSCH

ZEHN DINGE, DIE EIN GENIE WEISS

1 Was ist ein Schwarzes Loch?

Im Grunde ist ein Schwarzes Loch lediglich ein Objekt, dessen Fluchtgeschwindigkeit höher als die Lichtgeschwindigkeit ist. Das bedeutet, dass nichts seiner Anziehungskraft entkommen kann (als Fluchtgeschwindigkeit bezeichnet man die Mindestgeschwindigkeit, mit der sich ein Objekt aus einem Schwerkraftfeld herausbewegen muss, ohne bis zum völligen Stillstand abgebremst zu werden). Die Fluchtgeschwindigkeit der Erde beträgt bloße *11,2 Kilometer pro Sekunde* – eine wichtige Größe, wenn man ein Raumschiff ins All schießen will –, die eines Schwarzen Lochs liegt dagegen bei *300 000 km/s*. Allerdings weisen die physikalischen Gesetze über hochverdichtete Materie sowie die Konsequenzen von Einsteins Relativitätstheorie darauf hin, dass Schwarze Löcher weitaus merkwürdiger sind, als es diese einfache Definition vielleicht vermuten lässt.

2 Warum Schwarze Löcher schwarz sind

Der englische Astronom John Michell hatte schon 1783 als Erster Mutmaßungen über die Existenz von Schwarzen Löchern angestellt. Ausgehend von der damals verbreiteten Annahme, dass Licht aus kleinen Teilchen, sogenannten Korpuskeln, bestehe, hatte er über die mögliche Existenz »dunkler Sterne« mit einer so großen Anziehungskraft nachgedacht, dass sie ihr eigenes Licht wieder einfingen. Und obwohl sich unser Wissen über das Licht seitdem vielfach verändert hat, ist inzwischen klar, dass die Allgemeine Relativität den gleichen Effekt haben kann. Im Jahr 1915 bewies Karl Schwarzschild, dass die Gleichungen der Allgemeinen Relativität dort, wo die Materie genügend komprimiert wird, zur Entstehung sogenannter Singularitäten führen können, bei denen die Gesetze der Physik versagen. Ein paar Jahre später zeigte Arthur Eddington, was mit dem Licht im Umkreis eines Schwarzen Lochs wirklich passiert: Die Lichtgeschwindigkeit selbst muss konstant bleiben und kann überhaupt nicht abgebremst werden, weshalb die Wellenlängen des Lichts zu unendlichen, nicht wahrnehmbaren Frequenzen gestreckt oder »rotverschoben« werden.

3 Wie man Schwarze Löcher findet

Wie also spürt man ein weit entferntes Objekt auf, von dessen Oberfläche nach unserer Definition kein Licht entweichen kann? Die Antwort lautet, man sucht auf nahe gelegenen Objekten nach irgendwelchen Anzeichen für seinen Einfluss. Astronomen konzentrieren sich dabei insbesondere auf Quellen energiereicher Röntgenstrahlung. Meist sind das Gaswolken von der Größe einer Galaxie, die mit Schwarzen Löchern nichts zu tun haben, manch andere sind jedoch kompakt, sternartig und – als sogenannte Röntgendoppelsterne – mit einem sichtbaren Stern auf einer gemeinsamen Kreisbahn gefangen. Solche Systeme werden nach Ansicht von Astronomen geboren, wenn ein Schwarzes Loch seinem Partnerstern Materie abzieht und sich im Laufe der Zeit mit einer extrem heißen, Röntgenstrahlen abgebenden Scheibe aus absorbiertem Gas umgibt. Indem Astronomen messen, wie stark die unsichtbaren Objekte ihre Partnersterne im Kreis um sich herziehen, können sie nachweisen, dass einige von ihnen, aufgrund ihrer hohen Masse und Dichte, Schwarze Löcher sein müssen.

4 Wie entstehen Schwarze Löcher?

Astronomen vermuten, dass die überwiegende Mehrheit der Schwarzen Löcher im Universum durch den Tod riesiger Sterne geschaffen wird. Solche Sterne erzeugen in ihrem Inneren schwere Elemente durch Kernfusion, und das bringt sie zum Leuchten. Ist dieser Prozess schließlich aber erschöpft, kollabiert der Kern mit gewaltiger Kraft und verursacht so eine Druckwelle, durch die die äußeren Schichten des Sterns in einer strahlend hellen Supernova explodieren. Die Gewalt des Kernkollapses zerlegt die Atome im Inneren des Sterns und hinterlässt eine dichte Neutronensuppe, durch die der Kollaps bei den meisten Supernovae aufgrund des Drucks zwischen den Neutronen letztlich zum Erliegen kommt (und ein Neutronenstern entsteht, der die Masse unserer Sonne gewöhnlich auf die Größe einer Stadt komprimiert). Allerdings kann es beim Kollaps eines Kerns mit zwei- bis dreifacher Sonnenmasse auch passieren, dass die beteiligten Kräfte zur Aufspaltung von Neutronen führen und der Kollaps so lange anhält, bis ein Schwarzes Loch geboren wird.

5 Ereignishorizonte

Ein Schwarzes Loch verfügt tatsächlich über eine klar definierte innere Struktur, auch wenn es von außen betrachtet unsichtbar ist. Seine Masse konzentriert sich auf einen einzigen Punkt genau in seiner Mitte, die sogenannte Singularität, während der sogenannte Ereignishorizont, seine sichtbare Außengrenze, durch den Punkt definiert wird, an dem die Fluchtgeschwindigkeit über der Lichtgeschwindigkeit liegt. Es ist denkbar, dass dieser Ereignishorizont einer perfekten Kugel gleicht, doch weil sich die meisten Schwarzen Löcher in Wirklichkeit rasant im Kreis drehen (und diese Rotation von ihren Muttersternen geerbt ha-

ben), wird er sich viel eher um seinen »Äquator« herum nach außen wölben. Vom umliegenden Weltraum aus gesehen wäre ein einzelnes Schwarzes Loch von einem merkwürdigen Heiligenschein umgeben, der zustande kommt, indem das Licht weiter entfernter Sterne abgelenkt wird.

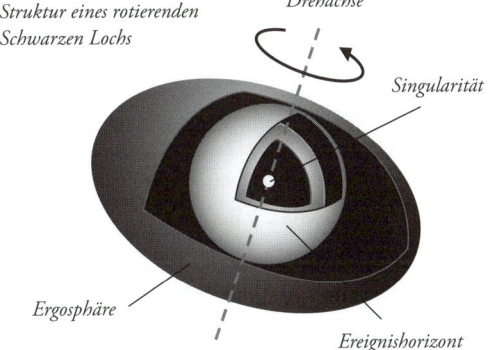

Struktur eines rotierenden Schwarzen Lochs

Drehachse

Singularität

Ergosphäre

Ereignishorizont

6 Spaghettisierung

Durch die Extrembedingungen im Umkreis von Schwarzen Löchern werden die physikalischen Gesetze bis aufs Äußerste strapaziert. Stürzt ein Gegenstand auf den Ereignishorizont zu, so reißt die Anziehungskraft rasant immer stärker an ihm, und es treten Gezeitenkräfte auf, die seine eine Seite mehr anziehen als die andere und ihn letzten Endes zerreißen – ein Vorgang, der »Spaghettisierung« genannt wird. Zugleich hat die Krümmung der Raumzeit den Effekt einer Zeitdilatation (Ausdehnung der Zeit), ähnlich derjenigen der Speziellen Relativität: Für Objekte in der Nähe des Ereignishorizonts scheint sich der Zeitfluss zu verlangsamen, und sie selbst scheinen unendlich lang am Rande des Ereignishorizonts zu verweilen. Ist ein Objekt in den Augen eines außenstehenden Beobachters endlich verschwunden, war das in seinem eigenen Bezugsrahmen bereits vorher geschehen: Es hatte sich längst in subatomare Partikel aufgelöst und war eins mit der Singularität geworden.

7 Supermassereiche Schwarze Löcher

Während die meisten Schwarzen Löcher ähnliche Massen besitzen wie ein Stern, gibt es unter ihnen einige Monster, die mehrere Millionen Sonnenmassen schwer sind. Diese supermassereichen Schwarzen Löcher lauern im Herzen (fast) aller Galaxien. Das Schwarze Loch im Herzen unserer Milchstraße (rund 26 000 Lichtjahre von der Erde entfernt) hat eine Masse von 4,1 Millionen Sonnen (wie aus den flotten Kreisgeschwindigkeiten naher Sterne errechnet). Vermutlich ist der Ursprung dieser monströsen Schwarzen Löcher im frühen Universum zu suchen, als Kerne gigantischer Sterne, die jedoch durch das Zusammenziehen und Verschlingen von Gas, Staub und anderen Sternen aus ihrer Umgebung rasend schnell wuchsen.

8 Quasare

Die Mehrheit der supermassereichen Schwarzen Löcher (darunter auch das der Milchstraße) ist schlafend. Sterne und anderes Material umkreisen sie in sicherem Abstand, deshalb mangelt es ihnen an Zündstoff. Trotzdem gibt es in einer beachtlichen Zahl von Galaxien auch Schwarze Löcher, die sich aktiv ernähren und energiereiche Röntgenstrahlen sowie andere Arten von Strahlung herauspumpen, während sie Wolken aus zerfetzter Materie hinab ins Verderben ziehen. Die Strahlung um das Schwarze Loch herum schwankt rapide und kann heller leuchten als das Licht benachbarter Galaxien. Die hellsten Objekte dieser Art, »Quasare« genannt, können im Weltall noch viele Milliarden Lichtjahre entfernt wahrgenommen werden und zählen damit zu den am weitesten entfernten (und somit auch ältesten) Objekten im bekannten Universum. Man geht davon aus, dass alle Galaxien bei ihrer Entstehung das Quasarstadium durchlaufen, und bei der Kollision von Galaxien miteinander werden viele von ihnen erneut entzündet.

9 Die Hawking-Strahlung

Das Ansehen des gefeierten Physikers Stephen Hawking wurde durch seine Arbeit über Schwarze Löcher begründet – vor allem seine Entdeckung, dass Schwarze Löcher *doch* bestimmte Formen von Strahlung abgeben und deshalb mit der Zeit Energie verlieren und »verdampfen« würden. »Hawking-Strahlung« entstehe, wenn in der Nähe des Ereignishorizonts plötzlich virtuelle Teilchenpaare (vgl. S. 213) auftauchen. Werde eins der Teilchen, bevor es sich mit seinem Gegenstück vereinigen könne, vom Schwarzen Loch verschluckt, sei das andere dazu gezwungen, »real« zu werden, wozu es die nötige Energie und Masse aus dem Schwarzen Loch beziehe. Bis ein Schwarzes Loch verdampft und sich schließlich, sobald seine Masse unter einen kritischen Schwellenwert sinkt, unter gigantischer Freisetzung von Strahlung auflöst, könnten einige Billionen Jahre vergehen – je nach seiner Masse.

10 Wurmlöcher

Nach der Allgemeinen Relativität bilden Schwarze Löcher in der Raumzeit sehr tiefe, unentrinnbare »Schwerkrafttrichter«. Rein theoretisch könnte sich ein Schwarzes Loch deshalb den Weg zu einem völlig anderen Punkt der Raumzeit freischaufeln und dort mit einem anderen Schwarzen Loch verbinden. Der so entstandene Tunnel, bekannt als Einstein-Rosen-Brücke oder »Wurmloch«, könnte eine Abkürzung durchs Weltall bieten. Allerdings könnten Wurmlöcher nur dann durchquert werden, wenn die Singularität in ihrem Zentrum überwunden werden kann. Vor diesem Hintergrund gehört das Ganze ins Reich der Science-Fiction – zumindest vorerst.

// WIE EIN GENIE REDEN

▮➡ »Tatsächlich sind nach Einsteins Feldgleichungen vier verschiedene Typen von Schwarzen Löchern möglich, und zwar abhängig davon, ob die Singularität elektrisch geladen ist, und davon, ob sie rotiert. Faktisch ist die Wahrscheinlichkeit bei den meisten Schwarzen Löchern groß, dass sie einerseits nicht elektrisch geladen sind, aber andererseits rotieren.«

▮➡ »Der Neuseeländer Roy Kerr hat herausgefunden, dass jedes rotierende Schwarze Loch außerhalb seines Ereignishorizonts die sogenannte Ergosphäre besitzt, einen Bereich, in dem sich die Raumzeit krümmt. Roger Penrose hat bewiesen, dass ein in die Ergosphäre hineinfallendes Objekt, bevor es über den Ereignishorizont gezerrt wird, genügend Energie aufnehmen kann, um zu fliehen. Dadurch kommt es zu heftigen Ausbrüchen von Energie, die den Drehimpuls des Schwarzen Lochs allmählich aufzehren und seine Rotation verlangsamen.«

▮➡ »Der Begriff ›Wurmloch‹ war bereits 1957 geprägt worden, aber er kam erst so richtig in Mode, nachdem Carl Sagan einen Freund, den theoretischen Physiker Kip Thorne, für seinen Science-Fiction-Roman *Contact* von 1985 um eine plausible Lösung für Reisen mit Überlichtgeschwindigkeit gebeten hatte. Thorne fungierte auch als Berater zu den physikalischen Grundlagen und zum Aussehen des Schwarzen Lochs in Christopher Nolans Film *Interstellar*.«

👁 WAREN SIE EIN GENIE?

1 FALSCH – Tatsächlich hätte es den Anschein, als ob die Zeit draußen im Weltall schneller verginge, doch Ihre eigene Beschleunigung würde dazu führen, dass das Licht auf dem Weg zu Ihnen bis zur Unsichtbarkeit gestreckt würde.

2 FALSCH – Für ein Schwarzes Loch gilt dasselbe wie für jedes andere massereiche Objekt: Wenn man sich schnell genug bewegt, dann kann man es umkreisen, ohne hineinzustürzen.

3 FALSCH – Die Anziehungskraft eines Schwarzen Mikro-Lochs wäre so gering, dass es nur mithilfe von Teilchen wachsen könnte, die direkt auf seiner Bahn herumirren.

4 RICHTIG – Stephen Hawking hat schon 1971 behauptet, dass der Urknall kleine Schwarze Löcher im ganzen Universum verstreut haben könnte, und diese Theorie ist bis heute nicht widerlegt.

5 FALSCH – Wir würden die Warnsignale schon Tausende Jahre vorher hören, weil die Gravitation eines herannahenden Schwarzen Lochs die Bahnen unserer Nachbarsterne stören würde.

🖊 **KURZFASSUNG für Hochstapler**

Schwarze Löcher verursachen einige der brutalsten physikalischen Prozesse im All und dienen als Versuchslabore für die Allgemeine Relativität.

MULTIVERSEN

»Es gibt guten Grund zu vermuten, dass unser Universum nur eines von vielen sein könnte –
eine einzelne Blase in einem riesigen Schaumbad aus anderen Universen.«

Ist unser Universum das einzige seiner Art
oder nur eines von vielen in einem vielleicht
unendlichen Multiversum? Der Gedanke ist
schwindelerregend, doch viele Kosmologen
nehmen ihn immer ernster. Wie könnte so ein
Multiversum also existieren, welche Folgen
hätte das für die Vergangenheit, Gegenwart
und Zukunft unseres Universums, und würde
das bedeuten, dass irgendwo da draußen Ihr
Doppelgänger gerade eine identische Version
dieses Buches liest, in roter Farbe gedruckt?

> Der Beweis dafür, dass ein unendliches
> Multiversum existiert, würde unsere
> Sicht auf den Kosmos viel nachhaltiger
> verändern als die Erkenntnis, dass die
> Erde um die Sonne kreist.

👁 SIND SIE EIN GENIE?

1 Licht vom entlegensten Winkel des sichtbaren
Universums ist durch den Doppler-Effekt röter
als jenes aus dem nahen Weltraum. Derselbe
Effekt verändert auch die Tonhöhe eines
passierenden Krankenwagens.
RICHTIG / FALSCH

2 Könnte man durch viele beobachtbare
Nachbaruniversen hindurch immer weiter in
dieselbe Richtung gehen, dann würde man sich
unserem Universum am Ende von der anderen
Seite her wieder nähern.
RICHTIG / FALSCH

3 Im Jahr 2017 veröffentlichten Astronomen
Hinweise auf einen sogenannten cold spot
in der kosmischen Hintergrundstrahlung. Es ist
vielleicht das erste Anzeichen dafür, dass ein
anderes Multiversum in unseres eindringt.
RICHTIG / FALSCH

4 Die einfachsten Modelle des Kosmos
besagen, dass wir, wenn wir riesengroße
Entfernungen im Weltraum zurücklegen könnten,
letztlich auf eine andere Erde stoßen würden.
RICHTIG / FALSCH

5 Die Theorie eines unendlichen Multiversums
lässt die Möglichkeit zu, dass im All aus dem
Nichts plötzlich Bewusstsein entstehen kann.
RICHTIG / FALSCH

ZEHN DINGE, DIE EIN GENIE WEIß

1 Die Grenzen des Universums

Wenn es darum geht, wie tief wir ins All hineinschauen können, setzen uns die unverrückbare Geschwindigkeit des Lichts und das endliche Alter unseres Universums wesentliche Grenzen. Wie stark unsere Teleskope auch sein mögen: Wir können unmöglich Objekte sehen, deren Licht nicht genug Zeit hatte, uns in den 13,8 Milliarden Lichtjahren seit dem Urknall zu erreichen. Je tiefer wir außerdem in den Weltraum hineinblicken, desto weiter schauen wir in der Zeit zurück. Das bedeutet, dass wir ferne Objekte lediglich so sehen können, wie sie in der Vergangenheit aussahen, und nicht, wie sie heute aussehen. Somit beschränkt sich das »beobachtbare Universum« um uns herum auf eine Kugelschale von rund 93 Milliarden Lichtjahren Durchmesser (es sind mehr als 13,8 Milliarden Lichtjahre, weil sich das All beträchtlich ausgedehnt hat, seit das fernste Licht seine Reise zu uns angetreten hat).

2 Jenseits des beobachtbaren Universums

Es besteht aber kein Grund zur Annahme, dass der Rand unseres beobachtbaren Universums die Grenze von *allem* sei. Ein Astronom, der heute auf einem 46,5 Milliarden Lichtjahre von der Erde entfernten Planeten säße, wäre von seinem eigenen beobachtbaren All umgeben. Würde er in unsere Richtung schauen, könnte er vielleicht sehen, wie die Rohmaterialien der Milchstraße gerade erst zueinanderfänden. Dagegen würde er in der entgegengesetzten Richtung in Bereiche des Kosmos starren, die unseren Blicken für immer verborgen bleiben werden. Das beobachtbare Universum eines Astronomen am uns entgegengesetzten Rand *jenes* Universums würde sich mit dem unsrigen nirgendwo überlappen, und so weiter und so fort. Die Gesamtheit all dieser sich überlappenden, benachbarten Raumzeitblasen bildet die einfachste Form eines Multiversums.

3 Die Form des Weltalls

Jede Blase dieses einfachen Multiversums stammt theoretisch aus einer kleinen Region im neugeborenen Weltall, die vor dem Einsetzen der kosmischen Inflation existiert hatte (vgl. S. 235) – aber wie viele dieser Blasen gibt es genau? Könnte das Weltall gar grenzenlos sein? Die Antwort darauf hängt von seiner Form ab: Ist es »flach«, nach allen Himmelsrichtungen endlos, oder könnte es sich auf sich selbst zurückfalten (weil es sich durch die Masse der sichtbaren und Dunklen Materie in seinem Inneren krümmt) und somit eine geschlossene Form bilden? Ersteres gilt als wahrscheinlicher, weil man entdeckt hat, dass die Dunkle Energie eine immer stärkere Ausdehnung der Raumzeit bewirkt: Unser beobachtbares Universum ist also nur eines von unendlich vielen.

4 Die vier Typen des Multiversums

Der theoretische Physiker Max Tegmark benennt vier eigenständige Ebenen des Multiversums, eine verrückter und abstrakter als die andere. Ebene I ist schlichtweg – wie gerade beschrieben – »mehr Raumzeit«. Ein Ebene-II-Multiversum besteht aus Weltall-Blasen wie der unseren, die sich in der Zahl ihrer Dimensionen und anderen physikalischen Eigenschaften zwar unterscheiden, doch allesamt derselben Quelle entspringen – dem sogenannten Raumzeitschaum (s. u.). Die »Viele-Welten-Theorie« zur Quantenphysik (vgl. S. 220) bringt das Ebene-III-Multiversum hervor, in dem zahllose untergeordnete Paralleluniversen in einer Art mehrdimensionalem Raum voneinander abzweigen. Zuletzt gibt es das Ebene-IV-Multiversum, eine mathematische Struktur, die alle darunter liegenden Ebenen in sich vereint (passend zu Tegmarks Überzeugung, dass die Realität auf den Prinzipien der Mathematik beruhe).

5 Das Ebene-II-Multiversum

Die Theorie der »Chaotischen Inflation« könnte auf ein sogenanntes Ebene-II-Multiversum hindeuten. Sie wurde von Andrei Linde und weiteren Kosmologen kurz nach Vorstellung der eigentlichen Inflationstheorie entwickelt. Linde und Kollegen fragten sich, warum nur eine bestimmte Blase des Uruniversums gegenüber allen anderen dazu erwählt worden sein sollte, durch Inflation unser heutiges Weltall hervorzubringen. Sie lieferten eine alternative Lesart, nach der die Inflation ein andauernder Prozess ist: Dem hochenergetischen Raumzeitschaum würden ständig neue Universen entsteigen, etwa so wie sich in einer Mineralwasserflasche spontan Kohlesäurebläschen bilden. Für einige Kosmologen birgt diese Theorie zusätzlich den Vorteil, dass sie keinen finiten Anbeginn der Zeit kennt. Der Schaum sei ewig und der Urknall nichts weiter als der Augenblick, an dem sich *unser* Universum aus ihm herausgelöst habe.

6 Verschiedene Dimensionen

Ein anderes Merkmal von Ebene-II-Multiversen ist die Möglichkeit unterschiedlich vieler Dimensionen. Falls die Stringtheorie mit ihrer Vorhersage von mindestens sechs weiteren Raumdimensionen recht behält, dann gibt es unzählige Wege, all die unsichtbaren Dimensionen zu »verstecken«. Zudem gäbe es keinen besonderen Grund, warum jedes Ebene-I-Multiversum nur drei ausgeprägte Dimensionen besitzen sollte. Ewige Inflation könnte auch Blasen mit radikal andersartigen Grundkonstanten hervorbringen. Zwar würden viele von ihnen schon in ihrer Anfangsphase ausgelöscht, doch andere könnten überleben, sich weiter ausdehnen und dabei sogar mit anderen zusammenstoßen.

7 Auf den Spuren der Multiversen

Würde ein anderes Ebene-II-Multiversum mit unserem eigenen kollidieren, hinterließe das nach Ansicht einiger Kosmologen Spuren, die eines Tages beobachtet werden könnten. Die Häute der anschwellenden Blasen wären äußerst steif und würden sich vermutlich, während sie das Vakuum um sich herum auffräßen, annähernd mit Lichtgeschwindigkeit bewegen. Der Zusammenprall so einer Blase mit unserem Universum würde gigantische Energieschwingungen auslösen, die sich in Form von kosmischen Wellen im All ausbreiten würden. Derartige Wellen hätten zahlreiche Folgen, auch wenn sie den leeren Raum ungesehen durchqueren. Der beste Ort, um nach ihnen zu suchen, ist deshalb die kosmische Hintergrundstrahlung vom äußersten Rand unseres Universums. Hier könnte man erwarten, auf Ringe mit leicht erhöhter Temperatur oder andere verräterische Muster zu stoßen, doch Berechnungen zufolge würden selbst die heftigsten Zusammenstöße nur Spuren hinterlassen, die im Grenzbereich unserer heutigen Beobachtungsmöglichkeiten liegen.

8 Multiversen der Ebenen III und IV

Die tegmarkschen Multiversen der Ebenen III und IV sind viel komplexere Gebilde, die extrem schwer zu fassen sind. Nicht einmal Hugh Everett, der Urheber der Viele-Welten-Theorie, konnte wirklich erhellen, wie sein sich unablässig verzweigendes Multiversum, das theoretisch an jedem möglichen Entscheidungspunkt alternative Realitäten erzeugt, in der Praxis funktioniert. Diesbezüglich könnte der beste Lösungsansatz in Tegmarks eigener Idee zur Ebene IV liegen, wonach das Universum im Wesentlichen mathematischer Natur sei: Der unvorstellbar große Masse- und Energiebedarf eines »realen« Multiversums lässt sich elegant umgehen, wenn man stattdessen einfach von unterschiedlichen Zahlenmengen spricht, die eine Art gigantische kosmische Simulation durchlaufen.

9 Unser fein abgestimmtes Universum – ein Erklärungsversuch

Die Existenz eines komplexen Multiversums könnte eine wissenschaftliche Lösung für eines der größten kosmologischen Rätsel bieten: Warum sind wir überhaupt hier? Der Urknall hatte unglaublich viele mögliche Ausgänge. Dagegen war die Wahrscheinlichkeit, dass dabei ein Universum entstand, in dem die Ausgewogenheit von Masse und Energie sowie die Stärke einiger Grundkräfte die Geburt von Sternen, Planeten und Leben ermöglichten, verschwindend gering. Multiversen der Ebene II und höher lösen dieses Problem zum Teil, indem sie uns das Privileg nehmen, allein im Kosmos zu sein, und zulassen, dass es all jene anderen Universen irgendwo gleichzeitig gibt. Das erklärt aber noch immer nicht, warum wir gerade in *diesem* Universum leben.

10 Das anthropische Prinzip

Diesem Problem begegnen Kosmologen durch das sogenannte anthropische Prinzip, eine vom Beobachter abhängige Sichtweise des Alls, die in einer schwachen und einer starken Variante daherkommt. Das schwache Prinzip besagt: Das All ist so, wie es ist, weil wir hier sind, um es zu sehen. Wären die Dinge anders gelaufen, dann wären wir einfach nicht da, um den Anblick zu genießen. Umgekehrt behauptet die starke Lesart der Idee, dass die Eigenschaften des Kosmos aus einem ganz bestimmten Grund genau so sind, wie sie sind – ja vielleicht sogar, um Leben zu ermöglichen. Was zuerst wie ein erstaunlicher Rückfall in religiöse und philosophische Vorstellungen über den Platz des Menschen im Universum klingt, besitzt nach einigen Interpretationen der Quantenmechanik tatsächlich ein gewisses wissenschaftliches Fundament. Kann das Universum überhaupt aus seinem anfänglichen Quantenzustand kollabieren, ohne dass es einen Beobachter gibt?

// WIE EIN GENIE REDEN

■➡ »Es besteht die alarmierende Möglichkeit, dass unser vertrautes Dimensionsgefüge instabil sein und unser gesamtes Universum sich im Zustand eines sogenannten falschen Vakuums befinden könnte. Falls das zutrifft, könnte mitten in unserem Universum wie aus dem Nichts eine neue und stabilere Blase geboren werden, die sich mit Lichtgeschwindigkeit ausdehnen und alles unter sich begraben würde. Kosmologen nennen das ein ›Big Slurp‹ (›großes Schlürfen‹).«

■➡ »Bei der Idee eines mathematischen Multiversums beginnen Kosmologie und Philosophie wirklich langsam zu verschmelzen. Hat man erst einmal die Vorstellung akzeptiert, dass jemand *tatsächlich* eine Simulation erschaffen könnte, die so raffiniert ist, dass man sie für die Realität hält, dann besagt die schiere Last der Wahrscheinlichkeit, dass das vermutlich schon viele Male passiert ist. Was unweigerlich bedeutet, dass wir eher das Produkt einer dieser vielen Simulationen sind als ›reale‹ Wesen in der einzig wirklichen Realität.«

■➡ »Manche Kosmologen sagen, ein Multiversum löse das Problem der Feinabstimmung gar nicht wirklich. Paul Steinhardt, ein Pionier der Inflationstheorie, behauptet etwa, dass es sich dabei nur um eine Verlagerung des Problems handelt. Die Inflationstheorie sei ursprünglich entwickelt worden, um bestimmte Merkmale des Universums zu erklären, aber jetzt müsse man plötzlich erklären, wieso wir von allen möglichen Multiversen gerade in einem gelandet sind, das diese inflationären Blasen hervorbringt.«

👁 WAREN SIE EIN GENIE?

1 RICHTIG – Allerdings ist die Rotverschiebung in Wahrheit ein Zusammenspiel aus dem Doppler-Effekt und der Streckung der Lichtwellen beim Durchqueren des sich ausdehnenden Weltraums.

2 FALSCH (wahrscheinlich) – Das träfe zu, wenn die Raumzeit selbst »geschlossen« und unser Ebene-I-Universum kugelförmig wäre. Stattdessen lässt die Dunkle Energie vermuten, dass die Raumzeit »flach« und unendlich ist.

3 RICHTIG – Es ist aber sehr unwahrscheinlich, dass dieser »cold spot« wirklich ein Hinweis auf ein eindringendes Multiversum ist.

4 RICHTIG – Ausgehend von der Anzahl der Atome in unserem Universum und ihrer möglichen Anordnung, haben Kosmologen die Distanz sogar grob beziffert – sie ist gewaltig!

5 RICHTIG – Die sogenannten Boltzmann-Gehirne sollten aus zufälligen Schwankungen eines wahrhaft unendlichen Multiversums entstehen können.

> **KURZFASSUNG**
> **für Hochstapler**
>
> Die Raumzeit reicht weit über die Grenzen dessen hinaus, was für uns sichtbar ist. Es kann aber auch sein, dass unser All nur eines von unendlich vielen Multiversen ist.

GIBT ES LEBEN IM ALL?

»Es gibt zwei Möglichkeiten: Entweder sind wir allein im Universum, oder wir
sind es nicht. Beide sind gleichermaßen erschreckend.«

– ARTHUR C. CLARKE –

Die vielleicht größte und spannendste Frage
der modernen Wissenschaft lautet, ob wir
allein im Universum sind. Gibt es dort
draußen noch andere, und wenn ja, wer und
wie sind sie? In den vergangenen Jahrzehnten
hat unser Wissen über die nötigen Voraussetzungen
für Leben einen gewaltigen Sprung
nach vorn gemacht, und wir können jetzt
auch viel besser einschätzen, inwieweit
geeignete Bedingungen dafür in unserer
Galaxis und anderen Galaxien existieren.
Doch wenn die Frage gestellt wird, ob sich
anderswo Leben entwickelt hat und ob dieses
intelligent ist, bewegen wir uns weiter im
Reich des gesicherten Halbwissens.

Ist Leben im Weltall etwas Normales,
oder sind wir ein unglaublicher Glücksfall? Und falls es da draußen tatsächlich
intelligente Aliens gibt, sollten wir dann
versuchen, ihnen »Hallo« zu sagen?

👁 SIND SIE EIN GENIE?

1 Die 1974 ins All geschickte Arecibo-Botschaft
wurde dafür kritisiert, dass sie Angaben
darüber enthielt, wie Aliens zur Erde gelangen
können.
RICHTIG / FALSCH

2 Der Stern KIC 8462852 fasziniert die
Astronomen, denn sie spekulieren darüber,
ob womöglich ein riesiges Ingenieurprojekt von
Außerirdischen um ihn kreist.
RICHTIG / FALSCH

3 Bei den meisten Versuchen zum Aufspüren
außerirdischer Intelligenz hat man den
Himmel in einem relativ schmalen Radiospektrum
abgesucht.
RICHTIG / FALSCH

4 Die SETI-Wissenschaftler haben noch kein
Signal aus dem All gefunden, das sich am
Ende nicht als etwas erklären ließ, das auf
natürliche Weise entstanden oder von uns
verursacht worden war.
RICHTIG / FALSCH

5 Astronomen schätzen, dass allein unsere
Galaxis Dutzende Milliarden potentiell
bewohnbare Planeten enthalten könnte.
RICHTIG / FALSCH

ZEHN DINGE, DIE EIN GENIE WEISS

1 Die Voraussetzungen für Leben

Bevor wir mit der Suche nach Leben beginnen, sollten wir etwas über die Bedingungen wissen, die aus unserer Sicht nötig sind, damit Leben auf einem Planeten Fuß fassen kann. Astrobiologen meinen, dass eine Umwelt, damit Leben entstehen kann, grundsätzlich über flüssiges Wasser, irgendeine Energiequelle sowie einige einfache kohlenstoffbasierte chemische Verbindungen verfügen muss, die alles in Gang bringen. Zum Glück sind sowohl Wasser als auch Kohlenstoffverbindungen in unserer Galaxis (und vermutlich darüber hinaus) verbreitet, und die nötige Energie kann entweder von Sternenstrahlung oder auch von vulkanischen oder geothermischen Aktivitäten stammen. Wo sollten wir also suchen?

2 Leben auf dem Mars

Der berühmte Rote Planet, unser direkter Nachbar im Sonnensystem, ist heute eine nahezu trockene, kalte Welt, doch unter seiner staubigen Oberfläche liegen riesige Mengen von tiefgefrorenem Eis. Es gibt Anzeichen dafür, dass auf dem Mars früher, als seine Umlaufbahn eine etwas andere war, fließendes Wasser vorkam und dass er eine dickere und wärmere Atmosphäre besaß. Heute liegt er am äußeren Rand der »habitablen Zone« unseres Sonnensystems, auch wenn auf seiner Oberfläche mitunter noch Brackwasser fließen kann. Doch vor ein paar Milliarden Jahren könnte der Mars ein idealer Ort für die Entstehung einfachen Lebens gewesen sein, das sogar bis heute im Untergrund fortleben und für die gelegentlich austretenden, kurzlebigen Methangaswolken verantwortlich sein könnte, über die Wissenschaftler in den letzten Jahren rätselten.

3 Leben auf anderen Monden

Weiter draußen im Sonnensystem, im Orbit der beiden größten Planeten Jupiter und Saturn, gibt es potentiell bewohnbare Monde. Sowohl der große Jupitermond Europa als auch der viel kleinere Enceladus, ein Trabant des Saturn, bestehen aus einem Mix aus Eis und Gestein, und bei beiden ist eine flüssige Wasserschicht zwischen der äußeren Eiskruste und dem mit aktiven Vulkanen übersäten »Meeresboden« eingeschlossen. Die Monde werden von innen gewärmt, was vermutlich daran liegt, dass die Gezeiten, welche von ihren riesigen Mutterplaneten aufgetürmt werden, auf ihr Inneres einhämmern. Wasser, das durch Spalten in ihren äußeren Krusten entweicht, bildet über beiden Welten eisige Dunstwolken – für künftige Weltraumsonden der ideale Ort, um in den verborgenen Ozeanen nach Lebenszeichen zu suchen.

4 Leben auf Exoplaneten

Blicken wir in noch weitere Ferne, so haben sich die Erwartungen, in unserer Galaxis auf Leben zu stoßen, seit den 1990er-Jahren gewandelt. Damals entdeckte man Tausende »Exoplaneten«, die um andere Sterne kreisen. Und auch wenn sich die Eigenschaften jener Sterne und Planeten deutlich von denen unserer Sonne und des Sonnensystems unterscheiden: Es ist möglich, die habitable Zone dieser fremden Gestirne modellhaft abzubilden und über die Existenz von Exomonden in der Umlaufbahn gigantischer Planeten zu spekulieren. Bislang wurden schon mehrere potentiell bewohnbare Planeten gefunden, einer davon im Orbit von Proxima Centauri, dem unserem Sonnensystem nächsten Stern.

5 ⁙ Hinweise auf außerirdisches Leben

Erstaunlicherweise denken Astronomen, dass wir schon heute Leben auf Planeten anderer Sterne nachweisen könnten, sofern nur zufällig die Bedingungen stimmen. Das wäre der Fall, wenn die Umlaufbahn eines Planeten mit Atmosphäre, von der Erde aus gesehen, direkt über seinem Stern verläuft (ein Ereignis, das man »Transit« nennt). Dann könnten wir nicht nur eine Abnahme der Gesamthelligkeit des Sterns feststellen, sondern auch leichte Änderungen seines regenbogenartigen Lichtspektrums, da bestimmte chemische Stoffe in der Planetenatmosphäre einzelne Wellenlängen des Sternenlichts absorbieren. Diese chemischen Fingerabdrücke könnten Rückschlüsse auf charakteristische atmosphärische Gase zulassen, die mit der Existenz von Leben oder anderen Oberflächenaktivitäten zusammenhängen. Beispiele dafür sind Methan, das von Mikroben oder aber von Vulkanen abgegeben wird, oder sogar Schadstoffe, die auf das Vorhandensein einer industriellen Zivilisation hindeuten.

6 ⁙ Wie sähen Aliens aus?

Die besten Prognosen für außerirdisches Leben versuchen, die allgemeine Regel der Evolution durch natürliche Selektion anzuwenden und außerdem zu berücksichtigen, dass viele Merkmale des Lebens auf der Erde allein dem Zufall geschuldet sind. So ist die »Bilateralsymmetrie« der meisten hiesigen Lebewesen schlicht einem gemeinsamen urzeitlichen Vorfahren zu verdanken, was aber nicht (unbedingt) einen besonderen Vorteil gegenüber anderen Körperbauplänen, etwa der fünfstrahligen Symmetrie von Seesternen, bedeuten muss. Demgegenüber haben sich zu mindestens drei verschiedenen Zeitpunkten der Erdgeschichte unabhängig voneinander strom-linienförmige, fischartige Merkmale ausgebildet (bei Fischen, prähistorischen Meeresreptilien und den heutigen Walen). Folglich liegt es nahe, dass Leben in wasserähnlichen Umgebungen fischähnliche Züge annimmt.

7 ⁙ Wären Außerirdische intelligent?

Das eine ist die Möglichkeit, dass sich auf Planeten und Monden mit geeigneter Umwelt Leben etabliert. Eine ganz andere Frage ist jedoch, ob dadurch zwangsläufig intelligente Außerirdische entstehen würden. Es ist ein ernüchternder Gedanke: Würde man die ganze Geschichte des Lebens auf der Erde auf einen einzigen Tag verkürzen, dann erschiene der moderne Mensch erst wenige Sekunden vor Mitternacht. Außer in den letzten paar Millionen Jahren gibt es absolut keinen Beleg für irgendeine Form evolutionären Selektionsdrucks zugunsten der menschlichen Intelligenz. Falls Intelligenz wirklich so ein seltenes Phänomen ist, wie uns dies nahelegt, dann könnten ungeheuer viele belebte Planeten nötig sein, damit in diesem Augenblick in der Milchstraße einige wenige »kommunizierende« Zivilisationen nebeneinander existieren.

8 ⁙ Die Wahrscheinlichkeit intelligenten Lebens

Im Jahr 1961 ersann der Astronom Frank Drake (ein Pionier der SETI-Forschung, kurz für »Search for Extraterrestrial Intelligence«) eine Gleichung, um zu ermitteln, wie viele kommunizierende Zivilisationen gegenwärtig die Milchstraße bevölkern. Dazu multipliziert die Drake-Gleichung die Zahl der jährlich in der Milchstraße entstehenden bewohnbaren Planeten mit einer Reihe anderer Faktoren wie der Wahrscheinlichkeit von Leben, Intelligenz und Kommunikationstechnologien mit großer Reichweite (plus dem Glücksfall, dass dieses

Leben dem natürlichen oder selbst verursachten Aussterben entgangen ist). In Wahrheit ist die Gleichung eher eine Art Denkhilfe als ein präzises mathematisches Instrument, was daran liegt, dass es uns – angesichts einer einzigen bekannten Zivilisation dieser Art (unserer eigenen) – einfach an Informationen mangelt, um die Wahrscheinlichkeiten näher zu bestimmen. Somit bewegen sich plausible Vorhersagen irgendwo zwischen einer einzigen Zivilisation und mehr als 100 Millionen.

9 Außerirdische Signale und Artefakte

Um nach Hinweisen auf fremde Zivilisationen zu suchen, nutzen SETI-Astronomen eine Reihe von unterschiedlichen Verfahren. Auch wenn Funksignale der nächstliegende Kommunikationsweg sein mögen, wären riesige Energiemengen nötig, um ein starkes Signal viele Lichtjahre weit ins All zu senden. Deshalb scheint es eher vorstellbar, dass Aliens bewusst Planeten anvisieren, auf denen sie zuvor Anzeichen für eine technische Zivilisation gesehen haben (was uns nicht unbedingt einschließen muss, da unsere industrielle Revolution vor relativ kurzer Zeit erfolgte). In der Praxis könnte es für hoch entwickelte Aliens wirkungsvoller sein, Raumsonden zu potentiell zivilisierten Welten zu schicken, die Informationen von dort zurücksenden (das war der Ausgangspunkt in Arthur C. Clarkes Roman *2001: Odyssee im Weltraum*). Eine weitere Forschungsrichtung ist – unabhängig davon, ob ET ein spezielles Interesse an der Erde hegt – die Suche nach Hinweisen auf sogenanntes Astroengineering: hoch entwickelte interstellare Bauprojekte wie die zur Energiegewinnung genutzten »Dyson-Sphären«, die sich durch ihren Einfluss auf das Sternenlicht verraten könnten.

10 Wie spricht man mit Aliens?

Falls es uns je gelingen sollte, mit intelligenten Aliens Kontakt aufzunehmen, wie könnten wir dann auch nur davon träumen, mit ihnen Informationen auszutauschen? Das Entwerfen potentieller Kommunikationsprotokolle erfordert enorme Vorstellungskraft, gilt es doch, alle Aspekte menschlicher Prägung zu überwinden, um einen wahrhaft universellen gemeinsamen Nenner zu bestimmen. Die berühmte Arecibo-Botschaft, 1974 vom weltgrößten Radioteleskop in Richtung eines fernen, dichten Sternhaufens ausgestrahlt, bestand aus einer Folge von 1679 Bits (immer je eine »1« oder eine »0«, die denkbar einfachste Form des Zählens). Man hatte die Zahl 1679 gewählt, weil sie das Produkt zweier Primzahlen ist (ein weiteres Konzept, das jeder Zivilisation mit einem Zahlenbegriff vertraut sein sollte). In 23 Spalten und 73 Zeilen angeordnet, ergibt die Botschaft ein Piktogramm mit elementaren Informationen über die Wesen, von denen sie versandt wurde.

// WIE EIN GENIE REDEN

▮➡ »Manche Leute glauben, die Voraussetzungen für ›Leben, wie wir es kennen‹ seien unnötig streng gefasst. Dafür haben sie durchaus vernünftige Argumente. Kohlenstoff ist das mit Abstand häufigste und vielseitigste chemische Element für komplexe Verbindungen, Wasser ein verbreitetes und stabiles Lösungsmittel, in dem chemische Bausteine umhertreiben und aufeinanderstoßen können. Und schließlich ist Leben selbst nichts weiter als die organisierte Gewinnung von Energie, sodass man einfach irgendeinen Energiegradienten benötigt, den es für sich nutzen kann.«

▮➡ »Natürlich erhöht sich durch Panspermie die Wahrscheinlichkeit, dass Leben etwas weit Verbreitetes ist. Alles ist möglich, wenn komplexe Biochemie auf einem Planeten ins Leben gerufen und dann im Inneren eines Meteoriten oder auf dem Rücken eines Kometen woandershin gebracht werden kann. Vermutlich kann Leben sogar an Orten bestehen, an denen es sich nie von selbst entwickelt hätte.«

▮➡ »Erinnern Sie sich an den berühmten Marsmeteoriten aus den 1990ern? Wissenschaftler der NASA glaubten, in einem Felsbrocken vom Mars, der ins All geschleudert und in der Antarktis gefunden worden war, Spuren biologischer Chemikalien und womöglich sogar versteinerte Mikroben gefunden zu haben. Nun, diese Behauptung wurde nie wirklich widerlegt. Geologen zeigten zwar, dass einige der Chemikalien möglicherweise auch ohne Leben hätten entstehen können, was aber nicht heißt, dass sie auch zwangsläufig so entstanden *sind*. Vermutlich werden wir es erst sicher wissen, wenn wir Geologen direkt auf dem Mars arbeiten lassen.«

👁 WAREN SIE EIN GENIE?

1 RICHTIG – Die Botschaft enthält in der Tat eine einfache Karte mit der Position der Erde im Sonnensystem.

2 RICHTIG – KIC 8462852 zeigt seltsame Helligkeitsschwankungen. Eine plausible Erklärung dafür wäre eine Struktur von Außerirdischen im Sternenorbit.

3 RICHTIG – Klassische Suchvorgänge konzentrieren sich auf einige wenige Radiowellenlängen, die sich gut im interstellaren Raum verbreiten. Heute betrachten viele SETI-Forscher aber ein größeres Signalspektrum.

4 FALSCH – Das berühmteste ungeklärte Signal wurde 1977 vom Radioteleskop *Big Ear* erfasst und ist als »Wow!-Signal« bekannt. Es trat nur einmal auf und schien aus der Richtung des Sternbilds Schütze zu stammen.

5 RICHTIG – Diese riesige Zahl wurde aus den Planetenfunden des Kepler-Satelliten der NASA abgeleitet.

✏ KURZFASSUNG für Hochstapler

In unserer Galaxis gibt es vielerorts geeignete Bedingungen für außerirdisches Leben. Das beweist aber noch lange nicht, dass außerirdisches Leben häufig vorkommt – geschweige denn ein Genie.

GLOSSAR

ADAPTATION

Ein körperliches oder verhaltensbezogenes Merkmal, das einem Organismus hilft, in einer bestimmten Umgebung zu überleben und sich zu vermehren.

ALLGEMEINE RELATIVITÄTSTHEORIE

Einsteins Theorie über die physikalischen Gesetzmäßigkeiten in Gegenwart großer Massen, die eine Krümmung der vierdimensionalen Raumzeit bewirken.

ANALYTISCHE AUSSAGE

In der Philosophie eine Aussage, deren Wahr- oder Falschheit man aufzeigen kann, indem man sie ohne Bezugnahme auf andere Fakten analysiert (vgl. synthetische Aussage).

ANTHROPOMORPH

Ein Wesen wie zum Beispiel ein Tier oder ein Gegenstand, dem man menschliche Attribute verleiht.

A PRIORI / A POSTERIORI

A priori ist eine Aussage, von der wir wissen, dass sie wahr ist, ohne dass uns die Erfahrung Indizien dafür liefert. Aussagen, deren Wahrheit man nur aus Erfahrungen beweisen kann, sind *a posteriori*.

AUFKLÄRUNG

Eine geistesgeschichtliche Epoche, die das ganze 18. Jahrhundert überspannte. Sie war von großen Fortschritten in der Philosophie gekennzeichnet und schuf die Voraussetzungen für die moderne Politik und Ökonomie.

AXIOM

Eine Aussage, die in einem bestimmten mathematischen System ohne weiteres Hinterfragen akzeptiert und als Grundlage für logische Beweise verwendet werden kann.

BEZUGSSYSTEM

Jedes feste Koordinatensystem, das zur Messung physikalischer Ereignisse verwendet werden kann. Einsteins Relativitätstheorie zeigt, wie gemessene Eigenschaften variieren können, wenn sich zwei Bezugssysteme in relativer Bewegung befinden oder von Gravitationsfeldern beeinflusst werden.

BOSON

Jedes subatomare Teilchen mit einem ganzzahligen Wert der als »Spin« bezeichneten Quanteneigenschaft. Zu den Bosonen gehören krafttragende Teilchen wie die Photonen.

CHROMOSOM

Träger des Erbguts, der im Zellkern komplexer Organismen liegt.

DEMOKRATIE

Eine Regierungsform, in der Macht und Regierung unmittelbar oder durch gewählte Repräsentanten vom Volk ausgehen.

DETERMINISMUS

Eine Position, nach der jedes Ereignis durch die Folgen einer vorausgegangenen Ursache bestimmt ist. In der Philosophie verneint er die Möglichkeit des freien Willens; in Mathematik und Physik impliziert er Vorhersehbarkeit, sofern die kausalen Faktoren bekannt sind.

DIALEKTIK

Die philosophische Idee, dass jede Aussage, jede Handlung oder jeder Zustand in sich einen

Widerspruch trägt, der einen Gegensatz erzeugt. Daher muss man eine Synthese entwickeln, welche die beiden versöhnt.

DNA

Desoxyribonukleinsäure (deutsch auch DNS), ein komplexes Molekül, auf dem die Erbinformationen in Form langer Abfolgen aus chemischen Untereinheiten, sogenannten Basenpaaren, vorliegen.

DUALISMUS

Die philosophische Sichtweise, nach der die Welt aus zwei klar voneinander unterschiedenen Elementen gebildet ist. Diese werden oft als das Reich des Körperlichen und das Reich des Geistigen aufgefasst.

EFFIZIENZ

Ein ökonomischer Begriff, der einerseits die optimale Verteilung von Ressourcen beschreibt (um beispielsweise den Gewinn für die Besitzer solcher Ressourcen zu maximieren), andererseits aber auch Techniken, welche den Output maximieren und dabei die Kosten oder jeden anderen Input so gering wie möglich halten.

ELEKTROMAGNETISCHE STRAHLUNG

Eine Welle, die aus rechtwinklig aufeinanderstehenden elektrischen und magnetischen Wellen besteht. Sie verstärken einander und schicken Energie mit Lichtgeschwindigkeit durch den Weltraum.

EMPIRISMUS

Philosophische Sichtweise, nach der Wissen durch Erfahrung erworben werden muss, da es so etwas wie ein *A priori*-Wissen nicht gebe.

EPISTEMOLOGIE

Ein Zweig der Philosophie, der sich mit dem Wesen der Erkenntnis befasst, mit ihren Grenzen und mit Techniken zum Wissensgewinn.

FALSIFIZIERBARKEIT

Die Vorstellung, dass jede wissenschaftliche Theorie die Eigenschaft haben sollte, durch neue empirische Belege als falsch bewiesen werden zu können.

FERMION

Jedes subatomare Teilchen mit einem halbzahligen Spin. Zu den Fermionen gehören alle geläufigen Materieteilchen.

FISKALPOLITIK

Die Gesamtheit der staatlichen Ausgaben und der Steuerpolitik, um die Volkswirtschaft eines Landes zu beeinflussen.

FUNDAMENTALE WECHSELWIRKUNGEN

Jede der vier Grundkräfte, die für alle bekannten Interaktionen in der Physik verantwortlich sind: Gravitation, Elektromagnetismus, Starke Wechselwirkung und Schwache Wechselwirkung.

GALAXIE

Ein eigenständiges System aus Sternen, Gasen und weiteren Materialien, dessen Größe sich nach Tausenden Lichtjahren bemisst.

GELDMARKTPOLITIK

Der Einsatz von Zinsraten und anderen Instrumenten (etwa Erhöhung oder Senkung der Staatsschulden), um die Geldmenge in einer Wirtschaft zu kontrollieren.

GEN

Die Basiseinheit der Vererbung. Als Untereinheit der DNA bringt sie ein spezifisches Protein hervor.

GENOM

Die in einem Individuum einer bestimmten Art vorhandene vollständige Sammlung von Geninformationen; sie enthält sowohl die Gene als auch die »nicht kodierende« DNA dieses Individuums.

GESELLSCHAFTSVERTRAG

Das implizite Zusammenwirken der Menge der Individuen mit der über sie herrschenden Regierung. Es wird oft in den Begriff einer Aushandlung von Rechten gefasst.

GLEICHUNG

Eine ausbalancierte mathematische Beziehung, bei welcher die Terme auf jeder Seite eines Gleichheitszeichens miteinander äquivalent sind.

GLOBALISIERUNG

Ein System, in dem sich Güter, Geld und Arbeitskraft frei über nationale Grenzen hinwegbewegen und das eine größere gegenseitige Abhängigkeit der Nationalstaaten zur Folge hat.

GRAVITATION

Eine Anziehungskraft, die von einem Objekt mit Masse erzeugt wird. Sie bewirkt, dass andere Körper auf dieses Objekt zu beschleunigt werden. Der Allgemeinen Relativitätstheorie zufolge entsteht Gravitation aus einer Krümmung der Raumzeit in der Umgebung massereicher Objekte.

HEURISTIK

Eine »Faustregel«, die von kognitiven Prozessen im Gehirn genutzt wird, um Informationen schnell (wenngleich nicht immer korrekt) zu beurteilen.

HISTORIZISMUS

Eine Herangehensweise, die kulturelle Praktiken und Texte als Folge vergangener Ereignisse und des gegenwärtigen sozialen Kontextes betrachtet.

HUMANISMUS

Ein philosophischer Ansatz, der eher den Menschen ins Zentrum seiner Untersuchungen rückt als die übernatürliche Welt.

IDEALISMUS

Eine philosophische Sichtweise, nach der die Realität letztendlich immateriell ist und Körperlichkeit eine bloße Projektion oder Illusion, die vom Reich des Geistigen erzeugt wird.

IMAGINÄRE ZAHL

Jede Zahl, die ein Vielfaches der Quadratwurzel von −1 ist. Diese Quadratwurzel kann zwar nicht berechnet werden, aber wenn man ihr einen Symbolbuchstaben gibt (nämlich i) und sie wie eine eigene Zahl behandelt, bringt das viele nützliche mathematische Ergebnisse hervor.

INFLATION

Die jährliche Rate, mit der das allgemeine Preisniveau in einer Wirtschaft steigt.

KAPITAL

Finanzielles oder materielles Vermögen, das investiert oder eingesetzt werden kann, um durch Handel oder andere Geschäftsformen Rendite zu erzielen.

KAPITALISMUS

Ein Wirtschaftssystem, bei dem sich gewinnorientierte Unternehmen in privater Hand befinden und Güter auf einem freien Markt gehandelt werden, der von Angebot und Nachfrage bestimmt wird.

KEYNESIANISMUS

Ein ökonomisches Konzept, das für eine Art der Wirtschaftssteuerung plädiert, bei der man mittels Geldmarkt- und Fiskalpolitik die Nachfrage ankurbelt bzw. bremst.

KOGNITION

Alle höheren mentalen Fähigkeiten, die den menschlichen Geist auszeichnen, etwa logisches Denken, Sprache, Problemlösen und Gedächtnis.

KOMPATIBILISMUS

Ein philosophischer Ansatz, der das Konzept der Willensfreiheit mit der offenbar deterministischen Natur des Universums zu versöhnen versucht.

KOMPLEXE ZAHL

Jede Zahl, die sowohl aus realen als auch aus imaginären Bestandteilen zusammengesetzt ist.

KONSERVATISMUS

Eine politische Ideologie, die traditionelle Institutionen und Werte zu erhalten versucht. Oft ist sie verbunden mit der Förderung privaten Unternehmertums und einer skeptischen Haltung gegenüber staatlichen Eingriffen.

KONSTANTE

Eine Zahl mit einem spezifischen Wert, die in einer mathematischen oder physikalischen Gleichung eine besondere Rolle spielt.

KONTINGENT

In der Philosophie eine Tatsache, die sich in einem bestimmten Fall als wahr erweist, was unter anderen Umständen aber auch anders hätte ausgehen können (vgl. notwendig).

LIBERALISMUS

Eine politische Ideologie, die auf den Freiheiten und Rechten des einzelnen Bürgers basiert.

LIBERTARISMUS

Eine politische Philosophie, welche für Freiheit und den Gebrauch des freien Willens plädiert. Zudem solle es wenig oder überhaupt keine staatliche Einmischung oder Besteuerung geben.

LICHTJAHR

Eine geläufige Maßeinheit der Astronomie. Sie entspricht der Strecke, die das Licht in einem Jahr zurücklegt – 9,5 Billionen Kilometer.

LOGIK

Eine Reihe von Techniken zum Aufbau rationaler Beweise auf der Grundlage von einfachen axiomatischen Aussagen und verschiedenen mathematischen oder philosophischen Methoden.

MAKROÖKONOMIE

Die übergeordneten Faktoren, die sich auf eine Wirtschaft als Ganzes auswirken, darunter Inflation, Wachstum, Zinssätze und Arbeitslosigkeit.

MARKT

Jedes Umfeld, in dem Käufer und Verkäufer zu vereinbarten, aber variablen Preisen Güter, Dienstleistungen und Geld austauschen können.

MARXISMUS

Eine von Karl Marx abgeleitete politische und ökonomische Philosophie, welche die Gesellschaft ausgehend von Macht-, Vermögens- und Klassenunterschieden analysiert.

MASSE

Ein Maß für die Materiemenge, die in einem Objekt enthalten und mit seiner Trägheit verbunden ist. Man vermutet, dass Masse durch die Interaktion von Materie mit Higgs-Bosonen entsteht.

MATERIALISMUS

Die Auffassung, dass die Realität im Grunde materiell ist und dass geistige oder ideelle Aspekte letztlich aus der physischen Aktivität unseres Gehirns hervorgehen.

METAPHYSIK

Ein Zweig der Philosophie, der sich mit dem Wesen der Realität befasst.

MIKROÖKONOMIE

Kleinteilige Wirtschaftsfaktoren, die Individuen, Haushalte und Unternehmen betreffen.

MODERNISMUS

Eine im frühen 20. Jahrhundert verbreitete
kulturelle Perspektive, für die Fortschritt und
Technik prägend waren, aber auch zunehmender
Atheismus und Skepsis.

MONETARISMUS

Ein ökonomisches Konzept, nach dem man eine
Wirtschaft am besten durch Veränderungen der im
Umlauf befindlichen Geldmenge steuert.

MONISMUS

Eine philosophische Sichtweise, nach der alle Dinge
aus einem einzigen Element gemacht sind.

MUTATION

Eine zufällig entstandene Genveränderung, auf die
sodann verschiedene Arten von Selektionsdruck
wirken können.

NARRATIV

Eine in fiktionalen oder nicht fiktionalen Werken
beschriebene Abfolge von Ereignissen und Vor-
kommnissen.

NEURON

Eine spezialisierte Zelle, die man im Gehirn und
im Nervensystem findet. Sie besitzt die Fähigkeit,
elektrochemische Signale zu empfangen, zu
verarbeiten und zu übertragen.

NOTWENDIG

In der Philosophie eine Tatsache, die unter allen
möglichen Umständen wahr ist und es gar nicht
anders sein könnte (vgl. kontingent).

NOUMENON

In der Philosophie ein »Ding an sich«, das unabhängig von unserer Erfahrung existiert.

PHAENOMENON

In der Philosophie das »von uns erfahrene Ding«, das
die Filter des menschlichen Bewusstseins durchlaufen hat.

PHÄNOTYP

Die äußere Ausprägung des in einem Organismus
angelegten Genoms, welche physiologische, aber
auch verhaltensspezifische Merkmale umfasst.

PHOTON

Ein eigenständiges Quantum elektromagnetischer
Wellen, das es dem Licht erlaubt, durch ein Vakuum
zu gehen und teilchenähnliche Verhaltensweisen zu
zeigen.

POSTMODERNE

Eine ab dem späten 20. Jahrhundert verbreitete
kulturelle Sichtweise, in der Skeptizismus, Ironie
und Relativismus überwiegen und jeder Versuch
eines »großen Narrativs« in Zweifel gezogen wird.

POTENZZAHL

Eine hochgestellte Zahl, die angibt, wie oft man die
Zahl, an der sie steht, mit sich selbst multiplizieren soll.

PROTEIN

Ein komplexes Molekül, dessen Varianten die
Grundbausteine des Gewebes von Lebewesen bilden.

QUANTENPHYSIK

Ein Bereich der Physik, der sich mit den sehr kleinen
Größenordnungen befasst, in denen subatomare
Teilchen wellenartige Eigenschaften zeigen, etwa
Unschärfe in puncto Energiegehalt und Position.

RATIONALISMUS

Ein philosophischer Ansatz, nach dem man
Erkenntnisse über die Welt am besten durch
logisches Denken gewinnt und nicht so sehr durch
Beobachten und Experimentieren.

RAUMZEIT

Eine vierdimensionale Struktur, die den dreidimensionalen Raum in solcher Weise mit der Zeit verbindet, dass die Dimensionen verzerrt und gegeneinander »ausgetauscht« werden können.

REELLE ZAHLEN

Alle Zahlen, deren Wert dazu genutzt werden kann, auf einer kontinuierlichen Geraden, die sich vom Nullpunkt aus in beide Richtungen bis ins Unendliche erstreckt, einen Punkt zu repräsentieren (was sie von den imaginären Zahlen unterscheidet).

RELATIVISMUS

Die Vorstellung, dass ethische und andere Urteile (und selbst der sprachliche Rahmen, in den sie gefasst werden) von ihrem kulturellen und historischen Kontext abhängig sind und daher nie in absolutem Sinne als richtig oder falsch bewertet werden können.

RENAISSANCE

Eine kulturelle Bewegung, die sich vom 14. bis ins 16. Jahrhundert erstreckte und von einem Wiederaufleben antiker Bildung sowie einem neu gewonnenen humanistischen Forschergeist gekennzeichnet war.

REPUBLIK

Jeder Staat, der von einem gewählten Parlament und einem Staatsoberhaupt regiert wird und dessen Bewohner keine Untertanen eines Monarchen sind, sondern Staatsbürger.

ROMANTIK

Eine kulturelle Strömung des späten 18. und frühen 19. Jahrhunderts, die durch Ablehnung des Rationalismus und Auseinandersetzung mit der industriellen Revolution gekennzeichnet ist.

SCHWARZES LOCH

Eine Massekonzentration von so hoher Dichte, dass ihre Schwerkraft kein Licht entkommen lässt.

SELEKTIONSDRUCK

Ein Umweltfaktor, der auf die Chancen eines Individuums einwirkt, sich fortzupflanzen und seine Gene weiterzugeben.

SEMIOTIK

Die aus der Linguistik hervorgegangene Erforschung der Struktur von Sprache, vor allem in Bezug auf die Zusammenhänge zwischen realen Phänomenen und den »Signifikanten«, die in der Kommunikation zur Bezeichnung dieser Phänomene eingesetzt werden.

SOZIALISMUS

Eine politische Ideologie, die auf gemeinsamem Eigentum an Produktionsmitteln und gerechter Verteilung der Gewinne basiert.

SPEKTROSKOPIE

Die Analyse der einzelnen Wellenlängen und Farben des Lichts, welches Atome oder Moleküle in verschiedenen physikalischen Zusammenhängen emittieren oder absorbieren. Dabei können Muster aus dunklem oder hellem Licht wie chemische Fingerabdrücke auf die Gegenwart bestimmter Elemente hinweisen.

SPEZIELLE RELATIVITÄTSTHEORIE

Einsteins Theorie über die physikalischen Gesetzmäßigkeiten, die bei jeder relativen Bewegung mit annähernder Lichtgeschwindigkeit gelten.

STANDARDKERZE

Ein Stern oder anderes Objekt, dessen intrinsische (absolute) Helligkeit mit unabhängigen Mitteln errechnet werden kann. Der Vergleich zwischen der tatsächlichen und der scheinbaren Helligkeit des

Objekts ist daher ein nützliches Indiz für seine Entfernung.

STANDARDMODELL
Weithin anerkanntes Modell der Teilchenphysik, bei dem die Elementarteilchen in Fermionen (Materieteilchen) und Bosonen (krafttragende Teilchen) eingeteilt werden.

STERN
Eine dichte Ansammlung von Gas, die zu einer Kugelgestalt kollabiert und in ihrem Inneren so heiß und dicht geworden ist, dass eine Kernfusion in Gang gesetzt wurde, die sie zum Leuchten bringt.

STRUKTURALISMUS
Eine kritische Herangehensweise an Texte und soziale Praktiken, die darauf abzielt, die ihnen zugrunde liegenden Regelsysteme und sprachlichen Rahmenbedingungen zu verstehen.

SYMMETRIE
Eine Eigenschaft mathematischer Gegenstände (sowohl geometrischer Figuren als auch anderer mathematischer Beziehungen wie etwa physikalischer Gesetze), die bewirkt, dass sie unverändert bleiben, wenn man sie einer sogenannten Transformation unterzieht.

SYNTHETISCHE AUSSAGE
In der Philosophie eine Aussage, deren Wahrheitsgehalt nur bestimmt werden kann, indem man die Fakten überprüft, auf die sie sich bezieht (vgl. analytische Aussage).

TRUGSCHLUSS
Ein Fehler im logischen Denken oder eine falsche Schlussfolgerung.

UNSCHÄRFERELATION
Ein Gesetz der Quantenmechanik, nach dem es unmöglich ist, bestimmte Eigenschaftspaare (zum Beispiel Position und Impuls) simultan mit absoluter Präzision zu messen.

UTILITARISMUS
Eine ethische Haltung, welche die Moralität einer Handlung nach ihren Folgen beurteilt. Sie zielt darauf ab, den größtmöglichen Nutzen für die größtmögliche Zahl von Menschen zu erzeugen sowie Schaden und Leid zu minimieren.

VIRTUELLES TEILCHEN
Jedes Teilchen, das dank der Unschärferelation, die Zeit und Energie miteinander verbindet, für kurze Zeit aus dem Nichts erzeugt werden kann.

ZINSSÄTZE
Die Kosten einer Geldanleihe, in der Regel als jährliche Rate angegeben.

REGISTER

ZITATNACHWEIS

Zitate, die nicht im Folgenden aufgeführt sind, wurden von den Übersetzern ins Deutsche übertragen.

S. 8 CARL SAGAN:
Zitiert nach der deutschen, synchronisierten Fassung der TV-Sendung *Unser Kosmos*

S. 9 CHARLES DARWIN:
Francis Darwin (Hg.): Leben und Briefe des Charles Darwin. Band 1. Stuttgart (Schweizerbart'sche Verlagshandlung) 1899.

S. 13 MARCUS AURELIUS:
Übersetzung nach zeno.org

S. 23 FRANCIS S. COLLINS:
Mündliches Zitat aus einer Rede im Weißen Haus vom Juni 2000

S. 28 CHARLES DARWIN:
Charles Darwin: Die Abstammung des Menschen. Digitalisiert im Internet auf Grundlage der Ausgabe Stuttgart (Kröner) 1982, S. 109 f.

S. 33 NOAM CHOMSKY:
Noam Chomsky: Cartesianische Linguistik: Ein Kapitel in der Geschichte des Rationalismus. Tübingen (Niemeyer) 1971, S. 49.

S. 38 STANLEY MILGRAM:
Stanley Milgram: Das Milgram-Experiment. Zur Gehorsamsbereitschaft gegenüber Autorität. Reinbek (Rowohlt) 1974, S. 235.

S. 43 ANDREW KIMBRELL:
Animal Patenting: Impact of Bioengineering on Altering Animals. In: B. Julie Johnson E: The Environmental Magazine (Apr 1994).

S. 48 ALBERT EINSTEIN:
Albert Einstein / Leopold Infeld: Die Evolution der Physik. Reinbek (Rowohlt) 1956, S. 29.

S. 58 KARL POPPER:
Karl R. Popper: Vermutungen und Widerlegungen: das Wachstum der wissenschaftlichen Erkenntnis. Tübingen (Mohr Siebeck) 2009, S. 45.

S. 63 ALBERT SCHWEITZER:
George Seaver: Albert Schweitzer – The Man and His Mind (1947).

S. 73 SIMONE DE BEAUVOIR:
Simone de Beauvoir: Alles in allem. Reinbek (Rowohlt) 1976, S. 24.

S. 78 MICHIO KAKU:
Michio Kaku: Die Physik des Bewusstseins. Hamburg (Rowohlt) 2014, S. 10.

S. 93 ALAN TURING:
Kann eine Maschine denken? In: Kursbuch 8, hg. von H. M. Enzensberger. Frankfurt am Main (Zweitausendeins) 1976, S. 108.

S. 113 FRANCIS BACON:
Francis Bacon: Über das Studieren. In: Essays. Leipzig (Reclam) 1969, S. 140.

S. 120, 122 LUDWIG WITTGENSTEIN:
Ludwig Wittgenstein: Philosophische Untersuchungen. Kritisch-genetische Edition. Frankfurt a. M. (Suhrkamp) 2001, S. 46.

S. 123 UMBERTO ECO:

Manfred Schneider: Der Bibliotheksphantast. Souveränität und Ironie, Anschaulichkeit, Gelehrsamkeit und Witz. Ein Portrait des Semiologen Umberto Eco. In: Literaturen 9 (2004), S. 14–19.

S. 128 ZAHA HADID:

Zitat aus einem Interview für *Newsweek,* 2011. Deutsche Fassung von www.keim.com – Zaha Hadid Architects.

S. 143 NAOMI KLEIN:

Naomi Klein: No Logo! Der Kampf der Global Players um Marktmacht – ein Spiel mit vielen Verlierern und wenigen Gewinnern. München (Riemann) 2001, S. 294.

S. 148 KOFI ANNAN:

Frei übersetzt, Rede von Kofi Annan an der Harvard University am 17.9.1998
Vgl. Kofi Annan: Die politischen Konsequenzen der Globalisierung. In: Manuel Fröhlich (Hg.): Die Vereinten Nationen im 21. Jahrhundert. VS Verlag für Sozialwissenschaften 2004.

S. 158 ADAM SMITH:

Adam Smith: Der Wohlstand der Nationen. München (DTV) 2018.

S. 163 MILTON FRIEDMAN:

Interview mit Richard Heffner in *The Open Mind* (7. Dezember 1975)

S. 165 JOHN MAYNARD KEYNES:

John Maynard Keynes: Ein Traktat über Währungsreform. Berlin (Duncker & Humblot) 1924, S. 83.

S. 168 JOHN MAYNARD KEYNES:

Harald Mattfeldt: Keynes. Kommentierte Werkausgabe. Hamburg (VSA-Verlag) 1985, S. 156.

S. 193 JORGE LUIS BORGES:

Jorge Luis Borges: Sinnfiguren der Schildkröte. In: Ausgewählte Werke. Band 3: Die Unsterblichkeit. Essays. Berlin (Volk und Welt) 1987, S. 62.

S. 203 GALILEO GALILEI:

Zitiert nach Matthias Dorn: Das Problem der Autonomie der Naturwissenschaften bei Galilei. Stuttgart (Steiner) 2000, S. 49.

S. 207 EDWARD LORENZ:

Brian Cox / Andrew Cohen: Mensch und Universum. Unser Platz in Raum und Zeit. Stuttgart (Kosmos-Verlag) 2017.

S. 228 LEONARD SUSSKIND:

Leonard Susskind: The Cosmic Landscape: String-Theory and the Illusion of Intelligent Design. New York (Back Bay Books) 2005.

S. 233 PAUL DAVIES:

Paul Davies: Die letzten drei Minuten. München (Goldmann) 1998, S. 152.

S. 243 STEPHEN HAWKING:

Stephen Hawking: Haben Schwarze Löcher keine Haare? Reinbek (Rowohlt) 2017.

S. 253 ARTHUR C. CLARKE:

Michio Kaku: Zukunftsvisionen. München (Knaur) 2000, S. 349.

DANKSAGUNG DES AUTORS

Nur um eines klarzustellen: Ich gebe nicht vor, ein Genie zu sein – nur jemand, der viel gelesen hat und in seinen zwei Jahrzehnten an vorderster Verlagsfront mit jeder Menge cleverer Leute zusammenarbeiten durfte. Ich hoffe, einiges davon hat abgefärbt! Mein Dank richtet sich an Menschen wie Jim Al-Khalili, JV Chamary, Dan Green, Tom Jackson, Niall Kishtainy, Gemma Lavender, Darren Naish, Paul Parsons, Jonathan Portes, Marcus Weeks, Tat Wood und viele andere, die mich im Laufe dieser Zeit besonders inspiriert haben. Er sollte aber keineswegs so verstanden werden, dass sie das, was am Ende auf diesen Seiten gelandet ist, uneingeschränkt unterstützen.

Mein Dank gilt außerdem Wayne Davies beim Quercus Verlag, der sich das anfängliche Konzept ausgedacht und das Schiff bei einigen meiner wilderen Ausschweifungen auf Kurs gehalten hat, Natasha Hodgson für die Betreuung des Projekts im Verlag, Anna Southgate, die angesichts gebrochener Deadlines noch eine Schippe drauflegte, sowie meinen lieben Kollegen Tim Brown und Kaleesha Williams, die zum Schluss alles zusammenführten.

Dieses Buch ist meinen Eltern John und Judy Sparrow gewidmet, die mich schon als Kind in meinem Forscherdrang bestärkten, und allen voran Katja Seibold, die es mit dem aushält, der ich dadurch geworden bin.

BILDNACHWEIS

Dekorative Vignetten: 0beron / Shutterstock.com S. 20 Calmara / Shutterstock.com (im Folgenden »Shu« genannt); S. 47 andrey oleynik / Shu; S. 67 HuHu / Shu; S. 80 okili77 / Shu; S. 97 bygermina / Shu; S. 107 Steve Collender / Shu; S. 122 Eric Isselee / Shu; S. 147 Ronnie21 / Shu; S. 205 Agarzago über Wikimedia; S. 207 Wolfgang Beyer über Wikimedia; S. 210 Tribalium / Shu; S. 219 Victor de Schwanberg / Science Photo Library; S. 241 RFV / Shu; Alle anderen Illustrationen von Tim Brown